30개
도시로 읽는
한국사

30개
도시로 읽는

한국사

한 권으로 독파하는
우리 도시 속 재미있는 역사 이야기

함규진 지음

다산
초당

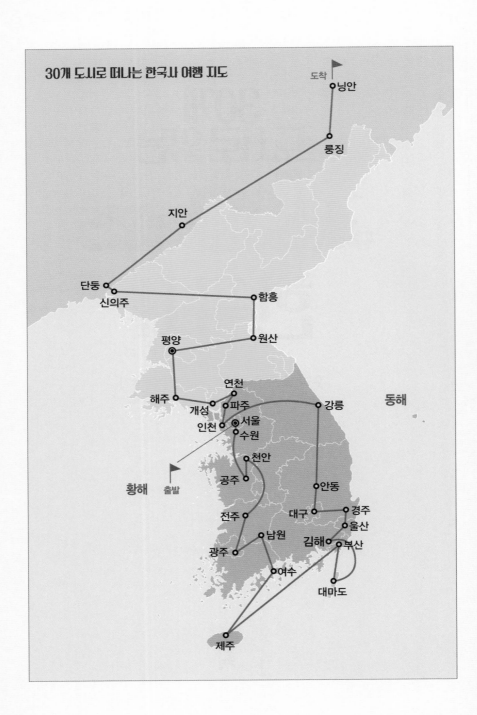

차 례

01

서울

대한민국의 모든 기억이 담긴 중심

서울특별시의 면적은 605제곱킬로미터로 대한민국 도시 가운데 38위에 그친다. 그러나 인구는 단연 1위. 한때 천만 서울이라 불렸으나 21세기로 넘어오면서 인구가 계속 줄어 지금은 970만 명 남짓이다. 서울은 본래 지금의 강동구 일대에 해당하는 한강 유역에 형성되었다가 북악산, 안산, 남산으로 둘러싸인 도시로 바뀌었다. 그리고 근대에 들어 점점 확장하여 한강 남북에 걸친 지금의 모습이 되었다. 서울은 권역마다 길고 애환이 넘치는 역사를 가지고 있다.

서울에서 가장 오래된 나라

현재 서울의 강동구와 송파구에 해당하는 권역은 '최초의 서울'
이 세워진 곳이며, 서울 지역에서 가장 먼저 사람이 살았던 흔적을
간직한 곳이기도 하다.

오랫동안 암사동의 신석기 집터 유적이 서울에서 가장 오래된
'사람의 흔적'으로 남아 있었다. 하지만 2010년 이후 암사동의 바
로 동쪽인 고덕동 부근에서 구석기 유물들이 발굴되었다. 기원전
2~3만 년경의 것들로 보이는 이 유물들은 주먹도끼와 같은 석기
이며, 대략 수십만 년 전부터 이루어진 구석기로서는 후기에 속한
다. 한편 암사동 집터나 빗살무늬 토기 등은 기원전 4000년 정도
의 유물이고, 기원전 1000년경인 청동기 시대의 유물들과 지석묘

등도 강동구 일대에서 발견되고 있다.

역사적 기록으로 볼 때 가장 먼저 이 권역을 포함한 주변 지역에 세워진 나라는 기원전 194년 위만에게 배반당한 고조선의 준왕準 王이 한강 남쪽으로 내려와 세운 한韓이다. 그 중심지가 어디인지, 하나였던 한이 마한과 진한과 변한으로 갈라진 것인지, 아니면 한 이 곧 마한이며 진한과 변한은 별도로 형성된 것인지, 아예 준왕의 남하설 자체가 분명한 역사적 사실이 맞는지 등이 모두 불분명하 다. 아무튼 그 시점에 한강 남쪽에서 국가가 형성되었다면 구석기 시대부터 많은 사람들이 집 짓고 살아온 강동구 권역은 뭐가 되었 든 한 나라의 중심이 되었을 가능성이 높다.

이곳이 최초의 서울이었음을 오늘날에도 보여주는 증거는 풍납 토성과 몽촌토성 그리고 석촌동과 방이동의 고분군이다. 이는 한 성백제의 자취로 여겨진다. 기원전 18년 비류와 온조 형제가 고구 려에서 내려와 각각 지금의 인천과 서울로 갈라졌다. 그 뒤 온조가 위례성을 세웠는데 그것이 지금의 풍납토성이라고들 본다. 본래는 몽촌토성이 위례성이고 풍납토성은 그 수비를 맡은 보조성이라고 여겨졌다. 하지만 발굴 결과 풍납토성의 규모가 몽촌토성보다 훨 씬 큰 데다, 왕궁이 있지 않았다면 없었을 유물들이 쏟아져 나왔기 에 지금은 풍납토성이 위례성이라는 것이 정설로 받아들여진다.

그런데 한 가지 의문이 든다. 몽촌토성은 약간 높은 구릉지에 있 고 풍납토성은 평지에 있다. 게다가 한강이 바로 옆이라 접근성이

석촌동 고분군(위)과 방이동 고분군(아래)

아주 좋은데, 이는 곧 적이 쳐들어오기도 좋다는 뜻이다. 한 국가의 심장부를 이처럼 방어력이 허술한 곳에 세워도 괜찮았을까? 심지어 풍납토성은 한강이 폭우로 범람할 때마다 침수되기까지 했다. 고대의 지형은 지금과 좀 달랐을 수 있지만 그럼에도 이해하기 어렵다. 온조는 왜 하필 이런 땅에 도읍을 정했을까? 그런데도 형인 비류보다는 훨씬 나아서 그곳 백성들이 찾아왔다지 않은가? 풍납토성의 방어상 취약함은, 조선 시대에 한양 방비를 보강하기 위해 온갖 방법이 논의되었으나 이곳에 요새나 성을 배치하는 일은 한 번도 논의되지 않은 것만 봐도 충분히 알 수 있다.

그렇다면 답은 하나다. 가령 유럽이나 일본의 성과 비슷하게 성벽이 아주 높고 견고하다면 탁 트인 저지대에 성을 쌓아도 충분히 적을 막을 수 있을 것이다. 과연 그랬을까? 불행히도 현재 남은 흔적으로는 높은 석성의 존재를 파악하기 어렵다. 그럴 만한 돌무더기가 나오지 않기 때문이다. 애초에 '토성'이기도 하고, 『삼국사기』 등에도 "흙으로 성을 쌓았다", "목책을 둘렀다" 정도로만 기록되어 있다. 또한 당시의 경제력이나 기술력을 볼 때 자연석도 널려 있지 않은 곳에 거대한 석벽을 축조할 수 있었다고 보이지 않는다.

그러므로 토성으로 기단을 마련한 뒤 그 위에 높은 목책을 올려 방어력을 높였다고 추측하는 게 타당할 것이다. 목책이라면 성이 무너지고 수백 년이 흐르고 흔적이 사라졌을 것이다. 목책 성벽은 적의 화공에 취약하지만, 주위에 물이 풍부한 입지 조건이 유리하

풍납토성 남북으로 길게 뻗은 타원형으로, 주변은 아파트 단지에 둘러싸여 거의 잠식되어 있다.

게 작용했을 수도 있다.

성 위에 세워진 콘크리트 빌딩

어쨌든 단순한 토성이었든 목책을 높이 올려 방어력을 높인 것
이든, 공성기기를 갖춘 대군의 집중 공격에는 견디기 어려웠을 것
이다. 그 결과 475년에 고구려가 백제를 공격하여 위례성을 함락

몽촌토성 이를 둘러싸고 올림픽공원이 조성되었다.

시키고 개로왕의 목숨을 빼앗을 수 있었다. 풍납토성의 남은 부분에서 불에 심하게 탄 것 같은 곳들이 발견되었는데, 아마도 공성전의 흔적으로 보인다. 또한 당시 "북성이 먼저 무너지고 뒤이어 남성이 무너졌다"라고도 기록되어 있는데, 북성이 풍납토성이자 위례성이고 남성은 몽촌토성이므로, 위례성이 견디지 못할 것 같자 개로왕이 몽촌토성으로 헐레벌떡 도망쳤지만 그 성도 함락되면서 고구려군에게 붙잡혔을 것으로 보인다.

그때 위례성은 산산이 부서졌으나 고구려는 그곳을 다시 일으

아차산 일대 보루군 발굴 전경 아차산 일대 보루군은 고구려가 한강을 차지한 뒤, 이 유역을 잃기까지의 역사를 밝혀줄 수 있는 유적이다.

켜 남방의 거점으로 삼을 생각이 없었던 것 같다. 두 토성에서 고구려 유물은 별로 나오지 않았고, 대신 한강 건너 위치한 아차산 일대에 수십 개의 보루들이 건설되었기 때문이다.

이후 이 땅의 새 주인이 된 신라는 자신들이 차지한 북한산 일대 및 한강 유역을 신주新州, 얼마 뒤에는 북한산주北漢山州로 불렀고, 옛 위례성 지역을 행정의 중심인 읍치로 삼았다고 추정된다. 하지만 변방 거점 이상의 의미는 두지 않았던 듯하다. 통일신라로 넘어가는 동안 강동권역은 북한산주, 한산주, 한주로 이름이 계속 바뀌었다. 그러면서 이 행정 구역은 대동강 이남에서 남한강 이북에 이르는 드넓은 지역을 한데 묶는 모양새가 되었다. 이처럼 고구려계, 백제계가 뒤섞여 있는 넓은 땅을 위례성 읍치가 효과적으로 통제할 수 있었는지는 의문이다. 두 토성에서 발굴되는 신라의 유물은 고구려의 유물보다 더 적다. 이름도 불분명한 한주 읍치는 옛 위례성이 아니라 문무왕 때 새로 쌓은 주장성晝長城, 즉 지금의 남한산성이었다고 보기도 한다.

이후 고려와 조선에 걸친 역사에서 이 권역은 경기 광주廣州의 일부가 되어 행정 중심지의 성격마저 완전히 잃었다. 아차산과 옛 위례성을 잇는 지점에 있던 광나루가 한양과 한강 이남을 연결하는 중요한 길목 역할을 했다(다만 그 광나루는 강동구가 아닌 지금의 광진구 쪽인 한강 이북에 있었으며 광진구의 명칭도 그곳에서 온 것이다). 물자가 오가는 길목이다 보니 자연스레 상공업이 번성했고, 지금의 암사동과 천호동 일대에는 왕실에 납품하는 도자기 업소와 금속 가공 업소 등이 즐비하게 들어서기도 했다.

이처럼 자연스럽게 형성된 공업단지와 달리 국가에서 정책적으로 설치한 업소들도 있었는데 현재 잠실동이라는 이름의 유래가 된 양잠 업소들이다. 이곳 근방에서 15세기 이래 누에를 기르고 실을 뽑아내는 잠실蠶室을 운영했다. 하지만 그렇다고 해서 살기 좋은 번화한 동네라고는 할 수 없었다. 늘 한강 홍수의 위협을 받았고, 교통의 요지답게 한양을 공격하려는 군대가 거쳐 가며 뽕밭을 쑥대밭으로 만들기도 했다.

잠실롯데월드타워 한반도에서 가장 높은 건물이다.

이 권역은 1963년에 한강 건너인 성동구에 편입되면서 다시금 서울 땅이 되었다. 1970년대 초부터 시작된 강남 개발의 후속 작업이 이루어지며 실개천이 메워지고 논밭이 아파트촌으로 변하기도 했다. 1979년에는 강동구로 독립했다. 고질적인 홍수 피해 문제는 1980년대까지 지역의 숙제로 남아 있었으나, 서울올림픽대회를 계기로 한강 유역 내 대대적인 치수 사업이 진행되어 이제는 옛날이야기가 되었다. 아파트 개발과 치수 사업 과정에서 묻혀 있던 토성과 고분 등 한성백제의 실체도 드러나, 약 1500년 만에 이 권역을 중심으로 했던 서울의 영광은 어느 정도 재현되었다. 특히 1988년에 강동구에서 분리된 송파구가 강남구와 바로 맞닿아 있다는 지리적 이점이 작용해 옛 강동구보다 더욱 화려하게 발전했다. 1986년에는 잠실 종합경기장 콤플렉스와 선수촌의 부속 시설로 몽촌토성을 껴안으며 만들어진 올림픽공원이 완공되었고 1989년에는 잠실롯데월드가, 2017년에는 123층, 555미터 높이의 잠실 롯데월드타워가 준공되어 1500년 전 위례성 대신 서울의 랜드마크 역할을 톡톡히 해내고 있다.

서울의 중심에서 한반도의 중심이 되다

지금의 서울 지역은 6세기 중엽부터 신라의 영토가 되었다. 이를 기념하고자 북한산 비봉에 진흥왕순수비가 세워졌다. 그러나 통일신라의 한주는 너무 넓은 땅을 대충 하나로 묶은 변방 지대였고, 군사적 중심지인 중원경中原京은 서울에서 한참이나 떨어진 지금의 충주에 들어섰다. 그래서 고구려가 위례성을 무너뜨린 5세기 말부터 10세기 초까지 서울은 역사적 암흑기에 있었다고 봐도 무방하다.

그러다가 995년 고려 조정은 양주楊州에 좌신책군을 주둔시킨다. 해주의 우신책군과 함께 개경을 위와 아래에서 보위하는 역할을 맡긴 것인데, 이 양주는 지금의 양주시와 서울 북부, 북한산을

북한산 비봉에 서 있는 진흥왕순수비 국보 3호로 지정된 뒤 1970년에 국립중앙박물관으로 옮겨졌으며, 원래의 자리에는 2006년에 모조 비석이 세워졌다.

중심으로 하는 지역이었다. 본래의 서울인 강동구 권역은 광주로 불리며 분리되어 있었던 때다.

북한산 일대가 군사적 요충지로 개발되면서 그 남쪽 고장도 차차 발전했다. 대략 지금의 종로구, 중구에 해당하는 서울 지역이 양주의 관할에 들어가면서 살기 좋은 고장이 된 것이다. 『고려사』에 의하면 봄이면 농부들이 기쁘게 노동요를 부르며 작업했다고 한다. 농부들이 기뻐할 만큼 풍요로운 땅이라면 분명 북한산 일대는 아니었을 것이다.

이렇게 되자 풍수지리설도 한몫해 양주에 남경南京을 설치하기로 정해졌다. 도선의 가르침에 따르면, 개경 이외에 서경과 남경을 두고 주기적으로 왕이 순행하면 대길한다는 것이었다. 물론 그 이유만으로 남경 설치가 결정되지는 않았다. 국방 문제와 지역 개발 문제를 두루 감안할 때 평양을 서경으로, 양주를 남경으로 삼는 게 적절해 보였던 것이다. 그렇게 1101년부터 행궁 건축이 시작되어 3년 뒤 완공되었으며 고려의 왕들은 종종 서경이나 남경에 들러 행궁에서 머물다 갔다.

그렇다면 구체적으로 남경의 경계와 그 중심이 되는 행궁의 위치는 어디였을까? 풍수 전문가인 최사추 등이 자리를 살피러 갔다가 "노원면, 해동촌면, 용산 등을 살펴보았으나 모두 부적합합니다. 면악(북악산) 아래쪽만이 적합합니다"라고 보고했다고 한다. 높은 산을 뒤에 두고 도시를 지어야 하는데 도봉산과 남산은 틀렸고 북악산이 가장 적절하다는 말이었다. 이를 토대로 터를 잡았다고 전해진다. 다른 자료들과 비교해 보면 지금의 경복궁에서 서북쪽으로 얼마간 떨어진 곳에 행궁이 들어섰던 것으로 보이며 연흥전, 천수전, 북녕문, 남명문 등의 건물을 갖추고 있었다. 남경의 서쪽 경계는 기봉, 남쪽 경계는 사리, 동쪽 경계는 대봉이라고 했는데 이는 각각 인왕산, 황토현(지금의 광화문 사거리 근처), 북한산 응봉으로 추정된다. 말하자면 대략 지금의 종로구에 해당하는 구역이 고려의 남경이었던 것이다.

그러나 원 간섭기 시절 고려 조정은 3경 체제를 유지하기가 버거웠던 것 같다. 그래서 1308년에 남경을 한양부로 격하했다. 한 양이라는 이름은 신라 때부터 한양군으로 불렸다고 하나, 이때부터 널리 쓰였다. 다시 원나라가 기울어지며 반원 정책을 쓰자 세력 판도를 바꿔보려는 군주가 으레 그러하듯 공민왕이 한양 천도를 적극 추진했다. 하지만 실패했다. 1390년 고려 마지막 왕인 공양왕 대에 와서 실현되지만 불과 반년도 못 채우고 다시 개경으로 돌아갔다. 당시의 복잡하고 혼란스러운 정국을 짐작할 수 있는 대목이다.

왕조가 바뀌고 나서도 한양 천도가 쉽게 진행되지는 않았다. 수백 년 뿌리내린 개경 세력의 저항 때문이었다. 1394년 8월 11일, 하륜의 말을 듣고 무악산 쪽에 새 궁궐을 지을 생각을 하고 있던 태조 이성계에게 서운관의 유한우는 "신의 생각으로는 명당의 지덕地德이 아직 쇠하지 않은 듯합니다. 그대로 송경松京에 머물되 궁궐만 새로 짓는 게 최선이라 여겨지옵니다"라고 끈질기게 간언했다. 고려가 이미 남경을 설치한 그때 풍수지리를 다 따져서 자리를 잡아놓았는데, 이제 와서 개경 말고는 좋은 데가 없다는 식이라니! 어떻게든 개경 천도를 막겠다는 저항이라고밖에 생각할 수 없다. 이 저항은 급기야 천도 결행 이후 5년 만에 다시 개경으로 돌아가는 사태를 불러일으켰다.

그리하여 잠시 개경으로 자리를 옮긴 태조는 다시는 재위 중에 한양으로 돌아가지 못했다. 정종은 명목상 수도인 한양 경복궁에 와서 즉위했지만, 개경에 머무르며 집무를 봤다. 그 뒤를 이은 태종도 마찬가지였는데, 이 기묘한 상황을 끝내려고 태종 4년인 1404년에 다시 한양에 직접 내려가 '지금의 한양은 풍수지리상 완벽하지 않다고 한다. 그러니 무악산 쪽에 새로 도읍을 정해야겠다'라고 신하들 앞에서 선언했다. 이는 아마도 정치 10단 태종 이방원의 술수로 보인다. 애써 만들어놓고 거의 쓰지도 않는 궁궐과 종묘사직을 버리고 멀지도 않은 곳에 새 궁궐과 종묘사직을 짓겠다고 하면 누가 봐도 무리이므로 '그럴 바에야 차라리 지금의 한양에 거처를 정하시지요'라는 대답이 나올 것이기 때문이다.

이 술수가 먹혀들어서 조선 왕실은 6년 만에 다시 한양으로 돌아와 정착했다. 그러나 태종은 '배산임수背山臨水가 되어야 하는데 지금의 한양은 산은 있으나 물이 없어서 도읍지로는 부족하다'는 풍수가의 말을 귓등으로만 듣지는 않았던 것 같다. 환도 뒤에도 경복궁에는 머무르지 않고 창덕궁을 새로 지어 그곳에서 지냈다. 창덕궁은 청계천과 더 가까이 있었기 때문이다. 태종은 더 크고 본때 있게 지은 경복궁을 내버려 두는 게 멋쩍었던지 중요한 행사는 그곳에서 열고, 1412년에는 경회루를 신축해 명나라 등 외국 사절들을 접견하고 연회를 베푸는 장소로 삼았다. 하지만 끝끝내 경복궁에서 살지는 않았다.

송도의 경덕궁과 신도新都의 창덕궁은 내가 거처하는 곳이며,

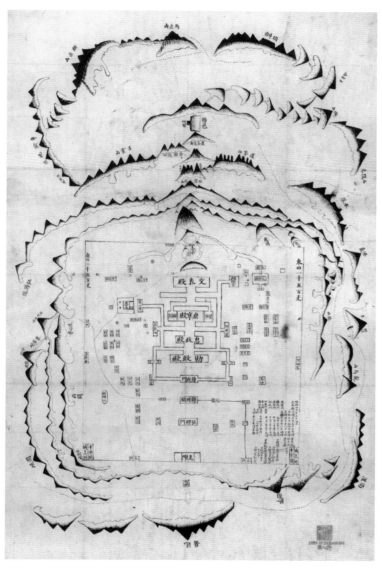

경복궁도 임진왜란으로 불타기 전 원래의 모습을 엿볼 수 있다.

모화루와 경회루는 사신을 위한 곳이다.

- 태종실록

결국 경복궁은 세종 대에 들어서야 명실공히 조선의 정궁正宮 역할을 하게 된다. 1420년 세종은 경복궁 궐내에 집현전을 세웠고 흠경각, 간의대 등 천문 수리 기기들도 궁 곳곳에 설치해 경복궁이 조선 전기 문물 진흥의 본거지가 되게 했다. 하지만 그런 그조차 경복궁이나 다른 궁궐에서 태어나지 않았고, 죽을 때에도 여덟째 아들 영응대군의 사저에서 간호받다가 숨졌다. 그래도 그는 조선 최초로 서울(한양)에서 태어나 서울에서 죽은 임금이었다. 경복궁에서 처음 죽은 임금은 세종의 아들 문종이었고, 처음 태어난 임금은 문종의 아들 단종이었다. 궁궐(경복궁)에서 태어나 궁궐(창덕궁)에서 죽은 최초의 임금은 조선 제9대 왕인 성종이다. 개성에 행차하여 머물다 오는 일을 그만둔 왕도 성종이다. 그때쯤 되어서야 조선이라는 나라가, 그 수도인 한양이 완전히 자리를 잡았다는 뜻이다.

불타는 궁궐, 왕들의 잔혹사

이후 약 100년은 조선과 한양의 전성기였다. 연산군의 폭주와 반정, 중종과 명종 대 벌어진 훈구세력과 외척세력의 횡포, 그 반동으로 선조 초기에 수립된 사대부 정치 체계 등 정치적으로는 변동이 심했으나 사회는 안정되고 경제는 풍요로웠으며 문화는 성숙했다.

그러나 임진왜란으로 모든 것이 무너졌다. 무서운 기세로 올라오는 왜군을 피해 왕이 아슬아슬하게 한양을 벗어나자 경복궁, 창덕궁, 창경궁이 모조리 불타고 말았다. 『징비록』 등에서는 성난 백성이 불살랐다고 하지만, 일본 측 기록에는 주인 없는 궁궐을 점령한 감상을 적은 왜군 장수들의 이야기가 많다. 지금은 한양에서 밀려나게 된 왜군이 불살랐다는 설이 더 유력하게 받아들여진다.

의주까지 피신했다가 간신히 돌아온 선조는 쑥대밭이 된 궁궐들을 보며 망연자실했을 것이다. 당장 몸을 뉘일 데도 마땅찮았다. 결국 수소문 끝에 정릉동에 있는 월산대군 사택에서 지내야 했다. 난리가 끝나고 질서가 조금씩 회복되자 광해군은 경복궁을 폐허인 채로 놔둔 채 창덕궁과 창경궁을 중건하는 한편, '서궐' 즉 경희궁을 대규모로 새로 지으며 논란을 빚었다. 이는 인조반정의 명분 중하나가 되기까지 했지만, 반정 과정에서 창덕궁이 대부분 불타버리고 창경궁도 이괄의 난으로 불타버린 탓에 경희궁은 한동안 조선의 중심이 되었다.

병자호란 이후 전란과 반란으로 얼룩졌던 질풍노도의 시기가 끝나고, 조선과 한양은 조금씩 원래 모습으로 회복되어 갔다.

1657년 8만 명으로 집계된 한양 인구는 점차 늘어나 1669년에는 20만 명에 이르고, 그 뒤 조선 말엽까지 그 선이 유지되었다. 조선 전기의 한양이 청계천을 경계로 북쪽(종로구 지역) 위주였던 데 비해 후기에는 남쪽(중구 지역)도 발달했다. 북쪽의 북촌(가회동과 안국동 일대)은 경복궁과 창덕궁, 창경궁의 사이에 낀 입지 조건 때문에 권력과 재력, 지력에서 조선의 1퍼센트였던 명문대가(경화사족)들의 본거지가 되었다. 이들은 맑고 고운 경치와 풍류를 찾아 북악산 기슭으로 깊이 들어가 별장과 정자를 짓고 놀기도 했는데, 전설속 신선들의 마을 이름을 따서 그곳을 자하동紫霞洞(지금의 종로구 청운동 일대)이라 불렀다.

청계천 남쪽의 남산 자락, 지금의 회현동과 장충동 등에는 남촌이 발달했다. 이곳에도 나름 명문 양반들이 모여 살았으나, '조선의 1퍼센트'라고 하기엔 부족했다. 유성룡이나 정약용 등 남인이나 소론 명망가들의 한양 주거지가 바로 이곳이었다. 그러다 보니 북촌 양반들에 대한 질투 내지는 오기가 발동했던지 조선 말기, 개화기, 일제강점기가 될 때까지도 이곳의 일부 선비들은 새로운 문물에 대한 적응을 거부하며 해진 옷에 나막신을 신고 다니면서 자존심 하나로 삶을 살았다. 그래서 경탄 반, 조롱 반의 '남산골샌님'이란 소리를 듣곤 했다.

이 부근엔 시장도 발달했다. 조선 전기에는 종루가 서 있던 종가鍾街, 즉 종로에 육의전이 들어서서 한양 상권의 핵심이 되었는데,

북촌 한옥마을 내외국인 가리지 않고 관광객으로 북적인다.

이들이 조정에서 받은 금난전권 때문에 한양 도성 안에는 18세기 말까지 다른 상점이 들어설 수 없었다. 도성에서 살짝 벗어난 곳이라면 괜찮지 않았을까? 그래서 소의문(서소문) 밖에 칠패시장이 형성되어 번화한 모습을 이루었다. 그 규모는 점점 커져서 서소문에서 남대문 밖 일대가 모두 시장 바닥이 되었다. 개화기에는 이것이 교통을 방해하고 집단 소요의 무대가 될 수 있다고 여겨져 성 밖의 시장을 없애고 대신 남대문 근처의 선혜청 앞에 장터를 새로 마련해 주었다. 이것이 오늘날 서울의 대표적 전통시장인 남대문시장의 기원이다.

조선 말기, 개화의 꿈과 국권 상실의 아픔이 교차하던 혼란기에 한양의 중심에 서 있던 군주는 고종이었다. 그는 묘하게도 '중구의 왕'이라고도 말할 수 있다. 조선 궁궐 중 유일하게 중구 정동에 있는 경운궁을 대한제국의 황궁으로 삼았고, 바로 그 앞에 원구단을 세워 황제로서 하늘에 제사를 지내는 행사를 치렀다. 일제에 의해 강제 퇴위된 고종은 국권 상실 후 이태왕李太王이라는 괴상한 이름으로 불리며 덕수궁이라 개칭된 경운궁에서 말년을 보냈다.

반면 북쪽의 종로구는 그에게 고통스러운 기억을 안겨준 곳으로, 한 나라의 국권이 무참하게 뒤흔들리는 사건으로 점철되어 있

남대문시장 오늘날 서울의 대표적 전통시장이다.

었다.

　1872년 경복궁이 중건되었다. 임진왜란 이래 수백 년간 폐허로 남아 있던 이곳을 흥선대원군이 온 국력을 쏟아 중건했다. 명분은 왕권 강화였으나, 큰 공사를 통해 자기 손에 인력과 재력을 쥐려는 속셈도 있었다. 사회와 경제가 퇴락하는 가운데 궁궐을 만든다는 무리수를 쓰니 민심 이반이 컸다. 대원군은 경복궁 중건을 위한 자재를 대느라 멀쩡한 경희궁을 허물기도 했다.

　1876년에는 경복궁에 불이 나 830여 칸의 건물이 잿더미가 되었다. 범인은 다름 아닌 흥선대원군으로 추정된다. 그토록 애써 다시 지은 경복궁을 4년 만에 태운 것은 고종이 친정에 나서고 자신이 배제된 데에 따른 원한과 증오 때문이었다.

　그리고 1882년 임오군란, 1884년 갑신정변, 1895년 을미사변이 일어났다. 모두가 흥선대원군의 권력욕에 국내외의 세력이 개입해 빚어진 사태였다. 고종과 명성황후는 몇 번이나 사선을 넘다가 끝내 영원히 헤어지게 되었다. 세계사에 보기 드문 참변까지 일으키며 실권을 장악한 일본을 피해 고종은 1896년 아관파천을 결행한다. 궁궐에서 몰래 빠져나와 정동 러시아 공사관으로 피신한 것이다. 그리하여 고종의 중구 시대가 열린다.

　즐거운 추억도 없진 않았다. 특히 1887년에 중국이나 일본보다도 빠르게 경복궁에 전신을 설치해 야간 조명을 켰던 일은 고종에게 아름다운 추억이고, 한국사의 기꺼운 기록이다. 하지만 그때 고

1900년경 러시아 공사관 아관파천이 일어난 바로 그곳이다.

종의 옆에서 환호하던 국모는 8년 뒤 바로 그곳에서 입에 담을 수
조차 없는 일을 당하지 않았던가.

　1897년 고종은 대한제국을 선포했지만, 무너지는 나라를 수습
할 힘이 없었다. 1905년, 경운궁 중명전에서 을사조약이 이뤄져
국권이 대부분 상실되자, 그는 의병을 부추기고 헤이그 밀사를 보
낸 끝에 1907년 강제 퇴위되었다. 1919년 암살의 정황이 상당한
죽음을 맞이하기까지 고종은 내내 덕수궁에서 살며 이왕직의 일본
인 관료들에게 '덕수궁 전하'라는 통칭으로 불렸다. 순종은 '창덕
궁 전하'였다.

점령과 독재가 남긴 흉터,
그러나 시민들은 살아 있다

그렇게 한양을 나라의 중심으로 삼던 왕조의 불꽃은 꺼져가고, 20세기가 되면서 국권은 차례로 일본에 넘어갔다. 한양도 수도가 아닌 경기도의 한 도시인 경성京城이 되고 그 모습도 바뀌어갔다. 1900년부터 1910년까지 일본은 서울(종로-중구 권역)에 139동의 벽돌 양옥을 신축했다. 그 가운데 1906년 2월에 설립된 통감부는 정식으로 한일병합이 이루어지기 전 사실상 총독부 역할을 했다. 통감부는 남산의 북쪽 자락, 경운궁이 내려다보이는 위치에 있었다. 한국에 들어온 일본인들도 그 주변에 모여서 일제강점기에 회현동이 식민지 조선의 최고급주택지가 되도록, 또 오늘날의 명동이 메이지초明治町라는 이름으로 최고 번화가가 되도록 했다.

또한 근처의 통감 관저는 1910년 한일병합 조약이 체결된 곳이다. 통감부 청사는 합병 후 총독부 청사로, 통감 관저는 총독 관저로 쓰였다. 이후 1927년에 총독부가 경복궁 앞부분을 헐고 거대한 새 총독부 청사를 지으면서 과학박물관으로 바뀌었고, 해방 후에 국립과학관이 되었다가 6·25 전쟁 때 파괴된 뒤 지금은 서울애니메이션센터가 들어서 있다. 새 총독부는 해방 후 국회와 중앙청으로 사용되다가 1986년 국립중앙박물관이 되었고, 1996년에는 '역사 바로 세우기' 차원에서 철거되었다. 총독 관저는 1939년에 경복궁 후원의 경무대로 옮겨졌다가 해방 후 대통령 관저가 되었고, 4·19 혁명 이후인 1960년에 그 이름을 경무대에서 청와대로 바꿨다. 그 건물을 헐어버리고 지금의 청와대를 지은 게 1991년, 대통령이 이 터를 떠나 용산에 집무실을 두기로 한 게 2022년이다.

한편 1886년에 지금의 충무로에 세워졌던 일본영사관은 통감부 설치에 따라 경성이사청으로 바뀌었다. 병합 뒤에는 경성부청이 되었다가 1926년 새 경성부청이 세워지면서 헐린 뒤 미쓰코시백화점이 대신 들어섰다. 미쓰코시백화점은 해방 후 신세계백화점이 되었고, 새로 지어진 경성부청은 서울시청이 되었다. 총독부 건물은 일日 자 모양이고 부청 건물은 본本 자 모양이라, 하늘에서 내려다보면 대大 자 모양의 북악산과 함께 대일본大日本이 된다는 소문이 떠돌기도 했다. 구총독부 건물을 헐 때 시청 건물도 헐어야 한다는 말이 있었지만, 보존하기로 한 뒤 지금은 도서관으로 쓰이고 있다.

대부분의 건물이 헐린 경복궁은 박람회장으로 쓰였고, 창경궁은 창경원이 되어 한반도 유일의 동물원이자 벚꽃놀이 장소로 변했다. 덕수궁도 반 이상이 헐려 일본인 자녀를 위한 학교 터가 되었다. 대한제국의 상징과도 같은 원구단도 헐려 그 자리에 철도호텔(조선호텔의 전신)이 들어섰다. 서대문(돈의문)도 서울 성곽의 대부분과 함께 헐리고, 남대문(숭례문)과 동대문(흥인지문)도 헐릴 뻔했다가 겨우 남았다.

종묘와 사직은 공원이 되었다. 일제는 근대화라는 명목으로 조선이 가장 아끼고 사랑했던 공간들을 없애거나 변형시켰다. 그리고 1925년에는 남산에 거대한 신궁神宮을 세워 결코 근대적이지 않은, 일본적인 정신문화의 본산으로 삼았다. 이 신궁은 1945년 일본 패전 직후 일본인들 스스로가 불태웠다. 자신들이 신성시하는 곳이 한국인들에게 짓밟히는 것을 막기 위해서였다. 그 빈터에는 이승만 동상이 세워졌다가 4·19 혁명 직후 파괴되었다. 아직도 남산에 가면 일제 때 지은 석축과 돌계단 등 신궁의 흔적이 남아 있다.

또한 1911년 병합 직후에 종래의 구리개길을 새로이 길고 번듯하게 닦았다. 한반도 최초로 차도와 인도가 구분되는 도로였다. 고가네초黃金町라 이름 지은 이 길에 처음 들어선 건물이 동양척식주식회사 경성 지점으로, 이후 수없이 많은 한국인의 토지를 강탈하여 일본인들의 배를 불려주는 본거지가 되었다. 해방 후 이 길은 을지로가 되고, 동척 건물은 헐려 지금 그 자리에 하나은행 본점이 들어서 있다.

이러는 사이에 시민들은 잠자코 있지 않았다. 1898년 종로 네거리에서 만민공동회를 개최하여 남녀노소 신분을 가리지 않고 시국에 대한 대토론을 벌인 일은 한국 민주주의의 기원으로 평가될 정도로 특별하고 놀라운 일이었다. 또한 1907년에 일제가 고종을 강제로 퇴위시키려 하자 수만 명이 반대와 항의에 나섰다. 그들은 먼저 종로와 경운궁 대한문 앞에 모여 밤새도록 반대를 외치다가 경찰과 헌병 등의 무력 진압에 일단 해산했다. 하지만 결국 퇴위가 확실시되자 이완용, 이근택 등 거물 친일파들의 집을 불태우고 종로에서 무장경찰과 충돌해 많은 사상자를 내기도 했다. 그리고 12년 뒤 잘 알려진 대로 고종이 사망하고 그것이 암살일 가능성이 높다는 게 알려지자 그 장례를 계기로 3·1 운동이 일어나, 광화문에서 종로(태평로와 을지로 등 종로-중구 권역 전체)가 흰옷을 입은 사람들과 그들이 외치는 만세 소리로 가득 찼다. 1926년에는 다시 순종의 장례를 계기로 6·10 만세 운동이 벌어졌다.

해방 이후에도 이 권역에는 깨어 있는 시민들의 외침이 메아리치곤 했다. 이승만 독재에 맞선 4·19 혁명, 군부독재에 맞선 6월 항쟁, 국정농단을 규탄하는 광화문 촛불집회, 6월 항쟁의 와중에 목숨을 잃은 이한열의 노제 때나 2002년 한일 월드컵 응원을 할 때 세종로-종로-태평로는 모두 발 디딜 틈도 없을 만큼 많은 사람으로 가득 찼다. 조선의 한양에는 광장이 없었고, 일제의 경성에는 공원만 있었다. 그러나 시민들은 거리를 광장으로 만들었던 것이다. 오랫동안 한반도 제1번지였던 이 권역은 강남 등이 경제·문화의 중심지가 되고 행정기관들도 차례차례 자리를 옮기면서 그런 중요성을 많이 잃었다. 그러나 대한민국 민주주의의 성지로서 갖는 그 가치는 영원할 것이다.

촛불 시위 2016년 박근혜의 국정농단을 규탄하기 위해 모인 시민들이 광화문을 '촛불의 바다'로 만들었다.

군부대와 묘지로 차버린 땅

고려 초에 이 권역은 과주果州의 일부로, 지금의 과천과 합쳐져 있었다. 이후 남경을 정할 때 후보지의 하나로 거론되었는데 북쪽으로 남산, 남쪽으로 한강이 있으니 배산임수라는 명당의 조건을 충족했음에도 종로-중구 권역에 밀렸다. 그 이유는 아마도 안보 문제였을 것이다. 북악산-북한산이 넓게 퍼지며 북쪽에서 오는 적(당시에는 대체로 그 방면만 문제시되었다)을 막아주는 반면, 남산은 손쉽게 우회할 수 있다. 게다가 다급할 때 남쪽으로 달아나기에 한강은 장애가 된다.

한편 한양과 가까우면서도 평야와 물이 있어서 대규모 병력을 수용하기에는 최적지였다. 오군영 병사들의 집이 이곳과 왕십리에

있었으며 임진왜란 때의 왜병, 임오군란 당시 청병이 모두 용산에
주둔했다. 특히 청병은 군란을 일으킨 오군영 병사들의 집을 야간
에 기습해 그들을 가족과 함께 몰살했다. 심지어 어린아이도 살려
두지 않았다고 한다. 많이 알려지지는 않았지만 전쟁 때를 제외하
고 외국 군대가 이 땅에서 벌인 학살로는 전무후무한 규모였다고
할 수 있다.

한일병합 이후 일본군 사령부도 이곳에 자리 잡았다. 일제는 아
직 정식으로 병합하기 전인 1906년에 남대문에서 남산 전체를 아
우르고 한강까지 이르는 300만 평의 땅을 군 부지로 차지해 버렸
다. 그리고 중구 필동에 있던 사령부를 1908년에 용산으로 옮기
고, 일본군 제6사단을 용산에 주둔시켰다. 삼각지에는 한국군 연
병장이 있었는데, 일제는 이를 군 비행장으로 개조해 1913년에 일
본 해군 소속의 나라하라가 군용기로 한반도 최초의 비행을 해 보
이기도 했다.

종로-중구 권역에서 조선의 궁궐을 부수고 종묘사직을 공원화
한 일제는 용산에서 무덤까지 건드렸다. 효창원은 정조의 세자였
다가 5세에 숨진 문효세자의 무덤이며, 그를 낳은 정조의 후궁 의
빈 성씨의 무덤도 함께 있었다. 가장 사랑했던 여인과 한껏 기대했
던 자식이 묻힌 곳인지라 명칭은 '원'이지만 웬만한 '능'보다 규모
가 컸다. 일제는 이 숲을 군용 비밀기지로 쓰다가 점점 민간 용도
로도 쓸 생각을 가졌다. 그래서 효창원 부지를 야금야금 먹어가며

한반도 최초의 골프장을 짓고 유원지를 만들기도 하다가 끝내는 문효세자 모자의 묘를 통째로 들어내어 고양 서삼릉에 이장시켰다. 그래서 효창원은 사라지고 효창공원이 남게 되었다.

이런 슬픈 역사는 해방 이후에도 묘한 방식으로 지속 또는 반전되었다. 일제의 군사 시설 등을 때려 부순 다음 효창원을 복원하는 대신 이곳에 애국열사들의 묘지를 만든 것이다. 1946년에 윤봉길, 이봉창, 백정기 세 사람의 무덤을 만들었고, 1949년 김구가 암살되자 그도 이곳에 묻혔다. 그 밖에 이동녕, 조성환, 차이석 등도 이곳에 묻힘으로써 '임시정부 묘역' 비슷한 곳이 되었다. 지금 비어있는 무덤도 하나 있는데, 안중근의 유해가 발견되면 안장하기 위한 공간이다. 이대로라면 용산 일대가 국립묘지가 될 수도 있었으나, 6·25 전쟁이 터지고 그 전사자들을 위한 묘지가 박정희 시대에 국립묘지가 되면서 '일제와 싸운 애국자들'과 '북한과 싸운 애국자들'은 한강을 사이에 두고 나뉘게 되었다.

일본군이 40년 가까이 있었던 용산 기지에는 이후 미군이 70년 이상 주둔한다. 1948년 미군이 서울에 진주하고 자연스레 일본군 기지를 자체 기지로 삼은 것이다. 이후 이 넓은 기지는 '한국 속의 미국'이 되었으며, 한국 국방부와 자체 군사시설도 그 주변에 들어섰다. 이곳에 있는 주한미군의 소비 수요에 맞춰 용산 기지촌도 형성되었으며, 이태원의 이국적 분위기도 그 덕분에 나타났다. 대한민국과 새로 수교하는 나라들도 대사관을 남산 자락인 용산에 주로 갖추었다. 그래서 용산은 외국인을 가장 많이 볼 수 있는 동네가 되었다.

선택의 기로에 놓인 용산

박정희는 18년간 집권하면서 서울 곳곳을 바꾸고 만들어냈다. 남산 꼭대기에 남산서울타워를 세우고, 외인아파트를 건립함으로써 용산의 풍경도 두드러지게 바꾸었다. 1990년대 군사정권이 끝나고 서울-한국이 본격적으로 경제대국으로 발돋움하면서 용산에도 새로운 바람이 불었다. 하나는 첨단 도시화다. 1987년 문을 연 용산 전자상가는 IT 열풍을 타고 국내 최대의 IT 관련 제품 판매구역으로 성장했다. 1998년에는 일본 대중문화가 개방되자 관련 미디어 상품들과 굿즈들의 메카가 되기도 했다. 다만 조립 PC보다 노트북, 정품 PC 쪽으로 소비 수요가 옮겨가고, 직접 매장을 방문하지 않고 가상공간에서 구매하는 경우도 많아진 2000년대 이후로는 내리막이라는 인상이다. 이에 상가 일부가 철거되고 다른 용도의 건물로 바뀌기도 했는데, 인접한 용산 철도차량기지를 없애고 그 자리에 용산국제업무 지구를 세운다는 계획이 나와서 다시 희망에 부풀었다가 계획이 좌초되는 등 재검토가 반복되면서 확실한 추이를 알 수 없는 상황이다.

남산서울타워　오랫동안 서울 제1의 랜드마크였다.

또 하나는 남산 제모습 찾기로, 김영삼 정권부터 시작되었다. 1994년 첨단 공법으로 순식간에 외인아파트를 무너뜨린 일은 그 상징과도 같았다. 당시 계획은 남산타워와 주변 호텔들까지 모두 철거하고 남산을 도심 속의 생태공간으로 되돌리는 것이었는데, 이후 현실적으로 어렵다는 문제에 부딪혀 있다.

또한 100년 넘게 외국인들의 땅으로 한국인은 쉽게 들어가 보지도 못하며 서울 교통망의 맥을 끊어온 미군기지의 반환이 시작되었다. 2013년부터 미8군 사령부, 유엔군 사령부 등이 평택으로 이전하면서 한미연합사와 일부 미군부대만 남아 있으며, 완전히 이전이 끝난 뒤에는 공원이 조성될 예정이었다. 그런데 최근 서울 집값의 가파른 상승이 공급 부족 때문이라는 주장으로 인해 공원 대신 아파트를 짓자는 말이 나오고, 윤석열 대통령이 청와대에 들어가지 않고 용산 국방부 자리에 집무실을 마련함으로써 혼란이 이는 참이다.

어찌 되었건 간에 서울 한복판의 풍광 좋은 이 권역이 군부대와 묘지, 유흥시설 등에 오래 매여 있었던 셈이다. 용산국제업무 지구든, 용산공원이든, 새 대통령 관저든 이리저리 갈라진 용산을 하나로 묶고 서울 시민과 국민에게 자부심과 이익을 줄 수 있는 공간으로 재편되도록 할 필요가 있다.

용산 전쟁기념관(위)과 국립중앙박물관(아래) 용산은 21세기 들어 대한민국의 중요한 '기억 공간'도 보듬게 되었다. 용산이 재편되고 재통합되는 과정에서 이들 공간의 위상도 달라질 것이다.

독립문을 세운 이유

서대문구는 서대문, 즉 돈의문의 바깥 권역으로 성저십리城底十里에 해당했으며 조선 시대 연희방, 반송방을 구성했다. 고려 시대 남경의 부속 지역이기도 했을 것으로 보인다.

앞서도 언급했지만 서대문구에는 성저십리가 아니라 조선의 수도가 들어설 뻔했다. 개경 고수 세력이 상당한 틈 속에서 이성계가 의지했던 천도론자들의 다수가 이 권역에 도성을 짓길 권했다. 다만 하륜이 무학산 아래쪽, 지금의 신촌을 주장한 반면 무학은 인왕산을 주장했다. 하지만 끝내 정도전의 의견에 따라 고려 남경을 선택하자 무학이 "나의 말을 듣지 않았으니 이 왕조는 고려보다 오래 가기 어려울 것이며, 맏아들이 왕이 되는 일도 없을 것이다!"라고 예언했다는 전설이 있는데 썩 믿기는 어렵다. 아무리 왕이 신임하는 승려라 해도 그런 말을 했다면 무사하기 힘들지 않았을까.

조선 시대에 이 권역은 중국과의 외교에서 중요한 역할을 했다. 의주에서 평양, 개성을 거쳐 고양 벽제관에 들어오고, 다시 외길을 따라와 무악재를 넘으면 한양에 도달한다. 지금의 홍제동 쪽에 홍제원이 있어서 중국 사신이나 중국에 다녀온 우리 사신이 휴식을 취하며 입성 준비를 하도록 했고, 무악재를 지나 조금 내려오면 모화관이 있어서 중국 사신을 맞이하고 전송하는 역할을 했다. 이 시설들은 한양을 수도로 정하자마자 만들어졌다. 1537년에는 모화관 앞의 홍살문을 개축해 영조문迎詔門, 즉 황제의 조칙을 맞아들이는 문이라고 했다. 그런데 2년 뒤 이 문을 처음 본 명나라 사신이 "조칙만 가져오는 게 아닌데 조칙만 환영하고 다른 것들, 가령 선물 같은 건 환영하지 않는단 말이냐?"라고 트집을 잡아서 다소 굴욕적인 영은문迎恩門, 즉 상국이 베푼 은혜를 맞아들이는 문이라는 이름으로 고쳤다.

이 점이 못내 앙금으로 남았던지 서재필을 비롯한 독립협회는 360년이 지난 1897년에 이 영은문을 헐고 두 기둥만 남겼다. 그리고 그 앞에 독립문을 세웠다(모화관은 독립문으로 바꾸었다). 독립문의 현판 글씨는 김가진이 썼다고 하나, 이완용의 작품이라는 설도 꾸준하다. 당시 이완용도 독립협회에서 활발히 활동했으며 심지어 독립 건립 위원장을 맡기도 했다. 독립협회와 급진 개화파 구성

독립문 본래는 친일의 그림자가 있었으나 나중에는 반일의 상징이 되었다.

원들은 대체로 반청친일의 입장을 띠고 있었다. 사실 독립도 청나라의 종주권을 부정하고 근대 주권국가로서 독립한다는 의미였고, 그것은 1876년 일본의 강압으로 맺은 강화도 조약 제1조가 명시하고 있는 것이기도 했다. 그래서 중국 사신을 맞이하던 사대 일번지를 이렇게 갈아엎은 것이다.

하지만 국권 상실 이후 독립은 새로운 의미로 다가왔다. 그래서 1919년 3월 22일, 시민들이 서울역에서 출발해 독립문까지 만세 시위 행진을 벌이고, 독립문 앞에서 대한 독립을 기필코 이루자고 결의한 뒤 해산하기도 했다. 1979년에는 숭례문처럼 차도의 한가운데 있던 독립문을 헐고 70미터 정도 떨어진 인도에 다시 세웠는데, 금화터널과 현저고가차도 공사 때문이었다. 유물의 보존보다 실용을 앞세우는 박정희 정권의 스타일다운 조치였지만, 이후 독립문은 가까이에서 볼 수 있게 됐고 서울시는 그 일대를 '독립공원'으로 꾸며 3·1독립선언기념탑, 순국선열추념탑 등을 세워서 일제로부터의 독립이라는 의미를 부여했다. 문재인은 2012년 독립문 앞에서 대통령 출마 선언을 하고, 2018년에는 3·1 운동 99주년을 맞아 이곳에서 행진과 독립 만세 삼창을 하기도 했다. 왕실의 무덤이 일제의 손으로 공원이 되었다가 다시 애국 열사들의 묘지가 된 것처럼 묘한 '역사 고쳐 쓰기'라고 할까.

한국의 바스티유, 서대문형무소

문재인 대통령이 벌인 3·1 기념행진은 서대문형무소 역사관에서 출발해 독립문까지 걷는 것이었다. 이 역사관은 독립공원의 일부이며 처절하고 음산했던 역사를 간직하고 있는 곳이다. 1908년에 경성감옥으로 세워졌는데, 사실상 의병 감옥이었다. 을사조약으로 사방에서 일어나고 있던 의병을 붙잡아서 가두고 고문할 장소가 필요했기 때문이다. 1년 뒤 연창수가 처형된 것을 시작으로(근대 한국 최초의 정치범 처형이었다) 국권 상실까지 수십 명의 의병 지도자들이 처형되거나 옥사했다. 서대문형무소 내부는 이미 대한제국의 주권이 털끝만큼도 미치지 않는, '먼저 온 일제강점기'였다.

일제 내내 상황은 비슷했다. 김구, 손병희, 한용운, 여운형 등이 이곳을 거쳤고 유관순, 강우규 등은 이곳에서 죽었다. 강우규는 처형, 유관순은 옥사였다. 안창호도 고난의 수감 생활로 병이 생겨 출옥 후 사망했다. 김구는 "옥사 면적에 비해 사람들이 너무 많이 수용되어, 발 뻗을 틈조차 없었다. 자다가 몸이라도 뒤척이면 옆 사람의 비명이 들렸다"라고 회상한다.

해방 뒤에도 서대문형무소는 정치범들을 억압하기 위한 공간으로 종종 활용되었다. 대통령 후보로 나서서 이승만과 겨루기도 했던 조봉암이 1959년에 여기서 처형되었다. 이유는 '평화통일을 주장함으로써 북괴에 동조'했다는 것이었다. 정권에 의한 사법 살인이었다. 똑같은 사법 살인은 1975년에도 있었다. 유신정권은 제2차 인혁당 사건을 조작하여 32명을 서대문형무소에 가두고, 그중 8명을 이곳에서 죽였다. 리영희, 문익환 등 민주화 운동의 중심인물들도 이곳에 있었다. 대한민국에서도 이곳의 열악한 환경은 별로 나아지지 않았던지, 리영희는 "몸을 간신히 누일 공간밖에 주어지지 않았다. 마치 관 속에 들어간 듯했다. 화장실 바로 옆에서 밥을 먹어야 했기에, 구더기들이 음식 위로 우글거렸다"라고 썼다.

서울

보존되어 공개 중인 옛 서대문형무소 내부

    100년 동안 정치 탄압과 인권 유린의 현장이 되면서 한국의 바스티유라는 별명까지 얻었던 서대문형무소는 전두환 정권에 의해 닫히고, 노태우 정권에 의해 독립공원의 일부가 되었다. 닫은 까닭은 서울올림픽대회 때문이었다. 세계가 서울로 모이는 마당에 악명 높은 혐오 시설을 서울에 놔두기가 꺼려진 것이다. 노태우 정권은 이곳을 역사관으로 만들면서 독립운동 관련 테마에만 집중하고 민주화 운동의 역사는 거의 다루지 않아서 절반의 역사 왜곡이라는 비판을 받았다.

도시 괴담이 남아 있는 거리

일제는 이 권역에 서대문형무소 말고도 혐오 시설을 여럿 지었다. 현저동에는 도축장이 있었고, 홍제동에는 화장터가 있었다. '경성의 화려함을 위한 뒤치다꺼리를 하는 곳' 취급을 받는 게 분했던지 주민들이 이런 시설들을 옮겨 달라는 단체 민원을 넣기도 했다. 하지만 서대문구를 만든 것도 일제였다.

일제는 1943년에 경성을 종로구, 중구, 용산구, 서대문구, 동대문구, 성동구, 영등포구의 7구 체제로 개편했다. 이듬해에는 경기도 연희면 일부를 경성부로 편입하고, 마포구를 신설했다. 마포구는 한강을 끼고 있는데, 1978년 그 하중도인 난지도를 쓰레기 매립장으로 지정하고 1993년까지 서울과 그 인근 도시에서 나오는 모든 쓰레기를 이곳에 매립함으로써 '피라미드의 33배 규모'라는 어마어마한 쓰레기 산이 만들어지게 되었다. 일제 못지않게, 해방 뒤에도 이 권역에 대한 대접이 험했던 셈이다.

본래는 난초와 지초가 아름답게 피어서 난지도라 불렸으며 유원지로 활용되던 난지도가 세계에서도 유래를 찾아볼 수 없는 고약한 섬이 되어버렸다. 이후 이곳을 포장하고 치장해서 '월드컵공원'을 조성하기는 했다. 그래도 한동안 봄철이면 오물 냄새가 인근에 퍼졌으며, 이곳에서 발생하는 눈에 보이지 않는 오염물질이 건강을 해치니 절대 놀러 가면 안 된다는 '도시 괴담'이 아직도 있다.

월드컵공원 안 하늘공원　해바라기가 만발한 공원의 모습. 쓰레기섬이던 과거가 거짓말처럼 느껴진다.

마포구와 서대문구가 나뉘는 쪽에는 1933년에 이화여전이 이전해 와서 1886년부터 그곳에 있던 연희전문과 함께 '대학촌'을 이뤘다. 언젠가부터 신촌이라 불리게 된 그곳은 1960년에 서강대학교까지 들어서면서 젊은이의 거리가 되어 지성과 감성으로 채워지고 있다. 연희면과 연희전문의 이름의 기원은 조선 초에 세워진 별궁, 연희궁에 있다. 연희궁에는 정종이 양위 후 머물렀다고 하며, 연산군이 화려하게 개축하여 유락의 장소로 삼았다가 이후 헐어버렸다. 영조는 그 자리에 사도세자의 생모, 영빈 이씨의 묘원을 조성했다. 일제강점기 이후 연희동이 부촌으로 올라서고, 전두환의

사저도 이곳에 있었기에 그를 단죄해야 한다는 목소리가 한창 높던 때 그의 사저를 연희궁이라 부르며 그 앞에서 연일 시위가 벌어지기도 했었다.

1949년부터 1973년까지 고양군에 속해 있던 북쪽 지역이 꾸준히 이 권역에 포함되었고, 1979년에 은평구로 분리되었다. 산악지형으로 농업이 최선이던 시절에는 그리 인기가 없던 이곳은 북에서 오는 무장 세력을 대비한 수도 방위적 의미가 컸다. 대표적으로 1623년에 김류, 이귀 등이 이곳의 창의문을 부수고 도성으로 쳐들어가 인조반정을 이루었으며, 그들이 칼을 씻었다는 창의문 근처의 정자가 세검정이라고 한다. 그리고 1968년에는 김신조 등 북한 공작대원 31명이 박정희 대통령을 암살하려다 세검정 쪽에서 전투를 벌이고 김신조만 살아남았다. 이러다 보니 이곳은 지금 전국에서 가장 많은 군부대가 밀집해 있는 지역이다. 그래서 강남이나 분당, 수지 등 서울 남부의 경기도 신도시들에 비해 발전이 더디다는 불평이 많다. 구파발에서 독립문으로 이르는 길은 수백 년 전이나 지금이나 외길이어서, 도심으로 접근하기가 쉽지 않은 점도 이 권역의 문제점으로 남아 있다.

왕후들의 능과 혁명의 권역

성의 북쪽에 있어 성북구다. 이 권역도 고려 남경의 후보지였다가 탈락한 뒤 그 외곽 지역이 되었다. 숭신방이라는 이름으로 조선 한양의 성저십리 중 하나였다.

1395년에는 무학이 봉국사를 창건했다. 정도 논쟁 관련 전설과는 다르게 조선의 무궁한 발전을 축원하기 위해서라고 한다. 그는 이듬해에 영도사도 창건했다. 1400년에는 이곳에 선잠단을 쌓고, 매년 누에 농사가 잘되기를 비는 선잠제를 올렸다. 1409년에는 태조의 계비인 신덕왕후 강씨의 능이 조성되었는데 처음에는 안암동에 터를 잡았다가 지금의 정릉동으로 옮겨 정릉貞陵이 되었다. 당시의 임금은 태종으로, 그는 계모이며 정적이었던 그녀에게 뒤끝이 있었다. 그래서 유지 보수를 전혀 하지 않았을뿐더러 청계천 광통교가 무너지자 정릉의 석물을 가져다 고쳐 깎아서 새 돌다리를 만들도록 하는 등 파손에 앞장섰다. 이후 무슨 잡초만 만발한 언덕배기처럼 방치되었다가 1669년 이후 겨우 손질을 해서 오늘에 이른다. 이때 정릉에서 성대한 제사를 지냈는데, 그날 정릉 일대에 많은 비가 쏟아져서 사람들이 이를 세원지우洗寃之雨(신덕왕후의 원을 씻어주는 비)라고 불렀다고 한다.

또한 중종의 계비 문정왕후의 능인 태릉泰陵도 여기에 있다. 두

정릉 전경 신덕왕후의 여한이 서린 곳이다.

여성 모두 성격이 강했고 정치적 센스가 뛰어났다. 신덕왕후는 태종 이방원과의 정쟁에서 패배했으나 문정왕후는 승리해 사망할 때까지 사실상 여왕처럼 군림할 수 있었음이 차이랄까.

훗날 박정희는 태릉 주변에 국가대표 선수촌과 육군사관학교가 들어서게 하여, 이 권역에서 자신이 아끼고 중시하는 엘리트들이 자라나도록 했다. 두 엘리트 교육-훈련기관이 자리하고 있는 길의 이름은 화랑로다.

박정희의 이상이자 꿈이었던 젊은 엘리트의 전형인 화랑. 박정희 때 붙은 길 이름은 아니나, 육사의 별칭이 화랑대였기에 생긴 이름이다.

한편 이곳은 독재정권에 맞선 학생운동의 진원지라는 자부심이 있다. 이 권역에 있는 고려대학교 학생들이 4월 18일에 부정선거 규탄 시위를 벌이다 동원된 폭력배들에게 피습되었다. 이 일이 서울에서 4·19 혁명이 일어나게끔 촉발했다. 이를 감안했는지 1962년에 성북구 수유동에 4월학생혁명기념탑과 희생자 묘지가 건립되었다. 이 권역에는 고려대 외에 국민대, 한성대, 성신여대, 동덕여대, 덕성여대 등 대학교가 많으며 종로-중구 권역의 성균관대와도 가깝다. 서대문 권역의 신촌 같은 대학촌은 없으나 서울에서 가장 대학생들이 많은 권역 중 하나다.

국립 4·19민주묘지 비석

성북동 비둘기는 어디로 갔을까?

성북구는 일제강점기 때 이미 고급주택지 등으로 개발된 구역
과 20세기가 저물기 전에야 비로소 개발된 구역이 뒤섞여 있다.
1960년대 말에는 북한산 자락에 들어찬 무허가 주택들을 철거하
고 주택 단지를 새로 만드느라 도시 개발이 한창이었다. 그때 매일

같이 들리는 소음과 먼지, 제대로 된 대책 없이 밀려난 원주민들의 탄식 등에 질려 성북동에 살던 김광섭은 그의 대표작이 될 「성북동 비둘기」를 썼다.

성북동 산에 번지가 새로 생기면서

본래 살던 성북동 비둘기만이 번지가 없어졌다

새벽부터 돌 깨는 산울림에 떨다가

가슴에 금이 갔다

그래도 성북동 비둘기는

하느님의 광장 같은 새파란 아침 하늘에

성북동 주민에게 축복의 메시지나 전하듯

성북동 하늘을 한 바퀴 휘 돈다

성북동 메마른 골짜기에는

조용히 앉아 콩알 하나 찍어 먹을

널찍한 마당은커녕 가는 데마다

채석장 포성이 메아리쳐서

피난하듯 지붕에 올라앉아

아침 구공탄 굴뚝 연기에서 향수를 느끼다가

산 1번지 채석장에 도로 가서

금방 따낸 돌 온기에 입을 닦는다

예전에는 사람을 성자처럼 보고

사람 가까이서

사람과 같이 사랑하고

사람과 같이 평화를 즐기던

사랑과 평화의 새 비둘기는

이제 산도 잃고 사람도 잃고

사랑과 평화의 사상까지

낳지 못하는 쫓기는 새가 되었다

- 김광섭, 「성북동 비둘기」

　　무주택 주민을 쫓아낸 성북동은 이후 서울, 아니 대한민국 최고의 부촌이 되었다. 1970년대 초고도 경제성장의 혜택을 입은 재벌가와 고위 관료들이 이곳에 둥지를 틀었고, 각국 대사관도 용산구에 이어 이곳에 많이 들어섰다. 집인지 궁전인지 모를 거대한 주택과 대궐 담보다 2배는 높은 돌담이 있다. 그곳에서는 가정부가 중형차를 타고 백화점에 장을 보러 다닌다는 소문이 돌곤 했다. 지금은 재벌 1세대만이 그곳에서 계속 살며 그 후계자들은 강남 등지로 나가서 살짝 시대에 뒤져 가는 감이 있으나 아직도 최고 부촌의 자존심을 유지하고 있다. 한편 비슷하게 개발되어 부촌 대열에 들었으나 이후 부동산 개발 대책이 꼬이면서 철거된 집터만 잔뜩 남아 을씨년스러워진 장위동 같은 곳도 있다.

2020년의 장위동 뉴타운 사업이 진행 중이다.

1973년에 성북구에서 도봉구가 갈라져 나왔다. 1988년에는 노
원구가, 1995년에 강북구가 도봉구에서 분리돼 나왔다. 1980년
대 중반에서 1990년대 중반까지 이 권역을 종단하는 지하철 4호
선이 뚫리고 1990년대 상계동을 중심으로 하는 아파트 단지 개발
과 2000년대 속칭 미아리 텍사스 철거와 재개발 등이 이루어짐으
로써 상대적으로 낙후되어 있던 성북구 권역은 서울 아파트 공화
국의 마지막 영토처럼 되었다. 그러나 그 과정에서 또 얼마나 많은
성북동 비둘기가 여한을 품었던가. 이 권역은 앞으로 학교와 집이

많은 땅 이외의 정체성을 만들어갈 수 있을까. 그것은 현대판 화랑이나 재벌 3세 같은 초엘리트의 꿈일까, 아니면 현실에 굽히지 않고 정의를 부르짖는 젊은 그들의 야성일까.

청년이 분신할 수밖에 없었던 이유

동대문 권역은 서대문 권역과 마찬가지로 동대문 밖에 있는 성
저십리로 인창방을 이루다가 일제강점기를 거치며 동대문구와 성
동구가 되었다. 이 권역은 해방 뒤에는 지금의 강동, 강남 권역에
해당되는 지역까지 모두 성동구로 관할하게 되어, 1975년까지는
그야말로 서울 동남쪽을 온통 아우르고 있었다. 그러다가 1975년
강남구가 분리되고 강동구는 강남구에서 1979년 분리되었다. 다
시 1988년에는 중랑구가, 1995년에는 광진구가 분리되어 나갔다.

조선 조정은 동아시아 전통에 따라 동교와 서교를 두었다. 성저
십리의 경계지를 놓고 서대문 권역의 홍제원을 서교, 동대문 권역
의 왕십리를 동교로 보았다. 두 곳에서는 전염병이 심하거나 가뭄

이 들었거나 할 때 왕이 직접 주재하는 제사를 올리고는 했다. 천하의 중심인 도성에서 관장하는 온 나라의 안녕과 행복을 바라기 위한 거점인 셈이었다. 왕십리의 경우 무학이 새 도읍지를 찾다가 여기에 이르렀을 때 '십 리만 더 가면往十里 된다'는 선인의 계시를 받아 붙여진 이름이라고 한다. 하지만 고려 때 이미 이곳을 왕심리王深里라 불렀다는 이야기도 있어 설득력이 높지는 않다. 조선왕조는 이 권역에 태조의 건원릉을 비롯한 아홉 능을 두어 동구릉을 이루었고, 사냥, 군사훈련, 목축지로도 활용했다.

일제는 이 권역의 동대문 주변을 먼저 스포츠 지구로 개발했다. 이곳에는 본래 서울 성곽 성벽과 훈련원이 있었는데, 일제가 모두 헐어 없앤 다음 공터로 남겨뒀다가 이런 개발을 추진했다. 1925년, 당시 왕세자였던 히로히토의 결혼을 축하한다며 경성운동장을 조성한 것이다. 야구장에다 육상 경기장, 배구장, 테니스장, 수영장 등이 함께 있는 동양 최대 규모 종합 경기장을 표방했다.

해방 후에 동대문운동장으로 이름을 바꾼 이곳은 한동안 한국 스포츠 행사의 메카이자 각종 국가 행사가 치러지는 곳으로 각광받았다. 그러나 1955년 장충체육관(개관 당시는 육군체육관)이 설립되고, 1960년 용산구 효창공원에 효창운동장이 설립되면서 육상 경기, 축구 경기, 배구 경기 등은 점점 다른 곳에서 치러지게 되었다. 결정적으로 1986년 서울아시안게임과 서울올림픽대회를 위해 잠실에 새로운 동양 최대 규모 종합운동장이 세워지면서 동대문운동장의 가치는 많이 떨어졌다. 그래서 운동장이 하나둘씩 없어지고 다른 건물로 바뀌었다. 끈질기게 남아서 1970년대 고교야구 팬들과 1980년대 프로야구 팬들의 가슴을 뛰게 했던 야구장도 2007년에 폐장되었다. 이후 그 공간을 어떻게 쓸 것인지에 대해 표류를 거듭하다가 2011년에 독특한 형태의 동대문디자인플라자, 약칭 DDP가 자리 잡았다.

동대문시장은 사실 이 권역에서 비롯되지는 않았다. 종로구의 종묘 근처에서 1905년 광장시장이 발족하면서 최초의 근대적 시장이 나타났다. 비슷한 시장이 주변에 계속 생기면서 점점 커져 동대문까지 이르러 동대문시장이라 불리게 되었다. 해방 이후 청계

동대문디자인플라자 야경 디자인 트렌드가 시작되는 복합 문화 공간이다.

천이 복개되면서 중구에서 동대문구에 이르는 청계천에 피복 공장, 봉제 공장이 들어섰다. 그런데 노동환경이 매우 열악했다. 근로기준법이 있지만 지켜지지 않았고, 저임 노동에 임금 체불, 청소년 노동에 과잉 근로, 유해 작업 환경, 성폭행까지 부정과 폐단이 셀 수가 없었다. 정치권력이 사업주의 비리 탈법을 눈감아 줄뿐더러 노동자들의 단체행동권을 '빨갱이'스럽다며 억압하고 있었기 때문이었다.

1970년, 평화시장 봉제 노동자로 일하던 전태일이 이런 현실을 정면으로 거부하고 나섰다. 그는 처음에는 동대문구청에, 나중에는 노동청에 진정을 넣고 대통령에게까지 탄원서를 보냈으나 소용이 없자 결국 11월 13일, 근로기준법 책을 불사른 다음 스스로의 몸에 석유를 붓고 평화시장 앞길에서 분신했다. "근로기준법을 지켜라!" 결코 과격하지도 급진적이지도 않은 이 요구가 무시되던 현실은 그의 젊은 생명을 태움으로써 비로소 조금씩 개선되기 시작했다. 오늘날 그가 분신했던 청

전태일 동상 청계천 8가 전태일다리에 있다.

계천로 274번지에 그의 동상이 서 있으며, 기념관도 세워져 있다. 그리고 동대문시장은 밀리오레, 두산타워 등 패션·의류·주얼리에 중점을 둔 복합 쇼핑몰들이 들어서고, 동대문디자인플라자도 생겨 패션 디자인의 메카로 거듭나 있다.

동물 친화적인 교통의 요지

근대화된 서울에서 교통의 요지는 서울역과 청량리역이었다. 본래 중국과 오가는 교통의 요지였던 서대문 권역은 일제 때는 한 강 수로에 역할을 빼앗겼고, 해방 후에는 북한과의 근접성 때문에 교통망이 확장되지 못했다. 반면 동대문 권역은 일본에서 영남을 거쳐 올라오는 사람과 물자를 받아들이는 중요한 관문으로 거듭났다. 1911년에 경원선으로 업무를 시작한 청량리역은 1939년 중앙선과 경춘선이 연결되고 해방 후에는 지하철과 도시 철도망도 소화하면서 서울 교통의 요지 중의 요지가 된다. 이후 1989년에는 동서울종합터미널도 이 권역에 생겨나서 동남권 교통 수송이 분담되어 청량리의 교통 부담량은 분산되었지만, 여전히 중요하다. 목동에서 출발해 강북을 횡단하는 경전철의 시종착지가 될 예정이기도 하다. 어색한 짧은 머리를 만지며 입영 열차를 타러 가는 신병들이나, 경주 등으로 신혼여행을 떠나는 신혼부부들의 새 출발을

1914년 청량리역 오래된 세월만큼 중요한 교통수단의 역할을 톡톡히 했다.

수없이 많이 지켜본 청량리역이다.

조선 시대부터 『동국여지』에는 "동교 일대는 비옥한 들판이 펼쳐져 있어 가축을 기르기에 알맞다"라고 여겨졌다. 이에 따라 조선 후기에는 말 목장이 왕십리 일대에 있었다. 1909년, 동양척식주식회사는 뚝섬에 목장을 설치했다. 이는 1954년 뚝섬 경마장으로 이어지는데, 사실 한반도 최초의 경마장도 이 권역에 있었다. 1928년 신설동에서 문을 연 경마장으로 해방 뒤에는 폭발적인 인기를 끌었으며 이승만, 김구도 즐겨 찾았다고 한다. 그러나 6·25전쟁으로 미군이 이 땅을 비행장으로 징발하면서 장소도, 대회도 끊겨 목장이었던 뚝섬으로 이어지게 된 것이다. 그 뒤 뚝섬 경마장은 50년 동안이나 꾼들의 박수와 비명을 자아내다가, 2004년 서울시의 뚝섬을 생태 친화 공간으로 개조하는 결정에 따라 없어졌다. 또한 뚝섬에서 멀지 않은 마장동에는 축산물 시장이 들어섰다. 조선 시대부터 내려오는 서울 동부의 동물 친화적 성향이 이어졌다고 할까.

줄어도 줄어도 여전한 복합 중심 지구

1960년대와 1970년대 초, 영등포구는 성동구 이상으로 드넓은 지역을 아울렀다. 오늘날의 영등포구, 관악구, 동작구, 구로구, 금천구, 강서구, 양천구에다 강남구의 일부 지역(서초동, 양재동 등)까지 포함했다. 성동구가 서울의 동남부라면 영등포구는 서남부였는데, 이 권역은 가장 늦게 서울에 편입된 지역이라서 그만큼 시골의 냄새가 오래 남아 있었다. 1980년대 초까지도 한강을 건너며 "서울로 들어간다"라고 말하곤 했다.

특이하게, 지금의 서울에 얼마 없는 신라 시대의 유적이 있다. 금천구 시흥동의 호암산성은 관악산에서 갈려 나온 산인 금주산(호암산)에 있다. 신라가 한강 유역을 방위하기 위해 쌓았을 것으로 보이며 구조적으로 우수하여 조선 시대까지도 쓰였다. 고려 시대에는 한강 건너 용산과 함께 과주(과천)에 속했고 금천구 지명의 유래가 되는 금주衿州로 불렸다.

조선 시대에는 이 권역에서 노량진이 우선 두드러진다. 용산에서 배다리를 가설하면 바로 이어지는 곳이 노량진이었다. 그래서 정조가 화성 현륭원에 원행을 갈 때마다 지나갔다. 또 바로 옆에는 1681년에 조성된 사육신묘가 있어 모여든 백성들에게 충절과 절개에 대한 교훈을 왕이 직접 남기는 일도 있었다고 한다. 그렇다면 비슷하게 포구를 의미하는 영등포는 언제부터, 왜 쓰였을까? 사실 불확실하다. 19세기가 되어서야 영등포라 불렸던 기록이 보이는데, 노량진과는 비교할 수 없는 조그마한 나루터였던 것으로 보이므로 왜 이 넓은 권역을 싸잡아서 영등포라고 부르게 되었는지는 수수께끼다. 굳이 억측하자면 개항하면서 제물포, 부산포, 용암포 등의 항구 이름이 사람들의 입에 많이 오르내리다 보니 영등포라는 이름도 어느 결에 친숙해졌던 것 같다.

조선 시대 내내 이 권역은 시흥현에 속했다. 일제강점기인 1936년에 비로소 경성부에 편입되었으며, 1943년에 영등포구가 되었다. 다만 여의도만은 1936년까지 서대문 권역-마포에 속해 있다가 이후 영등포에 붙게 되었다.

영등포구는 경성에 속하지만 거주 인구가 많지 않고, 녹지대도 별로 없어서 농업 생산지나 유락 지구로 개발하기가 적당치 않다고 여겼다. 그래서 일제는 1930년대에 이 지역을 공업 지구로 개발한다. 일본인이 경영하는 피혁, 맥주, 제분, 금속 기업들이 이곳에 자리 잡았으며 김성수의 경성방직 등 조선인 기업들도 그 틈에 끼었다. 해방 당시에는 인천까지 연결되는 대규모 공단이 형성되어 경인 공업 지구라 불리게 된다.

해방 이후에도 크게 달라지지 않았다. 1977년 서울시가 내놓은 3핵 도시 발전 계획에 따르면 강남과 강동은 상업 지구로, 강북은 복합 지구로 삼으며 영등포 권역은 산업기능 지구로 발전시켜 나가게 되어 있었다. 그러다 보니 자연히 인구도 늘었다. 1970년대까지 영등포구는 서울에서 면적으로나 인구로나 단연 최대였다.

그렇지만 1973년에 관악구 분구를 시작으로 1977년에 강서구, 1980년에 구로구가 분리되어 나간다. 이들 세 구 역시 인구가 너무 많아서 1970년대부터 1990년대까지 동작구, 양천구, 금천구가 각각 분리된다. 본래는 마포에 속했고 그래서 한 발 먼저 서울의 일부가 되어 있었던 여의도는 그대로 영등포구에 남았다.

1980년대 말부터 산업기능 지구였던 영등포 권역의 모습도 달라진다. 국가 발전 시책이 중화학공업, 나중에는 IT산업 위주로 전개되어 이 일대의 경공업 위주 산업은 잘 맞지 않았다. 서울올림픽 대회 등을 계기로 서울에서 '굴뚝'을 없애고 더 쾌적하고 운치 있는 환경을 만들어야 한다는 생각도 많아졌기 때문이다. 경성방직의 흔적은 경방타임스퀘어라고 하는 복합 쇼핑몰에 남아 있고, 일

문래동 공장 벽에 그려진 벽화 주변과 사뭇 다른 분위기로 문래동 창작촌의 정체성을 보여준다.

본 기린맥주공장을 이어받았던 OB맥주의 흔적은 영등포공원에
남아 있다. 또한 문래동 철공소들이 문을 닫고 떠난 업소에 자연히
예술인들이 모여들어 형성된 문래동 창작촌도 있다. 그 밖의 공장
들은 대체로 사무용 빌딩이나 아파트용 부지가 되었다.

　박정희는 영등포구에서 갈라진, 서울의 정남향에 있는 관악구
와 동작구 일대에 의미심장한 변화를 가져왔다. 낙성대, 현충원,
서울대학교가 차례로 들어선 것이다. 또한 공군사관학교도 이 일

대에 있었다. 박정희와는 무관하게 1958년 설립되었다가 1985년에 청주로 이전하면서 그 자리에 보라매공원이 조성되었다. 고려 강감찬 장군을 기리는 낙성대(고려 시대에 처음 세워졌으나 폐허처럼 된 것을 거의 통째로 새로 지었다)와 국립현충원은 모두 북쪽의 침략에 맞서서 죽음으로써 나라를 지킨 호국 정신을 강조하고 현창하는 의미가 있었다. 대학로를 비롯해 여러 곳에 분산되어 있던 서울대학교 캠퍼스를 관악산 자락으로 이전–통합한 것은 국가를 이끌어갈 인재를 양성한다는 의미였다.

한편 여의도의 풍경도 크게 바꾸었다. 조선 시대까지는 목축지로, 일제강점기에서 1960년대 초까지는 비행장으로 쓰이던 이 섬에 그는 5·16광장과 국회의사당이 들어서도록 했다. 또 KBS, MBC 등 방송사들도 이쪽으로 이전케 하고, 증권거래소를 시작으로 금융기관들도 옮겼다. 또한 1970년대 초만 해도 흔치 않던 고층아파트를 시범적으로 짓고, 운영에 성공함으로써 서울의 끝없는 아파트 숲이 탄생하는 계기 또한 박정희가 마련한 것이다. 그에게 관악–동작이 '법과 행정·군사' 테마의 전시장이었다고 한다면 여의도는 '정치·경제·사회·언론' 테마의 전시장이었다고 할까.

이 권역에서 가장 늦게 발전했지만, 가장 크게 변화한 구역이 강서구와 양천구 일대다. 1963년에 경기도 김포에 속해 있어서 김포공항이었던 국제공항을 서울에 편입시키고 여의도공항의 임무를 완전히 떠맡긴 것이 시작이었다. 1980년대 목동의 신시가지가 개

여의도 국회의사당 지붕의 돔은 박정희의 희망에 따라 나중에 덧붙여졌다.

여의도 공원 연못 공원에 있는 여의정은 한국의 전통 숲을 조성해 고즈넉한 정취를 감상할 수 있는 곳이다.

발되고, 2000년대 SBS 등 언론사와 정부기관, 강북의 명문 중고등학교 등이 옮겨오면서 두 구는 단시간 내에 '을씨년스러운 촌구석'에서 '세련된 부도심지'로 탈바꿈했다. 하지만 성북 권역에서와 비슷하게 그 과정에서 원주민들의 설움과 고생이 있었고, 이 권역 전체적으로 이주 노동자들, 기초 생활 수급자들 등 사회적 약자들이 많이 거주, 생활하고 있다. 그들과 어떻게 조화를 이루면서 높은 수준의 삶의 질을 지향할 수 있는가, 그것이 이 권역의 숙제일 것이다.

대한민국의 모두가 탐하는 땅

"이럴 줄 알았으면, 빚내서 강남에 집을 사두는 건데!"

현대 한국인의 흔한 푸념이다. 문제는 이 말을 10년 전에도, 20년 전에도, 30년 전에도 흔히 들었다는 것이랄까. 그리고 어쩌면 앞으로는 이런 말이 아예 나오지 않게 될지도 모른다는(강남 집값이 더 이상 오르지 않아서라기보다, 빚을 져서 살 수 있는 수준을 뛰어넘었기에) 점이 무시무시하다.

794년, 신라 원성왕 때 봉은사가 창건되었다. 1481년에는 성종이 압구정동의 유래가 된 한명회의 정자 압구정을 한명회를 격하시키며 부수게 했다. 1495년에는 성종의 능인 선릉宣陵을 조성했다. 1562년에 중종의 정릉靖陵이 이곳으로 옮겨지며 선정릉이라 불리게 되었다. 1624년에는 인조가 이괄의 난을 피해 남쪽으로 가다가 양재역 근처에서 백성이 바치는 죽 한 그릇을 얻어먹었는데, 하도 급하다 보니 말 위에 오른 채 먹었다 하여 그 동네 이름을 말죽거리라 부르게 되었다는 전설이 나왔다. 1736년, 영조가 조선 전기에 지금의 방배동에 들어선 효령대군 묘역을 성역화하고 청권사를 건립했다.

대충 이 정도가 1960년대 이전 이 권역의 중요 역사다. 임진왜란 때 봉은사와 선정릉이 모두 불타고 파헤쳐져 역사적 유물은 지극히 적다(지금 있는 건 나중에 재건한 것들이다).

봉은사 판전 불교 경판을 보존하기 위해 지어진 건물로, 현판은 추사 김정희가 썼다고 한다.

절이 있고 능묘가 있다는 건 한적한 시골 동네였다는 말이다. 이 곳은 조선 내내 경기도 광주군에 속해 있었고, 일제강점기 때도 경성에 포함되지 않았다. 1963년에야 강남구 지역은 성동구에, 서초구 지역은 영등포구에 편입되어 서울 땅이 되었다.

그리고 이때부터 강남 개발은 시작된다. 그야말로 논밭 아니면 황무지였던 곳이 닦이고, 포장되고, 파헤쳐져서, 아파트와 빌딩이 올라가는 신시가지로 바뀐다. 왜 박정희는 강남을 개발했을까? 정권 자체가 투기를 했다는 시각이 있다. 개발의 결과로 땅값이 천문학적으로 오르자(10년 사이에 약 200배가 올랐다고 한다) 이런저런 방식으로 미리 사둔 강남 땅을 팔아서 그 돈으로 정치자금을 마련했다는 것이다. 또한 정권에 가까운 사람들은 사전 정보를 이용해 투기에 뛰어들 수 있었으므로, 정권에 대한 충성도를 더욱 높일 수도 있었다.

하지만 이것만이 이유는 아니었을 것이다. 박정희는 집권 직후부터 정부 고위층이나 서울시장 등과 서울을 발전시킬 계획을 논의했다. 그때 이미 지금의 잠실 쪽에 대규모 체육 시설을 지어 올림픽대회를 유치한다는 계획이 있었다고 한다. 그래서 서울의 규모를 확대하고, 앞서 본 영등포 권역의 테마별 개발처럼 강남 권역에서도 이를 시도했다. 그리고 영등포보다 더 백지에 가까웠던 만큼 상업 지구와 중산층 주거 지구로서의 특화 개발이 더 쉽게 진행될 수 있었다. 강북 도심에 모조리 모여 있던 정치·행정·경제·사회·문화 기능들을 한강 남쪽으로 분산시켰다는 것이다.

강남 땅값은 엄청나게 올랐다. 조그맣기로 유명한 서울 교대의 땅을 팔면 그 20배에 달하는 서울대학교 관악캠퍼스를 통째로 살 수 있다는 농담이 있다. 1960년대까지는 서울대 땅을 팔면 강남 전체를 살 수 있었을 것이다. 박정희는 강남에 제3한강교를 놓아 경부고속도로가 바로 이어지게 했다. 일제강점기까지는 거의 무의미했던 이 권역의 교통 중요성과 편리성을 급등시킨 것이다. 또한 강북의 전통 명문 중고교도 강남으로 보냈다. 당연히 집값은 더 올랐다.

민주화 이후 이 추세는 가속화되었다. 강남은 더 세련되고 더 풍요로워졌다. 1980년대 말까지만 해도 진짜 부촌은 성북동, 평창동, 한남동, 연희동 등 강북에 있었으며 강남은 중산층들의 주거지였다. 그러나 1990년대부터는 '고급진 것은 다 강남으로'라는 추세가 되면서 강남과 강북 청소년들의 패션조차 달라져 간다. 이때 유복한 집 자녀들의 자유분방한 생활을 지칭하는 말로 압구정동 야타족이 생겼다. "강북에 가보면 사람들이나 거리가 다 촌스럽더라"라고 흥보는 강남 청소년들 이야기가 나온 것도 이때다. 1994년 성수대교 붕괴, 1995년 삼풍백화점 붕괴도 이런 추세를 막지는 못했다. 다주택자 부동산 투기를 억제하고 강남 재개발을 틀어막자, '똘똘한 한 채' 개념이 나와서 잔뜩 노후하여 툭하면 엘리베이터가 멈추고 물이 끊기는데도 불구하고 강남 아파트값은 더

강남대로 고층 빌딩이 줄지어 서 있다. 이 길을 중심으로 강남구와 서초구가 연결되어 있다.

욱 뛰었다. 서울 외곽에 신도시들을 건설했더니 강남과 가까운 분당, 판교 등의 집값만 가파르게 올랐다. 막아도 뛰고, 풀어도 뛴다. 강남 집값은 이미 '경로 의존'에 접어든 것이다.

　민주화 이후 본의 아니게 대구가 보수의 본거지가 되고, 광주는 진보의 본거지가 되었다면 서울 강남은 자유의 본거지가 되었다. 이곳에서는 한동안 김영삼 계열의 야당을 밀었다. 그러다가 1990년 3당 합당으로 구 권위주의 세력과 자유민주주의를 지향하던 보수 야당 세력이 합쳐지자, 내내 그쪽만 밀고 있다. 강남 주민들은 급

서울

진적인 변화를 우려한다. 국가가 사회와 경제에 적극 개입하는 일도 마땅찮아한다. 그렇다고 꼭 막힌 기득권자들은 아니며, 그들의 정체성은 대한민국보다 세계에 있다. 한국판 자유민주주의의 수호 세력이랄까. 그들은 박정희가 창조한 땅에 살지만 박정희를 좋아하지 않는다. 민주화 운동의 가치를 부정하지 않으나 진보 좌파에 대해서는 백안시한다. 그들이 과연 이 시대, 이 나라의 메인스트림일까? 지금 한창 화두가 되는 공정이라는 물음의 정답은 누구나 살고 싶은 곳에 살 수 있는 것일까, 부모가 살던 곳 덕을 보는 일은 없어야 하는 것일까, 아니면 어디에 살든 차별받지 않는 대신 특혜도 얻지 않는 것일까?

> 종로에는 사과나무를 심어보자
> 그 길에서 꿈을 꾸며 걸어가리라
> 을지로에는 감나무를 심어보자
> 감이 익을 무렵 사랑도 익어가리라
> 아아 아아 우리의 서울 우리의 서울
> 거리마다 푸른 꿈이 넘쳐흐르는
> 아름다운 서울을 사랑하리라
>
> – 이용, 「서울」

이별을 알면서도 사랑에 빠지고

차 한 잔을 함께 마셔도 기쁨에 떨렸네

내 인생에 영원히 남을 화려한 축제여

눈물 속에서 멀어져 가는 그대여

서울 서울 서울 아름다운 이 거리

서울 서울 서울 그리움이 남는 곳

서울 서울 서울 사랑으로 남으리

오 오 오 never forget of my lover 서울

– 조용필, 「서울 서울 서울」

서울올림픽대회라는 대한민국의 유례없는 행사를 앞두고 서울을 노래하는 곡들이 쏟아져 나왔다. 당시의 서울은 희망이었다. 경제 발전을 이루고 이제는 민주주의도 이뤄내어 정말 선진국이 될수 있겠다는 희망이었다. 식민지와 전쟁의 아픈 상처를 이겨낸 서울은 자랑이었다. 세계 어디에 내놔도 부끄럽지 않으며 올림픽을 치르는 국제도시로서 서울은 서울 시민만이 아니라 한국인의 긍지였다. 2023년, 지금 서울은 우리에게 무엇인가? 이제는 양적 발전을 멈추고 내실을 기해야 한다는 목소리도 있다. 서울 공화국을 마감해야 한다, 과감하게 많은 것을 지방으로 내려보내야 한다는 주장도 있다. 과연 무엇이 서울의 소울Soul을 살리는 솔루션Solution일것인가. 대통령, 서울시장, 서울 시민만이 아니라, 대한민국과 모든 한반도의 사람들이 고민하지 않을 수 없다.

서울올림픽대회 폐막식의 불꽃놀이

02

수원

정조의 꿈이 담긴 물의 도시

경기도 도청 소재지인 수원특례시의 면적은 121제곱킬로미터다. 대한
민국 도시 중 71위로 면적으로만 보면 대도시 같지 않다. 사실 경기
남부의 도시들이 대체로 이렇다. 면적은 작은데 인구는 많다. 수원시
인구는 약 120만 명으로 대한민국 7위이며 울산보다 많아서 사실상
특별 · 광역시급이다.

대대로 이어져 온 물 많은 고을

고대에서 중세, 근세로 이어지며 이름이 여러 가지로 뒤바뀐 도시들이 많은데 수원은 의외로 일관성이 있었다. 물론 그렇다고 해서 처음부터 지금까지 쭉 '수원'이라는 이름으로 불린 것은 아니었다.

처음 보이는 이름은 마한의 모수국牟水國이며, 백제로 넘어가서 모수성이 된 다음 광개토태왕이 4세기 말에 한강 유역의 백제 땅들을 빼앗을 때 고구려로 넘어가 매홀군買忽郡이라 불리게 된다. 그런데 '모수'는 '벌(들판)의 물'이며, '매홀'은 '물의 벌'이라 사실상 같은 뜻이다. 결국 '수원水原(물의 벌)'이라는 뜻이 고대부터 지금까지 이어졌으니(신라 경덕왕은 수성水城, 왕건은 수주水州라 하여 조금 다르지만 그래도 물 많은 고을이라는 뜻은 이어진 셈이다) 한국사에서는

광교호수공원 호수와 가까이 놓인 산책로가 야경과 한데 어우러진다.

매우 진귀한 예다. 지금 봐도 수원 경내에는 호수가 2곳, 저수지가 5곳이라 물이 많은 도시다운데 과거에는 더했던 것일까?

지금은 크게 와닿지 않지만 전근대 시대에는 도시가 도호부인지, 부인지, 목인지, 군 아니면 현인지가 꽤 중요한 문제였다. 세입 및 세출 등의 규모가 달라지고, 그에 따라 번성하기도 퇴락하기도 했기 때문이다. 그런데 고려 시대에 수원의 변천은 좀 계면쩍다. 처음 건국 과정에서 김칠과 최승규 등 200여 명이 후백제를 배반한 뒤 왕건에게 항복하고 그와 함께 싸워 수주라는 이름을 얻으며 군에서 주로 승격되었다. 이후 1271년에 몽골군과 용감히 싸워 물리쳤다 해서 비로소 수원이라 불리며 도호부가 되었다. 그런데 사실 고을 사람들이 몽골군을 물리친 곳은 안산의 대부도였다. 당시는 안산이 수원의 속현이었던 것이다. 그래서 어찌 보면 수원은 꽤나 떨어진 섬사람들의 분전 덕에 일급 도시로 승격했다. 약 100년 뒤인 1362년에는 홍건적에 맞서 싸워보지도 않고 날름 항복하여 근처 고을들이 도미노 쓰러지듯 점령당하게 만들었다. 당시 복주(안동)에 피란 가 있던 공민왕은 이를 괘씸하게 여겨 개성으로 돌아온 뒤 안동과 안성(작은 고을임에도 항복하지 않고 열심히 싸웠다)을 승격시키는 한편 수원은 군으로 강등했다. 얼마 뒤 다시 수원부가 되었는데, 고을 사람들이 조정에 뇌물을 썼기 때문이라고 한다. 바야흐로 고려가 망해가던 때라 그런 일도 가능했던 것일까. 하지만 진짜 원인은 경기 방어에 수원이 매우 중요했기 때문일지도 모른다.

조선조로 넘어와서 수원의 격은 또다시 올라갔다 내려가기를 반복했다. 하지만 경기 남부의 수도 안보 중심지로서의 입지는 더욱 굳어졌다. 수도가 고려 때보다 수원에 가까워졌으니 그럴 수밖에 없었다.

들이 넓고 비옥하며 병졸이 많으니 실로 한강 남쪽의 큰 진이다.

－『세종실록』

수원은 기전畿甸의 큰 고을로 밖으로는 양호兩湖를 막고 안으로 서울을 보호하니 실로 한 도의 큰 도회인 동시에 적을 막는 요충지이다.

-『선조실록』

『동국여지지』에서 "풍속이 농사에 힘쓰고, 또 활쏘기에 힘쓴다"라고 언급한 점도 조선 시대 수원의 특성을 보여준다. 농업이 발달한 고장인 동시에 백성들에게 군사훈련을 틈틈이 시켰던 것이다. 17세기 이후에는 총융사摠戎使의 지휘를 받는 8000명의 병력을 상주시켰다. 궁궐에서 급히 쓸 쌀이 모자랄 때도, 병사가 모자랄 때도 수원에서 올려 보내게 했다.

그만큼 수도 안보에 중요한 지역이었기에 왜란과 호란 때 모두 수원에서 관할하는 경기 남부는 중요한 전쟁터가 되었다. 1592년 6월에는 광교산 자락(용인시)에서 전투가 벌어졌다. 전라도 순찰사 이광이 이끄는 삼도근왕군 수만 명이 와키자카 야스하루가 이끄는 불과 1600여 명의 왜군에 참패했다. 총 병력만 많았지 조율이 안 되는 여러 지방의 병력들을 엉성하게 지휘하다 빚은 참사였다. 하지만 그해 12월에는 지금의 오산시에 속하는 독성산성에서 권율이 전라도에서 끌고 온 병력으로 맞서 싸워 왜군을 물리쳤다.

1637년, 이번에는 광교산 자락에 북쪽 군대가 몰려왔다. 전라병사 김준용이 이끄는 조선군과 의병 3000여 명이 슈무루 양구리가 이끄는 2만 명 이상의 청나라 군대를 효과적으로 기습, 양구리를 전사시키고 대승을 거두었다. 왜란의 광교산전투가 왜란 전체의 최대 패배 중 하나였다면, 호란의 광교산전투는 최대의 승리 중 하나였다. 그처럼 명암이 갈린 이유에는 지휘관의 역량과 지형의 활용 등 여러 요소가 있었다. 그러나 왜란 때는 각지에서 올라온 군대가 서로 부대끼며 혼란스러웠던 반면, 호란 때는 수원 주둔군과 수원 현지 민병들이 한 몸이 되어 싸웠다는 점이 가장 주된 이유였을 것이다.

정조, 화성을 꿈꾸다

그리고 이러한 군사적 중요성은 정조가 수원 화성을 쌓는 명목으로 작용했다. 정조는 아버지 사도세자의 묘역으로, 군사적 중요 거점으로, 그리고 새로운 수도의 후보지로 수원을 중요한 도시라 여겼다. 수원은 본래 읍성을 갖추고 있었고, 권율의 독성산성전투 이후 새로 증축해 부성을 쌓기도 했다. 하지만 정조 시기에는 대부분 무너져 있었다. 따라서 새로 견고한 성곽을 쌓아서 수도 방위에 만전을 기한다는 명분은 충분했다. 이에 앞서 정조는 수원을 성도 聖都로 만들기 위한 첫 수를 성城이 아니라 묘墓로 둔다. 바로 자신의 아버지 사도세자의 묘역을 수원으로 정한 것이다.

내가 수원에 뜻을 둔 것이 이미 오래라, 널리 따지고 자세히 살핀 것이 몇 년인지 모른다. 그곳에 대한 옥룡자의 비평도 있는데, 그의 말에 '용이 여의주를 희롱하는 형국이다. 참으로 복룡대지福龍大地로서 용龍이나 혈穴이나 지질이나 물이 더없이 좋고 아름다우니 참으로 천 리에 다시없는 자리이며, 천 년에 한 번 만날까 말까 한 자리이다' 하였다. 이곳이야말로 주자께서 말씀하신 이른바 '종묘가 영구히 혈식을 받을 만한 땅'이 아닌가. (…) 과인의 뜻은 이미 수원으로 정하였다. 지금 경들을 대하여 속에 오래 쌓아둔 말을 하는 것이다. 참으로 하늘의 뜻과 신명의 도움이 암암리에 계신 게 아니겠는가.

- 『정조실록』

1789년, 정조가 재위한 지 13년이나 지나 둔 첫 수였다. 그럼에도 잔뜩 신중을 기해 주자의 발언에다 천 년 전의 도선이 남겼다는 평가까지 동원해 수원으로 정하자고 신하들에게 읍소하다시피 말하고 있다. 정조가 이렇게까지 조심스럽게 첫 수를 둔 까닭은 공식적으로 그의 아버지는 할아버지가 처벌한 죄인이며, 그는 죄인의 아들이라는 멍에를 쓰고 있었기 때문이다. 성공한 아들이 돌아가신 아버지를 높이는 일은 유교적으로 마땅했다. 하지만 할아버지의 뜻이자 전대 왕의 뜻을 뒤엎는 일은 반대로 마땅치 않았기에, 정조는 온갖 머리를 굴리며 조심조심 차근차근 사도세자를 복권해 왔다. 일단 즉위한 다음 해(1777년)에 사도세자가 묻힌 묘소 이름을 수은묘垂恩墓에서 영우원永祐園으로 올리고, 위패를 모신 수은묘垂恩廟는 경모궁景慕宮으로 올렸다. 묘墓나 묘廟는 어려서 정식 이름도 없을 때 죽었거나 상서롭지 못하게 죽은 왕자의 무덤 혹은 사당에 붙이는 최하급 명칭이었기에 일단 왕의 아버지로서 최소한의 존숭을 한 것이다. 7년 뒤에는 마침 자신의 아들(문효세자)을 세자 책봉하는 때를 이용해 어머니인 혜경궁 홍씨에게도 홍인경지弘仁景祉라는 존호를 함께 올렸다. 그리고 5년을 더 기다린 다음 지금의 서울 동대문구 휘경동에 묻혀 있던 사도세자를 보다 번듯한 묘소로 옮기는 조치를 취한 것이다.

그런데 정조가 지정한 사도세자의 새 묏자리 현륭원顯隆園은 하필 수원의 읍치 바로 뒤편이었다. 우연히 그곳이 길지였는지 혹은 계획대로였는지는 몰라도 능원과 관공서가 붙어 있을 수는 없으니 읍치가 옮겨가야 했다. 그리하여 정조는 팔달산 아래쪽에 새 읍치를 정하고 곧바로 행궁을 지었으며 "이제 해마다 이곳에 내려와 참배하고 수원과 그 주변 고을 사람들을 위한 과거도 따로 실시하겠다"라고 선언했다. 그리고 실제로 이행했다. 수원을 향한 능행에는 종전에 필요 없던 한강을 건너야만 했는데, 이에 따라 능행 때마다 한강에 배다리를 놓고 주교사라는 관청을 새로 마련하여 배다리 건설과 해체를 관리하게 했다. 이때 배다리의 효율적인 설계 방안을 제시해 정조의 눈에 띈 청년이 바로 정약용이다. 정조는 수학과 기술에 관한 그의 비범함을 알아보고, 화성을 세울 때 그에게 중요한 역할을 맡겼다. 정약용은 왕실 비고에서 꺼내 본 『기기도설』에서 서양 과학기술을 파악하고 거중기를 발명하여 화성 건설을 상당히 순조롭게 만들었다.

정조는 1785년에 호위대 명목으로 장용영을 만들었다. 그리고 왕의 호위를 직접 맡는 내영은 한양에, 외영은 수영에 두게 하여 자신이 수족처럼 부릴 수 있게 했고, 새 성도를 방위할 수 있는 정예 병력부터 확보했다. 1792년에는 무너진 독성산성을 새로 수축했다. 마침내 1793년에 수원부를 화성華城이라 바꾸고 부사보다

수원 화성 푸른색 깃발은 이곳이 성의 동쪽이라는 뜻이다.

등급이 높은 유수가 책임을 맡도록 했다. 초대 화성 유수에 그가 가장 신임하던 재상인 채제공을 임명하고 그 이듬해에 화성 건축을 시작했다.

화성이 곧 실학이다

수원 화성은 '실학'이라 불리는 당시의 학술과 문화의 상징이자 집대성이다.

화성은 실사구시實事求是다. 일제강점기와 6·25전쟁을 거치며 화성은 화서문 일대 정도만 남고 거의 옛 모습을 잃어버렸다. 20세기에 들어와 순차적으로 복원하여 1990년대에 완성했는데, 1997년에 유네스코 세계문화유산을 신청하자 어이없다는 반응이 돌아왔다. 옛 모습 그대로 남아 있어야 세계문화유산이 되는데 대부분이 현대에 복원한 것이면서 무슨 배짱으로 신청한 것일까?

정부는 유네스코 대표를 설득해 결국 유산 등재를 이루어냈다. 그들의 눈앞에 『화성성역의궤』를 내밀었기 때문이었다. 여기는 성의 상세한 모양새와 크기, 높이, 면적 등은 물론이고, 건설에 참가한 사람 수, 사용된 벽돌 수까지 낱낱이 기재되어 있었다. 한국 정부는 '『성역의궤』에 나온 대로 만들었기 때문에 비록 복원이라 해도 옛날 그대로 정확히 재현한 것이다'라고 주장할 수 있었고, 처음엔 가당찮아 하던 유네스코의 반응은 점차 경악과 감탄으로 바뀌었다. 세계 어디를 뒤져봐도 전근대 시대에 이처럼 정확하고 세밀한 건축 기록을 남긴 사례가 없기 때문이다. 그래서 결국 복원된 건물보다 의궤와 그에 따른 복원 과정에 경의를 표하며 등재가 이루어졌다. 사실 서양에 비해 동양은 체계적이지 않다거나 뜬구름 잡는다거나 주먹구

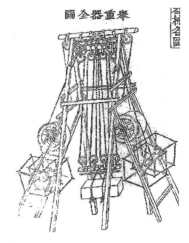

『화성성역의궤』에 실린 거중기 그림

구식으로 한다는 이미지가 있다. 특히 조선에 대해서는 그런 이미지가 더욱 강하다. 하지만 세계 어디와도 비교할 수 없는 체계성과 주도면밀함이 수원 화성에 고스란히 녹아 있었다. 사실적인 것을 중시하고, 구체적이며 정밀한 해답을 찾는 실사구시 정신이 유감없이 구현된 것이다.

화성은 이용후생利用厚生이기도 하다. 화성은 일부 구릉지를 활용하긴 했지만 기본적으로 평지성이다. 평지성은 중국이나 일본처럼 거액을 들여 수십 미터 높이의 견고한 성벽과 넓고 깊은 해자를 파지 않는 한 방어에 취약하다. 그래서 전통적으로 한국에서는 산악이라 하는 자연의 방벽을 활용한 산성 중심으로 성을 방위해 왔다. 왜란 때 한양도성과 같은 평지성은 방어력이 거의 없다는 것이

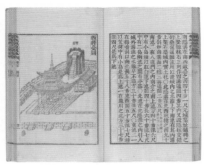

『화성성역의궤』 화성 건축의 모든 것을 담은 책으로 권수 1권, 본편 6권, 부편 3권으로 총 10권 10책이다.

증명되기도 했다.

그러나 화성은 평지성이면서도 방어의 약점을 극복하기 위해 여러 장치를 마련했다. 치성과 돈대, 적대를 요소마다 배치해 적의 이동을 여러 각도에서 감시하고, 입체적인 사격으로 적이 성벽을 뚫지 못하게 한 점은 중국의 성곽 기술을 본뜬 것이다. 암문을 마련해 적이 모르는 사이에 우리 병력을 이동할 수 있게 한 점은 전통 산성 기술을 쓴 것이다. 그 밖에도 자연석을 대충 다듬어 쌓던 전통적 방식 대신 벽돌을 다양하게 사용하여 적이 화포나 공성 도구를 쓸 때 더 잘 버티도록 하고, 일부 구릉지를 활용하면서 성벽의 경사나 누대의 각도 등을 치밀하게 조정해 방어력을 극대화했다. 쓸모가 있다면 중국의 기술이든 일본의 기술이든 갖다 쓰면서 경제적·안보적 이익을 꾀한 것이다. 이것이 이용후생 아닌가.

봉돈 불과 연기로 신호를 보내는 군사 및 교통상의 시설물. 화성 동문의 서남쪽에 있다.

또한 정조는 다만 성을 쌓는 일에만 이용후생을 적용하지 않고, 오늘날에도 대체로 남아 있는 저수지를 여러 군데 만들고 농사지을 소들을 보내 수원의 농업 역량도 크게 높였다. 이로써 소들이 많은 고장이 되고, 자연스레 소를 많이 잡게 되면서 오늘날 유명한 '수원갈비'가 탄생했다고 한다.

마지막으로 화성은 경세치용經世致用이다. 왜 멀쩡한 아버지의 묘소를 옮기고, 매년 대대적인 능행을 하고, 도시를 새로 만들면서 평지성을 쌓는단 말인가? 오직 효심에서 비롯된 일이라면 기존의 묘소를 더 크고 화려하게 개축하는 것으로 충분하다. 그랬다면 그

수원

만큼 비용도 더 적게 들지 않았을까? 경기 남부의 방위를 더 튼튼히 하기 위한 것이라면 독성산성을 강화하는 것으로 충분하지 않았을까?

못 다 이룬 천도의 꿈

정조가 수원에 상전벽해 수준의 신도시를, 그것도 당대의 모든 노력과 지력을 쏟아부어 이룩한 까닭은 그가 왕으로서 그리고 역사의 전환자로서 느낀 강한 사명감과 의지에 있었다. 그의 정치사상은 영조의 탕평을 넘는 황극皇極으로 표현된다. 군주가 천하의 중심에 서서 문물을 혁신하고 적폐를 일소하며 백성의 복지를 증진하는 역할을 한 것이다.

명목상으로는 당시의 조선 왕에게 그런 역할이 맡겨져 있었다. 그러나 한편으로는 인기 있는 장군과 신진 사대부가 손을 잡고 군신공치君臣共治의 이념에 따라 세워진 나라가 조선이 아니던가. 조선의 왕은 못할 것 없는 권한을 가졌지만, 마음대로 할 수 있는 권력은 좀처럼 갖기 어려웠다. 오죽하면 연산군이 폭주하기 전에는 자신에게 모욕을 준 내시 하나에게 곤장을 쳤다고 "군주라 해도 우리 신하들과 의논도 없이 사사로이 벌을 내리면 아니됩니다"라는 견책에 가까운 항의를 받아야 했을까?

급기야 조선 후기로 갈수록 왕이 대단치 않은 예법 문제 따위에 얽혀 힘을 못 썼다. 힘없는 백성들은 세도가들의 착취로 인해 생계를 유지하기도 힘든 지경이 되어갔다. 세도가들은 백성의 고혈을 짜면서 다른 한편으로는 국가의 힘을 갉아먹고 있었다. 강력한 왕권이 아니면 누가 이들을 억누르고, 국가와 백성에게 활력을 찾아주겠는가? 정조는 스스로를 만천명월주인옹萬川明月主人翁(온 나라와 온 생명의 주재자)이라 자임하며 '조선판 계몽 전제군주'를 꿈꾸고 있었다. 폐단이 누적된 한양에서는 그 꿈을 펴기 어려웠을 것이다.

그래서 장수왕이 평양으로 천도했듯, 루이14세가 베르사유 궁전을 지었듯, 정조는 화성을 세웠던 것이다. 당파 싸움과 불요불급한 정치 논쟁에서 탈출해, 나라와 백성에 진정으로 도움이 되는 정치를 펴기 위해선 새롭고도 완벽한 무대가 필요했다. 그는 화성을 튼튼하고 실용적일 뿐 아니라 아름답게 만들도록 지시했다.

(…) 단지 겉모양만 아름답게 꾸미고 견고하게 쌓지 않는다면 참으로 옳지 못하나, 겉모양을 아름답게 하는 것도 방어에 유익하다. 병법에 따르면 상대방의 기를 먼저 꺾는 것이 매우 유리하다. (…) 성루를 웅장하고 화려하게 꾸며서 보는 사람들의 기가 꺾이게 하면 성을 지키는 데 큰 도움이 되리라.

－『정조실록』

여기서 반론이 나온다. 그 상세하고도 치밀하다는 『화성성역의 궤』에 도읍을 구획하고 정비하는 내용(가령 새로운 종묘, 사직의 부지 설정)이 하나도 없다는 점, 화성은 아무리 봐도 한양에 비해 너무 작으며 도저히 한 나라의 도읍으로 볼 만한 규모가 못 된다는 점에서 천도론을 의심한다.

효孝라는 명분을 업은 묘소 이전만 해도 무척 신중하게 결행되었다. 조선에서는 왕이 무언가를 건설하려고 하면 그 가치가 어떻든 '백성의 부담이 크다', '폭군들은 으레 큰 공사를 벌이다 망했다'라는 식으로 일단 반대하고 보았다(가령 연산군 때, 북방의 침입에 대비해 장성을 쌓자는 논의가 나왔으나 10년이나 논의만 거듭하다 결국 무산되었다. 고구려나 고려에서라면 있을 수 없는 일이었다). 묘소 이전이나 화성 신축도 그만큼 신중해야 했는데 천도론을 꺼냈다면 어찌되었겠는가? 그래서 차근차근 일을 진행하며 새 묘소에서 행궁, 행궁에서 성으로 건축을 늘려갔다. 최종적으로는 도읍지에 맞는 건축도 추진했을 것이다. 화성은 물론 한양보다 작다. 그러나 경복궁이나 자금성을 둘러싼 성벽처럼 화성이 내성이 되고, 그 바깥으로 외성을 두르려는 계획이었다면 어떨까?

정조가 수원을 새로운 도읍으로 만들려 했다는 또 하나의 정황이 있다. 바로 수원이 마침 조선의 국교인 유교와 엮을 점이 있었고, 이것이 강조되었다는 점이다. 공자의 후예가 한국에도 있는데, 그들이 가장 처음 건너온 땅이 수원이라는 전설도 있다. 정조는

1792년에 이 점을 크게 부각시키며 궐리사闕里祠라는 자그마한 사당을 크고 위엄 있게 개축하도록 명했다.

또한 당시 조선 유학은 주리파 주자학이 헤게모니를 갖고 있었으며 그 대표적인 인물이 송자宋子로까지 존숭받는 송시열이었다. 이 송시열이 수원과 인연이 있었다. 비록 태어난 땅은 아니나, 그가 말년을 보내고

송시열 초상

숨을 거둔 땅이기 때문이다. 정조는 1778년에 그의 후손인 송덕상을 만나본 후 그를 사림의 대표라며 한껏 우대했다. 유교 시조의 핏줄이 처음 정착하고, 그 사도 바울 격인 사람의 핏줄이 살고 있는 곳. 이만하면 수원을 유교의 예루살렘은 못 돼도 베들레헴 정도로는 일컬을 수 있지 않겠는가?

새로 계획해서 만든 도시인 화성에는 정조 자신의 뿌리이며 성역인 사도세자 묘역이 있고, 조선 유교의 뿌리라고 할 수 있는 연혁도 있다. 심혈을 기울여 당대의 역량을 쏟아 지은 성곽도 있다. 이 나라의 새로운 중심이 되기에 충분하지 않은가? 그곳에 차차 건물도 더 짓고 인구도 늘리자. 그리하여 자신이 노년에 이를 즈음

그곳으로 천도하자. 정조의 계획은 완벽할 뻔했다. 유일한 계산 착오는 그가 너무 일찍 죽은 것이었다.

정조 사후에 화성은 다시 수원이 되었다. 그리고 조선 말에서 대한제국 시절에 수원은 엉뚱하게 한때 인천의 일부가 되기도 했다. 1895년의 행정 구역 개편에 따른 결과다. 하지만 역시 덩치가 큰 두 도시가 오월동주吳越同舟하는 일이 무리다 싶었던지 1년 만에 원상복귀되었다. 국권 상실 이후에 수원은 둘로 갈라져서 수원부와 수원군이 되고, 수원군은 얼마 뒤 화성군이 되어 오늘에 이른다.

일제강점기의 끔찍한 사건을
기억하는 수원 사람들

수원은 일제강점기에 안보 요충지의 기능은 잃고 농업 도시로서의 성격이 강화되었다. 통감 정치 시절인 1906년에는 수원에 권업모범장을 설치해 일본에서 개발한 품종들을 시험 재배하는 곳으로 삼았다. 이는 일제강점기로 들어서며 점점 조직과 기능을 늘려 '농사 시험장'으로서 한반도에서의 농업 개발과 농업 기술자 양성을 총괄했다. 또한 일본 굴지의 농업 기업인 히가시야마東山가 수원에 지점을 냈고, 그 외에도 가야마香山, 아오키青木 등 농업 관련 일본 기업들이 수원을 한반도에서의 본거지로 삼았다. 이러한 농업의 메카로서의 성격은 해방 후에도 이어져, 1949년 수원에 일제의 농사 시험장을 개편한 농업기술원이 들어섰다. 이는 훗날 농촌진흥청이 되었고, 2000년대에 수도권 행정기관들을 각 지방으로 분산시킬 때 전주로 내려가기 전까지 수원에 자리했다. 또한 일제 때 수원으로 옮겨진 수원고등농림학교는 서울대학교 농과대학이 되었다가 2000년대에 서울의 관악캠퍼스로 올라갔다.

그러나 수원 사람들은 일제강점기를 '농업'이 아닌 '제암리 학살 사건'으로 기억한다. 1919년 3월 31일 경성에서 시작된 3·1 운동이 수원에도 불붙었다. 정확히는 지금의 화성군인 수원군 제암리에서 장이 선 날을 기회로 만세 운동이 벌어졌다. 이것이 일본 경찰과의 충돌로 번졌고, 시위대는 경찰서에 불을 지르고 경찰들에게 돌을 던지며 맞섰다. 그러자 일제는 시위대가 많이 나온 마을을 태워버리는 등 강경하게 나왔다. 그럼에도 일제는 주모자들이 아직 대부분 잡히지 않았다는 판단에 같은 해 4월 15일 제암리 감리교회에 사람들을 모아 일제 사격했다. 그리고 교회당에 불을 질러 주민들을 몰살한 후 주변 집들까지 모두 태워버렸다.

20명 이상이 사망한 이 만행은 '석호필'이라는 한국식 이름으로 식민지 조선에서 활동하던 선교자이자 의학자인 프랭크 윌리엄 스코필드가 쓴 『끌 수 없는 불』로 국제사회에 널리 알려졌다.

정조의 꿈은 이루어질 것인가

대한민국의 수원은 경기도 도청소재지이자 수도권의 주요 도시이며 서울 남쪽에 자리하고 있다. 상대적으로 여러 지방 도시들이 겪는 인구 감소 문제 등과는 거리를 두고 있다. 다만 수원이 향후 어떻게 발전해야 하는지는 숙제로 남아 있다. 1969년 삼성전자가 매탄동에 들어선 이래 '울산이 현대의 도시라면 수원은 삼성의 도시'라는 인식이 자리 잡았으며, 따라서 농업보다 공업 우선의 도시가 될 비전도 생겼다. 하지만 2000년대 들어 삼성이 수원을 생산단지에서 연구개발단지로 바꾸며 지역 경제에 주는 혜택이 줄어들었고, 이로 인해 수원의 발전이 다소 벽에 부딪힌 듯하다.

수원은 '물의 벌'이라는 유구한 지명답게 물 순환 시스템을 일찍부터 도입했다. 대기가 건조할 때면 평상시에 모아둔 빗물을 도로에 뿌려 미세먼지를 줄이는 등 환경 친화적 도시 운영에 앞장서 왔다. 그 결과 2020년 에코 시티로도 선정되었고, 2021년 특례시로 승격한 데도 이 점이 크게 작용했다고 알려져 있다. 또한 박물관 도시로의 변신도 한때 강력히 추진되었다. 2000년대를 전후해 수원 화성을 더욱 완벽하게 복원하고자 수원 화성행궁도 2020년대까지 복원하고, 더 나아가 지금 수원 화성 내의 현대 건축물과 주거지를 모두 밀어내고 정조가 처음 세웠던 모습 그대로 화성을 복원한다는 계획을 가지고 있다.

매우 야심만만한 계획이지만 그러려면 나름대로 유서 깊은 수원제일교회나 7년 동안 수많은 예술가들이 완성해 대한민국 공간문화대상까지 받은 행궁동 벽화거리, 수원의 인사동이라 불리는 행리단길 등도 허물어야 한다. 그리고 과연 복원이라는 명분이 그토록 많은 주민과 건물들을 옮기는 비용과 불편을 감수하기에 충분할까? 정조가 다시 살아나 이 계획을 안다면 과연 기뻐할까?

"과인은 나라를 바로 세우기 위한 중심을 마련하려 했다. 하지만 그곳에 사는 주민들에게 불편을 끼치지 않고, 오히려 혜택이 되도록 애쓰며 그리했느니라. 결국 도시란 한 사람의 것이 아니라, 웅장한 건물의 것도 아니라, 그곳에 사는 사람들의 것이 아니더냐."

이렇게 말하지 않았을까. 수원의 더 나은 미래를 고민하는 사람들은 숙고해야 할 것이다.

03

공주

찬란한 백제 문화를 품다

공주는 충청남도의 도시다. 면적은 864제곱킬로미터, 같은 충남의 천안보다 2배 좀 못 미칠 만큼 크지만 인구는 11만 명 남짓으로 천안의 6분의 1 정도이나 그나마도 점점 줄고 있는 추세다. 하지만 어느 도시 못지않은 역사의 영광과 한을 간직하고 있다.

곰과 관련된 전설이 살아 숨쉬다

"옛날 옛적에, 산에 약초를 캐러 간 젊은이가 산속에서 여인을
만나, 부부의 인연을 맺고 살게 되었다. 그런데 어느 날 젊은이
는 여인의 뒤를 밟았다가 그 여인이 곰으로 변해 사슴을 때려
잡는 장면을 보게 된다. 자신이 곰과 결혼했음을 깨닫고 도망
치던 젊은이는 뒤쫓아 오는 곰에게 잡히기 직전, 금강 변에 이
르러 물에 뛰어들었다. 곰도 물에 뛰어들었으나 헤엄치지 못해
강물에 빠져 죽었다. 이후 사람들이 그곳을 고마나루(곰나루)라
불렀다."

유몽인의 『어우야담』 등에 전해지는 '고마나루 전설'이다. 어린

시절, 이 이야기를 흑백 텔레비전에 나오던 「전설의 고향」으로 처음 접했다.

젊은이가 산 속에서 길을 잃고 곰 처녀와 부부가 되었다. 젊은이는 그녀를 사랑했으나 인간 세상이 그리웠고, 처녀는 그를 보내주지 않았는데, 어느 날 처녀가 병이 들자 그동안 미안했다며, '내가 죽으면 무덤을 만들어줘, 그리고 나서 인간 세상으로 돌아가'라고 했다. 젊은이는 눈물을 흘리며 '가기는 어딜 가겠어? 조금만 기다려, 당신을 살릴 약초를 캐 올게' 하고 동굴을 나갔다. 그러나 멀리 자신이 떠나온 마을이 보이자, 그만 처녀를 깡그리 잊고 마을을 향해 달려 내려갔다. 돌아오지 않는 남편을 찾아나선 처녀는 그 모습을 보고 원한이 복받쳐 아픈 몸을 불사하고 뒤쫓았다. 젊은이는 간발의 차이로 강가에 닿아 배를 타고 떠나버렸다. 처녀는 그를 바라보며 구슬프게 울부짖었다. 그리고 곰으로 변하더니 강물에 뛰어들어 죽었다.

전설이 으레 그렇듯, 이야기는 조금씩 다르다. 자결할 때 젊은이와의 사이에서 낳은 자식들까지 함께 빠트려 죽였다는 이야기도 있다. 그래도 나는 「전설의 고향」 이야기가 한결 와닿는데 『어우야담』 이야기가 떠난 자, 즉 젊은이의 관점만 풀어내고 있다면 이것은 배신당한 자, 즉 곰 처녀의 절망과 원한을 오롯이 담고 있기 때문이다.

하지만 그 현장인 공주 고마나루에 가보면 고개가 갸우뚱해진

공주의 명승지로 자리잡은 고마나루

다. 잘하면 걸어서도 건널 수 있지 않을까 싶을 정도로 수심이 얕고 물결이 잔잔한 강물이기 때문이다. 게다가 사실 곰은 헤엄을 잘 친다!

머나먼 고대에는 더 험한 물줄기가 지나가고 있었을지도 모른다. 이 고마나루는 웅진熊津이라는 공주의 옛 이름이 유래할 만큼 오랫동안 공주의 중심이자 나라의 중심이었다. 이곳에 사람과 짐을 실은 배들이 오가고, 점점 그 규모가 커져 주변에 집들이 들어서면서 마을이 되고 도시가 된 것이다.

지금은 비록 그런 활기와 분주함을 찾을 수 없고, 관광지로서 주변 개발도 별로 되지 않아 을씨년스러울 정도다. 하지만 강변 나루

터로 내려가는 소나무 숲길에는 고마나루 전설을 소재로 한 조각
상들이 줄지어 서 있다. 어떤 조각은 행복한 곰 일가의 모습을, 어
떤 조각은 사랑을 잃고 슬픔에 잠겨 있는 암곰을 담아냈다. 그리고
강변으로 내려가지 않고 길을 계속 가다 보면 곰 처녀의 넋을 달래
기 위한 사당을 만난다. 한적한 숲속에 오도카니 서 있는 작은 사
당에는 공주에서 발굴되었다는 곰 조각상이 모셔져 있다.

곰은 모두 알다시피 단군신화로 한민족의 기원과 관련이 깊은
동물이고, 따라서 웅진-공주에 그 맥이 있지 않을까 하는 상상해
봄 직하다. 하지만 그 전설에서처럼 공주는 옛부터 나랏님이 또는

고마나루 곰사당 웅진동에서 발견된 백제 때의 곰 석상. 공주국립박물관에서 소장하고 있으며
사당에는 복제품이 놓여 있다.

공주

나라 자체가 한동안 머무르다가 떠나기를 반복했던, 섭섭함을 품고 있는 고장이기도 하다.

웅진 백제의 선구자, 무령왕

공주에 사람이 모여 살았던 흔적은 구석기 시대부터이다. 한강 이남에서 최초로 발굴된 구석기 유물은 장기면 석장리 유적이었는데, 반포면 마암리의 용굴, 장기면 금암리 등에서도 그 시대의 유물들이 발견되었다.

역사 시대에는 마한의 불운국不雲國이 이곳에 있었다고도 하나, 보다 남쪽인 지금의 전라도에 있었다고도 하여 확실치 않다. 『삼국사기』에는 온조가 처음 위례성에 백제를 세우고 남쪽 경계를 웅진으로 잡았다고 한다. 따라서 공주는 한동안 백제와 마한의 각축전이 벌어지는 무대가 되었다.

> 웅천(웅진)에 목책木柵을 세웠다. 이를 두고 마한에서 항의하자 헐어버렸다.
>
> ─『삼국사기』

그러나 백제가 마한을 대부분 정복한 4세기경에는 웅진이 백제

의 변두리가 아니라 요지의 하나가 되었다. 금강 유역의 물자 생산
과 유통 능력이 한강에 버금갔기 때문이다.

> 물산의 풍부함은 경상, 전라에 미치지 못하나, 산천이 평탄하
> 고 기후가 온화하며, 한양에서 가까운 남쪽 고장이므로 자연히
> 벼슬아치들이 모여 사는 본거지가 되었다. 한양 명문가가 너나
> 없이 도내에 전답과 별장을 마련해 터전으로 삼고 있다. 또한
> 한양의 풍속과 크게 다르지 않으니 살기에 쾌적하다.
>
> —『택리지』

『택리지』는 서울을 수도로 삼은 나라라면 자연히 공주를 중심으
로 하는 충청도가 제2의 중심지로 각광받을 수밖에 없음을 일깨워
준다. 백제든, 조선이든, 대한민국이든 말이다. 그리고 마침내 약
초 캐던 젊은이가 암곰의 품에 안기듯 이곳이 나라의 중심이 되는
날이 왔다.

> 문주가 신라에 이르러 군사 1만 명을 얻어왔으나 왕은 죽고 성
> 은 파괴되고 고구려 군사는 이미 물러갔다. 이에 문주가 즉위하
> 니 이가 문주왕文周王이다. 혹은 문주汶洲라 한다. 성질이 착하고
> 부드러워 결단성이 없으나 그래도 백성을 사랑하여 백성도 왕
> 을 애중했다. 왕은 한성이 너무 파괴되고 또 고구려와 가까움을

두려워하여 드디어 수도를 웅진, 지금의 공주부公州府로 옮기니
한성에 도읍한 지 105년 만에 천도였다.

－『삼국사기』

백제는 고구려 장수왕의 계략과 공격으로 망국 직전까지 몰린
상황에서 한강을 버리고 금강으로 내려왔다. 하지만 천도의 주역
인 문주왕은 2년 만에 암살당하며, 그의 아들 삼근왕 역시 2년 뒤
의문사한다. 그 뒤로는 삼근왕의 사촌인 동성왕도 오래 재위하나
했더니 22년만인 501년에 호위병들에게 시해된다. 그 후 왕위를
이은 사람이 바로 무령왕인데, 웅진 백제의 주인공이라고 할 수 있
다. 그는 지방의 족벌인 담로를 중앙 통제 아래 두는 등 왕권 강화
와 중앙집권화를 진척시키고, 중국의 양나라와 일본과 국제교류
를 활발히 하며 번영을 이뤄냈다. 1971년에 발굴된 그의 왕릉은
백제 문화의 찬란함과 높은 품격을 현대인들에게 여실히 드러내
주었다.

하지만 그도 액운(?)은 비껴갈 수 없었던지, 무령왕 스스로는 천
수를 누렸지만 그가 애지중지하던 순타태자가 일본에 머물던 중
의문의 죽음을 맞는다. 523년에 무령왕의 뒤를 이은 성왕은 백제
를 다시 붙들어 일으키고자 안간힘을 다했다. 신라와 손을 잡아 백
제가 웅진으로 내려오게 만든 고구려에 설욕할 꿈을 꾸었다. 그 일
환으로 538년, 수도를 웅진에서 사비(부여)로 옮기고 국호를 남부

무령왕릉과 왕릉원 무덤의 주인공이 밝혀진 고대의 무덤 중 하나. 백제사에서 눈여겨 봐야 할 훌륭한 군주라 그 뜻이 더 깊다.

여로 바뀌버렸다. 그리하여 이곳 웅진(공주)은 63년 만에 수도의 지위를 잃었다.

백제의 멸망을 지켜보다

그렇다고 웅진이 촌동네로 전락한 것은 아니었다. 사비는 공주에서 불과 26킬로미터 남서쪽에 있다. 서울에서 공주까지가 120킬로미터가 넘음을 생각하면 굳이 옮길 필요가 있었나 싶을 정도다. 실제로 천도 뒤에도 여러 귀족들이 웅진에 남아 있었고(그래서 귀족들 사이에 왕당파와 그 반대파로 다툼이 생긴 끝에 천도가 이루어졌을 것으로 보기도 한다), 『택리지』를 쓴 이중환이 본 대로 사비가 그다지 지대가 넓거나 방위에 유리한 지역도 아니므로, 정확한 천도 이유는 역사의 수수께끼 중 하나로 남아 있다. 고구려와의 전면전을 염두에 두고, 웅진과 사비를 사실상 2개의 수도로 만들어서 한쪽이 위태로우면 다른 쪽으로 옮겨서 방어하려는 생각이었을지도 모른다(실제 백제가 멸망할 때 그랬다).

웅진에서 나고 자란 성왕도 결국 뒤끝은 좋지 못했다. 551년 신라와 합세하여 고구려에 복수하고 한강 유역을 되찾는 데 성공했으나, 곧바로 신라가 배반하면서 554년 신라군의 손에 원통한 죽음을 맞이하기 때문이다. 이후 백제는 내리막길을 걸어, 마침내 멸망의 날이 왔다.

당군이 승세를 타고 도성에 육박하니 의자왕은 다 틀렸다며 탄식하며 말하기를,

"성충成忠의 말을 쓰지 않아 이 지경에 이른 것이다."

하고, 태자 부여효와 함께 좌우를 거느리고 밤에 북쪽으로 도망가 웅진에서 농성했다. (…) 그러자 둘째 아들 부여태가 스스

로 왕이 되어, 무리를 거느리고 사비성을 지켰다. (…) 태자의 아들 부여문사가 왕자 부여융에게, "왕과 태자가 있는데도 숙부가 스스로 왕이 되었습니다. 당군이 비록 포위를 푼다 해도 우리가 안전할 수 있겠습니까?"

하니, 융은 문사 및 좌평 천복 등과 함께 성을 나와 항복했다. 백성들도 이들을 따랐고, 신라 태자 김법민이 그들의 항복을 받았다. 당의 군사가 성가퀴에 올라 당의 깃발을 세우니, 부여태는 사세가 궁하자 성문을 열고 살려달라 애걸하였다.

이 소식을 듣고, 의자왕과 태자 및 웅진을 지키던 군사들도 소정방에게 항복했다. 사비성에 도읍한 지 123년 만에 멸망한 것이다.

– 『동국통감』

왕은 도망가고 한 아들은 제 마음대로 왕이 되고 다른 아들은 적군보다 형제가 무서워서 항복했으니 나라가 망할 만했다. 멸망 당시 수도는 사비였지만 왕의 항복에 의해 공식적으로 나라가 망한 곳은 웅진이다. 웅진은 왕들이 도망 와서 죽거나 항복한 고장으로서 백제의 흥망을 마지막까지 지켜본 셈이다.

사실 거기서 끝은 아니었다. 665년, 당나라의 장수 유인원은 항복한 부여융과 신라 문무왕(김법민)을 공주 취리산에 불러 놓고 "망한 나라를 일으켜 주고 끊긴 왕통을 이어주는 것은 제왕의 공통된 전범이다"라면서 공주 땅에 웅진도독부를 설치하고 부여융을 그 도독으로 삼는다고 선언한 것이다. 그리고 문무왕에게 이를 받아들일 것을 강요하며, 약속의 표시로 백마를 잡아 그 피를 나눠 마시도록 했다.

그런데 이처럼 백제를 명목상 부활시키고 사실상 당나라 영토로 삼는다는 건 신라로서 도저히 받아들일 수 없는 일이었다. 5년 전 태자의 신분으로 부여융의 항복을 받았던 문무왕은 할 수 없이 맹세했지만, 유인원의 군대가 돌아가자마자 줄기차게 압력을 가해 부여융을 당나라로 쫓아버렸다. 그리고 670년에 신라군이 웅진도독부 산하로 되어 있던 웅진 등 82개 성을 공격해 점령하면서 나당전쟁이 시작되었다. 그 사이에 벌어진 백제부흥운동도 좌절되면서, 결국 7세기 말에 웅진은 신라 영토로 확정되었다.

신라는 그 이름을 웅천주熊川州로 바꾸어 통일신라 9주의 하나이자, 대략 지금의 충청남도 땅을 다스리는 중심지로 삼았다. 9세기 초에도 특별한 일이 있었다. 웅천주 도독이던 왕족 김헌창이 이곳을 토대로 반란을 일으킨 것이다(822년). 그는 웅천주만이 아니라 지금의 충청북도와 전라북도, 경상북도 일부에까지 들불처럼 세력을 뻗치며 장안국이라는 국호까지 내세웠다. 이로써 공주는 다시 한번 나라의 중심이 되나 싶었지만, 들불은 무섭게 타오르는가 싶더니 또 순식간에 꺼졌다. 한 달도 채 되지 않아 관군이 웅천주를 함락시켰고, 김헌창은 자결했다.

쌓여온 설움이 폭발하다

100여 년의 세월이 흐르고, 후삼국을 거쳐 다시 한반도를 통일한 고려 태조는 이곳에 비로소 공주公州라는 이름을 지어주었다 (940년). 곰의 발음과 비슷한 공을 썼다는 이야기와, 고을의 모양새가 공公 자를 닮아서 그렇게 지었다는 이야기가 있다. 그런데 그는 지금까지 쓰이는 이 고장의 이름을 남겨주었을 뿐 아니라 뜻밖의 멍에도 남겼다. 943년에 박술희에게 주어 후손들의 통치 지침으로 삼게 했다는 '훈요 10조'의 제8조에서 "차현 남쪽과 공주강 바깥은 지형이 배역背逆하며 인심도 사나우니, 그곳 사람은 쓰지 말아라"라고 한 것이다. 이는 위조된 것이라는 말도 있지만, 차현을 차령산맥으로 읽어서 왕건이 호남을 차별했다는 근거로 제시되기도 했다. 하지만 차령산맥이란 일제강점기 때 정착된 명칭이다. 차현車峴은 지금의 안성 부근에 있는 고개를, 또한 공주강 바깥이란 공주를 끼고 흐르는 금강을 경계로 그 북쪽의 땅을 말한다. 그 중심에는 서원경(청주)이 있다. 서원경은 바로 궁예의 고향이며 그의 주요 세력 기반이었다. 그래서 궁예를 제거하고 왕조를 세운 왕건으로서는 이 지역이 꺼림칙했기에 주의를 당부했을 것이라는 해석이 가장 유력하다. 하지만 청주라고 콕 집어 말하지 않고 차현과 공주강 사이라고 한 이상, 공주도 그 안에 들어갈 수밖에 없다.

그래서인지 고려 시대에는 후기에 이르기 전까지 이렇다 할 공주 출신 인물이 보이지 않는다. 1010년, 거란의 2차 침입 때 몽진하던 현종이 잠시 이곳에 들러 극진한 대접을 받고, 개경에 돌아가서 '참 좋은 동네'라고 칭찬한 에피소드가 있었음에도 말이다(그 덕에 공주절도사였던 김은부가 현종의 장인이 되기는 했다. 하지만 공주는 오히려 그 8년 뒤에 목에서 지주사로 격하되었다).

고려 시대에 공주가 가장 주목받았던 사건은 다름 아닌 반란이었다. 1176년, 공주의 명학소鳴鶴所에서 벌어진 민란은 주모자들의 이름에 따라 '망이·망소이의 난'이라고 한다. 천민들이 모여 살며 기와나 도자기 등을 만들었던 소에서 들고 일어선 것이다. 이들은 공주부를 단숨에 점령하고 조정에서 보낸 3000명에 이르는 진압군을 물리칠 정도로 기세가 대단했다. 그 점을 미뤄볼 때, 명학소의 천민들만으로 그런 힘을 발휘했을 것 같지는 않다. 고려 개국 이래 이어진 외면과 천대(옛 왕도에 명학소를 설치하다니)로 쌓여온 설움이 마침내 폭발한 공주 백성들의 협력과 가담이 줄을 잇지 않았을까.

350여 년 전의 김헌창의 난과 달리 이 반란은 삼남 일대로 들불처럼 번지지는 않았다. 그러나 더 끈질기게 타올랐다. 조정에서 명학소를 현으로 승격시켜 주는 조치까지 쓰며 달래다가 다시 진압에 나섰다가 하며 남쪽 도적떼南賊를 완전히 평정하기까지 1년 반이나 걸렸다. 이 일로 고려 조정은 그동안의 정책을 반성하고, 전국의 소들을 일반 행정 구역으로 바꾸고 천민들의 대우를 개선하는 작업에 돌입했다. 명학소 사람들의 외침은 결코 헛되지는 않았던 셈이다.

신도안의 희망을 간직한 왕의 피란처

고려 말부터 조선까지, 공주의 운은 점점 나아지는 듯했다. 1341년에는 원나라의 황족에게 시집간 경화옹주의 고향인 덕분에 다시 목으로 승격되었다. 그리고 조선을 세웠을 때, 새 나라의 수도로 공주 인근의 계룡산 기슭이 물망에 올랐다가 한양으로 바뀌기도 했다. 이때부터 신도안新都案(새 수도의 후보지, 계룡시의 일부)은 『정감록』에서 "이씨 왕조가 끝난 뒤 세워질 정씨 왕조의 수도"로 거론되는 등 끊임없이 나라의 중심이 되려는 꿈을 이어갔다. 이를 공주의 꿈이라고 볼 수도 있을 것이다. 가장 최근에는 1970년대 초, 당시 박정희 대통령의 수도 이전 계획상 최적 후보지가 이곳이었다고 한다. 어떻게 보면 2012년 행정수도가 된 세종시가 그 꿈의 결실일 수도 있겠다. 사실 세종시는 충남 연기군을 토대로 공주시의 행정 구역 일부를 떼어가며 이루어졌다. 하지만 공주와 세종의 거리는 약 18킬로미터로 백제 시절 웅진과 사비의 거리와 비슷하다.

비록 수도의 꿈은 멀었지만 백제 문자왕이나 의자왕, 고려 현종의 뒤를 이어 조선의 왕도 신도안에 피신하여 잠시나마 왕의 도시 자격을 갖게 해주었다. 1624년, 이괄의 난이 일어나자 인조가 이곳으로 몽진하여 공산성에서 6일을 보내고 돌아간 것이다. 겨우 6일이었지만 이 일은 여러 전설을 낳았다. 인조가 공주 공산성의 두 나무 사이에 서서 한양이 있는 북쪽을 바라보곤 했는데, 난이 평정된 뒤 그 두 나무에 벼슬을 내렸기 때문에 이후 공산성을 쌍수雙樹성이라 부르게 되었다는 이야기가 있다. 공주 살던 임林씨가 입맛을 잃은 인조에게 떡을 빚어 올렸는데 그 떡 맛에 반한 인조가 떡의 이름을 물었으나 아무도 몰랐다고, 그래서 임씨가 올린 절묘한 맛絶味이라 하여 임절미(인절미)라 부르게 되었다는 전설도 있다. 적어도 인절미 이야기는 억지로 갖다 붙였다는 의심이 들지만, 이후 공주가 임진왜란 때의 의주, 해주처럼 왕의 피란처로서 아우라를 얻게 되었음은 틀림없다.

공주에 머문 사람들

왕들만 공주의 품에 머물렀다 돌아가곤 했던 것은 아니다. 신라 진흥왕 시절, 진자眞慈라는 승려는 미륵을 찾아 백제 땅이던 웅진에 잠입했다. '웅진의 수원사라는 절에 가면 세상을 구할 미륵의 환생을 만날 수 있으리라'라는 꿈 때문이었다. 결국 수원사에서는 그 환생의 얼굴만 보고, 신라로 돌아가 진짜 환생을 찾았다는 게 『삼국유사』의 이야기다. 지금 수원사는 무너진 지 오래되었으며 그 터에는 아파트들이 들어서 있다.

고려 말에는 이존오가 여기서 여생을 보냈다. 당시 최고 비선 실세인 신돈과 대립각을 세웠던 그는 거듭 신돈을 탄핵해도 역풍만 맞고, 간신히 사형을 면한 채 방면되자 실의에 빠져 공주 석탄石灘 가에 집 짓고 살다가 1371년에 세상을 떠났다. 죽기 얼마 전 사경을 헤매다 문득 정신이 드니 옆에 있던 사람에게 '신돈이 아직 건재하냐?'라고 물었고, 그렇다는 말에 탄식하면서 '신돈이 망하는 꼴을 보고 죽어야 하는데!'라고 소리쳤다고 한다. 그가 한을 품고 죽은 뒤 석 달 만에 신돈이 실각했고, 이존오는 뒤늦게 복권됐다.

조선 전기의 대문장가인 서거정은 공주에서 어린 시절을 보냈으며, 자연히 공주를 주제로 하는 글을 많이 남겼다.

남주南州는 아름다운 땅이요
백제의 옛 왕도라네
계룡산은 그림보다 더 수려하고
금강은 흰 베를 펴놓은 듯 깨끗하다네 (…)
그 땅에서 내 옛날 즐기었거니
한가롭게 취원루에 올라갔었지
하루 세 번 올라도 오를 때마다 아름답고

여덟 가지 경치가 내 발길을 못내 잡아두었지

연꽃은 달빛 아래 교교히 향기를 뿜고

오동잎은 가을바람에 분분히 떨어졌지

일찍이 마음을 담아 시와 기를 지었는데

이젠 지난 일, 꿈처럼 아득하다네…

- 서거정, 『공주 이 목사를 보내며』

그가 현판 글씨를 쓰고 기記를 지어 헌정한 취원루는 공주 목사 관아 부근(공주시 중앙공원 자리)에 있었을 것으로 추정된다. 취원루는 일제강점기와 6·25 전쟁을 거치며 사라졌다.

공주에 아직 남아 있는 오래된 사찰로는 마곡사와 갑사를 으뜸으로 친다. 계룡산 자락에 있는 갑사는 3세기 무렵 아도화상이 창건했다고 하는데 빼어난 조형미를 자랑하는 갑사부도 등의 유물과 남매탑 전설로 유명하다. 갑사와 계룡산의 명찰인 동학사 사이를 잇는

갑사로 가는 길가에 서 있는 남매탑

고갯길에 서 있는 2개의 탑은 불타버린 청량사 터에 남아 있다.

한편 태화산에 있는 마곡사는 640년에 자장율사가 창건했다 한다. 신라의 으뜸가는 명필이었던 김생이 현판을 쓴 대웅보전과 그에 질세라 조선 세조가 현판을 남긴 영산전 등의 전각이 유명하다. 두 사찰은 각각 봄과 가을의 경치가 빼어나 춘마곡 추갑사로 불릴 만큼 전국에서 참배객과 관광객이 모여드는 절이다.

이 두 사찰에는 공교롭게도 항일운동과 관련되어 머물다 간 사람들의 흔적도 있다. 먼저 갑사는 기허당 영규靈圭대사가 도를 닦던 곳인데, 그는 1592년에 임진왜란 최초의 승병을 일으키고 금산에서 장렬히 전사했다.

또 한 사람은 백범 김구다. 그는 1896년 황해도 치하포에서 일본인을 살해하고, 한때 사형을 선고받았으나 고종의 특명에 따라 감형된 뒤 1898년에 탈옥했다. 그리고 몸을 숨긴 곳이 바로 공주 마곡사였다. 그는 머리를 깎고, 원종圓宗이라는 법명까지 받고는 1년 동안 승려로 살았다. 비록 아직 20대 초로 혈기왕성하던 그로서는 산사 생활에 오래 적응하지는 못했으나 50년 뒤에 전 임시정부 주석으로서 해방된 조국에 돌아온 그는 마곡사를 다시 찾았다. 그리고 자신이 지내던 집 앞에 향나무를 심었다. 오늘날 그 집에는 백범당이라는 현판과 함께 김구의 사진과 글이 전시되어 있고, 그가 심었다는 향나무는 지붕보다 높게 푸르게 자라나 있다.

김구가 공주의 품에 숨어들기 약 4년 전, 1894년 말에는 공주 땅에서 비극이 있었다. 바로 우금치전투다. 전봉준이 이끄는 동학 농민군 2만 명은 이곳에서 일본군과 관군에 맞서 격렬하게 싸웠다. 아니, 싸움이라기보다 무참한 학살이었다. 지금 우금치를 가보면 제법 가파른 고개가 눈에 들어온다. 동학군은 고개 아래에서 위로 달려 올라갔고, 일본군과 관군은 고개 위에서 그들에게 기관총을 쉴 새 없이 발사했다. 농민들은 몇 차례에 걸쳐 고지 탈취를 시도했지만, 어쩔 수 없었다. 6·25 전쟁 이전 한반도에서 벌어진 근대 전투로서 가장 처절하고 처참했던 나흘간의 전투는 동학군의 완전 궤멸과 동학농민운동의 종식으로 끝났다. 지금은 그런 피와 눈물, 울분, 절망과 원한은 간 곳 없고, 우금치 고개 정상에 그들의 넋을 기리는 기념비만이 조용히 서 있다.

우금치전적기념비 마지막까지 목숨을 걸고 전투를 벌인, 한국 근대사의 아픔이 담긴 장소이다.

기울어지는 국운과 함께 공주의 운도 기울어졌다. 1896년에 충청도가 북도와 남도로 분리되었다. 공주는 그래도 충청남도의 제1 도시로 남았지만, 1932년에는 도청 소재지가 대전으로 바뀌었다. 이후 지금까지 공주는 충청도의 주요 도시이기는 해도 대전(인구 약 150만), 청주(84만), 천안(66만), 아산(34만), 충주(21만) 등에 비하면 소소한 규모(10만)에 머물게 되었다.

교육과 문화의 힘을 키우다

웅진 백제와 조선 후기의 번창에 비하면 공주는 지금 겨울잠 자는 곰과도 같다. 하지만 잠재력은 결코 무시할 수 없다. 먼저 교육 도시로서의 힘이 있다. 1906년 한국명 우리암禹利嵓, 본명 프랭크 윌리엄스가 설립한 영명학교는 충청도 최초의 근대 교육기관으로 100년을 넘게 이어오면서 유관순, 이수현 같은 독립운동가를 비롯한 숱한 인재를 배출했다. 해방 이후에도 10만 인구 규모의 도시로는 보기 드물게 4년제 국립대학교를 둘(공주대학교, 공주교육대학교)이나 보유하고 있다. 공주대학교는 본래 사범대학교였고 공주교대는 대전-세종-충청남도의 유일한 교육대학교이기에 교육자 양성에 특화된 도시라고 할 수 있다.

문화 도시로서도 공주는 힘이 세다. 구석기 석장리 유적에서부터 백제의 중심지 중 하나로서의 문화 역량이 있다. 또 서로 붙어 있는 부여, 미륵사지 등이 있는 전라북도 익산과 함께 백제역사문화 벨트로 계획을 잘 짜면 하루 안에 돌아볼 수 있는 범위에 있다. 공산성은 유홍준의 『나의 문화유산답사기』 이래 경기도 수원성과 함께 역사 탐방·산책에 최적인 사이트로 떠올랐다. 마곡사, 갑사, 동학사 등 사찰과 계룡산의 문화관광 역량도 탁월하다. 시의 재정이 빈약하기 때문인지 앞서 본 대로 고마나루 같은 중요한 역사·문화 자원의 개발이 미흡한 편이나 잘 보완하면 경주, 안동, 수원 같은 역사·문화관광 도시로서 발돋움할 여력이 충분하다.

산업 분야에서 사람을 갈아 넣어서 돌아가는 시대는 지났다고 한다. 4차 산업혁명 시대에, 교육과 문화 역량이 뛰어나다면 공주도 어느 거대 도시 못지않은 발전을 이룰 가능성이 있지 않을까? 세종시가 행정수도로서의 기능과 역할이 갈수록 커진다면 공주, 청주, 천안 등도 하나의 '수도권'으로 비중이 커질 수밖에 없다. 그리하여 언젠가는 문명을 향한 젊은이의 그리움과 사랑과 안식에 목말랐던 곰의 염원, 잃어버린 왕도의 꿈과 한이 풀릴 날이 올지도 모른다.

04

천안

어디로든 통하는 길

천안은 면적 636제곱킬로미터, 인구는 66만 명 정도 된다. 면적상으로 충청남도에서 공주, 서산, 당진에 이어 4번째로 크며, 인구상으로는 가장 크다. 조선 시대까지 천안부와 별도로 직산군과 목천군이 따로 있었으나 1914년 이후 통폐합되었다.

전근대 한반도 최고 교통의 요지

천안삼거리 흥 / 능수야 버들은 흥
제멋에 겨워서 / 휘늘어졌고나 흥
에루화 에루화 흥 / 성화가 났구나 흥

　누가 언제 지었는지 알 수 없는 민요인 「천안삼거리」다. 그 첫
연에 나오는 버드나무는 오늘날 천안시의 시목이 되었다. '천안'
하면 곧 버드나무를 떠올릴 정도다. 강릉의 소나무에 비해 버드나
무는 유연하고 관능적인 이미지가 뚜렷하다. 나무 자체가 제멋에
겨워 휘늘어진 듯, 바람이 조금만 불어도 휘휘 구불거린다. 예부터
길가에 많이 심다 보니 이 사람 저 사람 스쳐가며 잎을 따서 짐짓

버드나무 바닥으로 늘어지는 잎이 특유의 고즈넉한 분위기를 만들어낸다.

우물물 뜬 바가지에 띄워도 보고, 잎을 솜씨 있게 잘라서 버들피리
도 불어보며 희롱하는 소재도 된다. 화류계, 노류장화라는 말에서
버드나무 류柳가 나오듯 깊은 산속 고고히 서서 독야청청하는 소
나무와는 정반대의 이미지가 있다.

천안삼거리는 그런 버드나무가 양쪽에 늘어서서 오는 사람, 가
는 사람을 바라보며 춤추듯 구불거렸다. 천안은 호서와 호남을 잇
는 길, 영남을 잇는 길, 경기를 지나 이북으로 올라가는 길이 하나
로 모이는, 전근대 한반도 최고의 교통 요지였다. 옛 기록을 볼 때
마다 "천안에 이르러 쉬었다가 다시 출발했다", "천안에서 만나기

로 하고 각자 길을 떠났다"를 비롯해 심지어 "피란길에 임금을 따르던 자들이 천안에 오자 각자 흩어져 달아났다"라는 등의 언급이 수없이 나오는 점을 봐도 알 수 있다. 그런 교통의 요지는 누가 장악하고 있는지가 중요할 수밖에 없다. 천안이 천안이라는 이름을 갖게 된 기원도 그런 맥락이다.

930년, 후삼국 통일을 눈앞에 두고 있던 왕건이 대목군大木郡에 왔다. 그때 예방倪方이라는 술사術師가 왕건에게 이렇게 건의했다.

> 이곳이야말로 삼국의 중심으로, 다섯 마리 용이 여의주를 다투는 형세입니다. 만일 3000호의 고을을 두고 이 땅에서 군사를 훈련한다면, 백제가 스스로 와서 항복할 것입니다.
>
> ―『동국여지승람』

왕건은 산에 올라 사방을 둘러본 다음, 그 말을 받아들여 종래의 동서로 나뉜 도솔兜率을 하나로 합쳐 이름을 천안天安이라 하고 도독부를 두었다고 한다. '하늘이 우리에게 평안의 땅을 주셨다'는 뜻일 것이다. 왕건이 올라가서 살펴본 산은 태조산 또는 왕자산이라 불리게 되었고, 그 산에는 마점사馬占寺라는 절이 들어섰다. 왕건이 이 산에서 말을 멈추었기 때문이라 한다. 게다가 성거산聖居山도 왕건과 관련이 있는데, 그가 보니 산봉우리에 오색구름이 가득했으므로 신이 임하신 것이라며 성거산이라 부르라 했다 한다. 대구 등에도 그와 관련되었다는 전설의 산들이 많은데, 왕건의 취미는 등산이었을까. 아니면 워낙 산이 많은 나라를 통일한 사람에게는 자연스러운 일일까.

다섯 마리 용이란 장대산, 일봉산, 수도산 등 천안 동서남북의 산과 언덕이며 여의주는 남산이라고 하는데, 꼭 풍수 차원에서 왕건이 천안도독부 설치를 결심했을 것 같지는 않다. 조선 후기에 유형원은 『동국여지지』에서 "동도솔과 서도솔을 합쳐 천안부를 만들었다는데, 『삼국사기』에 그런 지명은 없다"며 다섯 용은 믿지 못할 이야기라고 일축했다. 대신 지리적 장점이 천안을 만들었을 것이라 보았다. 실제로 936년에 왕건은 그동안 천안에서 조련한 군사와 개경에서 끌고 내려온 군사를 합쳐, 전열을 정비했다. 그리고 출정하여 일리천(경북 선산)에서 신검의 후백제군과 맞붙어 이겼다. 후삼국 시대를 끝맺는 전투였다.

삼국의 중심이자 한반도의 중심

그런데 동도솔과 서도솔이 『삼국사기』에 나오지 않는다고 해서 꼭 다섯 용 이야기를 허구라고 볼 수는 없다. 여러 번 말했듯 삼국 시대의 역사는 불분명한 부분이 많기 때문이다. 가령 유형원이 천안(조선 시대까지의 천안)의 왼쪽을 누른다고 한 위례는 지금은 천안의 일부가 된 직산이다. 위례는 온조가 백제를 세운 땅이 아닌가? 위례성이 곧 한성, 지금의 서울이었다고 믿고 있던 사람이면 여기서 당황하게 된다. 그렇지만 조선 후기까지 위례성은 곧 직산이었다는 게 통설이었다. 1429년, 세종의 특명으로 직산에 온조를 위한 사당을 세우기도 했다. 고구려의 국내성이 통화시의 지안시인지 신의주 근방인지 확실하지 않듯, 위례성의 정확한 위치 또한 확신하기 어려운 것이다.

위례성 직산설이 자리 잡게 된 까닭은 일연의 『삼국유사』에 그렇게 나와 있기 때문이다. 반면 『삼국사기』에서는 위례성의 위치를 분명히 밝히지 않았다. 그렇다면 백제는 한강 일대를 차지한 적이 없는 걸까? 직산이 교통의 요지, 병력 운용의 요해처라고는 해도 한강 유역이 갖는 막대한 경제적 이익 없이 백제가 강국이 될 수 있었을까? 이에 대해서는 백제가 처음에 직산(위례성)에 도읍하고, 어느 시점에서 한강 유역으로 올라가, 아마도 지금의 남한산성쯤에 도읍했을 것이라 한다. 하지만 그렇다면 함께 졸본에서 내려왔다가 미추홀(인천)에 자리 잡은 비류보다 온조가 한참이나 남쪽으로 내려왔다는 것인데, 그렇게 내려올 필요가 있었을까? 비류백제의 백성들도 결국 인천에서 위례성으로 옮겨 갔다는데, 백성들이 움직이기에는 너무 멀지 않은가? 또한 개로왕 시절에 장수왕에게 일격을 당한 뒤 남쪽으로 후퇴해 내려갔는데, 그렇다면 예전 수도인 직산으로 가지 않고 굳이 공주(웅진)로 간 까닭이 무엇일까?

이런 의문을 해결해 주는 건 역시 유물, 유적이다. 지금 서울 송파구에 있는 풍납토성과 몽촌토성은 규모나 유물을 볼 때 백제의 왕도로 가장 적합하다. 직산설에 미련을 못 버리는 천안 지역의 향토사학자들이 주체가 되어 유물 발굴을 시도했으나 그 설을 뒷받침할 만한 유물은 아직 나오고 있지 않다. 정약용은 제3의 주장으로 경기도 하남시 춘궁동을 위례성으로 보았지만 그곳에서도 백제계 유물은 나오지 않고 신라계 유물만 나오는 바람에 설득력이 떨어진다. 오늘날 몽촌토성과 풍납토성 일대가 온조가 처음 백제를 세운 위례성이라는 게 국사 교과서 등에서 정설의 자리를 지키고 있다.

문헌과 유물을 종합해 보면, 백제가 세워질 무렵 직산 일대에는 마한 연맹체의 목지국이 자리 잡고 있었으며, 훗날 백제의 땅이 된 뒤에는 아마도 목지국이라는 이름에서 연유한 대목악군大木嶽郡 또는 대목군이 되었다. 또는 6세기에 삼국이 치열한 쟁탈전을 벌였던 도살성道薩城이 이 지역에 있었다는 추정도 있다. 550년에 백제가 고구려에게서 도살성을 빼앗자, 고구려는 백제의 금현성을 빼앗아서 보복했다. 이 '두 마리의 용'이 서로 물고 뜯느라 지쳐 있는 틈을 노려, 신라의 진흥왕이 이사부에게 도살성을 빼앗으라 하니 이사부는 백제군을 공격해 깨뜨리고, 고구려군도 물리쳐서 도살성을 신라의 땅으로 만들었다. 이것이 바로 신라가 건국 이래 처음으로 한강 유역으로 진출하게 된 계기였다.

천안

이렇게 보면 삼국 시대에 천안은 분명 중요한 땅이었으나, 백제의 첫 도읍지로서 수백 년이나 나라의 중심이 되었을 가능성은 높지 않다. 천안은 한 나라의 중심이라기보다 왕건에게 올린 예방의 말처럼 삼국의 중심, 즉 한반도의 중심이었다.

사수한다면 모두를 지킬 수 있다

이미 천안을 차지하고 천하를 평정했다면 두 가지를 걱정해야 한다. 하나는 외적의 침입이다. 만약 한반도 남쪽에서 적이 쳐들어와 수도권으로 올라오려 한다면 천안 일대에서 막아야 할 필요가 있었다. 고려 시대에는 1377년 우왕 때 최인철이 왜구의 북상을 직산에서 저지했다. 그리고 1597년, 정유재란 당시 남원을 점령하고 한양을 향해 올라오던 왜군과 직산전투가 벌어졌다. 명나라 제독 마귀麻貴와 부총병 해생解生이 이끄는 조명연합군은 왜군에게 선수를 뺏겼으나, 기병대가 돌격하면서 순식간에 간격을 좁히고 왜군을 섬멸했다. 200명의 전사자를 낸 왜군은 퇴각했으며, 이로써 왜란이 끝날 때까지 수도권 진격을 시도하지 못했다.

이 지역에서 1894년에도 중대한 전투가 있었다. 다만 이번에는 성격이 이전과 꽤 달랐다. 충청도에 상륙한 군대를 격파한 것이었고, 우리와 침략자의 대결이 아니라 두 외국 군대가 자기들끼리 싸운 것이었다. 바로 청일전쟁이었다. 아산에 청군이 상륙하자 일본군은 먼저 아산 앞바다의 풍도해전으로 지원군을 격멸해 상륙군을 고립시켰다. 그리고 한양에 주둔 중이던 육군을 출동시켜 천안군 성환읍(당시는 직산군 성환면)에서 공격했다. 오시마 요시마사大島義昌가 이끄는 4000여 명의 일본군은 섭사성葉士成이 이끄는 청군의 후방으로 돌았다. 강둑을 무너뜨려 논에 물을 채운 임시 해자에 의지해 방어하던 청군의 허를 찌른 것이다. 성환에서 섭사성이 패배했다는 소식을 들은 공주 본진의 섭지초葉志超는 곧바로 도망쳤다. 육지에서의 청일전쟁 첫 전투를 승리로 장식한 일본군은 약 300년 전 이 땅에서 명나라 군대에 당했던 패배를 설욕한 셈이었다.

이후 천안의 성환은 일본인들에게 일종의 성지가 된다. 일본 민간인들이 대거 들어와 살았으며, 국권 상실 이후 승전비가 세 기나 세워졌다. 성환에서 총을 다리에 맞고도 논두렁에 서서 부하들을 독려하다 전사한 마쓰자키松崎 대위나, 숨을 거두기 전까지 나팔을 계속 불었다는 시라카미白上 일등병 등의 사례를 영웅화해 이후 러일전쟁, 중일전쟁, 태평양전쟁 내내 '순국열사'로 일본의 군과 민간인에게 내세우기도 했다.

1950년의 6·25 전쟁 중에도 이 땅에서 치열한 전투가 벌어졌다. 이번에는 북쪽에서 밀고 내려오는 1만여 명의 북한군에 맞서 미군 2000명이 분투했다. 북한군은 소련제 탱크 40여 대를 앞세워 천안을 맹공했으며, 미군은 천안의 건물과 건물 사이를 달리며 대전차 로켓포와 수류탄으로 맞섰다. 결국 7일 만에 미군이 천안을 포기하고 더 남쪽으로 방어선을 물리는 것으로 끝났다. 이 전투는 300여 명의 미군 전사자를 냈으며 그 가운데 탱크포에 몸이 두 동강이 나버린 로버트 마틴 대령도 있었다. 한국에서 전사한 첫 미군 연대장으로 기록된 그를 기리는 마틴공원이 지금 천안시 동남구 삼룡동에 있다.

반란의 배경 또는 들러리?

외적이 아니라 내부의 적이 발생할 수도 있다. 그것은 나쁜 의미로 반역이지만, 정치의 실패와 사회의 모순에 따라 잔뜩 부은 종기가 터지듯 터져 나온 것일 수 있다. 1176년에는 공주 명학소의 난, 또는 망이·망소이의 난이 일어났다. 이름에서도 보듯 천안이 그 시발점은 아니었으나 천안을 포함한 일대의 학대받던 천민들과 고통받던 농민들이 대거 호응해 삽시간에 무서운 기세가 되었다. 그들은 천안의 홍경원弘慶院으로 달려갔다.

홍경원은 고려 현종이 세웠다. 천안삼거리가 교통의 요지라 사람들이 늘 붐볐기에 도적이 종종 나타나는 점을 걱정해서 홍경사라는 절을 세우고 부속 시설로 객관을 마련하도록 한 것이다. 나그네들은 이 객관에서 묵고, 양식 및 말먹이를 제공받을 수 있었다.

좋은 의미의 복지시설이었건만, 어느 사이엔가 객관에서 쓸 곡식으로 당장의 양식이 궁한 사람들에게 고리대를 하고, 그 이문으로 절을 증축해 고려 10대 사찰로까지 몸집을 키웠다. 홍경사 승려들까지 타락해 사치와 향락으로 흥청거리며 주변에 온갖 행패를 부리는 갑질의 본거지가 되었다. 그래서 분노한 천민과 농민들은 홍경원을 습격해 승려들을 때려죽이고, 절을 불태워 버렸다. 이 난은 1년 반 만에 수습되었으

천안 홍경원갈기비 생동감이 더해진 귀부석이 눈에 띈다.

나 홍경원은 불탄 절을 다시 짓지 않은 채 객사로서만 명맥을 이어가게 되었다.

조선왕조로 바뀌고 세월이 흘러 역시 정치와 사회의 적폐가 심해졌다. 1589년에 천안에서 길삼봉이라는 사람이 나타났다. 노비 출신이라는데 아예 실제 인물이 아니라는 말까지 있다. 그는 관아를 습격해 탐관오리들을 혼내주었다. 그리고 정여립과 손을 잡고 난을 일으켰다고 한다. 몇 달 뒤 정여립은 실패하고 자결했으나 길

삼봉은 종적이 없었는데, 덕분에 천안이 반역향의 낙인을 찍혀 격하되는 일은 없었다. 그래도 길삼봉은 썩은 세상에 경종을 울리는 민중 영웅의 모습으로 오랫동안 기억에서 살아남았다.

임진왜란 중이던 1596년에는 홍산에서 이몽학의 난이 일어났다. 왕가의 피를 받았으나 서얼이라서 오히려 설움이 많던 이몽학은 전쟁 때문에 세금과 노역 등으로 피폐해져 있던 백성들을 자극해 조정에 반기를 들고 일어서도록 했다. 이번에도 천안이 시발점은 아니었지만 천안을 중심으로 충청 일원에서 그에게 동조하는 사람들이 줄을 잇고 세력을 형성했다. 전쟁 중에 후방의 난까지 진압하느라 항복한 왜병까지 투입해야 했던 조정은 그 허약함을 여실히 드러냈다. 또 반란에 곽재우 등 의병장들이 동조했다는 헛소문이 돌아 이후 선조가 의병장들을 기본적으로 의심하고 홀대하는 계기가 되었다.

1728년에는 이인좌의 난이 일어났다. 이인좌는 남인 출신으로 서인-노론의 헤게모니에 눌려 불만이 많았다. 소론이 편들었던 경종이 일찍 죽고 노론이 응원했던 영조가 즉위한 데다 영조가 경종을 독살했다는 소문까지 돌았다. 그러자 이인좌는 소론 일부와 연합해 또 한 차례의 반정을 목표로 난을 일으켰다. 그런데 이인좌는 한양으로 진격하기 전에 목천과 천안부터 점령하고 그곳에서 세력을 키우려 했다. 한양으로 가는 길목인 데다 그 지역에는 남인과 소론이 우세했으므로 세력 증강에 최적이라 여겼던 것이다. 하지만 생각보다 노비들을 거느리고 동참하는 지역 양반들이 소수였고, 이는 이인좌가 안성에서 패사하는 중요한 원인이 되었다. 당시 조정에서는 역도들이 천안, 직산에서 세력을 모았다가 한꺼번에 북상한다고 보아 진압군을 바로 천안으로 내려보내려 했는데, 이인좌가 소수의 병력으로 북상한다는 소식에 가슴을 쓸어내리며 안성으로 출동시켰다. 그리하여 천안은 다시 반역향을 면했다. 영조는 한양과 천안의 남인, 소론 다수가 반란에 불참하거나 직접 진압에 나선 점을 평가하여 탕평책을 취소하지 않았다.

작지만 큰 열사들의 독립운동

이제까지의 경우를 보면 천안은 직접 봉기의 선봉에 서기보다는 반란의 무대가 되거나 배경이 되는 식이었다. 오룡이 여의주를 다투는 교통의 요지였기에 그랬다고 할 수 있다. 그러나 마침내 이 도시가 민중 봉기의 주역이 되는 때가 찾아왔다. 바로 1910년의 납세거부운동, 그리고 1919년의 천안 3·1 운동이었다. 천안은 앞서 본 대로 청일전쟁의 성지가 되었고, 또 1899년부터는 그곳의 금광을 채굴하기 위해 일본인들이 유난히 많이 모여들었다. 그만큼 민폐도 심했고, 수탈과 행패도 많았다. 그리하여 한일병합이 이루어지기 직전인 1910년 3월에는 통감부의 전횡에 대항하는 의미로 전국 최초로 천안에서 납세거부운동이 벌어졌다. 수세관이 장터에서 가마니를 파는 상인들에게 뺨을 때리는 등 폭행까지 하며 마구잡이로 세금을 거두려 한 일이 도화선이 되었다. 격분한 가마니 상인들, 나아가 장터 상인들이 너도나도 몰려들어 수세관들을 몰아내고, 수세관 사무소로 몰려가 장부를 찢고, 사무소를 불태웠다. 이는 가혹하고 사리에 맞지 않는 세금을 일절 거부하자는 운동으로 이어져, 1000여 명 이상이 시위에 동참했다. 이후 전국 곳곳에서 진행된 납세거부운동의 시작이면서 충청도 최초의 항일 시위였다.

그리고 1919년, 병천의 아우내장터에서 "독립 만세!" 소리가 울려 퍼졌다. 4월 1일이었다. 3·1 운동을 전국에서 처음 시도한 것은 아니었으나, 서울의 3·1 운동에 참여한 뒤 고향에 내려온 유관순 등의 물밑 작업을 거쳐 3월 14일 목천공립보통학교, 3월 20일 입장장터, 3월 29일 천안읍, 3월 30일 풍세면, 3월 31일 성환읍 만세 시위를 지나, 4월 1일 아우내장터의 약 3000명에 이르는 대규모 만세 운동까지 숨 가쁘게 이어졌다. 일제는 아우내에 이르러서는 실탄을 쏘고 총검을 휘두르며 진압에 나서서 유관순의 아버지인 유중권, 어머니 이소재를 비롯한 19명이 현장에서 사망했다. 유관순 등은 중상을 입은 상태로 투옥된 뒤 장기 복역을 하다가 옥사했다. 서울을 제외하고는 가장 대대적이고 격렬하게 전개되었던 천안 3·1 운동이었다.

3·1 운동이 일제강점기를 직접 끝장내지는 못했지만, 그 불꽃이 살아남아 상해 임시정부를 비롯한 독립운동의 불길을 이어갔음은 잘 알려져 있다. 천안 아우내장터의 3·1 운동도 그랬다. 1년 뒤에 민재기, 유병엽 등의 노력으로 직산 구락부라는 결사가 만들어졌다. 현지 청년들의 자체 교육 수련을 표방했으나, 실체는 3·1 운동의 불씨를 계속 살리자는 것이었고 1920년 5월에 다시

일제 감시대상 인물카드에 남은 유관순 사진

만세 운동을 일으켰다. 천안에서 나고 자라서 이 전말을 보거나 들었던 이동녕, 조병옥 등은 해외에서 독립운동의 깃발을 계속 휘둘렀다. 불의에 저항했던 천안 사람의 정신은 독립운동사와 한국 근대사에 지워질 수 없는 흔적을 남긴 것이다.

1987년, 천안 3·1 운동을 포함한 처절했던 독립운동사를 길이 기억에 남기기 위한 독립기념관이 천안 땅 동남구 목천읍에 세워졌다. 이 기념관이 3·1 운동이 시작된 서울이나 그 밖의 도시가 아니라 천안에 세워진 것은 헌법에 3·1 운동의 정신과 임시정부의 법통을 이어받기로 표명한 대한민국이 내린 사려 깊은 결정이다.

아우내 3·1운동 사적지 전경 유관순 열사가 만세를 외쳤던 독립운동 지역이다.

길은 어디로 향할 것인가

오늘날, 천 년이 넘도록 한반도의 중심이자 교통의 최고 요지였던 천안삼거리는 본색을 잃었다. 현대에 들어선 고속도로–국도 체계와 항공 운항로 때문에 그 지점이 더 이상 절호의 요지라고 보기도 어렵고, 신시가 조성계획 때문에 아예 삼거리 자체가 정규 도로에서 밀려나 버렸다. 그 자리에는 공원만이 덩그러니 들어서서 천안삼거리의 옛 명성을 증언하고 있을 뿐이다.

하지만 천안시 자체는 활기를 간직하고 있다. 한때(갑오개혁 직후) 천안을 통합하기까지 했던 충남의 '맏형' 도시인 공주는 오늘날 지속적 인구 감소에 따른 고민을 겪고 있는 반면, 천안은 그 6배에 가까운 인구를 자랑하며 아직도 발전 가능성이 많다는 평가를 받고 있다. 이제 천안의 경쟁자는 공주가 아니라 광역시인 대전이다.

그렇게 발전할 수 있던 까닭에는 여러 가지가 있겠지만, 아무래도 수도권에 빠르게 접근할 수 있다는 교통 강점도 작용한 듯 싶다. 삼성, 현대, 이랜드 등의 대기업이 서울·경기 외에 천안에 수도권 거점을 마련한 점이 그렇다. 다만 세종시의 출범 이후로 공공기관의 지방 유치라는 차원에서는 좀 뒤지는 모양새다. 그 또한 천안이 외부와의 교통 편의성은 예나 지금이나 최고 수준이면서, 천안 내부의 교통은 최악이라는 사실이 반영된 것일 수 있다. 매번 지자체 선거 때마다 거론되지만 해결되지 않는 게 천안의 시내 교통이라는데, 처음 가본 사람이라면 어디 외국에 떨어진 것만큼 당황할 정도다.

길은 내 앞에 있다
나는 알고 있다 이 길의 시작과 끝을
그 역사를 나는 알고 있다

– 김남주, 「길」 중

천안

길. 사람과 사람이 만나고, 스쳐가고, 부딪치고, 웃고 울며, 함께 역사를 만들어가는 동태적 공간이다. 한반도에서 천안만큼 길의 의미를 짙게 머금은 도시는 없다. 그 도시의 내일, 그 도시가 앞으로 나아갈 길은 어떤 영광과 아쉬움이, 아름다움과 위대함이 깃들 것인가.

05

전주

풍패지향의 문화관광 도시
豊沛之鄉

전라북도 도청소재지이자 전북 제1의 도시인 전주는 면적이 205제곱
킬로미터, 인구는 65만 명을 조금 넘는다. 면적으로는 대한민국 도시
중 66위, 인구로는 17위로 면적에 비해 인구가 많은 편이다.

전통적인 유적이 많은 조선의 풍패지향

전주 도심에는 옛 유적이 많다. 그 가운데 하나가 고려 시대부터 있었다는 전주 객사이고, 현판을 보면 호방한 필적으로 풍패지관 豐沛之館이라 적혀 있다. 풍패란 한나라를 세운 한고조 유방의 고향을 지칭하여 풍패지향은 건국자의 고향을 뜻하는 관용어다. 조선을 세운 이성계의 풍패지향이 바로 전주라는 뜻이다. 호방한 필적은 명나라 사신 주지번이 1606년에 와서 썼다고 전한다. 왜 그는 굳이 한양에서도 꽤 남쪽으로 내려와서 이 현판을 썼을까?

앞서 익산 출신의 문신 송영구가 서장관으로 명나라에 갔는데, 그곳에서 과거 시험에 매번 낙방해 풀이 죽어 있던 주지번을 만나 그에게 과거시험 노하우를 알려주었다고 한다. 그 결과 거뜬히 합

전주 객사 고려·조선 시대에 벼슬아치들을 접대하고 묵게 한 관사이다. '풍패지관' 현판이 돋보인다.

격한 주지번은 그 은혜를 잊지 못해 사신으로 왔을 때 익산을 찾아 송영구를 만나보았고, 내친 김에 전주에도 들러 풍패지관이라는 현판을 썼다는 것이다.

조선 왕실이 소중하게 여긴 도시가 한양 말고, 몇 군데 더 있다. 이성계의 고조부 때부터 인연을 맺어온 함흥(조선 왕실에서는 이쪽을 풍패지향이라고 부르는 때가 많았다), 원산, 그리고 전주다. 전주는 대대로 이성계의 조상들이 이곳에 뿌리내리고 호족 생활을 했던 곳이다. 이성계의 어진을 봉안하고 철마다 제사를 지내온 종묘 다음으로 왕실에게 귀중한 공간인 경기전도 이곳에 세워졌다.

그렇다면 조선의 풍패지향이 되기 전의 전주는 어떤 역사를 거쳐왔을까?

견훤이 남긴 그림자의 아픔을 씻다

마한의 원산성圓山城이 전주가 아닐까 하는 추정이 있다. 나중에 붙여진 이름인 완산完山의 완과 전주全州의 전은 모두 완전하다, 둥그렇다 등의 뜻이 있고, 원산의 원도 그것이라는 추정이다. 과거에 마한의 영토였다가 백제의 영토로 바뀐 점은 틀림없어 보인다.

757년에 경덕왕의 고을 명칭 변경 정책의 일환으로 비로소 전주가 되었다. 그리고 지금의 전라북도에 해당하는 전주를 주치州治로 삼고, 완산정完山停도 설치해 그 지역의 행정 중심이면서 군사 중심도 되도록 했다. 이만큼 중요한 도시가 되다 보니 한 나라의 수도까지 이르렀다. 900년, 견훤이 이곳을 도읍으로 해서 후백제를 세운 것이다. 지금 전주시 완산구 교동에 있는 동고산성은 견훤의 궁궐이 있던 곳이라는 말이 전해 내려왔는데, 최근의 발굴에서 매우 거대한 건물들이 들어서 있던 흔적이 발견되어 이를 뒷받침한다.

한편 그곳에서 좀 떨어진 곳의 남고산성은 이 궁궐을 방위하기 위해 견훤이 쌓았다고 한다. 근처에 남고사라는 절이 있어 그곳의

하늘에서 본 남고산성 전주 남쪽의 고덕산과 천경대, 만경대 등 봉우리를 둘러싸고 쌓은 아주 오래된 산성이다.

승려들이 성을 쌓고 지키는 일에 동원되었다고 한다. 견훤은 고창 전투 등에 승병을 투입했을 정도로 불교, 그중에서도 진표율종 계열과 밀접한 관계에 있었다. 진표율종은 미륵 신앙, 천지개벽과 구세주 신앙을 중시하는 종파였고, 후고구려의 궁예도 스스로를 미륵이라 칭했다. 그러니 후삼국은 저마다 현세의 미륵이 되려는 군벌들의 대결장이었던 셈이다.

후백제가 내분으로 망해 고려의 천하가 된 다음에도 전주의 지위가 당장 낮아지지는 않았다. 하지만 왕실의 꾸준한 의심을 받았던 듯싶다. 1011년, 현종이 거란의 2차 침입 때 남쪽으로 몽진하여 전주에 이르렀는데, 그를 맞이하러 나온 전주절도사 조용겸이 옷차림이 단정하지 않았다 하여 비난을 받았다. 그런데 나온 말이

"전주는 후백제의 수도였지요! 그래서 이 모양입니다. 태조(왕건)께서도 내내 전주를 미워하셨습니다. 절대 여기 머물지 마시옵소서!"였다. 현종도 그 말에 고개를 끄덕였다. 절도사 개인의 대단하지도 않은 실수를 빌미로 지역감정을 한껏 들먹인 셈이다. 이보다 앞서서 들렀던 공주에서 극진한 대접을 받고 개경에 돌아가서도 공주에 대해 극찬했던 데 비하면 너무도 대조적이었다.

이런 의심을 의식했던지, 몽골과의 항쟁 때 전주 사람들은 유독 용감하게 싸웠다. 하지만 용감함이 지나쳤던가? 1355년, 공민왕 시절에 야사불화埜思不花라는 몽골인이 고려에 사신으로 와서는 온갖 행패를 다 부렸다. 그러자 전라안렴사로 있던 정지상(고려 중기의 서경 천도론자 정지상과는 다른 사람이다)이 그를 잡아 묶고, 매를 때렸다. 그러다가 그만 야사불화의 숨이 끊어지고 말았다. 공민왕이 추진 중이던 반원정책과는 궤를 같이하는 일일 수도 있었으나, 조정에서는 정지상을 처벌했을 뿐 아니라 전주를 강등시켜 부곡으로 만들었다. 반역자가 나오면 그 고을을 강등시키는 것은 상례였다. 하지만 정지상의 경우는 반역자라 보기도 어려운데, 부에서 군이나 군에서 현으로의 강등이 아니라 지역의 큰 고을을 아예 천민 소굴인 부곡으로 격하시켰다. 고려가 처음부터 끝까지 전주를 곱게 보지 않은 증거라고도 할 만하다.

1380년에 이성계가 남원 쪽에서 그의 가장 빛나는 승리 중 하나인 황산대첩을 치르고 개경으로 올라가다가 이곳 전주에 들렀다.

그리고 전주 이씨 종친들과 고을 사람들을 불러모아 병사들과 함께 한바탕 질펀한 잔치를 벌였다. 술이 거나해진 그는 자리에서 일어서서 「대풍가」를 불렀다고 한다.

큰 바람大風이 일어났네. 구름은 높이 떠올랐다네.
온 세상에 위엄 크게 떨쳤네. 이제 고향에 돌아왔네.
어디서 또 용맹한 무사를 얻을까.
사방을 지키도록 맡길까?

이 「대풍가」는 한고조 유방이 기원전 196년에 군벌들의 반란을 진압한 다음 고향인 풍패에 들러 잔치를 베풀고 불렀다는 노래다. 한마디로 천하를 평정한 제왕의 노래로, 이성계에게 이미 고려는 자신의 나라였다. 이 노래를 듣고 기가 막혔던 이성계의 친구이자 고려의 충신인 정몽주는 홀로 남고산성에 올라 통곡하며 우국시를 지었다고 한다. 하지만 정몽주의 애간장이 끊어지든 말든, 전주 사람들의 기세는 하늘을 찔렀다. 그동안 당한 설움이 씻은 듯 가시는 기분이었을 것이다. 그 승리의 잔치가 벌어진 현장이 오늘날에도 남아 있는 오목대라고 한다. 대한제국 고종은 1900년 이곳을 방문해 태조고황제주필유지비를 친필로 써서 세워 이날의 잔치를 기념했다.

조선 태조가 된 이성계도 그날의 연회를 잊지 않았다. 그날 술잔

오목대 황산에서 왜구를 크게 무찌른 이성계가 잠시 머물렀던 곳이다.

을 나눈 전주 유지들의 자제들을 뽑아 올려 숙위를 맡겼으며, 그들
은 전주 양반들의 묘목이 된다. 전주 자체는 유수부留守府로 승격되
었고, 여전히 전라도의 주요 도시로 남는 한편 좌, 우로 분리된 전
라우도의 중심지로 자리매김했다. 1404년에는 건국공신 최담이
한벽당을 세우고, 1410년에는 경기전이 세워졌으며 1439년에는
실록각이, 1578년에는 예종대왕태실이 설치되는 등 조선 전기에
지금 전주에 남아 있는 문화재가 대부분 생겨났다.

　그러나 1589년, 뜻밖의 반전이 일어난다. 전주 출신의 정여립이
주도한 정여립의 난이 일어난 것이다. 그가 역모를 꾀하고 있다,
날을 잡아서 한양으로 쳐들어가려 한다는 고변으로 시작되었는데,

소식이 퍼지자 정여립은 죽도로 달아났다가 거기서 자결해 버렸다. 이 사건은 정여립을 비롯한 당사자들의 심문이 거의 이루어지지 못한 채로 종결되어, 과연 역모 자체가 있었는지를 포함하여 많은 의문을 남겼다. 아무튼 그와 연루되었다는 혐의로 기축옥사로 알려진 많은 사람(1000명이 넘었다)의 처벌, 숙청이 뒤따랐으며, 정여립이 동인 계열이었기에 당시 집권당인 동인이 큰 타격을 받았다. 그래서 정철 등 서인 쪽에서 세력 역전을 노려 만들어낸 역옥이라는 분석도 있다. 하지만 정여립이 죽도를 중심으로 대동계라는 사조직을 만들고 활동했던 점은 사실로 보인다. 대동계에는 천하는 공물公物이라는 공화주의적 사상과 문약文弱에 빠진 당시 세태에 반해 무공과 실용 학문을 닦는 행동규칙도 있었다고 한다. 이 또한 워낙 파격적이라 사실일지 의문이지만 단재 신채호 등은 이를 사실로 믿고, 정여립을 시대를 뛰어넘은 선구자로 존경했다.

어쨌거나 대규모 역옥이 일어난 이상 그 배경인 전주에도 서릿발이 날려야 마땅했지만, '빽'이 좋은 풍패지향 전주는 반역향 지정과 그에 따른 격하를 면했다. 반역향이 되면 한동안 그 고장 사람의 과거 응시가 금지되는데, 전주 이씨들에게 과거를 금지하기란 곤란했으니 그렇게 대충 넘어간 게 아닌가 싶다.

선비들이 흘겨본 상인의 도시

조선 후기의 전주는 상업 도시로 이름을 날렸다. 후기에 상공업이 발달하면서 호남 지역의 재화가 모이고 시장을 통해 유통되는 중심지로 전주가 떠오른 덕분이다. 그런데 이는 이름난 선비들이 전주를 흰눈으로 보는 이유가 되기도 했다.

전주는 강해江海의 도회都會이고 화물을 실어 나르는 통로다. 상인들이 모여드는 곳이므로, 이해에 밝아 백성들이 순박하지 못하다.

– 허목, 『미수기언』

전주는 곧 호남의 웅부雄府다. 사람이 많고 땅이 큰데, 아전은 교활하고 백성들은 횡포하여 본디 다스리기 어려운 곳이라 했다.

– 안정복, 『순암문집』

그곳 풍속은 부유함을 믿고 흥청거리는 통에 교활하고 완악하다고 알려져 있고, 국내의 젊은 부랑자들이 술에 취해 흥분하면 종종 눈을 부라리며 목숨을 건 싸움을 벌이곤 하였다. 그래서 숨을 죽이고 식당에 들어가서는 서둘러 밥을 몇 술 뜨고 바로 말을 타고 떠나는 걸 다행으로 여길 정도였는데, 이런 경우가 한두 번이 아니었다.

－황현, 『매천집』

상업이 발달한 곳은 으레 여러 사람
이 뒤섞이면서 소란스럽고 흥청대기
마련이다. 그런데 선비들의 눈에는 그
런 모습보다 가난하지만 맑은, 안동 같
은 선비의 고장이 좋아 보였던 모양이
다. 조선 말기로 향해 가던 18세기에서
19세기 무렵, 한편으로 이 땅에서는 새
로운 향토요리가 나왔다. 비빔밥은 전

황현의 『매천집』 전주에 대해
서는 비판적 시각을 기록하고
있다.

주성 내에서 왕실과 연관이 있는 양반집들이 궁중의 골동반骨董飯
을 흉내 내어 만든 듯하고, 콩나물국밥은 전주성을 드나드는 장사
치들이 해장과 끼니를 위해 만든 듯하다.

　다른 한편으로 여러 신흥종교가 나왔다. 전주 모악산은 예부터
특이한 정기가 서린 곳으로 풍수가들에게 알려져 있었다. 그래서
인지 오늘날까지 계룡산보다도 많은 신흥종교를 낳았는데, 오늘
날에도 세력이 대단한 증산교와 그 계통인 보천교, 태을교 등 약
40개의 교단이 모악산에서 시작되었다고 한다. 향토요리는 양반
의 도시이면서 상업의 도시였던 조선 후기의 전주를 나타내며, 신
흥종교는 조선 말기 백성의 불안과 고통에 응해 사람과 하늘의 이

어짐과, 해원상생, 천지개벽을 추구하는 생각과 마음이 결집된 것
이다.

외세의 빌미와 민족의 비극

그런 신흥종교 가운데 근대 한국사에 가장 큰 영향을 준 것은 전
주에서 시작되지는 않았으나 전주 일대에서 가장 활발한 세력을
얻었던 종파다. 바로 동학이다.

1894년 2월, 고부에서 조병갑의 학정에 분개하여 시작된 동학
농민의 봉기는 조정이 안핵사를 보내 위무하면서 일단락되었다.
그러나 안핵사 이용태가 동학도를 비적으로 규정하고 처벌할 것을
밝히자, 전봉준, 김개남, 손화중 등의 주도로 두 달 뒤 다시 봉기해
전주성을 점령한다. 이 전주 봉기를 진정한 동학농민혁명의 시작
으로 보기도 한다.

조정은 정예병을 추려, 당시 가장 성망이 있던 홍계훈에게 지휘
권을 주고 토벌에 나서게 했다. 하지만 동학농민군을 무너트리지
는 못한다. 비록 종교적 열정으로 사기가 높다지만 무기도 손에 잡
아본 적 없던 농민들에게 조선군 최정예가 패배했다니! 당시 조선
의 국력이 얼마나 약해져 있었는지 대내외에 확연히 드러난 일이
었다. 충격받은 조정은 두고두고 후회할 선택을 하고 만다. 청나라

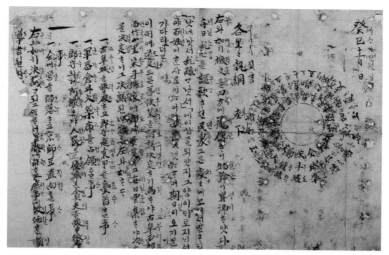
사발통문 동학농민군이 말목장터에 집결해 돌렸던 것이다.

에 구원병을 요청한 것이다. 청나라와 일본이 맺은 톈진 조약에는
청나라나 일본 중 어느 한쪽이 조선의 요청에 따라 파병할 경우 상
대국에게 '통보한다.' 그리고 사태가 진정되면 '즉각 철수한다'고
되어 있었다. 청나라 군대가 먼저 조선에 진입하면 일본은 사태가
끝날 때까지 개입할 수 없고, 사태가 진정되면 청나라 군대도 철수
하게 되리라고 본 결과였다.

　그러나 이는 착오였다. 일본은 조약 내용을 '청과 일본 중 한쪽
이 조선에 파병하면 다른 쪽도 파병한다'로 해석해 버려 즉각 군대
를 출동시켰다. 외세 개입의 빌미를 주지 않고자 동학군과 홍계훈
의 정부군이 전주 화약을 맺고 조정이 동학군의 폐정개혁안을 받

　　　　　　　　　　　　　　　　　　전주

아들이는 대신 동학군은 해산하기로 했지만, 어떻게든 개입의 기회만 엿보던 일본은 개입의 원인이 해소되었음에도 막무가내였다. 결국 이는 청일전쟁으로 이어지고, 동학군은 야욕을 드러낸 일본에 맞서 제3차 봉기에 나섰으나 처참한 패배를 겪고 농민혁명도 끝장나고 만다.

6·25 전쟁 때는 다른 지역에 비해 치열한 전투는 없었지만, 참혹한 일이 있었다. 전주형무소 학살 사건이다. 두 차례인데, 1번째는 1950년 7월, 국군과 경찰이 전주형무소 재소자 1400여 명을 좌익 관련자라며 학살했다. 2번째는 이 보복으로, 두 달쯤 뒤 전주를 점령한 인민군이 재소자 800여 명을 반동분자로 몰아 살육했다. 어떻게 같은 공간에 있던 사람들이 한편으로는 좌익으로, 한편으로는 우익으로 몰려 떼죽음을 당해야 했을까. 앞서는 여순 사건의 여파가 작용했고, 뒤에는 점령 인민군들이 대피하지 못한 우익계 인사들을 대거 체포해 형무소에 넣은 상태였다. 하지만 무고하게 죽은 사람들이 더 많았다. 앞서 죽은 사람들의 친지는 그 보복으로 뒤에 죽을 사람들을 고발하기도 했다. 그것은 전쟁의 광기 아래 벌어진 쌍방에 대한 잔악행위로 규모만 다를 뿐 6·25 전쟁 내내 한반도의 이곳저곳에서 벌어졌던 일과 다름없었다. 전주형무소 학살은 6·25 전쟁의 축소판과도 같다.

비빔밥에서 찾는 화합과 지혜

전북은 곡창 지대였고, 그 곡식의 집산지인 전주는 일제강점기 때 심한 수탈을 겪었다. 문화재 피해도 심했다. 전주성이 헐리고, 사대문 중 풍남문만 남기고 모두 없어졌다. 한양을 향해 떠나는 관리가 망궐례를 행하던 곳인 공북루도, 관찰사 관저이던 선화당도 사라졌다. 예종대왕태실도 도굴 및 훼손을 당하고, 원래의 위치에서 지금의 경기전 내부로 옮겨졌다. 이것이 오늘날의 전주 한옥마을이 이루어지게 된 배경이라고도 한다. 우리 것을 마구 없애는 일제에 대한 반발로 한옥을 지키고, 새로 짓고 하다 보니 그리되었다는 것이다.

오늘날 전주는 문화를 디딤돌 삼아 발전해 나가고자 한다. 도시로 들어서는 톨게이트부터 전통 기와집 양식을 가져다 썼으며, 경기전, 풍남문, 오목대, 전동성당 등 주요 전통 유산이 비교적 가깝게 몰려 있고 그 바로 옆이 한옥마을임을 활용하여 나들이객과 관광객을 불러 모은다. 천천히 걸어서 관광하며 놀고 먹으며 한나절을 보낼 수 있는 장소이기 때문이다. 그런 느림의 미학 덕분에, 2010년에 국제슬로시티연맹의 도시형 국제슬로시티 공인을 받기도 했다. 시내 곳곳에서 볼 수 있는 비빔밥과 콩나물국밥, 한정식, 전주의 빵집이라고 할 수 있는 풍년제과 본점과 지점 등도 한몫했다.

한편 그런 틀을 깨고 첨단을 달리려고도 한다. 친환경을 붙이

전주 한옥마을 전경 700여 채의 한옥이 군락을 이루고 있는 국내 최대 규모의 전통 한옥촌이다.

고 있지만 고급 주거지 건축인 전주에코시티 개발을 시작으로 고층건물이 계속 선다. 무려 153층으로 지어지며 꼭대기에는 국내에서 가장 높은 자이로드롭 등이 설치될 예정인 '전주 153 익스트림타워'는 그 정점이다. 이런 경향이 슬로시티 전주를 망가뜨리는 게아니냐는 걱정도 있지만, 잘만 조화를 이룬다면 문화가 잘 보전된구시가와 생활 및 비즈니스의 중심이 되는 신시가가 나뉘어지는파리나 로마 비슷하게 발전할 수도 있다.

　낡은 것과 새것, 양반과 상인, 붉고 푸르고 노랗고 검은 것들이 뒤섞이면서도 결코 잡스럽지 않은 조화를 이루는 것이 그것이 비빔밥에서 얻을 수 있는 전주의 교훈이리라. 그러려면 이 도시의 역사에 굴곡을 가져왔던 이단적 존재들, 견훤이나 정여립이나 전봉준과 같은 존재들을 이해하고 포용하며 하나로 어우르며 발전할 수 있는 지혜와 도량이 필요할 것이다.

06

광주

끝나지 않은 그날

전라도의 대표 도시이며, 유일한 광역시인 광주의 면적은 501제곱킬
로미터, 인구는 140만 명이 조금 넘는다. 면적은 대한민국 도시 중
48위로 특별·광역시 가운데서는 제일 적다. 하지만 인구는 전체 6위
이며 특별·광역시 중에서도 6위다.

역사의 변두리에서 소외된 빛고을

광주는 오랫동안 호남의 중요 도시였으나 대표 도시로 떠오른 지는 그리 오래되지 않았다. 처음에는 마한의 한 지역이었을 것으로 보이는데, 독자적으로 부족국가를 세우지는 못한 채 지금의 장성 또는 나주의 부족국가 중 하나의 영역에 속했거나 둘 사이에 걸쳐 있었던 것 같다. 그러다가 백제가 세력을 크게 확장하던 4세기 무렵 백제에 통합되었고, 그 전후에 노지奴只라는 이름으로 불렸던 듯하다. 백제 때는 물이 많은 평야인 물들에서 무진주武珍州라는 이름을 얻었다. 광주를 대표하는 산인 무등산 역시 여기서 유래했을 것으로 본다. 지금의 광주를 보면 습지대로 보이지는 않는다. 하지만 과거에는 황룡강과 영산강천이 이 도시에서 합류하여 하나가 되어 영산강으로 흘러갔는데, 비가 많이 오면 합류 지점이 범람하곤 했다. 그래서 다른 호남 도시들에 비해 발전이 뒤처졌을 것이다. 고려 시대에 이 수해를 해결하고자 둑을 쌓아 물길을 다스리고, 물을 제압하는 기운이 있다는 돌물소石犀를 깎아 세워두기도 했다. 이 돌물소에서 광주의 별칭인 상서로운 돌瑞石이 나왔다 여겨진다.

삼한 통일 뒤, 신라에서는 경덕왕의 고을 이름 변경 때 무주武州가 되었다. 892년, 견훤이 이곳을 점령하고는 반란을 본격화한다. 이때가 아마 광주시의 역사에서 한 나라의 중심 비슷하게 되었던 유일한 때일 것이다. 그러나 견훤은 2년 뒤 완산주(전주)로 옮겨가서는 왕이라 칭하고 후백제를 정식으로 건국했다. 전주가 광주보다 유력한 고장이기도 했고, 백제 부흥이라는 명분을 세우고 백제 출신자들을 규합하려면 백제에 대한 귀속의식이 보다 높았던 전주가 더 유리했기 때문이다. 그래도 견훤은 그 사위인 지훤池萱을 무주에 두어 나름 중시하는 뜻을 보였다.

왕건이 천하를 평정한 뒤, 940년에 이름을 광주光州로 고쳤다. 이로써 비로소 빛고을이 된 셈인데, 아마도 중국 허난성에 있는 도시 이름을 딴 것으로 보이므로 묘하다. 왜 하필 광주라는 이름을 붙였는지는 알 수 없다. 굳이 억측해 보면 중국의 삼국 쟁패 때 여남汝南이 유비·조조·원소의 공방전이 거듭된 땅이었고, 훗날 여남에서 광주가 갈라져 나왔다는 정도다.

하지만 무진주라는 이름이 영영 사라지지는 않았다. 고려 말기
인 공민왕 11년, 1362년에 무진부茂珍府로 개칭된다. 그 사이에는
현으로 강등되어 해양현海陽縣으로 불리다가, 익주翼州라 했다가,
화평부化平府로 변했다. 상세한 강등과 개칭의 사유는 나오지 않는
다. 하지만 견훤이 처음 득세한 땅이라는 점에서 고려 조정에서 내
내 좋게 보지 않았던 것 같다. 이런 푸대접은 조선에 들어서까지
이어진다. 한 차례 무진군茂珍郡으로 격하되고, 두 차례 광산현光山
縣으로 격하되었다.

> 판관判官 우윤공이 어디선가 날아온 화살에 맞았다. 조정에서는
> 그 고을 사람의 행위가 아닐까 의심, 강등하여 현을 만들었다.
>
> ―『신동국여지승람』

이렇게 단순한 해프닝을 가지고도 도시 전체가 행정 최소 단위
인 현으로 격하될 정도로, 조선에서 광주의 지위는 낮았다. 고려
시대에 광주와 비슷한 처지였던 전주는 태조 이성계의 풍패지향이
라 하여 오히려 유력한 고을로 올라섰다. 하지만 광주는 그대로였
다. 전라도가 전주와 나주에서 딴 이름인 점에서도 알 수 있듯, 조
선의 광주는 크고 중요한 도시일 수 없었다. 임진왜란 당시 권율이
처음에 광주 목사를 맡았는데, 공을 세우자 나주가 광주보다 훨씬
중요하므로 나주 목사로 전임 발령했다는 행주대첩비의 기록에서

도 광주의 처지를 알 수 있다.

그래도 조선 중기에 송순, 정철 등이 무등산 자락에 세워진 정자를 유람하며 「면앙정가」, 「성산별곡」 등 한국문학사에 길이 남을 가사 작품들을 남겼다(비록 주 무대는 광주 환벽당을 제외하면 광주가 아닌 담양이었으나). 고봉 기대승이라고 하는 걸출한 유학자가 여기서 나오고, 그를 기리는 월봉서원이 세워지면서 조선 특유의 문화사에서 빠지지 않는 도시라는 입지도 확보했다. 그래서 기호畿湖라고 하는 조선 중기의 두드러진 문화적 트렌드에서 광주도 나름대로 끼어들 수 있었다. 하지만 조선 후기에 기호에서 경화京華로 문화적 구심점이 넘어가고, 영남이 비주류이되 독자적인 문화적 중심으로 자리매김하면서 광주는 또다시 소외되고 만다.

일제강점기에 터져 나온 광주의 의분

일제강점기가 되면서 비로소 광주는 호남의 대표 도시로 발돋움한다. 일제의 한반도 재구성 과정에서 광주는 전라남도의 도청 소재지가 되고(1896년 남북으로 도가 나뉜 뒤 처음에는 남원이 도청을 가져갔으나, 일제 초기에 광주로 바뀌었다), 전남 지역에서 생산되는 쌀을 비롯한 물자의 집하지 역할을 하게 되면서 도시가 발전한 것이다. 일제는 도청(조선의 관찰부 자리에 들어섰다)과 광주역을 잇는

구 전남도청 5·18 민주화운동의 마지막이었던 광주 재진입 작전으로 최후의 전투가 벌어진 곳이다. 현재는 국가 등록 문화재로 관리되고 있다.

대로도 조성했다. 당시는 메이지마치明治町라 불렸는데, 조선 시대부터 있던 대로를 정비한 혼마치本町와 함께 일제강점기 광주의 중심가가 된다.

하지만 도시 정비 과정에서 구 관아 건물과 읍성을 헐었다. 또 조선 시대에 조성된 저수지인 경양방죽을 메워버리고, 메우는 데 쓸 흙을 가져오느라 인조의 왕자인 용성대군의 태를 묻은 태봉산을 통째로 없애버리는 식으로 거침없는 환경 파괴 및 문화재 파괴도 자행했다. 도청 뒤편으로 순천과 연결하는 경전선도 놓았다. 그런데 안전사고 방지에 충분한 주의를 기울이지 않아 교통사고 피해자가 끊이지 않기도 했다. 그만큼 세심하지 못하고, 주민을 존중

하는 태도가 부족한 개발이었다는 뜻이다.

옛날보다 큰 도시가 되었다고 만족할 광주 사람들이 아니었다. 사실 그들은 한말의 의병운동에서부터 열심히 항일에 나섰다. 수적으로 볼 때 의병 중 가장 다수가 호남의병이었다. 그것은 어쩌면 농업생산량이 발군인 호남 지역의 부호들이 자금과 인력을 동원하기가 상대적으로 유리했기 때문이었다. 평소 점잖다가도 한 번 화나면 물불을 안 가리는 기질도 한몫했을까? 1909년에 일본이 대한제국 정부 이름으로 파견한 선유사가 광주에서 '황제께서 힘들어하신다. 의병을 자제하라'라고 연설했으나, 모여들었던 시민들이 욕을 퍼부어 머쓱해졌던 일도 있다.

의병운동은 독립운동으로 이어졌다. 1919년 4월에 광주판 3·1 운동이 벌어졌고, 1920년대부터 1930년대까지 소작쟁의가 광주와 전남 일대에서 벌어졌다. 그리고 일제를 가장 긴장시킨 광주의 항일운동은 1920년대 말에 일어났다. 1928년에 총독부의 신경은 광주와 호남에 온통 쏠렸다. 당시 광주의 청소년들은 여러 동아리를 만들어서 독서, 한국사 공부, 독립선언서 작성 및 배포 등의 활동에 뛰어들고 있었다. 광주고등보통학교 등은 동맹휴학에도 나섰다. 바야흐로 3·1 운동 이래 최대의 항일운동이 광주를 중심으로 터져 나올 참이었다.

그 폭발의 에너지는 1929년 내내 고조되다가 마침내 10월 30일에 불붙었다. 광주에서 출발해 나주에 도착한 열차에서 두 조선인

여학생이 내렸는데, 일본인 남학생들이 그들의 댕기머리를 잡아당기며 희롱했다. 이에 조선인 남학생들이 덤벼들어 주먹다짐이 되자 출동한 경찰이 일방적으로 일본인 학생들 편만 들며 조선인 학생들을 구타했다.

이 소식이 전해지자 동시다발적으로 조선인 학생과 일본인 학생들 사이의 싸움이 벌어졌고, 11월에 이르러서는 칼부림으로까지 번졌다. 그리고 조선인 학생들은 단순한 패싸움을 넘어서 항일 독립 가두 시위에 나섰다. 시민들도 합세했다. 일제는 휴교와 퇴학이라는 교육 차원의 조치와 경찰을 동원한 폭력이라는 치안 차원의 조치를 함께 쓰면서 진압하려 했지만, 이 소식이 퍼지면서 광주만이 아닌 호남 일대에서 항일운동이 불붙었다. 1930년까지 이어진 광주학생운동은 참가 학교 194개, 참여 학생 5만 4000여 명이라는 기록을 남겼다. 그리고 그 불씨가 광주만이 아니라 전국의 여러 학교에 남아서 1930년대 내내 불거져 나옴으로써, 일제가 더 가혹하고 철저한 지배정책으로 전환하게끔 했다.

광주의 투쟁 정신은 해방 이후에도 이어졌다. 4·19 혁명을 먼저 일으키지는 못했으나, 3·15 부정선거에 대해 전국에서 처음으로 항의 시위가 벌어진 곳이 광주 충장로였다. 일찍이 조선 시대 광주의 가장 주된 도로였다가 일제강점기 때의 근대적 도시계획에 따라 혼마치로 불렸던 곳이었다. 해방 이후 광주 출신의 항일의병장 김덕령의 호를 붙여 충장로라고 개명된 길이다. 그리고 또 하나의 광주대로가 있다. 일제에 의해 닦여 메이지마치로 불리다가 병자호란 때 분골쇄신했던 호남 출신 정충신 장군의 호를 따서 개명된 금남로다. 그곳에서 20년 뒤에 벌어진 일은, 앞선 광주학생운동이나 부정선거 규탄 시위와는 달리 오랫동안 평가가 금기시되어 있었다. 그리고 오래 소외된 만큼 이후의 한국정치사에 강렬한 영향을 끼쳤고, 오늘날에도 완전히 종결되지 못한 한과 의혹의 현대사로 남고야 말았다.

1980년 5월, 잊히지 않을 그날

1979년 10월 26일, 궁정동을 울린 총소리는 유신의 심장을 멎게 했다. 외교통으로 정치와는 거리가 먼 인물로 여겨지던 최규하 국무총리가 임시 대통령이 되었다. 유신정권의 핍박을 받고 있던 김영삼, 김대중이 자유롭게 정치 활동을 하면서 1980년 봄에는 너도나도 서울의 봄을 이야기했다. 박정희의 오랜 집권과 그것을 무리하게 연장하려던 유신 체제가 무너진 것을 대부분의 사람이 축하하고 민주화된 대한민국을 기대했다.

그러나 대부분에 속하지 않은 사람들도 있었다. 그들은 1979년 12월에 12·12 사태를 일으켜 여차하면 병력을 동원해 민주주의를 짓밟을 준비를 마쳤다. 그리고 1980년 5월 17일에 "전국으로 비상 계엄을 확대한다. …그에 따라 모든 정치활동을 금지한다. 모든 언론은 사전 검열을 받는다", "국회를 해산한다", "당분간 국보위가 사실상 전권을 행사한다"라는 발표를 터뜨려, 멎어 있던 유신의 심장을 다시 뛰도록 했다. 아울러 김대중, 문익환, 고은, 리영희 등등 민주화 운동 관련인사들과 김종필, 이후락, 박종규, 김진만 등등 유신정권 인사들을 각각 사회 혼란 및 학생, 노조 배후 조종 혐의와 부정부패 혐의로 체포 및 구속했다. 김영삼 등은 가택 연금되었다.

꽃샘추위도 분수가 있지. 십수 년 만에 찾아온 서울의 봄을 빼앗긴 국민은 분노했다. 그 가운데서도 오랫동안 사랑하고 기대해 온 지도자까지 빼앗긴 광주-호남의 분노는 더했다. 그러자 신군부는 전국에 2만 3000명의 계엄군을 투입하고, 제7공수여단에게 광주로 내려가라고 지시했다. 작전명은 '화려한 휴가'였다.

5월 18일 오전, 전남대학교 앞에서 '김대중 석방하라', '전두환 물러가라' 등의 구호를 외치며 시위를 벌이던 학생들과 계엄군이 첫 충돌했다. 학생들은 연좌 시위 및 가두 시위에 돌입했다.

5월 18일 오후, 계엄군이 전남대에 진입해 학생들을 무차별 연행했다. 이후 광주 시내 모든 대학을 계엄군이 점거하고 학생을 내몰았다. 금남로에서 계엄군과 학생·시민이 충돌했다. 계엄군이 진압봉만이 아니라 총검을 사용하기 시작했고, 헬리콥터까지 동원되었다. 해산당한 시위대는 장소를 옮겨가며 시위를 계속했다.

5월 19일, 제11공수여단이 증파됐다. 시위 중 계엄군에게 폭행 당한 김경철이 병원에서 사망해 5·18 민주화 운동의 첫 희생자가 발생했다. 금남로에 수천 명의 학생과 시민이 집결하고, 충장로 등 에도 1000명 이상이 운집했다. 시위대가 화염병과 각목으로 계엄 군에 대항하자 계엄군은 탱크와 장갑차를 동원해 총검에 의한 진 압이 일반화되었다. 계엄군의 첫 발포로 사망자가 발생했고, 부상 자들을 트럭에 실어 어디론가 데려가는 장면이 목격되었다.

다음 날인 20일, 계엄군이 여학생의 유방을 도려내 죽였다는 소 문이 급속히 퍼졌다. 계엄군이 경상도 출신이며 전라도 사람을 다

계엄군에게 잡혀가는 시위대 그들은 어디로 끌려갔을까?

광주

죽여버리려고 왔다는 소문 역시 함께 돌았다. 이 때문인지 시위대의 규모가 더 늘고 더 과격해졌다. 시위대는 KBS, MBC 등 방송사와 세무서 등을 습격해 시청을 점거했다. 택시와 버스기사들도 시위에 참여해 클랙슨을 울리며 시위하거나 계엄군에게 돌진하기도 했다. 이 일로 계엄군에서도 사망자가 발생하자 계엄군은 시위 진압에 화염방사기를 사용했다. 시위대에 2차 발포와 함께 20사단이 추가로 투입되었고 광주와 연결되는 통신이 끊겼다.

21일, 광주와 통하는 민간 교통이 끊겼다. 시위대가 아세아자동차에서 장갑차를 포함한 차량들을 끌고 나와 시위에 동원했다. 도청에서 도지사와 시위대 대표의 협상이 진행되었고 계엄군은 철수를 약속했다.

하지만 오후가 되도록 계엄군은 철수하지 않았고, 시위대는 10만 명까지 모였다. 시위대가 도청과 전남대의 계엄군 진영에 차량으로 돌진하는 시도를 거듭하자 계엄군이 본격적으로 발포를 시작했다. 조준사격으로 시위대를 사살하고, 관광버스에 집중사격하여 탑승자 전원이 몰살하는 등 한꺼번에 수십 명씩 희생자가 나왔다. 시위대 일부가 경찰서, 민방위대 등에서 무기를 탈취해 계엄군과 시위대 사이에 총격전이 시작됐다. 계엄군이 헬리콥터로 사격을 개시하자 "80만 시민이 다 죽을 때까지 싸우자!"는 구호가 나왔다. 해남, 영암, 화순, 목포 등에서 무기와 참여자들이 들어왔고, 계엄군이 광주 시내에서 후퇴하면서 무장 시위대에 의해 도청이 함락되었다.

동지들 모여서 함께 나가자
무등산 정기가 우리에게 있다
무엇이 두려우랴 출정하여라
영원한 민주화 행진을 위해
나가 나가 도청을 향해
출정가를 힘차게 힘차게 부르세

－『광주 출정가』

5월 22일, 시민들에 의해 수습대책위원회가 결성되었다. 무기 반납에 대해 논란이 일었고 무장 시위는 목포, 무안, 화순, 순천, 완도 등으로 확산되었다. 미국은 '평화적 해결을 희망하나 사태가 장기화되면 외세의 오판을 가져올 수 있다'며 작전지휘권상 예하의 한국군을 광주에 투입할 수 있도록 하고 항공모함을 출동시키며 신군부를 도왔다. 바뀐 총리가 광주로 내려오자 시민들은 총리의 이야기를 들으러 도청 앞에 운집했다. 하지만 그는 광주로 들어오지 않고 '폭도들은 해산하라'라는 메시지만 던지고 되돌아감으로써 분위기를 더욱 격앙시켰다.

이후 매일 오후 2시 도청 앞 광장에서 '민주수호 범시민 궐기대회'가 열려, 대책 논의와 사상자를 위한 모금 운동 등이 진행됐다.

광주

광주 시민 총궐기 광주 시민들이 구호를 외치며 운집해 있다.

수습위가 무기 반납만을 촉구하며 미온적이라는 인식 아래 새로운 항쟁지도부가 발족했다. 계엄군과의 직접 충돌은 줄었으나 광주에서 나가려거나 들어오려는 무장 시위대와의 총격전이 계속 발생했다. 주남마을에서는 비무장 민간인에 대한 학살이 벌어졌다.

서울시경에서 광주에 잠입해 폭동을 선동하려는 임무로 남파된 간첩 이창용을 검거했다고 발표(훗날 진상조사위에서 남파간첩은 맞지만 광주와는 무관했다고 판명되었다)했다.

최규하 대통령이 5월 25일에 광주로 내려왔으나 항쟁지도부나 수습위, 시민 등과의 만남 없이 계엄군 시찰 및 해산 촉구 담화문 발표만 하고 돌아가 버린다. 다음 날, 탱크를 앞세운 계엄군이 광주 진입을 시도했다. 시민들은 '만약 탱크가 진입할 경우 확보해 둔 TNT를 한꺼번에 터뜨려 자폭하겠다'고 선언하고, 탱크 앞에 드러눕는 등의 행동으로 일단 탱크 진입을 저지했다. 그래도 끝내 대규모 진입이 있으리라 예상하고 기동타격대를 조직하는 가운데, 광주에 남아 있던 외국인들이 대피했다.

27일 새벽, 충정작전이 시작됐다. 계엄군이 8개 방향에서 일제히 광주로 진입해 금남로에서 시가전이 벌어졌다. 계엄군은 도청을 함락시켰다. 시민 타격대는 탄환이 떨어질 때까지 항전했고, 수류탄 등을 사용하며 진압이라기보다 소탕을 벌인 계엄군은 투항한 시민군도 다수 사살했다. 기타 주요 공공기관들도 계엄군이 장악해 오전 6시에 '폭도들이 진압되었다'라는 KBS 방송이 송출되었다. 오전 7시 30분에 계엄군은 승전가를 부르며 광주 시내를 행진했다.

왜 쏘았지(총)?
왜 찔렀지(칼)?
트럭에 싣고 어딜 갔지?
망월동에 부릅뜬 눈
수천의 핏발 서려 있네
오월! 그날이 다시 오면

우리 가슴에 붉은 피 솟네

— 노래를 찾는 사람들,『오월의 노래』

1980년 5월, 대한민국은 거대한 골고다가 되었다. 광주는 그 위에서 십자가에 못 박혔다. 일부의 주장처럼 이 상황이 하나의 시나리오에 의해 착착 진행되었던 것 같지는 않다. 갈등 상황에서 종종 발생하는 무력 사용의 에스컬레이션이 있었다. 투입 초기에 계엄군은 최루탄과 진압봉만으로 시위대를 해산시키려 했다. 그러나 시위대의 수와 기세가 예상을 뛰어넘었고, 최루탄이 다 떨어지는 상황도 발생했다. 할 수 없이 계엄군은 총검으로 달려드는 시위대를 막았다. 이로써 사상자가 나오자, 흥분한 시위대는 차량을 이용해 계엄군에게 덤볐다. 눈앞에서 차에 깔려 죽는 동료들을 본 계엄군 병사들은 공포와 분노에 사로잡혀 실탄을 쐈을 것이다. 진압된 시위대에 불필요한 가혹행위도 가했을 것이다. 하지만 피는 피를 부르는 법이다. '군인들이 언니 오빠 들을 죽이고 있다'는 소식에 교과서를 집어던지고 거리로 달려 나간 여학생들, 그 여학생들을 벌거벗겨 원산폭격을 시키는 군인들에게 눈이 뒤집혀 각목이나 식칼을 들고 뛰어든 딸 가진 아버지들, 그 아버지들의 시신을 트럭에 싣고 시내를 다니는 모습에 경찰서로 달려가 뒤집어엎고 무기를 탈취한 청년들이 있었다.

도청을 비롯한 주요 관공서가 시위대에 점령되고, 무장 시위가 인근 지역으로까지 번지는 모습을 보며 이대로는 큰일 나겠다고 생각한 정부와 미국의 입장도 이해는 간다. 하지만 애초에 누가 봐도 말이 안 되는 5·16 군사정변으로 이 상황을 촉발한 건 신군부였다. 도청 점령 뒤 대책위가 꾸려지고 정부와 대화하려는 태도를 보인 광주 시민에게 최고책임자도 명목적 책임자도 찾아가지 않고, 폭도라고만 불렀던 게 신군부였다.

우리 모두가 가진 대한민국의 트라우마

제주 4·3 사건이나 보도연맹 학살에 비해 광주 학살의 규모는 작다. 그러나 4·3 사건, 대구 10·1 사건, 여순 사건 등은 정부가 채 서지 않았거나 선 지 얼마 되지 않은 혼란기 때 벌어졌다. 광주는 1980년에 벌어졌다. "대한민국은 민주공화국이다. 대한민국의 주권은 국민에게 있으며 모든 권력은 국민으로부터 나온다"는 원칙이 천명된 지 수십 년이 지난 뒤에 벌어졌다. 그리고 그 일을 직접 보고 겪은 사람들은 아직 생존해 있다. 눈앞에서 사랑하는 사람들이 맞아 죽고 찔려 죽는 모습을 보았는데, 어떻게 잊어버린단 말인가. '광주 사태'라는 오명을 쓴 채 오랫동안 진상이 은폐되고, 그 최고책임자가 끝끝내 용서를 빌지 않았는데 어떻게 용서한단 말인가.

광주망월묘지공원

　7년 뒤의 6·10 민주항쟁에서 광주 출신인 이한열이 최루탄에 맞아 숨졌을 때, 아들의 시체를 붙잡고 그의 어머니는 "한열아, 가자! 우리, 광주로 가자!"라고 울부짖었다. 2014년 세월호 참사를 보며 "이것은 제2의 광주다"라는 말이 나왔다. 그럴 수밖에 없다. 광주의 비극과 오랫동안의 진상 은폐는 광주와 호남인들에게, 대한민국에게 트라우마를 남겼다. 광주를 겪은 주민들은 자식들에게 이를 악물며 그날을 차근차근 들려주었고, 입시지옥을 겪고 대학에 간 학생들은 선배들이 틀어주는 광주 학살 비디오를 보며 충격에 빠졌다. 1980년대 말 이후 광주 사태가 광주 민주화 운동으로 복권되고, 호남 출신 대통령이 나오고, 민주화 운동 참여자에 대한 보상과 예우 등이 취해진 지금까지도 광주의 한, 트라우마는 굳건한 '진영'으로 남아서 한국 정치의 갈등 구조를 이루고 있는 것이다.

풀리지 않는 원한, 지워지지 않는 트라우마는 시간을 멈춰버린다. 광주의 역사는 1980년 이후 조금도 진행되지 않았다. 그것은 광주 시민들의 잘못이 아니다. 대한민국이 정말로 민주공화국이라면, 우리가 생각과 입장이 달라도 어쨌든 공동체라면, 광주의 한과 트라우마를 진실로 스러지게 할 방법을 함께 찾아가야 한다. 그것은 인간에 대한 예의이며, 20세기의 잔혹사가 21세기에도 되풀이될 일말의 가능성(우크라이나를 본다면, 그것은 결코 기우일 수 없다)에 대한 대비이다. 광주를 진정 빛고을로 만들 책임은 국가에게 그리고 모든 대한민국 국민에게 있다.

07

남원

돌아올 봄날을 희망하는 예술의 고장

전라북도의 남원시는 소백산맥 자락에 위치하며, 지리산을 끼고 있다. 면적 752제곱킬로미터에 인구는 8만 명 정도이다. 면적은 부산에 좀 못 미치지만 인구는 그 4분의 1도 안 된다. 인구 규모로 전국 시 가운데서 85위 남짓, 전라북도에서도 7번째로 10만 명에 조금 못 미치는 완주군보다 적다. 하지만 전근대 시대에는 호남의 중요 도시 중 하나로 손꼽혀 왔다.

예향이면서 안보의 핵심인 도시

가야금은 거문고에 비해 날렵하고 경쾌하여, 배우는 사람도 듣는 사람도 좀 더 많은 편이다. 그 시조라고 할 만한 가야 출신의 우륵이 551년, 하림궁에 들렀던 신라 진흥왕 앞에서 가야금을 연주하여 멸망한 금관가야의 예술을 이어가게 되었다. 그때 연주한 곡이 12곡이라는데, 7번째로 연주한 곡의 이름이 「하기물下奇物」로, 경쾌한 노동요의 하나였다고 한다. 그런데 그 하기물이 남원을 가리킨다는 추정도 있다. 6세기, 백제 무령왕 때 가야를 공격하여 그 땅을 일부 빼앗고 고룡군古龍郡을 설치했는데 이 고룡군이 하기물이라는 것이다. '용龍'은 우리말로 '미르'이고 '고'는 '키' 발음을 옮길 때 쓰는 경우도 있었으므로 키미르는 고룡이고, 하기물은 그 아래쪽이라는 것인데(한편 상기물은 지금의 장수 또는 임실이라고 한다) 과연 그럴지 의문인 점도 있다. 하지만 남원의 역사적 첫 기록이 망국의 예인이 연주하는 음악이라니, 과연 남원다운 시작이다. 광주에 지지 않는 호남의 예향藝鄕이 곧 남원이다. 한과 아쉬움 그러나 끊어지지 않는 희망을 승화시킨 예술의 고장이 남원이기 때문이다. 역시 고대의 예향인지 신라의 옥보고가 이 남원경에 살면서 고구려의 거문고를 전수하고, 개량하여 명곡을 작곡했다고 한다.

남원이 남원이라는 이름을 갖게 된 때는 진흥왕의 후대인 문무왕이 삼한을 통일하고, 이곳에 5소경의 하나인 남원경南原京을 설치하고부터다. 신라가 5개밖에 없는 소경小京 중 하나를 이곳에 두었음은 특별한데, 그것은 예향이라서가 아니라 당시 남원이 전주(대략 지금의 전북), 무주(전남), 강주(낙동강 서편의 경남)가 접하는 지점에 위치해 있었기 때문이다. 이곳을 장악해 두면 세 지역 중 어느 쪽에서 반란이나 외침이 있어도 빠르게 대응할 수 있다고 본 것이다.

자료가 부족하고 모호한 부분이 많은 한국 고대사 때문에 남원에도 의문이 있다. 한나라가 고조선을 멸망시키고 설치했다는 한사군 가운데 대방군이 남원에 있었다는 설이 있기 때문이다. 지금 사학은 대방군이 평안남도-황해도 지역에 있었다고 보는 것이 정설인데, 재야 사학에서는 그나마도 성에 차지 않아 대륙에 있었다고 본다. 그런데도 한반도의 상당히 남쪽 지점에 대방군이 있었다니 이상하다.

이 부분에 대해서 확실히 해명할 수 있는 자료는 없다. 『삼국사기』에 따르면 한사군의 대방군과는 이름만 같았다. 그러나 『삼국유사』에서는 위나라 때 이곳에 대방군을 설치한 게 맞으며, 이후 백제에게 빼앗겼다가 백제가 멸망한 뒤 당나라가 이곳에 다시 대방도독부를 설치했다고 한다. 고려와 조선 전기까지는 후자의 설을 믿어서, 『동국이상국집』을 지은 고려 말의 이규보도 "남원은 옛날의 대방국帶方國이다"라고 썼으며, 『세종실록지리지』에서도 그렇게 기술되어 있다.

무엇이 진실일까. 고조선 멸망 이래 남만주와 한반도에 뻗쳤던 중국 세력은 계속 쇠퇴했으며 확산된 적은 없다. 더욱이 삼국 시대에, 오나라라면 혹시 몰라도 위나라가 멀리 바다를 건너고 고구려와 백제의 틈바구니에 밀고 들어와 군현을 설치했으리라고는 믿기 어렵다. 다만 남원이 고대 한국사에서 중요한 요충지였다는 사실만큼은 분명해 보인다.

고려 시대에도 남원은 요충지였다. 940년에 남원경을 남원부로 고치고, 현종 때는 임실·순창·장수·구례·담양 등 지리산 자락에 가까운 일대의 행정을 도맡는 중심지로 자리매김했다. '임순남'이라고 묶어 부르는 임실·순창·남원의 핵이 남원이었던 것이다. 그래서인지 고려 말에 가면 왜구의 침입이 심해졌는데, 남원 쪽으로 침입해서 그 동쪽의 팔랑치 고개를 지나 경기도나 경상도로 밀고 들어가려는 추세가 있었다. 여기에 쐐기를 박은 것이 1380년, 이성계의 가장 빛나는 전투 중 하나인 황산대첩이었다. 그는 "대우전大羽箭 20발을 쏘고 계속하여 유엽전柳葉箭을 50여 발이나 쏘아 모두 적의 얼굴을 맞히니, 활시위 소리가 날 때마다 한 사람이 반드시 죽었다"라고 『고려사』에 기록될 만치 신의 경지에 오른 활솜씨를 마음껏 떨치며 적장 아기발도를 직접 쏘아죽이는 등 명장의 면모를 과시했다고 한다. 하지만 그도 다리에 화살을 맞았고, 여진족

출신으로 귀순한 퉁두란이 아니었다면 목숨을 잃을 뻔했다. 조선조에 들어와서도 세조 때의 양성지(그는 남원 출신이기도 했다)가 "대방(남원)은 자연히 웅장한 번지藩地를 이루었으니, 팔방의 오랑캐를 공액控扼하고 제압한다"라고 했고, 『동국여지승람』에는 "남방의 오른팔이다"라고 적혀 있다.

황산대첩비 탑본 고려 말 이성계가 왜구를 물리친 업적을 기리기 위해 세운 것이다.

기운을 억눌러야만 하는 땅

남원은 또한 종교에서도 고대사에서 중요한 위치를 차지했다. 신라 흥덕왕 때인 828년에 당나라에서 돌아온 증각대사 홍척洪陟이 실상사實相寺를 창건했는데, 이 사찰은 한국사 최초의 선종 계열 사찰이었다. '이곳에 절을 세우지 않으면 나라의 정기가 동영東瀛(일본)으로 건너간다'라는 말이 있었다 한다. 이후 신라 선종의 구산九山 중 하나이자 으뜸으로 크게 발전했으며, 흥덕왕과 그 태자가 이 절에 자주 다니며 국태민안을 빌고 사적인 고뇌를 달래곤 했다.

시대를 뛰어넘어 조선 태종의 차남인 효령대군도 이 절에 시주를 많이 했다. 야사에서는 그가 세자에서 제외되었을 때 실망감을 달래려 절에 들어가 매일 북을 힘껏 두들기며 번뇌를 없앴다 한다. 그 절이 어쩌면 실상사일 수도 있다. 훗날 절이 쇠퇴했을 때 도적들이 보물이 있을지 모른다며 불상을 깨부쉈는데, 그 안에서 나온 보물이 효령대군이 직접 베껴 쓴 불경 수백 권과 『월인천강지곡』, 『고려화엄경소』 등 진귀한 서적들이었다고 하니 말이다. 금은보석을 손에 쥘 줄 알았던 도적들은 못내 실망했던지 절을 불태워 버렸으나 그때 세상에 나온 『월인천강지곡』은 지금 세계에서 유일하게 남은 판본이다.

또 헌강왕 때인 875년에는 도선이 선원사禪院寺를 창건했다. 한국사 최고의 풍수 대가였던 그가 지형을 유심히 보고는 '이 땅의 기를 누르려면 절을 세워야 한다' 하여 절을 지었다고 한다. 실상사로는 모자랐던 것일까? 도선은 남원 땅에 만복사萬福寺도 세웠고, 역시 기를 억누르는 의미로 쇠로 소를 만들어두었다고 한다. 만복사는 실상사, 선원사보다 더 발전해 남원 최대의 사찰이 되었다. 수백 명에 이르는 승려들이 아침에 시주를 받으러 나갈 때와 저녁에 돌아올 때의 행렬이 실로 장관이어서 만복사귀승萬福寺歸僧이 남원 8경의 하나로 꼽힐 정도였다.

조선 전기의 재사이자 기인이며 생육신의 하나인 김시습이 이 만복사에 머물다가 『만복사저포기』라는 소설을 지은 일은 유명하다. 죽은 처녀의 영혼과 사랑을 한 주인공 양생의 이야기는 남원

선원사 철조여래좌상 고려 시대 철불의 특징을 잘 보여주는 보물이다.

고을 특유의 '한과 아쉬움, 그러나 끊어지지 않는 희망'과도 부합한다. 소설 속에서 양생은 이승에서 사랑을 이룰 수 없었으나 다음 생에서의 합일에 대한 희망을 버리지 않는다.

이 밖에도 역시 도선이 사람을 해치는 못된 용을 누르기 위해 세웠다는 용담사, 경치 좋기로 다른 남원 사찰들을 압도했다는 승련사, 1314년 지어졌으며 고려 충숙왕이 사랑했다는 보현사 등 남원의 명찰들은 수두룩하다.

예술과 종교가 번창한 남원일진대, 당혹스러운 기록도 있다.

땅은 넓고, 사람들은 사나워서 반역과 속임이 벌 떼처럼 일어난다.

－『동국이상국집』

풍속이 경박하고, 사치 향락을 일삼는다.

－『세종실록지리지』

땅은 좋은데, 사람들은 사납다.

－『신증동국여지승람』

뭘 어쨌길래 남원 사람들이 이런 나쁜 평판을 얻은 것일까? 민란이 우후죽순처럼 일어나던 고려 시대에 남원에서도 민란은 일어났지만 그렇게 크거나 주도적이거나 특별하지는 않았다. 적어도 기록된 역사에서 남원을 특별히 반역향이라고 부를 만한 근거는 없다. 그럼에도 고려 말에서 조선 초에 남원에 '악플'이 달린 까닭은 무엇일까?

아마도 남원이 남원경이 되고, 임순남의 중심이 되었던 바로 그 특성 때문일 것이다. 남원은 당연히 백제 출신 사람들이 많았고, 가야 출신들도 많았다. 게다가 고구려 유민도 여기 많이 들어와 살았는데, 옥보고가 이곳에서 거문고를 배울 수 있었던 것도 그 덕분이다(옥보고가 고구려 유민이라는 설도 있다). 여러 지역 출신들이 한곳에 모여 있으니 오해와 다툼이 일어나기 쉽다. 게다가 남원은 지리산을 끼고 있다. 황산대첩에서 패배한 왜구들도 지리산으로 달아났다 한다. 여말 선초의 혼란으로 삶의 터전을 잃은 백성들은 지리산으로 모여들어 산적이 되었다가, 상황이 바뀌면 또 남원으로 나가서 백성이 되었다가 했을 것이다. 그러다 보니 남원 주민들끼리 반역과 속임이 벌 떼처럼 일어났으리라.

도선이 '이 땅의 기운을 눌러야 한다'고 본 것도 그 때문일 수 있다. 절을 짓자. 그래서 일자리와 먹을거리를 마련해 주고, 한과 울분이 맺힌 사람들의 마음을 어루만져 주자. 그래야만 남원으로 모여든 나쁜 기운이 해원 상생의 길을 통해 스러지리라. 이것이 도선이 남원에 여러 사찰을 지은 참뜻이 아니었을까.

봄날의 남원을 좋아하세요?

조선 중기 이후, 개화기 이전의 남원은 두 가지 주제로 살펴볼 수 있다.

하나는 광한루이다. 광한루는 처음에 황희가 충녕대군으로 세자를 바꾸는 일에 반대하다가 남원으로 귀양을 왔을 때(1419년) 짓고는 광통루廣通樓라는 이름으로 부르며 앉아서 술 마시며 독서하던 곳이다. 황희는 귀양이 풀려 조정에 돌아간 뒤로 자신이 반대했던 세종의 두터운 신임을 받으며 명재상이 된다. 귀양살이 도중에 지었으니 당시는 그리 웅대하거나 화려하지 않았을 것이다. 광통이라는 이름도 남원이 전라도와 경상도의 교통 요지이기 때문에 지었을 것이다.

그런데 1444년에 전라도 관찰사였던 정인지가 이곳에 들렀다가 너무도 아름다운 경치에 감탄했다고 한다. 그리고 남긴 말이 "이건 광통루가 아니라 광한루일세!"였다나. 광한루廣寒樓는 달 속에 살고 있는 미인 항아가 거처한다는 신화 속의 누각이다. 그토록 아름답다는 의미였는데, 이쯤 되니 어디 한번 나도 보자는 시인 묵객들이 전국에서 모여들게 된다. 이러니 아예 이름도 광한루로 바꿔버리고, 달나라 광한루를 표현하고자 은하 연못도 파고 오작교도 놓고 하면서 점점 더 아름답게 바뀌었다. 이에 반한 여러 문인들 가운데, 1626년에 우의정이던 신흠은 『광한루기』를 지어 이렇게 예찬했다.

호남과 영남의 언저리에 끼어 하나의 큰 도회都會가 되는 곳이
남원이다. 산과 물이 모여드는 곳으로 그 가운데서 광한루는 산
수의 전경을 다 갖추고 있는 곳이다. (…) 그곳 승경을 살펴보
자면 그 누대를 중심으로 하여 서쪽에는 교룡성이 있고, 남쪽
에는 금계산, 동쪽에는 방장산이 있으며, 물은 방장산에서 발
원, 구불구불 멀리멀리 흘러내려 요천蓼川이 되고 다시 꺾어져
서 광한루 앞에 와서는 하나의 호수로 변하여 깊고 맑기가 마
치 하늘의 은하수가 기성箕星, 미성尾星 사이에서 발원하여 남으
로 부열성傅說星을 거치고 북으로는 귀수龜宿를 거쳐 깃과 띠처
럼 두르고 있는 것과 같다. (…)

호수 위에는 공중에 걸쳐 있는 다리 넷이 있는데, 흡사 무녀婺
女 별이 은하를 건너가도록 신선들이 모여 일하여 그 다리가 놓
여지나 하늘이 평지처럼 된 것과도 같다. 이름을 오작교라고 한
것은 그에 견주었다. 그리고 이 온갖 승경을 총망라하여 그 어
름에 누대를 세웠는데, 무지개 같은 대들보에 단청한 두공, 진
주를 꿴 듯 늘어뜨린 발, 구슬처럼 빛나는 창문은 마치 오성십
이루五城十二樓를 붉은 구름이 가리워 진짜 신선이라도 찾을 수
없는 것과 같은 경지다. 이름을 광한廣寒으로 한 것도 아마 그런
뜻이었으리라.

-수산,『광한루기』

너무도 침이 마르게 찬사를 늘어놓았다. 타임머신이 있다면 그
때로 가 신흠의 옆에 서서 달빛 비치는 광한루를 바라보고, 연못가
를 산책하고만 싶어진다. 이런 광한루의 전설적인 아름다움은 결
국 한국사에서 빼어난 문학작품, 아름다운 사랑 이야기를 탄생시
킨다.

광한루 섭적 올라 좌우를 둘러보니 산천물색 새롭다. 악양루 고
소대와 오초동남수는 동정호로 흘러지고 연자 서북에 팽택이
완연하고, 또 한곳 바라보니 백백홍홍 난만 중에 앵무 공작 날
아든다.
산천경개 둘러보니 반송솔 떡갈잎은 춘풍에 너울너울, 폭포유

광한루 모두가 예찬했던 아름다운 누각, 남원의 상징으로 자리잡았다.

수 시냇가에 계변화는 벙긋벙긋, 낙락장송은 울울하고 녹음방

초승화시라. 벽도화지 만발한데 별유건곤 여기로다.

난간에 비껴 앉아 한 곳을 바라보니, 어떠한 일미인—美人이 봄

새 울음 한가지로 온갖 춘정 못 다 이기어 두견화도 질끈 꺾어

머리에도 꽂아 보며, 함박꽃도 질끈 꺾어 입에 함쑥 물어보고,

옥수 나삼 반만 걷고 청산유수 흐르는 물에 손도 씻고 발도 씻

고, 물도 머금어 양수하고, 조약돌 덥석 주어 버들가지 꾀꼬리

도 희롱하고, 버들잎도 주루룩 훑어내어 물에도 훨훨 흘려보

고, 백설같은 흰나비는 곳곳마다 춤을 추고, 황금 같은 꾀꼬리

는 숲숲이 날아들어 온갖 소리 다 할 적에 (…)

-『열녀춘향수절가』

글공부에 지친 이몽룡이 방자를 졸라 광한루에 놀러 가고, 역시

봄바람에 마음이 싱숭생숭해진 성춘향이 광한루 근처로 나와 그네

를 뛰면서 두 사람이 만나게 되는 것이다. 정인지나 신흠 같은 나

이 든 남성이 달빛 쏟아지는 여름밤의 광한루를 꿈꾸었다면, 젊은

이들은 밝은 햇빛 아래 꽃향기와 푸르른 물이 가득한 봄날의 광한

루를 그렸던 것이다.

「춘향전」의 줄거리는 모두가 안다. 그런데 이 이야기는 실화를

배경으로 했다는 설이 있다. 이 도령은 성이성이라는 이름의 조선

중기의 실존 인물로, 남원부사인 아버지를 따라 남원에 왔다가 어

느 기생과 사랑을 했다. 그 뒤 한양으로 돌아갔다가 암행어사가 되어 남원을 다시 찾았으나, 그 기생은 이미 죽은 후였다고 한다.

또는 고구려 안장왕이 이 도령의 모델이라고도 한다. 그가 태자 시절 변복하고 개백현(지금의 고양시)에 놀러 갔다가 그곳 태수의 딸과 사랑을 하고 고구려로 돌아갔다. 그 사이에 태수가 딸을 시집보내려 하니 딸은 이미 정혼자가 있다며 거부했다. 노한 태수가 그녀를 가두고 죽이려 하는데 안장왕이 군사를 일으켜 개벽현을 정복하고 그녀를 구했다는 것이다. 남원에 고구려 유민이 많았음을 생각하면 그럴 듯도 하다.

그렇지만 정작 남원에 전해 내려오고, 판소리 「춘향전」의 다른 판본에도 반영된 이야기는 이 도령에게 배신당한 춘향이 번민하다 자살했다는 이야기다.

안장왕은 고대의 왕자쯤 되니 가능도 했겠지만, 조선 시대에 「춘향전」의 이야기는 실현 불가능했다. 기생의 딸이 양반가 며느리가 될 수도 없었고, 어사는 중진 관료에게 맡기는 직책이라 이 몽룡이 장원급제하자마자 곧바로 암행어사가 되어 남원에 파견될 수도 없었다. 결국 성이성처럼 이미 늦은 이야기나 배신당하는 춘향의 이야기가 현실에서 있었을 법하다. 이런 이야기는 조선왕조 500년 동안 남원 말고도 여러 고을에서 사실로 혹은 전설로 이루어졌다.

하지만 얼마 전 세상을 떠난 현대의 지성, 이어령은 이렇게 말했

성춘향 광한루원 내 춘향사당에 있는 춘향의 영정. 춘향전의 결말은 실제로 어떠했을까?

다. 「춘향전」, 「심청전」, 「흥부전」 등의 유명한 옛이야기는 모두 하나의 공통점을 가진다. '사람의 뜻이 지극하면 하늘이 감동하여 기적을 베푼다'라는 것이다. 춘향의 절개, 심청의 효심, 흥부의 자애는 모두 현실에서는 불가능했던 일을 가능하게 만든다. 지성이면 감천이다! 그것은 한반도에서 오랫동안 살아온 대부분의 민초들의 비원이었다.

짓밟히고, 불타버린 봄날의 꿈

전란은 그런 꿈과 바람을 잔혹하게 짓밟는다. 임진왜란이 상처를 남긴 고을은 하나둘이 아니다. 교통상 요지였던 남원에서도 특히 처절한 싸움이 벌어졌고, 처참한 결과가 빚어졌다.

임진왜란에서 우리 군은 남원에서 두 차례 왜군을 물리쳤다. 그러나 정유재란이 일어나고, 칠천량해전에서 원균이 패전하면서 이순신이 틀어막아 온 서해안 물길이 왜군에게 열렸다. 1597년 9월에 순천 쪽에서 합류한 5만 6000명의 왜군은 구례를 짓밟은 다음 남원으로 향했다. 남원에는 명나라의 부총병 양원이 이끄는 명군 3000명과 전라병사 이복남이 이끄는 조선군 5000명이 그들을 기다리고 있었다. 남원이 뚫리면 충청도가 뚫리고, 그러면 곧 한양도 위험해진다. 어떻게든 막아야 한다는 결의가 그들의 마음을 무겁게 짓누르고 있었다. 적에 비해 그들의 병력은 너무도 적었지만, 견고하기로 소문난 남원읍성이 힘을 보여주리라 여겨졌다.

하지만 왜군은 민가를 부숴 그 자재로 성벽을 타고 오를 디딤대를 만들었으며, 밤사이에 기습적으로 벌어진 이 공사를 조명연합군이 미처 저지하지 못한 결과로 왜군들의 발길은 성을 넘고 말았다. 그 다음은 살육, 방화, 강간, 파괴가 하루 종일 계속됐다. 임진년에는 그 정도로 참혹한 만행은 없었다. 당시에는 도요토미 히데요시가 조선 땅을 영영 차지할 생각에서 민심을 어루만지려 했었으나 이번에는 심유경 등에게 속은 것에 격분해서 일으킨 전쟁이라 대놓고 화풀이를 지시했기 때문이다. 지상의 주요 전투로는 첫 전투였기에 최대한 잔혹함을 보여서 주변 고을들의 기를 꺾어 제대로 항전하지 못하게 하려는 의도도 있었다.

실상사가 타버렸다. 일본인들은 '실상사가 일본으로 나가는 기운을 막는다'는 말을 들었던지, 이 절을 철저하게 부수고 태워버렸다. 만복사가 타버렸다. 그들은 만복사의 불상에 밧줄을 묶어 질질 끌고 다니면서 능욕했다. 광한루가 타버렸다. 오작교는 불타 무너지고, 연못에는 시체가 겹겹이 쌓였다.

조명연합군 8000명 가운데 거의 대부분이 몰살했고, 민간인도 7000명이 죽었다. 어찌나 처참했던지 왜군과 동반하고 있던 일본

만인의총 남원성을 지키려 왜적과 싸우다가 전사한 사람들을 함께 묻은 무덤이다.

승려 교넨은 "이런 일은 듣도 보도 못했다. 포로 한 명도 잡지 않고, 모조리 죽이고 있다. 개나 말까지 살려두지 않는다. 세상이 망하는 것 같다!"라고 기록했다. 명의 부총병 양원은 간신히 도망쳤으나 본국으로 돌아가 처형되었고, 전주를 지키고 있다가 남원 함락 소식에 달아났던 진우충도 처형되었다. 명나라 조정이 보기에 그토록 참담한 패배는 상상도 못 했었기 때문이다.

하지만 전쟁은 알 수 없는 것. 남원에서 완승하고 기세 좋게 북상하던 일본군은 직산에서 참패했고, 이에 자신감을 되찾았던 조명 연합군은 울산전투에서 패배했다. 그리하여 지상에서의 정유재란은 사실상 이 세 전투로 마감된다. 세월이 지나고 광한루는 재건되었다. 실상사도 다시 지어졌는데 만복사 등은 그냥 폐허로 남았다. 그러나 남원에서 죽어간 1만 5000명의 생명은 다시 돌아올 수 없다. 그 넋을 조금이나마 달래려 1612년에 만인의총萬人義塚이 세워졌다.

희망은 버려진 자들에게 있다

개화기와 일제강점기 초기에 남원은 한때 전라남도로 편입되어 전라남도 도청소재지가 되었다가, 다시 전북으로 바뀌면서 도청을 광주에 넘겨주었다. 그만큼 20세기 초에도 남원은 큰 도시였다.

1914년 당시 인구는 9만 2000명이었는데, 광주보다 조금 적고 대구보다는 많은 규모였다. 지금은 남원 인구가 8만 명으로, 1910년대보다도 적으니 깜짝 놀랄 정도다.

대한민국의 남원은 이전보다 크게 쇠퇴했다는 말이다. 왜 그럴까? 몇 가지 이유가 있다. 1960~1970년대 산업화 시기에 전라도 전체가 발전 중심축에서 소외되었는데, 그나마의 발전 자원은 전북의 전주와 전남의 광주로 집중되어 중간에 낀 남원은 이중으로 소외되고 말았다. 게다가 1990년대 전후부터 개선된 호남 지역의 광역교통망은 사람들이 일자리를 찾아 전주, 광주, 순천 등지로 빠져나가는 현상을 더욱 부채질했다. 전근대 시대 발전에 유리했던 입지조건이 이제는 악조건이 되고 있는 것이다.

이를 극복하고자 남원시는 노력을 기울여 왔다. 2020년에는 불리해진 입지 조건을 다시 유리하게 뒤집어 보자는 생각에서 광주공항, 광양항, 광주대구고속도로 등의 물류 인프라를 활용하고, 대도시 및 주요 공업단지와 해외에서의 좋은 접근성을 내세우며 일반공업단지를 유치하는 데 성공했다. 그러나 아직 성과는 저조하다. 77만 제곱미터가 넘는 단지에 현재 입주업체는 두 곳, 고용 인력은 100명도 안 된다.

남원시가 기사회생을 위해 벌이는 발버둥의 가슴 아픈 두 사례가 있다. 하나는 2018년의 서남대학교 폐교다. 부실대학의 대명사라고 할 정도로 엉터리로 운영되어 온 서남대학교는 우여곡절을 거쳐 결국 폐교에 이르렀다. 하지만 남원 시민들이 나서서 폐교 반대를 주장, 아니 호소했다. 시내 유일한 대학교가 없어질 때 입게될 경제적 타격과 자존심의 상처 때문이었다. 누가 봐도 없어져야 마땅할 학교였건만, 남원 시민들은 울며불며 매달려야 했다.

또 하나는 남원시 발전계획에 포함되어 있는 장묘-요양원 사업육성이다. 화장터와 납골당, 요양원과 요양병원 등은 사회 유지를 위해 꼭 필요한 시설들이지만, 대체로 혐오시설로 분류되어 가까이하기를 꺼린다. 하지만 그런 시설들이라도 유치해야 한다. 남원의 뛰어난 자연경관을 살려서 혐오시설도 포용할 수 있는 도시로만들어야 남원을 유지시킬 수 있다는 계획이 이 도령과 성춘향의도시에서 추진되고 있다.

남원은 회생할 수 있을까. 망국의 설움을 노래하던 우륵, 일장춘몽을 이야기한 김시습, 한양 간 뒤 소식 없는 도련님을 기다리던춘향이의 슬픔과 한이 지성이면 감천이라고 언젠가는 풀리게 될까. 대한민국은 늙어가고 있다. 남원을 비롯한 중소 도시들은 소멸해 가고 있다. 그렇지만 "희망은 버려진 자들에게 있다"라고 누가말하지 않았던가. 남원이 필사적인 노력 끝에 옛날의 영광을 되찾으면서 자존심도 살릴 묘책을 마침내 발견한다면, 그는 대한민국이 다시 활력 넘치는 나라가 되는 묘책 또한 되리라.

08

여수

세 빛깔의 바다

면적은 512제곱킬로미터에 인구는 28만 명 정도로 순위가 그리 높지는 않다. 20세기에 접어든 이후 인구는 감소세를 보이고 있다. 1998년 여수시와 여천시, 여천군이 합쳐져 지금의 여수시가 되었다.

마음에 황금을 비춰주는 금빛 바다

여수 밤바다

이 조명에 담긴 아름다운 얘기가 있어

네게 들려주고파

전활 걸어 뭐 하고 있냐고

나는 지금 여수 밤바다

여수 밤바다

2012년에 나온 장범준의 「여수 밤바다」는 '국민가요'의 반열에 들었고, 여수 시민들로서는 거의 「애국가」 수준의 노래가 되어 있다. 이 노래를 가장 감성 넘치게 들으려면? 여수 케이블카를 야간

여수 돌산대교 야경

에 타야 한다. 여수반도와 돌산섬을 잇는 케이블카는 편도로 겨우
몇 분이면 끝나지만, 하늘에서 스르르 떠가며 내려다보는 휘황찬
란한 밤바다! 호텔과 빌딩이 쏘아내는 황금 화살 같은 금빛과 항구
의 작은 살림집들이 내비치는 잔잔한 금빛, 지은 지 얼마 안 된 돌
산대교와 거북선대교의 울긋불긋 붉고 푸른 직선과 곡선, 제주도
에서 탈출했다가 이곳에 잡혀 있던 하멜을 기념하여 세운 하멜 등
대의 불타오르는 빛까지….

　케이블카에서 흘러나오는 「여수 밤바다」의 음악과 어우러지면

여수

누구든 탄성을 지르지 않을 수 없다. 옆에 사랑하는 사람이 앉아 있다면, 아마도 이 하늘 위에서, 저 금빛 찬연한 바다를 언제까지고 바라보고 싶어지리라.

조명도, 다리도, 케이블카도 현대의 작품이지만, 여수는 그 이름에서 짐작할 수 있듯 아주 오래전부터 금빛 바다의 찬란함으로 수많은 사람의 가슴을 뛰게 했다. 1세기 초에 백제의 원촌현猿村縣이었던 이곳은 신라의 해읍현海邑縣을 거쳐 고려 태조 23년인 940년에 여수현麗水縣이 되었다고 한다. 그 이전인 통일신라의 문헌에서도 여수라는 표현이 나오는 걸 보면 대체로 1200년 전부터 여수는 여수였을 것이다. 왜 여수라고 지었을까?

형남荊南 땅 여수麗水에는 금이 많이 나온다.

－『한비자』

옥玉은 곤륜산에서 나오며, 금은 여수에서 나온다.

－『천자문』

중국 고대 문헌에는 여수가 금의 산출지로 나타난다. 상상이지만, 아마도 사금이 많은 강이 있었고 거기서 캐낸 황금 모래가 금빛으로 반짝이는 물이라는 이름의 유래이지 않을까. 한반도의 여수에서 금이 나온다는 기록은 전혀 없다. 하지만 햇살에 비쳐 찬연히 빛나는 금빛 바다를 보고 감동한 어떤 시인이나 관리가 '아, 여기가 여수로군, 여수일세!' 하며 이름을 짓지 않았을까.

오늘날에도 향일암向日庵에 오르면 그 감동을 느낄 수 있다. 신라 선덕여왕 시절인 644년에 원효대사가 창건했다는 향일암은 바닷가에 높이 솟은 암벽을 차고 올라앉은 사찰이다. 30분 정도 돌계단을 오르면 바위틈 사이로 관음보살을 모신 전각이 보이고, 전각

향일암 원효대사가 좌선했던 바위라고 전해진다.

너머로 남해의 금빛 수평선이 보인다. 넓고 밝은 바다를 보며 감탄하다가 문득 고개를 내려 보면 마치 깎아 만든 듯한 널찍하고 평평한 바위가 하나 눈에 띄는데, 원효대사가 앉아서 수도하며 남해에 떠오르는 태양을 바라보던 곳이라 한다. 정말 그랬더라면 원효 아닌 보통 사람이라도 뭔가 깨달음을 얻었을 것 같고, 한반도 최고의 수도 명당을 잘도 찾았구나 싶다.

꼭 높이 향일암까지 오르지 않아도, 해변을 거닐거나 배를 타고 여수 일대를 돌아보면서도 여수가 과연 여수임을 알 수 있다. 한려해상국립공원과 다도해해상국립공원을 함께 끼고 있는 여수의 풍광은 그 어떤 바다 도시보다도 빼어나다. 비록 진짜 황금은 아니더라도 아침 바다에서, 밤바다에서, 낮에도 저녁에도 눈이 닿는 곳마다 황금빛을 만끽할 수 있는 여수는 마음에 황금을 뿌려주는 물의 고장이다.

금빛 바다에 머물던 신비한 동물들

여수 아쿠아리움은 오늘날 여수의 명소 중 하나다. 2012년, 여수 엑스포에 맞춰 개장된 이 아쿠아리움은 총면적 약 1만 6400제곱미터, 총무게 6030톤의 수조를 갖추고 있으며, 당시로서는 국내 최대 규모였다. 이곳에 살고 있는 바다·하천·호수의 수중 동물은

흰돌고래 고향을 그리워하고 있을까?

여수 아쿠아리움 흰돌고래를 마스코트처럼 내세우고 있다.

300종이며, 3만 4000마리에 이른다. 살인 물고기로 유명한 피라니아와 위험종인 모래뱀상어도 있고, 바이칼물범, 남아메리카바다사자, 아프리카펭귄처럼 수중에 살지는 않는 바다동물도 있다. 그 가운데서도 가장 희귀한 동물은 한때 한국에서 유일하게 보유하고 있던 북극해 출신의 흰돌고래인데, 세 마리까지 있었으나 환경 적응이 어려웠던지 폐사를 계속해서 지금은 한 마리뿐, 그나마 바다로 돌려보내는 계획이 진행 중이다. 흰돌고래의 슬픈 운명을 생각하면 굳이 살던 터전에서 머나먼 곳까지 동물을 데려와서 구경거리로 만드는 인간의 행동이 잔인해 보인다. 하지만 여수 바다에서 느끼는 감동 못지않게 인공의 바닷속 풍경을 유리벽 사이로 걸어가며 보고 느끼는 감동도 소중하다.

흰돌고래 말고도 먼 곳에서 낯선 동물이 끌려와서, 여수에서 귀양살이 아닌 귀양살이를 하다가 쓸쓸히 죽어간 일이 몇백 년 전에도 있었다. 1411년에 일본이 조선 왕실에 코끼리를 선물로 보냈다. 태종은 한반도에 처음 발을 디딘 코끼리를 사복시에서 사육하게 했는데, 그 습성을 잘 모르다 보니 매일 콩만 너다섯 말씩 먹였다. 기르는 비용도 만만치 않은 참에, 그해 말 사단이 났다. 공조전서典書를 지낸 이우李瑀라는 사람이 코끼리를 보러 갔는데, "생김새가 이게 뭐냐? 추악한 짐승이구나!"라며 가까이 가서 놀려댔다고 한다. 사람이 길들인 코끼리라고 하지만 인도나 유럽에서는 전쟁용으로도 사용되던 코끼리 앞에서 무슨 만용이었는지, 결국 이

우는 코끼리 발에 밟혀 죽고 말았다. 그 뒤에는 기록이 자세하지 않지만 또 한 사람을 다치게 했던 모양이다. 그래서 이듬해에 이익도 없는 짐승이 사람을 해치기까지 하니, 그대로 둘 수 없다는 주장이 나왔다. 태종은 그래도 외국의 선물인데 살처분을 하기는 그렇다 하여, "멀리 남해로 유배 보내라"라고 지시했다. 그래서 코끼리가 실려간 곳이 바로 여수 앞바다의 장도였다.

좁은 섬에 갇혀서 귀양살이하는 코끼리에게 대접이 좋을 리도 없었다. 다시 1년이 지난 1413년에는 "코끼리가 먹이를 먹지 않아서 날로 말라갑니다. 사람이 다가가면 눈물을 줄줄 흘립니다"라는 보고가 올라왔다. 태종은 이를 불쌍히 여겨, 섬에서 육지로 옮겨 돌봐주도록 했다. 하지만 농사 짓는 소도 먹이기 힘든 시골에서 코끼리를 기르기란 어려운 일이 아닐 수 없었다. 여수 고을의 힘만으로는 도저히 무리라 여겨져, 그 코끼리는 전라도 일대를, 나중에는 경상도, 충청도까지 줄줄이 다니면서 연명해야 했다. 뜨거운 감자, 가 아니라 버거운 코끼리를 이 고을에서 저 고을로 주고받던 끝에, 도저히 못 견디겠다는 민원이 일었다. 그러자 세종은 1421년에 코끼리를 다시 섬에 가두되 죽지는 않도록 보살피라고 지시했다. 이후 어떻게 되었는지는 알 수 없으나, 애초에 섬에서는 못 살 것 같아서 뭍에 나왔던 코끼리가 남은 삶을 편안하게 보냈을 것 같지는 않다.

코끼리는 통 유익한 점이 없다 싶어서 처치곤란이었지만, 조선

왕조는 한반도 끝자락에 있는 여수에 유익한 동물을 일부러 놓아 기르기도 했다. 조선 초에는 낭도에 말 목장을 만들었고, 말에는 금오도 등에 사슴 목장을 만들었다. 사슴 목장은 명성황후가 특명을 내려 섬에 살던 사람들을 옮기게 하고 사슴 목장을 조성했다는 것으로 보아 황실의 수입원으로 삼으려 했던 것 같다. 그 시대를 살았던 김윤식은 이 금오도 목장에 대해 재미있는 이야기를 남기고 있다.

모기 가운데 금오도의 모기가 나라 안에서 으뜸이다. 이 섬에는 본래 고라니와 사슴이 많아서, 명성이 자자했다. 먼 곳 사람들도 먹을 것을 싸들고 바다를 건너 그 피를 마시러 오는데, 찾아온 사람들은 반드시 모기한테 당해서 피며 살점이며 모두 뜯기고 만다. 그리하여 사람들은 금오도의 사슴이 큰 보탬이 되지 않는다고 여기게 되었다. 하지만 이는 사슴이 보탬이 되지 않는 게 아니라, 모기가 워낙 극성스럽기 때문이다. 금오도 모기는 크기가 파리만 하고, 주둥이는 보리까끄라기 같다. 혼자 앵앵거려도 귀가 아플 정도이고, 떼 지어 날면 햇빛이 안 보일 정도다. 낮에도 사람 살갗에 덤벼들어 전갈처럼 독침을 쏜다.

—『운양집: 고약한 모기 이야기』

나라가 망해가던 시점이다. 그러든 말든 '정력에 좋다'는 사슴 피를 빨아먹겠다고 꾸역꾸역 먼 남도까지 몰려든 사람들이다. 아마도 사슴 떼에 묻어왔을 외래종 모기가 그 사람들의 피를 빨아 먹어 혼을 내주었다. 재미있지 않은가? 언젠가부터 금오도에 사슴도 모기도 없어지고, 다시 사람이 사는 섬으로 돌아갔다.

더 먼 옛날로 가보면 흰돌고래, 코끼리, 왕모기보다 더 놀라운 동물이 여수 땅을 돌아다녔다. 비록 그 놀라운 모습을 본 사람은 하나도 없지만 말이다. 바로 공룡이다. 여수시 화정면에 들어가는 사도·추도·낭도·목도·적금도에는 총 3800여 개의 공룡 발자국이 남아 있다. 이 가운데는 공룡이 걸어다닌 흔적인 보행렬 127개를 이루는 발자국들도 포함되어 있다. 그중 84미터나 이어지는 보행렬은 세계에서 가장 긴 공룡 보행렬이다.

여수 낭도리 공룡발자국 화석산지 전남과 경남 지역 해안에 위치한 세계에서 가장 긴 공룡 보행렬이다.

여수

왜 섬에 공룡의 흔적이 남아 있을까? 수천만 년 전에는 여수 일대가 바다가 아니라 호수가 많은 육지였기 때문이다. 언젠가는 이 땅이 바다가 되고, 사람이라는 존재가 나타나서 환경의 지배자가 되리라고는 까맣게 몰랐을 공룡들은 이 일대를 자유롭게 쿵쿵 돌아다니며 살아갔을 것이다. 2003년에 이 일대는 여수 낭도리 공룡 발자국 화석산지라는 이름으로 천연기념물로 지정되었다. 그리고 공룡 박물관, 공룡 테마파크 등이 잇달아 여수시 이곳저곳에 세워지면서 공룡을 이용해 관광 수입을 올리려는 여수시의 의지가 돋보이고 있다.

여수, 핏빛 바다

여수의 푸른 바다 또는 금빛 바다는 때로 새빨갛게 물들기도 했다. 1479년에 해남에 있던 전라도 수군절도사영이 좌수영과 우수영으로 나뉘면서 여수에 전라좌수영이 설치되었다. 1488년에는 지금은 여수시의 일부가 된 돌산도에 방답진防踏鎭이 설치되었다. 모두 왜구를 막기 위해서였다. 고려 말기부터 한반도를 괴롭힌 왜구는 조선 초 대마도 정벌 등으로 기세가 한풀 꺾였으나 아직도 종종 물길을 타고 경남과 전남의 고을을 습격하고 있었다. 만약 그 규모가 커진다면? 아마도 남해안을 훑고 지나가면서 서해안으로 나와 북상할 것이었다. 그러면 바로 한양까지 위험에 빠질 수 있다. 이를 막기 위해 보강 설치된 진지가 여수의 전라좌수영과 돌산 방답진이었다. 그리고 1591년에 마지막 묘수가 두어진다. 바로 이순신의 전라좌수사 임명이었다.

임진왜란이 일어나기 전에도 그 전조인지 여수 일대에서 왜군과 충돌하는 일이 간간이 있었다. 1571년, 방답진 근처에 왜인들이 나타나 조선 어부들을 죽이고 해쳤다. 왜구 막으라고 설치한 방답진 바로 코앞에서 이런 일이 벌어지다니, 뭐 하는 거냐고 조정에서는 난리가 났다. 1587년에는 왜인들이 떼로 나타났다. 좌수영에서 수군만호 이대원이 수군을 이끌고 출동, 소록도 앞바다에서 적을 무찔렀다. 그러나 그의 전공을 시기하던 상관이 약속한 지원병을 보내지 않는 바람에, 이대원은 손죽도 앞바다에서 벌어진 제2차전에서 전사하고 말았다. 지금은 해상정원으로 아기자기 꾸며져 있는 여수의 섬들 가운데서도 아름다움을 뽐내는 손죽도에 그를 기리는 사당과 동상이 서 있다. 손죽도라는 이름도 좌수사에 부임한 이순신이 이대원을 아쉬워하며 '큰 인물을 잃었다'고 손대損大도라고 부르던 것이 손죽도로 바뀌었다는 이야기가 있다.

무슬목 또는 무실목은 가막만과 광양만을 사이에 둔 낮고 작은 목이다. 북쪽의 소미산과 남쪽의 대미산 사이에 폭이 약 100미터밖에 되지 않는다. 무술년 11월 19일, 해남에서 대패한 왜군이 부산 쪽으로 도망가던 것을, 이순신이 무슬목으로 유인했다. 앞의 툭 터진 바다만 보고 들어온 왜선 60여 척이 좁은 육로에 막혀 도망가지 못해, 왜군 300여 명이 전멸했다. 그때 왜병들이 흘린 피가 바다를 뒤덮으니, 온통 시뻘건 피바다가 되었다. 그래서 이곳 사람들이 무슬목을 '피내'라고 부르고 또는 '무서운목'이라고 '무슬목'이라고 부르게 되었다.

여수 무슬목 전적지에 남아 있는 안내문이다. 무슬목해전은 이순신 최후의 싸움, 노량해전으로 이어지는 전주곡이었다. 아니, 그 이전부터 여수반도 바로 위쪽 순천왜성에 주둔하고 있던 고니시 유키나가를 비롯한 왜군 세력에 치명타를 안기기 위해 그해 9월부터 이순신이 꾸준히 이끌어온 왜란의 마지막 국면 중 한 자락이었다. 싸움은 여수 장도, 송도, 묘도 등에서 돌아가며 벌어졌다.

마침내, 순천왜성에서 빠져나간 고니시가 경남의 왜군과 합류해 일본으로 돌아가려는 것을 조선과 명의 연합함대가 막아서면서 이순신 최후의 전투가 벌어졌다. 여수 좌수영에서 출격한 이순신은 고니시의 함대를 여수 바다에 가뒀다. 그러나 명 해군의 소홀한 방어를 뚫고 한 척의 배가 사천 쪽으로 탈출했고, 이 배가 경남의 왜군을 몰고 온다면 앞뒤로 공격을 당할 것을 우려한 이순신은 싸움터를 옮기기로 한다. 그리하여 지금의 여수에서 살짝 벗어나 있는 남해 노량해협으로 들어오던 경남 방면의 왜군 함대를 기습, 섬

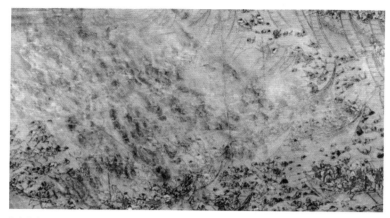

「정왜기공도권」에 그려진 노량해전 임진왜란을 끝낸 전투. 이순신이 유명한 명언을 남긴 것으로 전해진다.

멸을 시도했다.

허를 찔린 왜군 함대는 패주하며 관음포까지 밀려났으나, 관음포에 주둔해 있던 조선군의 공격을 받고 곤경에 처했다. 하지만 왜군이 결사적으로 명군 함대에 공격을 집중하면서 연합함대가 혼란해졌고, 뒤따라온 고니시의 함대도 싸움에 뛰어들면서 노량해전은 난타전이 되었다. 결국 1598년 11월 19일 밤에서 새벽까지 벌어진 전투는 왜선 200여 척이 격침되고 왜군 수천 명이 전사함으로써 연합함대의 승리로 끝났다. 그러나 이쪽은 이순신을 잃었고, 저쪽은 고니시를 지켰다. 그렇게 여한을 남긴 채, 길고 길었던 왜란은 막을 내렸다.

오늘날에는 단지 평화로운 해변일 뿐인 무슬목. 그 근방에는 이순신의 전공을 기리는 기념비가 있다. 하지만 좀처럼 찾기 어렵다.

눈에 잘 띄지 않는 곳에, 구글지도의 표시와도 한참 떨어진 곳에 조용히 서 있다. 하지만 여수 중심가로 들어가 보면 이순신의 본진이었던 전라좌수영이 남아 있다(정확히 말하면 이순신 사후 1년 뒤에 개축한 진남관, 20세기 들어 복원한 망해루 등이다). 이순신 광장도 있고, 이순신 동상과 거북선 모형도 있다. 2012년 완공된, 돌산도와 내륙 여수시를 이어주는 거북선대교도 있다. 여수는 이순신의 도시인 것이다.

왜란 중의 여수는 바다에서만 피가 흐르지는 않았다. 노량해전 직전, 전면 철수를 결심한 고니시는 몇 번이고 조명연합군이 공격해도 넘어가지 않던 순천왜성을 아무 저항 없이 비워주겠다고 명군에 비밀 연락을 보냈다. 거액의 뇌물을 보내는 대신 자신들의 무사 철수를 보장해 달라고 거액의 뇌물과 함께 청했다. 명군은 이를 기뻐하며 받아들였고, 고니시가 무사히 성을 빠져나가 배에 오르는 동안 모른 체해 주었다(그리고 배 한 척이 포위망을 빠져나가 경상도 진영으로 갔다). 그런데 텅 빈 성을 점령했다는 것으로는 본국에 자랑할 공로가 충분치 않다고 여긴 명나라 군대는 참혹한 짓을 했다. 왜성과 그 주변의 조선 백성들을 습격, 그들의 목을 베고는 왜적과 싸워 이겼다고 공로를 날조한 것이다. 고니시가 안전 확보용 뇌물을 얻기 위해 마지막으로 고혈을 쥐어짰을 가엾은 여수, 순천의 백성들은 우리 편에게 목숨조차 빼앗기고 말았다.

오늘날의 여수시 가운데에 자리한 영취산의 흥국사에서도 피가 흘렀다. 고려 시대, 1195년에 보조국사 지눌이 창건했다는 흥국사는 향일암과 함께 여수를 대표하는 사찰이다. 향일암이 신라 통일의 평화와 번영을 배경으로 금빛 바다의 광영 속에서 개인의 득도를 추구하던 도량이라면, 흥국사는 거듭되는 국난에 맞서 호국불교의 기치를 드높였던 도량이다.

고려 때는 몽골과 싸웠던 흥국사의 승병들은 왜란 시기에 수군에 참여해 이순신과 함께 싸웠다. 옥포와 사천포, 당포, 한산, 명량 등 경상도와 전라도 바다를 누비며 이순신이 거둔 빛나는 해전에는 흥국사 스님들의 피와 땀이 한몫했던 것이다. 그리고 마침내 노량해전은 전체적으로 아군의 승리였지만 기를 쓰고 도망치려는 적군과 또 기를 쓰고 그들을 돌려보내지 않으려는 전투였다 보니 아군의 희생 또한 컸다. 수많은 승병이 바닷물 속의 피거품으로 사라졌다.

전쟁이 끝나고 흥국사로 돌아온 스님들은 얼마 되지 않았다. 이듬해 9월, 흥국사 주변에는 유난히 많은 꽃무릇(석산화)이 피어났다고 한다. 긴 전란 동안, 그리고 노량해전에서 숨져간 스님들의 넋이 피처럼 붉은 꽃으로 핀 거라고 스님들도 시주들도 입을 모았다. 지금도 흥국사에 가면 그 후원에 흐드러지게 피어난 꽃무릇 사이사이에 승병들의 넋을 달래는 108기 돌탑이 서 있다.

왜란 이후에도 여수 앞바다가 피로 물들 뻔한 일이 있었다. 1885년, 당시 세계 최고의 해군력을 자랑하던 영국 함대가 느닷없이 여수의 거문도를 점령했다. 이 거문도 사건은 직전에 조선이 러시아와 수교하고, 인아거청引俄拒淸(러시아 세력을 끌어들여 청나라의 영향을 줄인다)의 조짐을 보인 데서 촉발되었다. 당시 영국은 한반도에 큰 관심이 없었으나 범세계적으로 러시아와의 대결 구도를 갖고 있었고, 따라서 한반도가 러시아의 세력권에 든다면 세계적 대결 전선에서 불리해지리라 판단했다. 그래서 전격적으로 한반도 끝자락의 섬을 점령한 것이었다. 그들은 거문도가 무슨 태평양의 외딴 바위섬처럼 이름도 없는 줄 알았든지, 자기들 마음대로 해밀턴 섬이라는 이름까지 붙이고서 러시아와 청, 조선 등의 다음 수를 기다렸다.

당연하게도, 러시아는 이 사건에 분격했으며 '철퇴하지 않으면 우리도 조선의 북부 지역을 점령하겠다'는 입장을 밝혔다. 청나라와 독일, 일본도 군함을 파견하며 여수 주변 해역을 긴장에 몰아넣었다. 자칫 여수 바다가 세계제국들의 전쟁터가 될 수도 있는 상황이었으나, 여러 국가들의 협의 끝에 러시아는 한반도를 넘보지 않겠다고 약속했고, 영국은 거문도에서 물러나기로 결정했다. 1887년이었다. 그 사이에 낯선 이방인들과 친해진 거문도 주민들은 유창한 영어로 그들을 전송했다고 한다.

일본 쪽에서 대마도-부산을 거쳐 오거나, 동중국해에서 북상하여 황해로 진입하는 등, 여수는 중요한 길목이었기에 근세 이후로 그 맑고 밝은 바닷물이 새빨갛게 물들 위험이 있었다.

여수와 순천, 학살극의 예고장

오늘날은 독립된 시지만, 오랫동안 여수는 순천에 속해 있었다. 그러나 여수 사람들이 꼭 '우리는 순천의 남쪽 동네이거니' 하지만은 않았던 모양이다. 숙종 26년인 1700년에 처음으로 '여수를 순천에서 독립시켜 주시옵소서' 하는 상소가 올라왔다. 이는 묵살되었지만 경종, 영조, 그리고 정조에 이르기까지 백 년 가까이나 상소와 논쟁이 이어졌다.

그 까닭은 여수에 좌수영이 생긴 뒤로 순천부에 통합되어 수영의 지원을 우선하고 여수 자체의 행정은 순천에 맡겼던 것이, 여수가 수영 뒷바라지는 뒷바라지대로 하면서 순천에 배당된 세금, 요역 등도 분담해 이중 부담이 되었던 데 있었다. 더구나 현 단위로 이루어지는 향시에 참여하기 힘들어짐에 따라 출세의 기회가 좁아진 점도 문제였다. 그래서 한 차례 여수를 별도의 현으로 독립시켜 주기도 했다.

하지만 원상복귀되었는데, 순천 사람들이 일부 여수 현민을 가장해서 원상복귀의 상소를 올린 결과였다. 그러자 다시 여수 사람들이 뿔이 났다. '한양으로 올라가서 대궐 앞에 엎드려 간청하자!', '여수 사람을 가장한 순천 사람들을 잡아 족치자!' 등의 성토가 일고, 그걸 알고 순천에서 먼저 '소요를 모의했다'며 여수 사람들을 잡아 가두는 일도 벌어졌다. 여기에 신문고를 치거나, 어가 행렬에 뛰쳐나와 격쟁하는 일이 줄을 잇자, 1791년에 정조는 "앞으로 다시 여수에 관한 일로 대간에게 알리거나 행차하는 곁에서 번거롭게 호소하는 자가 있다면, 나타나는 족족 해당 도에 잡아 보내 특별히 엄한 벌을 주리라! 그리하여 간교한 백성들이 무엄하게 구는 버릇을 없애버릴 것이다!"라고 언성을 높이게 된다. 백성의 사정을 되도록 봐주려 애썼고, 논쟁하기도 좋아했던 정조가 이처럼 보기 드물게 '꼰대질'을 한 걸 보면 여수-순천 분쟁은 그 이면에 매우 복잡하게 얽힌 게 많았으리라 짐작된다.

그러나 두 고을이 하나로 묶이며, 또다시 피를 흘리게 되는 날이 온다. 이번에는 일본도, 중국도, 영국도 아닌 동포들의 손에 의해서였다.

1948년 10월, 여수에 주둔 중이던 제14연대에 명령이 내려왔다. '제주도로 가서 좌익 분자들을 소탕하라!' 군대는 명령 복종이 생명이다. 그러나 자국민을 학살하라는 명령도 지켜야만 할까? 제주도에는 우리 친척, 친구들도 사는데? 결국 일부 좌익 부대원들이 일어서자, 너도나도 동조해 명령 불복종에 이은 군사반란이 발생했다.

이들의 기세는 들불 같았다. 하루만에 여수와 순천이 모조리 장악되었을 뿐 아니라, 그 다음 날에는 곡성·벌교·광양·구례·순창 등을 잇달아 장악하여 전라남도의 3분의 1이 넘는 지역을 손에 넣었다. 이처럼 파죽지세였음은 비록 그들이 우익 인사들을 무자비하게 학살하는 등 과격한 모습을 보였더라도, 좌익이 아닌 군인들과 일반인들 사이에서도 지지를 얻었다는 증거가 된다. 그들은 이승만 정권 타도 외에 친일 민족반역자 처벌과 무상몰수 무상분배 방식의 토지개혁을 요구하고 있었다.

하지만 들불처럼 번진 반란은 또한 빠르게 진압되고 말았다. 정부는 계엄령을 선포하고, 미군의 지원까지 받아 철저하게 역도들의 소탕에 나섰다. 당시 국내에 10대밖에 없던 비행기가 모조리 여수 하늘로 날아왔을 정도로 정부는 진압에 진심이었다. 숫자와 무기에서 밀린 반란군은 견디지 못하고 상당수가 지리산으로 들어가 빨치산이 되었다. 이런 이야기가 조정래의 『태백산맥』에도 등장하는데, 정부의 진압은 군인들만 대상으로 하지 않았다. 아니, 반란군이 자취를 감춘 여수, 순천을 접수한 진압군은 오직 민간인만을 무력 진압했다. 여수 서초등학교(당시는 국민학교) 등 학교 운동장들에 사람들을 끌어다 놓고, '너는 학생복을 입었으니 빨갱이일 거야', '너는 국방색 셔츠를 입었으니 군인 맞지?' 이런 식으로 '불순분자'를 솎아내고는 쏘고 또 쏘아서 죽여버렸다. 일본인에게 배운 대로 죄 없는 사람들의 무릎을 꿇린 다음 일본도로 목을 베며 칼솜씨 자랑을 하는 경우도 있었다. '여자들도 반란에 가담했다'는 근거 없는 소문 때문에 10대 여학생들까지 학살되기도 했다. '여순사건'이라고 불리는 비극이다. 이 사건이 끝났을 때, 여수에서 약 1300명이 정부군의 손에 사망했다. 순천과 그 밖의 지역에서 희

형제묘 그 아래 묻힌 사람들은 아직도 생전의 이름을 찾지 못했다.

생된 사람들의 수를 합치면 2600명이 넘었다. 곧 벌어질 6·25 전쟁에서 몇 번이고 진영을 바꿔가며 거듭될 학살극의 예고였으며, 1980년 광주의 예고이기도 했다.

지금 여수시의 북동쪽, 최신식으로 단장된 번화가의 엑스포 박람회장을 지나 북쪽으로 가다 보면, 마래산을 뚫어 만든 마래터널(만성리 터널)이 나온다. 처음 가보면 이게 터널 맞나 싶게 놀라게 되는데, 차 한 대가 겨우 지나갈 수 있는 넓이에다(그래서 상행선과 하행선이 시간별로 번갈아 적용된다) 터널 내부가 시멘트로 포장되지 않고 깎인 바위가 그대로 드러나 있기 때문이다. 일제강점기 때 일제가 물자 수송 목적으로 많은 현지민들을 희생시켜 가며 뚫은 터널이라 한다. 마치 지옥으로 가는 통로처럼 여겨지는 이 터널을 지나 조금 가다 보면 언덕배기에 조촐한 무덤이 나온다. 형제묘라는 비석이 서 있다. 실제로 형제가 죽어서 함께 묻힌 것은 아니다. 여수에서 죽어간 남녀노소의 시체 123구를 불태우고(누가 누군지 알아보지 못하게 하려고) 여기 아무렇게나 파묻어 버렸는데, 나중에 봉분과 비석을 만들면서 '죽어서라도 형제처럼 함께 잘 지내기를'이라는 뜻에서 그렇게 이름을 붙였다고 한다.

2020년에야 겨우, 1948년의 희생자 중 극소수가 '죄 없이 죽었다'는 판결을 얻어냈다. 절대 다수는 아직도 풀지 못한 의문과 한과 함께 여수의 땅속 깊이 누워 있다.

여수, 칠흑빛 바다

일제강점기를 거치며, 여수 바다는 또 다른 의미를 갖게 되었다. 1923년 여수항이 정식으로 개항되고, 산업물자를 실은 배들이 이곳을 통해 일본과 왕래하게 된 것이다. 사실 여수 바다는 수심이 주변 바다보다 깊은 편이라 대형 선박이 출입하기 쉽고, 여수반도와 돌산도 등이 천연의 방파제를 이루고 있어서 태풍이나 해일 피해도 적다. 그런 입지 조건이 조선 시대까지는 군사적 요충지로서의 지위를 여수에 부여했으나, 근대화의 시기에는 산업 수송의 요지로서 주목받게 된 것이다. 뒤이어 물자 수송을 위해 철도가 놓이고, 1930년대부터는 면직업과 고무 제조업을 중심으로 공장도 들어서면서 공업 도시 여수라는 새로운 모습이 여수 역사에 나타나게 된다. 여수는 조선 후기부터 면화 생산을 본격화했다. 여기에 공장을 짓고 철도를 놓으면 호남의 부호들에게 나아가 경성의 상류층에게 물건을 만들어 팔기에 적합했던 것이다. 자동차 공장도 만들어져 호남의 토착 및 일본인 부자들을 상대로 자동차를 생산하기 시작했다. 당연히 공업화에 따라 인구도 늘었고, 고을의 덩치도 커졌다. 묘하게도 조선 후기 내내 숙원이었던 여수의 독립은 일제강점기에 실현되었다.

광복 후에도 이 흐름은 멈추지 않았다. 1960년대 말부터 본격화된 중화학공업화는 보통 포항이나 울산 등 영남 일대의 도시들을 떠올리지만, 여수에서도 그 못지않은 발전이 이루어졌다. 1967년에 여수국가산업단지가 조성되기 시작했다. 1977년 남해화학의 제7비료공장을 시작으로 여러 초대형 중화학 공장들이 울쑥불쑥 지어져 석유화학공업단지로 특화 발전되었다. 급증하는 물류 수요를 맞추기 위해 도로와 항만 시설도 확충되고, 1972년에는 여수 공항도 열렸다. 화력발전소도 두 곳 세워져 공단에 전기를 공급해 나갔다. 현재 264개 기업이 입주한 3162만 제곱킬로미터에 이르는 단지 규모는 석유화학단지로서는 세계 최대, 산업단지로서도 동양 최대급이다.

이런 공업단지가 여수시의, 나아가 호남 전체의 발전에 큰 몫을 해온 점은 분명하다. 하지만 그만큼 그늘도 있다. 1980년에는 에틸렌 공장에서 메탄가스가 유출되는 사고를 시작으로 잊을 만하면 공단에서 사고와 화재가 발생하고 있다. 최근에도 2022년 한 해에만 10번의 사고가 터져 4명이 사망하고 4명이 부상을 입었다. 공단이 열린 뒤 지금껏 사고로 숨진 사람이 최소 150명이다. 오염 등 간접적 피해의 희생자까지 따지면 더 많아질 것이다.

여수의 하천에 오염물질이 유입되어 물고기가 떼죽음을 당하는 일은 1974년에 처음 발생했다. 항만으로 들어가던 화물선이 전복되는 사건은 1978년 3월이 처음이었다. 이런 사고 역시 되풀이되었다. 설거지가 잦으면 접시도 그만큼 많이 깨지기 마련이다. 아무리 여수가 항구로서의 입지조건이 좋더라도 워낙 많은 배들이 드나들다 보니 사고가 나지 않을 수가 없었다. 유독물질이 환경에 유입되는 일도 완전히 차단할 수 없었다.

해상 교통사고와 바다 오염이 겹치는 최악의 사고는 1995년 7월에 일어났다. 중동에서 기름을 싣고 오던 호남정유사의 14만 톤급 유조선 씨프린스호가 여수 소리도 앞에서 암초에 부딪혀 좌초한 것이다. 5000여 톤의 기름이 바다에 쏟아졌고, 기름으로 오염된 바다는 204킬로미터, 해안은 73킬로미터에 이르렀다. 소리도에서 금오도에 이르는 바다, 원효대사가 바라보며 도를 닦던 금빛의 청정 해역이 칠흑 같은 죽음의 바다로 변해버렸다. 여수 특산의 돌게, 서대를 비롯한 수자원은 한때 전멸하다시피 했고, 그 뒤에도

10여 년 간 3분의 1 수준에 머물렀다.

끝이 아니었다. 씨프린스의 기름만으로는 모자란다는 듯, 그해 11월에는 또 다른 14만 톤급 유조선, 호남 사파이어호가 여수 부두에 충돌하여 1200여 톤의 원유를 유출했다. 그리고 여수 사람들이 이 상처를 간신히 잊어가던 2014년 1월, 16만 4000톤급 우이산호가 또 부두에 충돌해 기름을 쏟았다. 처음에는 거의 유출되지 않았다고 보고되어 그나마 다행이라 여겼지만, 점점 검게 변하는 바다에 놀란 주민들이 재조사를 요구하여 최종 확인된 유출량은 164톤이었다. 규모가 큰 것만 이 정도이고, 씨프린스 전후로 여수 바다에 10톤 이상의 기름이 유출된 해상 사고는 12건에 이른다.

불타는 공장과 칠흑빛 바다는 여수가 한국을 대표하는 공단 도시가 된 데 따른 피할 수 없는 숙명일까? 그렇지는 않을 것이다. 여수에서 유독 대형 산업재해가 많이 일어난 배경에는 부산, 울산 등에 비해 안전관리 시스템이 뒤늦게 정비되었으며, 노후한 시설이나 장비가 제때 교체되지 못했다는 사실이 자리 잡고 있다.

여수, 금빛 바다를 다시 그리며

최근에는 여수공단을 상징하던 공장인 호남화력이 문을 닫는 등, 친환경 발전이 여수의 미래로 거론되고 있다. 하지만 그에 대한 여수 시민들의 마음이 꼭 즐겁지만은 않다. 애증의 이웃 도시 순천이 수도권과 조금이라도 가깝다는 입지를 활용해 새롭게 개발에 박차를 가하고 있고, 여수와 인접한 광양의 배후 도시 자리를 빼앗아가고 있는 상황이다. 2020년에는 일제강점기 이후 공업 도시가 된 덕에 앞질렀던 순천 인구가 다시 여수를 앞지르기도 했다. 이런 상황에서 꾸준히 논의되고 있는 여수-순천-광양 통합안은 자칫 순천, 광양에게 주도권을 뺏긴 채 들러리만 서는 것 아니냐는 여수 시민들의 우려 때문에 쉽게 진척되지 못하는 모양새다. 이러다 보니 호남화력을 폐쇄하고서 또 그 자리에 화력발전소를 짓자는 계획이 나오기도 했다. 친환경으로의 전환이 불투명한 점도 많고 너무 오래 걸린다는 이유에서다.

여수의 미래는 어떤 빛깔일까? 금빛 바다와 공룡 발자국을 앞세운 친환경 생태 도시이자 관광 도시? 때마다 칠흑빛이 되는 바다를 감수하고라도 유지하고 확대시킨 호남 제일의 공업 도시? 이도 저도 아니고, 가속화되는 저출생과 지방 소멸의 파도를 넘지 못하고 도시라고는 볼 수 없는 모습으로 줄어들어 버린 시골 변두리 마을일까? 적어도 산하와 바다가 다시 핏빛이 되는 일만큼은 없어야 한다. 여수 사람들의 해묵은 농담인 "이래 화학 탱크며 발전소가 많은디, 미사일 한 방만 날아오면 남도 일대는 한순간에 그냥 증발이여, 증발!"이 갖는 무서운 현실성을 생각해야 한다.

여수 밤바다
이 조명에 담긴 아름다운 얘기가 있어
네게 들려주고파

미래의 여수에 담기는 이야기가 얼마나 아름다울 것인가. 그것
은 28만 여수 시민, 아니 대한민국 국민, 아니 한반도의 모든 거주
민들과 동식물들의 관심의 대상이자 관심에 따른 행동의 결과일
것이다.

09

제주

잠들지 않는 섬

제주도의 전체 면적은 1850제곱킬로미터로 제주시만 본다면 남한에서 12번째로 큰 도시이고, 제주시가 서귀포시보다 조금 더 크다. 인구수는 특별자치도 중에서는 2위로 2023년 기준 67만 명이다. 지금은 국내 여행의 성지가 되었으나 탐라의 역사적 의미는 이루 말할 수 없을 만큼 깊다.

제주도의 새로운 삼다

제주도는 삼다도로 잘 알려져 있다. 바람 많고, 돌 많고, 여자가 많은 섬이라는 것이다. 그런데 그 역사를 훑어보면 또 다른 삼다도라고도 할 수 있다.

첫째, 특산물이 많았다. 한국 땅에서 유독 이 제주에서만 나는 특산물이 많고, 따라서 예부터 공납과 진상에서 중요한 위치에 있었다.

둘째, 이방인이 많았다. 풍랑에 휩쓸려 표착한 외국인부터 침략자들, 변방 중의 변방인 이곳에 귀양살이를 온 벼슬아치들까지, 제주 땅에는 낯선 사람들의 방문이 끊이지 않았다.

셋째, 반란이 많았다. 그것은 이미 이야기한 두 가지 역사적 특성과 관련이 깊다. 특산물을 바칠 것을 강요당하다 보면 주민들의 불만이 쌓이고, 변방 중의 변방으로 푸대접을 받다 보면 아예 육지 것들에게서 독립하자는 생각이 꿈틀대기 마련이다. 또 변방답게 중앙의 통제력에 한계가 있어 그 긴 세월 동안 반역의 정신이 잠들지 않곤 했다.

다만 여기서는 그 섬 전체가 아닌 도시로서의 제주시를 이야기하자. 사실 그래도 큰 차이는 없다. 본래의 제주시란 북제주군의 일부를 차지한 제주읍을 의미했는데, 1955년 제주읍이 북제주군에서 독립해 제주시가 되었다가 2006년에는 거꾸로 북제주군 전체를 통합하는 제주시가 되었기 때문이다. 그리하여 지금 한라산을 중심으로 제주도의 북쪽은 제주시이며, 남쪽은 비슷한 통합 과정을 거쳐 이루어진 서귀포시이다.

제주에는 약 1만 년 전, 구석기 시대부터 사람이 살았던 것 같다. 하지만 문명의 출발은 신화에 의존한다. 고조선, 고구려, 신라, 가야 등 한반도 고대국가들의 건국신화는 하나같이 하늘에서 사람이 내려온 이야기인데, 제주는 거꾸로다. 땅에서 사람이 솟아났다니 말이다. 지금 제주시 중심지에 남아 있는 삼성혈은 제주 관광에서 꽤 낮은 순위에 있지만, 고을나·부을나·양을나라는 세 선인이 솟아났다는 풀밭 위 세 군데 구멍과 그 성역을 감싸고 있는 크고 묘하게 구불거리는 나무들은 사뭇 신비스럽다. 작은 신들의 정원처럼 산책하기 좋은 분위기를 자아낸다.

세 선인은 활을 쏘아 자신들의 터전을 정하고, 동쪽에서 바다를 건너온 여인들과 살림을 차렸다고 한다. 제주 고씨 문중에 전하는 『탐라국왕세기』에 따르면 고을나의 15대손인 고후가 세 부족을 통합해 왕국 체제를 수립했으며, 그해는 박혁거세가 신라를 건국했다는 기원전 58년이라고 한다.

고후왕은 왕국을 세우기 바쁘게 동생 고청, 고계와 함께 바다를 건너 신라에 입조했으며, 박혁거세는 기뻐하며 그들을 환대하고, 지도자 이름과 나라 이름을 지어주었다.

세 선인이 솟아났다는 삼성혈 유독 제주도에서만 땅에서부터 사람이 솟아났다는 전설이 전해지는 이유가 있을까?

이때에 마침 객성客星(새로 나타난 별)이 밝게 빛났다. 그래서 왕이 고후를 성주星主라고 부르고, 고을의 칭호를 '탐라'라 하였다. 그들이 탐진耽津에 상륙했다가 신라에 이르렀기 때문이다.

-『탐라국왕세기』

탐진은 지금의 전남 당진으로 조선 시대까지 제주를 오가는 주요 항구였기는 하다. 하지만 신라의 금성과는 상당히 거리가 있으며, 굳이 자기네 땅도 아닌 먼 고을 이름을 따서 나라 이름을 짓는다는 것도 이상하다. 반대로 탐라와 오가는 고을이라서 탐진이라 불린 것이 아닐까? 애초에 『삼국사기』 기준으로 탐라 사람이 신라에 처음 나타난 때는 그로부터 거의 400년 가까이 지난 330년, 흘해이사금 때의 일이다. 아마도 오래 내려온 설화와 역사 기록 등을 합쳐 『탐라국왕세기』를 쓰면서, 탐라의 기원이 매우 오래되었다고 내세우고자 당시에는 삼국 중 가장 먼저 나라를 세운 것으로 알려져 있던 신라와 함께 시작했다고 적은 게 아닐까 싶다.

실질적으로 탐라를 가장 먼저 세력권에 넣은 본토의 나라는 백제였다. 476년, 백제 문주왕 때 탐라가 공물을 바치자 '탐라왕은 좌평에, 사신은 은솔에 임명한다'라는 왕명이 떨어졌다. 좌평은 백제의 관료조직에서 최고위급이었으며 은솔도 제3품의 고위직이었음을 보면 백제가 탐라를 얼마나 중시했는지 알 수 있다. 이때쯤엔 백제, 신라의 세력이 남해안까지 미쳤다. 고구려도 400년에 백

제주

제-가야-왜의 연합군에게서 신라를 구원해 준 뒤 신라 영토에 군대를 주둔시키면서 신라를 통해 탐라와 연결했다. 그래서 탐라국은 삼국 사이를 저울질하며 복잡한 외교를 펼쳤을 것으로 보인다. 그러나 498년, 백제 동성왕은 탐라가 조공하지 않는다 하여 대규모 정벌군을 일으켰다. 다만 무진주(광주)에 군대가 이르렀을 때 탐라가 사신을 보내 항복했기에 유혈사태는 일어나지 않았는데, 백제는 항복을 받는 대신 앞으로 고구려, 신라와 일절 통하지 말 것을 못 박았다. 그리하여 이후 160여 년 동안 탐라는 백제의 속국으로 존재하게 되었다.

660년에 백제가 멸망하자 탐라의 종주국도 신라로 바뀌었다. 그러나 160여 년 쌓인 관계의 무게 때문인지, 왜와 함께 백제부흥운동을 몰래 벌이다가 3년 뒤의 백강전투 후에야 포기하고 신라에 정식으로 복속하게 된다. 938년에는 종주국이 고려로 바뀌었는데, 고려는 1105년에 탐라국이라는 이름을 폐지하고 탐라군으로 바꿨다. 성주라 불리는 그 지도자는 그대로 자치권을 가진 채 세습됐다. 1253년에 한라산의 산신이 백성을 구하는 신이라고 제민濟民이라는 이름으로 기린 것이 제주濟州라는 이름을 낳았다. 그러나 몽골이 침입하여 고려가 속국화되면서 제주에는 따로 다루가치가 설치된다. 몽골의 군마를 키우고 몽골 죄수를 유배 보내는 땅으로 쓰이는 원나라의 속령이 된 것이다.

충렬왕에서 공민왕에 이르는 고려왕들은 제주를 되찾으려 애썼으며, 원나라는 그 요청을 들어 제주를 고려에 돌려주었다가 빼앗 았다가를 거듭했다. 그리고 마침내 원나라가 망하고 조선이 서면서 제주는 비로소 온전히 한반도 국가의 한 지방으로 자리 잡게 된다.

> 태종 2년(1402)에 성주星主 고봉례와 왕자王子 문충세 등이 성 주, 왕자의 호칭이 참람하다며 고치기를 청하니, 성주를 좌도 지관左都知管으로 삼고 왕자를 우도지관右都知管으로 삼았다.
>
> ─『신증동국여지승람』

『탐라국왕세기』의 기록을 그대로 믿는다면 1300여 년 동안이나 이어져 온(그것은 한국사에서 가장 오래 간 왕조라는 뜻이다) 성주의 호 칭을 없애고, 독립 왕국으로서의 지위를 잃은 것인데 과연 진심으 로 고쳐달라고 요청한 것일까? 다만 당시 한반도는 조선이 기틀을 잡고, 바다로부터는 왜구의 침입이 치열했기 때문에 자주성을 포기 하지 않으면 사람과 땅을 보전할 수 없다고 여겼음직하다.

태종은 한라산 이북(제주) 구역에 제주목, 대정현, 정의현을 설 치해 다스렸다. 좌도지관과 우도지관은 단지 향리, 토호에 그치고 제주의 행정은 중앙이 파견한 관리가 맡게 된 것이다. 지금 제주시 한복판(삼성혈에서 그리 멀리 떨어지지 않은 곳)에 제주 목사의 관아 와 관덕정觀德亭이 서 있다. 세종 때 지은 이 누각은 활쏘기를 비롯 한 무예 훈련을 위한 것인데, 제주도에서 가장 오래된 건물이며 웅

관덕정 제주에서 가장 오래된 건물로 제주 광장 문화의 터전이다.

장하고 당당하다. 건국 초기 조선의 기상을 담아낸 건물이라고 하
겠다.

　이후 조선의 남쪽 변방으로서 제주도의 역사는 흐르고, 1896년
부터는 전라남도에 소속되었다가 대한민국 정부수립 직후 독립 도
道로 분리되었다. 제주읍이 제주도 도청소재지로서 행정과 본토와
의 교류 중심지가 되고, 다시 제주시로 확대 개편된 것이다.

귀한 특산물이 많은 도시

　탐라-제주의 1번째 진귀한 산물은 진주였다. 이미 492년에 탐

라의 진주를 고구려가 얻어서 북위에 공물로 바쳤다는 기록이 있
다. 탐라국의 해녀(해녀인지 해남인지는 확실히 알 수 없다. 하지만 진
주란 잠수를 해서 캐내야 하는 산물임을 보면, 삼다도인 제주에는 이미
5세기에 해녀가 있었다고 보아도 될 것이다)가 캐고, 신라의 관리들에
게 넘겨지고, 고구려의 병사들이 받아서, 다시 북위의 수도 평성에
건너가 여러 선비족 귀족들의 손에서 찬탄의 대상이 된 진주였으
니, 이야말로 당시의 국제적인 상품으로 첨단을 걷는 명품이었다
해도 좋으리라.

그 뒤에는 다른 특산물로 제주도 땅이 특화되면서 진주의 가치
는 상대적으로 떨어졌다. 하지만 이중환의 『택리지』에 "당진과 해
남은 제주도와 직접 배가 오가는 곳이라, 진주와 거북 등딱지 등의
귀한 재화의 교역장이 된다"라고 쓴 걸 보면 한참 뒤에도 탐라산
진주의 명성은 쟁쟁했던 것 같다.

2번째는 오늘날에도 제주 하면 생각나는 과일, 귤이다. 제주
산 귤은 634년, 백제에 금귤을 조공했다는 기록에서 처음 보인다.
1052년에는 고려가 탐라의 공납품을 '귤자橘子 100포'로 정했다.
고려 말의 문장가 이규보는 "이 귤은 제주 이외에는 없다. 더구나
머나먼 바닷길로 보내왔음에랴? 귀족의 집에서도 얻기 어려운 것
이니, 황금 포탄처럼 둥글고 윤기 나는 보배일세"라고 노래했다. 조
선에서도 귤은 제주의 첫째 가는 공납품이었는데, 먼 바닷길로 도
착한 귤이 오면 임금이 친히 나가서 맞이하고 후하게 포상했으며,

원로와 대신들에게 귤을 나눠주며 생색을 냈다고 한다. 또 황감제라 하여 성균관 유생들에게 귤을 내리고 시문을 짓게 하는 행사가 있었다. 유교국가 조선이 무엇보다 중시하는 종묘제례에도 귤이 빠지지 않았으니, 제주산 귤은 그야말로 과일이 아닌 보배였다.

그렇지만 이규보의 말대로 머나먼 바닷길로 보내다 보니 도중에 풍랑에 휩쓸려 배가 침몰하거나 중국 해안으로 밀려가는 일도 종종 있었고, 시간이 생각보다 지체되어 썩은 채로 들어오는 일도 있어서 조선왕조는 어떻게든 내륙에서도 귤을 재배하려 애썼다. 1412년, 태종이 제주의 귤나무 수백 그루를 순천 등에 옮겨 심도록 한 이후 귤은 『세종실록지리지』의 호남 공납품목에도 기재되었다. 그러나 1521년, 중종은 "감귤을 연해의 각 고을에 옮겨 심어보았으나 끝내 열매를 맺지 않았다"며 이를 호남의 공납품목에서 삭제했다. 아예 처음부터 열매를 맺지 않았더라면 100년이나 지나서 포기 선언을 했을 리 없으니, 심으면 얼마 뒤 죽고 또 심으면 또 죽고 하는 상황을 무던히도 되풀이했던 모양이다.

그러면 왜 제주 귤은 남해안에서 열매 맺지 못했을까? 당대의 문신들은 "옛말에 귤이 회수를 건너면 탱자가 된다고 했다"라며 신토불이를 원인으로 내세웠다. 하지만 제주와 순천의 풍토가 특별히 크게 차이날 리는 없다. 모르긴 몰라도, 귤을 기르고 따다 바치는 수고가 싫었던 민심이 원인이었을 것이다.

"과인이 듣기로는 귤의 공납도 폐해가 심하다 하오. 이 나무가 나면 반드시 끓는 물을 부어 죽인다고 하던데, 정말 그렇소?"

"과연 그렇습니다. 민가에 이 나무가 나면 관청이 집주인을 과주果主로 정하고 앞으로 매년 열매를 따서 바치라고 합니다."

1748년, 영조가 제주목사를 지낸 한억증과 대화하며 나온 말이다. 공납 전용으로 조성한 귤밭이 있지만 할당량을 맞추기에 어렵고, 어쩌다 재해라도 있으면 더욱 어려웠기에 민가에서 키우는 귤나무라도 남김없이 어용御用으로 삼았다. 주민들로서는 힘들여 나무를 가꾸고 과실을 따면서도 자신들 입에 들어가는 건 한 톨도 없다 보니 짜증스러울 만했다. 그래서 뜻하지 않게 마당에 귤나무가 자라면 끓는 물을 부어 죽여 버렸다는 것이다. 어쩌다 못된 관리를 만나면 못 먹게 된 낙과落果까지 모두 수확된 걸로 쳐서 올리게 하고, 시든 귤나무에서도 할당량을 내도록 했으니, 힘없는 백성은 사비를 털어서 귤을 구입해 올릴 수밖에 없었다. 아마 호남에서도 같은 일이 있지 않았을까? 귤나무 묘목에 끓는 물을 몰래 들이붓고는 '토질이 영 맞지 않는당께요. 심는 족족 죽어부러요!' 하며 눙치고, 그걸 대략 눈치채고도 어르고 달래며 물류 혁신을 해보려던 정부가 100년 만에 손을 든 게 진상일 수 있다.

근대화도 상업화도 나름의 폐해가 있지만, 이러고 보면 제주인들이 제주 귤을 기르는 수고를 오롯이 자신의 이익으로 거둘 수 있게 된 점은 긍정적이라 할까. 제주 귤은 국가적 화해와 소통의 수단으로도 활용된다. 2001년부터 남북협력제주도민운동본부에서는 북한에 감귤을 보내고, 정부는 이를 재정적으로 후원하는 사업을 해왔다. 북녘 사람들로서는 좀처럼 찾아보기 힘든 황금 보배 같은 제주 귤을 동포의 따스한 마음과 함께 먹을 수 있어 좋고, 제주 도민들로서도 감귤 수급 조절 면에서 이득이 되는 사업으로 대북 민간교류의 모범사업이었다. 다만 2011년 남북관계가 냉각되면서 중단되었다. 2018년에 청와대 차원에서 감귤 200톤을 구입해서 보내 희망을 남긴 게 마지막이다.

3번째는 말이다. '사람은 서울로, 말은 제주로'라고 했던가. 하지만 제주 조랑말은 제주 삼성三聖이나 포세이돈의 신마처럼 땅에서 솟아나온 게 아니다. 물론 제주 고유의 말도 없지 않았으나, 1277년에 몽골이 고려를 무릎 꿇리고 제주를 자기네 땅으로 삼은 다음 몽골 말을 대거 들여와 제주 초원을 목장으로 만들고 동서아막東西阿幕이라는 관리기구를 설치하면서부터 비로소 특산품이 되었다. 수십 년 싸움 끝에 고려-한반도를 복속시키고 보니 이건 땅이 거지반 산악 지대라 몽골인들이 무엇보다 중시하는 말을 기를 공간이 여의치 않았다. 그렇다고 호남평야를 목장으로 만들었다간 한반도 백성들을 굶겨 죽일 판이라 비교적 평야가 많고 사람은 적은 편인 제주도를 목장 지대로 삼았던 것이다. 원나라는 고려의 끈질긴 요청으로 제주의 관할권을 고려에 돌려주었을 때도 말만큼은 정해진 숫자대로 꼬박꼬박 상납하라고 못을 박았다.

> 탐라는 옛날에 하나의 나라라고 했답니다
> 산도 물도 기묘하고 아름답다지요
> 사는 사람들은 소박함을 높게 여기고
> 나라에 바치는 공물은 오직 귤과 유자랍니다
> 몸에 문신하고 사냥 솜씨가 좋은가 하면
> 갈옷 지어 입고 농사 또한 짓고 산다지요
> 준마 만 필을 놓아 기르니
> 지금 황제가 먼 곳의 마구간으로 삼았답니다
>
> — 민사평, 「제주에 가는 진 아저씨에게」

고려 말의 문인 민사평이 지은 시를 보면 당시 제주도의 풍속을 알 수 있다. 반농반렵의 생활을 하고, 문신하는 습관도 있어서 육지의 영향이 아직 크지 않았던 모양이다.

다만 조선왕조로 들어서면서 제주산 말의 수요는 잦아들었다. 고려 말에는 제주의 준마가 1만 필이었다고 하는데, 조선 시대에는 4000여 필로 줄었다. 아무래도 대륙에 바칠 수요가 없어졌을뿐더러(명나라도 초기에는 제주 말을 내놓으라 했으나, 이후 그만두었다) 귤과 달리 말의 사육처는 분산에 성공한 덕도 있었다. 귤과 마찬가지로 뱃길로 운송하는 데 따르는 위험을 줄이고자, 태종은 강화도에 새로 목장을 열었고 세종도 황해도에 목장을 세웠다. 그만큼 다른 지방 말이 있었기에 귤처럼 공납품이 모자라면 민간의 것까지 착취하지 않아도 되었던 것이다. 그리하여 민간 판매용으로 말을 기르는 사업이 번창했고, 이것으로 부자가 된 사람도 나왔다.

20세기 이후에는 운송 수단이나 군사 장비로서의 말의 효용이 사라진 데다 제주도가 산업화되면서 제주 말의 개체 수는 크게 줄어, 1986년 1000여 마리를 좀 넘는 제주 과하마(조랑말)가 천연기념물로 지정되었다. 그래도 제주 전역에는 그 10배도 넘는 말이 있는데, 서러브레드 등 경주나 승마용으로 들여와 기르는 외국산 종자들이다. 하기야 제주 조랑말도 13세기에 들어온 외국산이지만. 그 말들이 제주시와 섬을 한가롭게 누볐던 흔적은 어디서나 쉽게 눈에 띄는 현무암 돌담이다. 1만 마리도 넘는 말들을 방목하자 민가는 물론 농장, 무덤 등까지 멋대로 들어와서 먹거나 노는 말들이 골칫거리가 되었고, 그래서 비교적 쉽게 구할 수 있는 현무암 돌덩이를 쌓아서 담을 만든 것이다.

다양한 목적의 이방인들이 찾아오다

제주를 찾아온 이방인들. 그들은 도움을 청하는 표류자들일 때도 있고, 유배자들, 침략자들일 때도 있었다. 애초에 고양부 삼성의 배우자들이 벽랑국碧浪國에서 온 공주들이었다 하고, 진시황이 불로초를 구하러 동쪽 바다로 띄워 보낸 서복徐巿이 표착한 곳이 바로 제주라는(다만 제주시가 아니라 서귀포시의 영역에 이르렀다 한다. 서귀포시 칠십리로에 서복전시관이 있다) 말도 있으니, 상고 시대부터 표류자들이 여기저기서 떠내려와서 집 짓고 마을을 이루어 살던 땅이 제주일지도 모른다.

역사 시대에는 594년 수나라의 군선이 폭풍에 휩쓸려 표착하거나(이때 백제 왕실은 수나라 사람들을 극진히 대접하며, 고구려를 함께 칠 논의까지 꺼냈다고 한다) 661년 당나라로 가던 일본의 사신들이 표착한 일 등을 비롯해 일본과 중국의 배들이 제주 해안에 쓸려오는 일은 잊을 만하면 있었다. 1611년에는 류큐 왕국(지금은 일본에 병합된 오키나와)의 태자가 표류해 왔는데, 당시 제주목사였던 이기빈이 그와 그 일행을 약탈하고 죽여놓고는 '왜적을 잡았습니다'고 조정에 보고해서 포상까지 받았다가 나중에 탄로가 나서 조정이 발칵 뒤집혔던 일도 있었다.

역사상 가장 유명한 제주 표류자는 그 16년 뒤(1627년) 제주에 발을 디딘 네덜란드인 벨테브레, 그리고 좀 더 뒤인 1653년에 표류한, 마찬가지로 네덜란드인인 하멜이리라. 그들을 맞은 조선은 이 별스럽게 생긴 색목인色目人들을 대포 만드는 기술자로밖에 활용할 생각을 못 했다. 그들을 잘 대접해서 서양 세계와 조선을 이어줄 연줄로 삼을 생각은 고사하고, 그들을 통해 멀리 떨어진 세상의 지식을 배울 생각도 하지 않았다.

벨테브레는 어찌어찌 적응했지만(그리고 역사 속으로 사라졌지만), 하멜은 14년 만에 일본으로 달아나 고향으로 돌아가서 『하멜표류기』와 『조선국기』를 썼다. 자신이 아는 머나먼 땅의 이야기를 조선에는 전할 수 없었으나 거꾸로 유럽에는 전할 수 있었던 셈이다. 그가 처음 제주도의 어디에 표착했는지는 좀 불확실한데, 제주시에 속하는 차귀도설과 서귀포시에 속하는 용머리해안설이 있다. 이 중 용머리해안에는 실물보다 약간 축소해(약간 축소한 까닭이 뭔가 깊은 뜻이 있어서가 아니라 예산이 부족해서였다) 만든 스페르베르호(하멜이 탔던 배) 모형과 함께 하멜상설전시관이 있다.

흑심을 품고 제주에 상륙하는 이방인들도 있었다. 1015년에는 거란이 바닷길로 침입해 와서 물리쳤다. 459년에 처음 쳐들어온 왜구는 14세기 중엽, 고려 말기에는 거의 해마다 쳐들어오다시피 했다. 1350년에는 주민을 일부 내륙으로 피란시켜야 할 정도였다. 그 침입은 조선으로 넘어가고서까지 이어져, 결국 대마도 정벌 이후에야 그쳤다. 1555년의 을묘왜변에서는 전남 영암에 침입했던 왜군이 퇴각하다가 제주를 들이쳤다. 어찌어찌 격퇴는 했지만, 피해가 심각했다. 10년이 지난 1565년에 '을묘년의 피해에서 제주도는 아직 회복하지 못했습니다. 황폐해진 채 버려진 마을이 아직도 많습니다'라는 보고가 조정에 올라갈 정도였다. 그래도 임진왜란 때는 침략이 없었는데, 제주도에나 한반도에나 다행이었다. 만약 왜군이 제주도를 점령하고 군사기지로 삼았다면 전란이 거듭될 가능성도 있었기 때문이다.

일본인들은 그런 시도를 하지 않았지만, 몽골인들은 오래전 이땅에 와서 점령했다. 앞서 말한 대로 고려가 원나라에 굴복한 뒤제주도는 원나라에서 쓸 말을 기르기 위한 목장이자 일본 정벌을위한 전진기지가 되고, 일본 원정이 실패한 뒤에도 사실상 몽골의식민지로 남았다. 당연히 많은 몽골인들이 제주도에 와서 상주했으며, 그들은 어느새 토호처럼 되어갔다. 그리하여 세월이 흘러 원나라가 망하게 되었을 때, 그들은 제주도를 근거로 원나라 망명정권을 세울 생각까지 했다! 1367년에 원나라의 고관이 제주도에 와서 그곳에 원 황제가 피란 올 수 있을지를 검토했다고 한다. 정말그랬다면 약 600년 뒤인 1950년에 대한민국이 북한의 공세에 밀려 제주도로 들어가는 일을 검토한 것까지 포함하여 제주가 수도가 될 뻔한 두 역사적 사례라고 할 수도 있었을 것이다.

물론 제주를 찾는 이방인이 하나같이 악의적이지는 않았다. 대표적으로 아일랜드 태생의 패트릭 맥그린치 신부가 있다. 그는1948년 제주도에 왔다가 어렵게 사는 주민들을 가슴 아프게 여겼고, 사제 서품을 받고는 1954년 제주도로 돌아와 평생을 보냈다.그는 먼저 주민의 생활부터 개선하고자 농민의 수호성인인 성 이시도르의 이름을 딴 성이시돌목장을 세웠다. 현무암 지형상 논농사가 잘 안 되는 제주도의 특성에 맞게 소와 양 등을 기르며 지역민들에게 혜택을 나눴고, 무료 병원과 학교도 운영했다. 뒤에 이야기할 '이재수의 난'으로 가톨릭에 대한 제주인들의 감정이 안 좋았음에도 맥그린치는 살아 있는 성인처럼 숭배받았고, 2018년 제주도에 묻힌 뒤 정부의 명예국민증을 받았다. 지금도 근처의 곰오름에서 성이시돌목장을 내려다보면 유럽식으로 꾸민 목초지와 한가롭게 풀을 뜯는 가축들이 이국적인 풍경을 연출한다.

그리고 제주도가 어느 모로나 멀리 떨어진 섬이라서, 유배지로도 인기를 끌었다. 맨 처음에 유배된 사람들은 한민족이 아닌, 몽골인이었다. 『고려사』에 보면 1317년, "원나라에서 위왕魏王 아무커阿木哥를 탐라에 귀양 보냈다. 얼마 뒤 대청도로 옮겼다"라고 적혀 있다. 1340년에는 몽골에 저항했던 불라쿠孛蘭奚의 우두머리를 제주도에 귀양 보냈고, 그 3년 뒤부터 고려 조정에서도 고려인을 제주도에 귀양 보내기 시작했다. 고려 말의 원-명 교체기에는 명나라가 원나라의 황족들을 제주도에 귀양 보냈으며, 그들은 이후 제주도에 정착하여 도민의 일부가 되었다.

조선조에 들어와서도 건국 당해인 1392년에 그에 반대했던 김만희, 한천을 제주도에 귀양 보낸 것을 시작으로 대략 3~5년에 한 번씩 유배자가 나왔다. 이름이 알려진 조선 시대의 제주 유배자는 107명인데, 유배자에 딸려서 함께 유배되는 사람들도 종종 있었고 이들의 이름을 일일이 들지 않았음을 보면 약 300명 정도가 제주에서 유배 생활을 겪었을 것 같다. 그들 가운데 대표적 인물들을 꼽아보자면 왕이 한 명(광해군), 왕자 및 왕손이 6명(선조의 왕자 인성군, 소현세자의 아들 경선군·경완군·경안군·사도세자의 아들 은언군·은신군), 왕의 외척이 3명(태종의 처남인 민무구·민무질, 숙종의 처남인 장희재) 있다. 왕족을 빼고는 보우, 송시열, 김정희, 최익현이 제주도에서 귀양살이한 저명한 인물이다.

광해군의 유배지가 강화도에서 제주도로 옮겨진 건 1637년이었는데, 그는 이 섬에서 4년을 더 살다가 숨을 거둔다. 그가 한을 풀지 못하고 죽자 제주도에 비가 크게 내려, 광해우라고 불렀다는 전설도 있다. 국초의 태종우 전설과는 상반된다고 할 이 우울한 전설은 인조반정과 뒤이은 노론 전성시대의 개막을 표상한다. 그런 노론 위주 정국을 뒤집으려던 시도의 결과로 1689년 송시열이, 결국 실패한 결과로 1694년 장희재가 제주도에 유배왔다. 보우는 문정왕후와 윤원형의 세도를 배경으로 불교를 다시 조선에 중흥시켜보려다 실패하고는 승려로서는 유일하게 유배를 와서 암살되었다. 그리고 소현세자의 아들들, 사도세자의 아들들은 모두 아버지가 권력의 틈바구니에서 견디지 못하고 스러진 여파에 떠밀려 제주도로 왔다.

이런 유배가 반드시 비극적이지만은 않았다. 송시열이 제주도에 유배된 결과 제주도 유일의 서원이던 귤림서원의 규모가 커져, 제주도에서도 학술과 문화 활동이 꽃피게 되었다. 추사 김정희는 세도가문끼리의 당파싸움에 누명을 쓰고 제주도에 왔는데, 8년간

추사 김정희의 「세한도」 제주도 유배 시절의 작품이다.

유배생활을 하면서 동서고금의 필체들을 모아 연구를 거듭한 끝에 자신만의 독특한 필체인 추사체를 만든다. 그가 그린 그림의 대표작이며 조선 시대 회화의 최고봉의 하나로 꼽히는 「세한도」도 이때 그려졌다. 1873년, 고종과 대원군 사이의 권력다툼에 끼어들었다가 그 여파로 제주도에 귀양 온 최익현은 이참에 말로만 듣던 한라산을 올라보기로 하고, 이를 해낸 뒤 『한라산유람기』를 써서 당시 한라산과 제주도의 자연환경과 문화생활에 대한 중요한 자료를 남겼다.

역사상 마지막으로 제주도에 유배 온 사람은 남강 이승훈이다. 그는 오산학교를 세우고 신민회를 창립하는 등 항일구국운동을 벌이다가 국권이 상실된 직후인 1911년에 제주도로 왔다. 105인 사건(안악 사건)이 직접 원인이었는데, 당시 안명근은 종신형, 김구는 징역 15년을 선고받는 등 근대적 중형 선고를 받았지만 이승훈 등은 비교적 죄가 가볍다 해서 전근대적 형벌인 유배형을 받은 것이다. 일제도 이건 뭔가 이상하다 싶었던지, 그는 다시 압송되어 경성의 형무소에 들어갔으며 제주도의 600년 유배 역사는 끝나게 된다.

아, 반역의 세월이여

기록된 최초의 반란은 1168년에 일어났다. 『고려사』에 따르면 "탐라인 양수良守 등이 반란을 일으켰다. 영위令尉 최척경, 안무사 조동희 등이 평정했다"라고 한다. 반란의 동기와 배경은 알 수 없다. 이후 20~30년에 한 번꼴로 반란이 나더니, 1270년에 삼별초의 난이 일어났다. 처음에는 진도를 근거지로 했으나 고려와 원의 연합 공격에 밀려 제주도로 들어가게 되고, 이때 고려의 고여림은 한발 먼저 제주도에 가서 환해장성을 쌓고 삼별초군을 기다렸다. 그러나 삼별초군과의 싸움에서 패사했으며, 삼별초는 1271년부터 김통정의 지휘 아래 제주도를 방어기지로 삼고 항쟁을 이어갔다. 1273년에 김방경이 지휘하는 고려와 몽골의 연합군 1만 명이 제주도에 상륙해 삼별초를 맹공격했고, 2개월 만에 삼별초는 힘이 다했다.

관군이 외성을 타고 넘어 들어가며 불화살을 사방으로 쏘았다. 연기와 불꽃이 하늘을 덮고 적의 무리가 크게 무너졌다. 김통정은 그 무리 70여 명을 거느리고 산속으로 도망해 들어가고, 적장 이순공, 조시적 등은 한쪽 어깨를 벗는 항복 표시를 했다. 김방경이 여러 장수를 지휘하여 내성으로 들어가니, 부녀자들이 소리 지르며 울었다. 김방경은 "적의 괴수는 죽이되 협박받아 따른 사람은 죄를 묻지 않을 것이니, 너희들은 두려워하지 말라" 하고는 다만 김원윤 등 6명만 베고, 항복한 자 1300여 명을 여러 배에 나누어 압송하며, 원래 탐라에 살던 사람은 전과 같이 편안히 자리 잡고 살게 하였다.

-『고려사』

삼별초는 최씨 무인정권의 사병과 같은 성격을 가졌었고, 따라서 몽골과의 전쟁이 끝나면 그들이 숙청될 것을 염려해 일으킨 항명이라고도 할 수 있었다. 그러니 구한말 일본군-관군과 맞섰던 의병과 같이 평가하기에는 무리가 있다. 그러나 제주의 백성들은 그들과 함께했다. 몽골 침략자에 대한 거부감인지, 주는 것 없이 내내 이용만 해온 정권에 대한 반발인지, 일반 백성들은 자발적으로 그들과 합세했으며 진압이 그토록 힘들었다. 따라서 민중항쟁으로서의 성격을 띠는 삼별초를 단지 항명이라고만 폄하하면 안 된다. 그들이 쌓았고, 최후의 순간 여몽연합군이 타고 올랐던 항파두리의 성벽은 아직도 제주도에 남아 있다.

삼별초의 최후는 고려가 몽골에 예속되는 역사의 시작을 의미하기도 했다. 그러다가 14세기 중반 이후 원나라의 힘이 약해지고 고려가 반원 정책을 취하자, 이번에는 몽골인들이 제주도의 반란을 주도했다. 1356년 목호牧胡라 불리던, 원나라에 보낼 말을 사육하는 명목으로 제주도에서 토호처럼 살고 있던 몽골인들이 들고 일어나 도순문사 윤시우를 살해했다. 다만 이는 조직적 반란이라기보다 우발적인 사건이었던 듯하다. 6년이 지난 1362년에는 쿠구둑부카胡古禿不花와 시데르비스石迭里必思 등의 목호들이 주도하는 반란이 일어났다. 이번에는 대대적이고 장기적인 반란으로, 1366년에 고려의 토벌군이 상륙하여 격퇴되기도 했다. 그런데 탐라성주 고복수가 그들과 한편이었다고 하며, '다시 원나라의 땅이

항파두리성 항몽유적 전경

되겠다'라고 선언하기도 했다. 원나라는 이에 호응했을뿐더러 아예 명 정부가 들어설 궁궐을 수축할 인력까지 보내는 바람에 상황이 매우 복잡하게 돌아갔다. 그러나 고려 조정은 계속 봉기하는 목호들에 줄곧 토벌군을 보내 진압하는 한편 원나라에 '목호들을 무력 진압하고 있지는 않으며 불의의 충돌이 몇 차례 있었을 뿐', '예전처럼 말 등을 바칠 테니 탐라를 다시 가져가지는 말아달라'라는 외교적 설득을 해 어찌어찌 버텨 나갔다.

원나라가 완전히 멸망하고 명나라에서 다시 말을 바치라 요구하자, 1374년에 또 목호들이 말을 가져가러 온 조정의 사신을 죽이며 대대적으로 봉기했다. 이제는 더 못 참겠다고 여긴 조정에서는 역전의 명장에게 대군을 주면서 제주도의 몽골인들을 아주 뿌리 뽑으라고 명한다. 그가 바로 최영이었다. 그는 300척의 배에 2만 5000명 이상의 병력을 싣고 가서 목호들을 쳐부수고 제주도를 평정했다. 이로써 삼별초의 난 이래 100년 동안 이어진 몽골의 제주도 지배 시대가 끝났다.

이후 조선 시대 내내 제주도에서 봉기의 횃불은 먼 옛이야기처럼 되는 듯했다. 그러나 세상이 다시 어지러워지면서, 1898년에 방성칠의 난이 일어났다. 조정이 거두는 세금이 너무 무거워 방성칠을 앞세운 도민들이 제주목사 이병휘에게 세금을 줄여달라고 호소했다. 이병휘는 일단 조치하겠다 약속해 사람들을 해산시키고는 방성칠 등을 잡아들이며 뒤통수를 쳤다. 이에 분노한 민중이 봉기한 것이다. 이들은 관아를 습격해 방성칠 등을 구하고 목사 등은 두들겨 내쫓은 뒤, 포구에 나와 있던 배를 모두 육지로 올리면서 외부와의 연락을 끊어버렸다. 이후 관군과 제주 지역의 양반 토호들이 한편에 서고 방성칠이 이끄는 민초들이 반대편에 서서 공방전이 펼쳐졌는데, 한 달 만에 민중들이 패배하고 방성칠이 처형되면서 끝났다.

하지만 1901년에 다시 이재수의 난이 터졌다. 이때는 부패한 관리들의 학정만이 아니라 외래 문화와 종교의 만행에도 억눌린 분노가 폭발했다. 개항 이래 제주도에 들어온 서양인 신부들이 마치 옛날 목호들처럼 위세가 대단했고, 우상을 없앤다며 대대로 내려온 신당이나 신목을 부숴버리곤 했으므로 원성이 심했다. 게다가 이들을 따르는 제주 천주교인들이 정교유착을 이루었다. 조정이 보낸 관리들의 앞잡이가 되어 가혹한 세금 징수와 온갖 행패를 부리니 민심은 무섭게 끓어올랐다. 당시 제주의 천주교회당은 완전히 성역이 되어, 천주교인이 아무리 큰 범죄를 저질러도 이곳에 숨으면 어쩌지 못했고, 반대로 천주교인의 눈 밖에 난 사람은 교회당에 끌려와 고문을 겪어야 했다.

마침내 이전의 방성칠 난과는 달리 서양의 사교邪敎를 혐오하는 양반들과 학대받던 민중이 손을 잡았으며, 천주교도들이 마을 훈장에게 모욕과 폭행을 가하고 한 사람은 죽이기까지 한 사건이 도화선이 되어 양반인 채구석과 오대현 등이 이끄는 제주도민들이 천주교회와 교도들을 습격하게 된다. 그러나 양반은 역시 양반인지 "이만하면 저들도 혼쭐이 났을 테니 적당히 이 정도에서 그치세" 하고 민군을 설득하는 사이에 천주교 신부와 천주교도들이 총을 쏘면서 덤벼들어 지도부가 몰살당해 버렸다. 그것은 천주교도들 입장에서 최악의 수였다. 관노 출신 이재수가 새로 무리를 이끌면서 가혹하고 철저한 응징에 나선 것이다. 이재수는 제주도 전역을 돌며 사람들을 모았고, 조정에나 십자가에나 이가 갈렸던 백성들은 앞다투어 동참했다. 제주성에서 농성하던 프랑스인 신부와 추종자들은 프랑스에 급히 띄운 구원 요청만 믿었으나, 결국 그들이 오기 전에 제주성이 민군에게 함락되고 천주교도 300명 이상이 학살되었다.

이 불길 같던 민란은 어찌 보면 어이없게 끝나버렸다. 마침내 프랑스 군함이 도착하여, 프랑스군-관군-민군 사이에 숨 막히는 긴장감이 돌았지만 결국 대한제국 조정의 설득에 프랑스군이 돌아가고, 이재수 등은 자진해서 민군을 해산하고 조정에 자수했다. 조정은 그들을 한양으로 끌고 가 사형에 처했다.

일제강점기에는 제주 잠녀항쟁이 있었다. 1932년에 일본 자본가들과 선주들의 횡포에 시달리던 해녀(잠녀)들이 들고 일어났다. 주동자를 체포하려는 일제와 해녀들 사이에 또 실갱이가 벌어졌다. 이는 일본인과 일본 자본이 토착 어업을 잠식하는 만행에 대한 저항이자 어민들의 생존권을 위한 싸움이었다.

제주4·3평화공원에서 다랑쉬굴 학살 현장을 재현한 모습

　제주도 역사상 가장 처절했으며, 가장 참혹했던 봉기는 1948년 4월 3일부터 진행되었다. 제주도에서 1947년 초, 미군정 시절부터 빚어져 온 경찰과 시민의 갈등이 마침내 대규모 무력 충돌로 불거져 나왔다. 남쪽에는 우익계의 단독 정부가 수립될 전망에 참지 못한 좌익계가 관공서와 우익계를 먼저 습격했고, 계엄령이 내려진 상태에서 8월에 총선이 실시되고 정부가 수립되었다. 이승만 정부는 제주도에서 벌어지고 있는 상황을 중시하고, '공산당과 그 동조자들을 남김없이 색출하고 처단하라. 필요하다면 제주도민 전부를 죽여도 좋다'는 지시를 내려보냈다. 북한에서 재산과 고향을 잃고 내려온, 그래서 빨갱이 하면 눈에 핏발이 서기 마련인 북한 출신들

로 이루어진 서북청년단은 이승만의 지시에 따라 군경과 같은 권한을 얻었다. 그들과 군경은 '한라산 자락에 거주하는 자는 이유를 막론하고 공비로 간주해 사살한다'라고 선언했고, 그 선언이 충분히 알려지기도 전에 산골 마을을 습격하여 죽이고 또 죽였다. 마을이 통째로 불타고 시체더미가 쌓이는 일이 수도 없이 벌어졌다.

마지막 국면에는 한라산에 깊숙이 숨어 있던 좌익무장대원과 양민들을 일일이 찾아내기 힘들다고 판단, '산을 내려오면 처벌하지 않겠다'고 회유했다. 오랜 투쟁에 지친 사람들은 그 말을 믿고 터벅터벅 산을 내려왔다. 다친 사람은 발을 질질 끌면서, 동료의 어깨에 기대서 간신히 내려왔다. 군경은 그들의 무장을 해제하고, 일렬로 세웠다. 그리고 총을 발사했다.

그나마 즉결처분되지 않고 형무소에 갇혀 있던 반란자들은 6·25 전쟁이 터지자 집단 학살당했다. 2만 5000명에서 3만 명이 목숨을 잃었다. 대다수는 노약자를 포함한 양민이었다.

외로운 대지의 깃발 흩날리는 이녁의 땅
어둠살 뚫고 피어난 피에 젖은 유채꽃이여
검붉은 저녁 햇살에 꽃잎 시들었어도
살 흐르는 세월에 그 향기 더욱 진하리
아 반역의 세월이여
아 통곡의 세월이여

아 잠들지 않는 남도 한라산이여

이승만은 공과가 있는 인물이라 한다. 그러나 제주 4·3 사건 단 하나만으로도, 그의 모든 공은 제로가 되어야 한다. 국민을 보호하겠다고 선서한 대통령이 그 국민을 말살하라는 명령을 내렸기 때문이다. 물론 보도연맹 학살 등도 있지만 그것은 전쟁이라는 특수한 상황에서 벌어졌다. 광주 학살도 있지만 당시 전두환은 명목적으로 대통령이 아니었다. 국민이 뽑은 대통령이 평시에 민간인을 학살토록 지시한 경우는 대한민국 역사에서 4·3 사건뿐이다.

현대의 제주도는 특별한 체험을 하기 위해 나들이하는 곳이다. 배 타고 가기에는 오래 걸리고 비행기를 타도 수도권 기준으로 한 시간이 걸리므로, 사람들은 일정을 잘 짜서 보고 싶은 곳들만 보고, 들를 만한 데만 들리려 한다. 1960년대부터 수학여행은 경주였듯 으레 신혼여행은 제주도로 떠났고, 신혼부부들은 대개 제주 공항에 비행기로 내려서 별로 볼 것 없는 제주시를 종단해 서귀포에 가서 짐을 풀고 천지연폭포나 주상절리, 식물원, 한라산 등을 보러 다녔다. 1990년대에 해외여행이 일반화되면서 신혼여행객은 뚝 떨어진 대신 중국과의 수교 이후 중국 관광객들(주로 바다를 보기 어려웠던 내륙 거주자들)이 이전의 일본 관광객들 대신 제주도의 명소들을 붐비게 했다. 중국 관광객의 관광 경비 수준이 높아지고 대만과의 관계도 좋아지면서 다시 그들의 발걸음이 뜸해진 2000년대 이후로는 제주도 한 달 살기, 제주도 생태여행 등 보다 깊이 있는 방문이 많아졌다. 최근에는 코로나 팬데믹 때문에 일시적으로 다시금 신혼여행의 메카가 되기도 했다.

과연 그들 가운데 몇 명이나 제주도의 갈등과 고난의 역사 현장을 일정에 넣을까. 누가 삼별초가 최후의 항전을 벌인 항파두리성을 찾을 것인가. 몇 명이나 관덕정을 둘러보며 그 앞에서 벌어진 이재수 민군과 천주교도들의 치열한 혈투를 떠올릴 것인가. 몇 명이나 제주4·3평화공원과 제주4·3평화기념관을 찾아 이 땅에서 일어난 믿을 수 없는 참극을 알아보고, 왜 이름에 '평화'가 붙어 있는지를 곰곰이 생각할 것인가.

제주도가 진정한 의미에서 평화의 섬이 되는 그날까지, 이 섬은 편안히 잠들지 못할 것이다.

10

부산

솥처럼 다시 끓을 날을 기다리며

부산광역시는 한반도의 동남쪽 모서리에 있는 도시다. 부산의 면적은
생각보다 크지 않다. 769제곱킬로미터로 대한민국 24위이며, 원주보
다 좁고 남원보다 넓다. 하지만 인구수는 335만 명 가량으로 서울 다
음인 2위다.

'세계의 심장' 나이가 들다

"난 세계에서 가장 활력을 뿜어내고 있는 곳이 자갈치시장이
라고 생각하는 사람이야. …하기야 도시치고 숨을 쉬지 않는 게
어디 있겠느냐만, 모든 지리적 여건 때문에 24시간 쉬지 않고
움직이는 곳은 이곳뿐이야."

부산 출신으로 부산을 종종 무대로 다루었던 유명 만화가, 박봉
성의 『새벽을 여는 사람들』에서 주인공 최강타에게 등장인물 김대
풍이 하는 말이다. 그 만화가 그려질 때는 1980년대 초, 아직 대한
민국이 세계의 한국은 아닐 때로 이제 막 후진국에서 중진국 대열
에 끼어들었다고 여겨질 때이련만, 박봉성은 부산을 두고 "세계에

서 가장"이란 표현을 썼다.

지금도 "대한민국의 제2의 도시이자 최대의 해양 물류 도시(위키피디아 한글판)"라는 게 부산에 대한 일반적 지칭이다. 하지만 최근 들어 그 위상에는 그림자가 지고 있다. 2021년 발표된 인구통계에 따르면 부산 시민의 평균연령은 45세에 육박하는데 이는 특별시 및 광역시들 가운데는 제일 높다. 울산, 광주 등과는 4세 이상 차이가 난다. 인구도 점점 줄어드는 추세라 이러다가는 조만간 한국 제2의 도시 자리를 인천에 내줄 것이라는 예측이 있다.

부산은 늙어가는 메가시티이자 여전히 한반도 제1의 항구 도시다. 부산은 언제부터 부산이었을까. 그리고 어떻게 그토록 활력 넘치는 도시가 되었다가 그 활력을 점점 잃어가고 있는 것일까.

기원후가 될 무렵에 부산 일대에는 가야 계열의 여러 소국이 분립해 있었던 것으로 보인다. 신라의 탈해이사금은 장군 거도居道를 보내 비정되는 거칠산국(동래구)을 공략하게 했다. 그러자 거도는 병사들에게 말놀이를 시켰다. 말을 타고 왔다 갔다 하는 놀이를 무려 몇 년이나 계속하니, 거칠산국 사람들은 자연히 신라인들이 말을 타고 나타나도 신경 쓰지 않게 되었다. 그러자 급습하여 순식간에 거칠산국을 정복해 신라의 땅으로 만들었다고 한다.

그런데 이웃 나라 사람들이 근처에 와서 몇 년씩이나 똑같은 짓을 하고 있으면 짜증이 나서라도 중단을 요구하지 않을까? 이렇게 아리송한 부산의 초기 역사이지만, 부산 일대는 수백 년 동안 신라와 가야의 각축장이었던 셈이다. 400년에 광개토대왕릉비에 적혀 있는 고구려-신라 대 백제-가야-왜의 대전쟁이 벌어져, 가야의 힘이 크게 쇠퇴하면서 부산은 대체로 신라의 땅이 된다. 부산 진구 쪽에 있으면서 대증산성과 대치하고 있던 것으로 보이는 가야의 지배 중심지, 종발성從拔城도 이때 신라로 넘어갔다.

통일신라에서 옛 거칠산국은 동래군이 되고 종발성은 동평현이 되었다. 고려로 넘어간 뒤인 1018년에는 동래군이 동래현으로 격하되는 한편 울주(울산)의 속현이 되었다! 한때 울산이 부산을 먹었던 셈이다. 지금 보면 둘 다 거대 광역시로 어느 한쪽이 다른 쪽을 잡아먹는단 상상을 하기 어렵다. 이 지역이 고려 시대까지만 해도 그다지 인구가 많고 활력을 쏟아내는 고장이 아니었음을 짐작케 한다.

조선 시대가 되어도 크게 바뀌지 않았다. 임진왜란 이전까지 동래는 경주부의 관할에 속하는 동래현에 불과했고, 밀양(도호부), 울산(군), 양산(군)에 비교하면 작고 보잘것없는 동네였다. 그러면 부산이라는 이름은 언제 나오나? 이미 나왔다. 다만 동평현 소속의 부산포였으며, 그것도 처음에는 부산富山이라는 이름을 썼다. 어쩌다 가마솥을 의미하는 부釜로 바뀌었는지는 확실하지 않다. 『신동국여지승람』에는 가마솥 모양의 산이 근처에 있어서 그렇게 썼다고 하지만, 그런 산이 내내 없다가 그때 처음 짠 하고 나타났을 리 없지 않은가. 15세기 초에 조선이 부산포를 대마도에 개항한 후에야 부산이라는 이름이 한국사에 본격적으로 많이 나타나기 시작했다고 볼 수 있다. 결국 덕원에 딸린 원산처럼 부산도 동래에 딸린 포구 마을이었다. 하지만 왜인을 비롯한 외세의 침략에는 대비해야 했기에 견고한 성이 수축되어 있었다.

먼저 온 식민지배로 쫓겨난 사람들

이전에도 종종 왜구의 습격이 있었지만 임진왜란의 부산포전투는 고대 이후 부산이 겪은 최대의 전란이었다. 1592년 4월 13일에 부산 앞바다에 나타난 고니시 유키나가의 함대는 부산첨사 정발에게 '명나라를 치러 가는 길이니 길을 빌려달라'라고 통보했으며, 거절당하자 14일 아침부터 부산성을 들이치기 시작했다. 정발은 성을 지키던 조선군 1000명과 함께 분전했으나 고니시의 군대는 1만 8000명가량이었기에 수적 열세로 정발을 포함한 대부분의 조선군이 전사했다. 부산성을 점령한 왜군은 인근 다대포, 서평포까지 장악하고는 동래로 진격했다. 동래부사 송상현 등이 최후까지 결사 항전을 했으며, 관군만이 아니라 노비와 의녀들까지 막대기를 휘두르고 기왓장을 던지며 처절하게 싸웠지만 결국 패배했다. 지금의 부산 일대가 왜군에 장악되는 것으로 7년 동안 계속될 잔혹한 대전쟁은 그 서막을 올렸다.

왜란 내내 부산은 몇 번이고 피비린내 나는 전투의 무대가 되었다. 1592년 9월과 10월의 부산포해전 등에서 이순신 등의 조선 수군이 승리함으로써 경상남도 근해를 넘어 서해까지 진출하려던 왜군 함대의 계획이 꺾였다. 그러나 육전에서 부산의 왜군을 몰아내지 못했기에, 부산 일대는 7년 동안 왜인들의 먼저 온 식민지배를 겪어야 했다.

왜란은 부산 방위의 중대성을 조선 조정에 각인시켰다. 동래는 도호부가 되고, 경상좌수영의 소재지가 되었다. 지금 한미합동훈련을 하듯, 부산 앞바다에서 해마다 부산 경남 일대의 진鎭 소속 군선들이 모여 합동 군사 연습인 수조水操를 펼치기도 했다. 그러나 부산 일대에 왜군과 전쟁이 남긴 상처는 너무 크고도 깊었다. 18세기 후반이 되어서야 비로소 무너진 성벽을 다시 쌓고, 묻혀 있던 이름 모를 백골들을 수습해서 장사 지내는 일 등의 뒤처리가 마무리되었다고 한다.

역설적이게도 부산을 마침내 활력 있는 도시로 크게 발전시킬 기회를 만든 것 역시 일본의 재침략이었다. 1876년 강화도 조약으로 다시 열린 부산항에 일본인들이 측량한다, 건물을 짓는다, 편의 시설을 확충한다 하며 쉴 새 없이 드나들면서 부산의 모습은 바뀌어갔다. 1880년에는 일본인 거류지가 들어섰다. 1905년에는 경부선이 개통되었으며, 일본의 시모노세키와 부산을 오가는 정기 연락선이 운항을 시작했다. 1906년에는 부두 공사가 시작되어 근대적 항만 건설이 이뤄져 갔다.

국권 상실 이후에는 원산과 마찬가지로 부산이 동래를 잡아먹는 과정이 빠르게 진행되었다. 동래는 부산부府의 일부 구역이 되었고, 온천을 워낙 좋아하는 일본인들의 취향에 맞춰 원래 있었던 온천이 개발되고 기생집들이 들어서면서 도시 외곽의 휴양 지대로 변모했다. 그리고 원래의 부산포 중심의 부산은 항만과 시장, 사무소와 공장 지대를 갖춘 현대 도시로 모습을 갖춰갔다. 용두산 주변에 들어섰던 일본인 거류지는 서울의 회현동처럼 번화한 일본인들의 고급주택지구가 되었으며, 본래 부산에서 살던 농민과 어민들은 부산을 둘러싼 여러 산기슭으로 밀려났다. 그들은 거기서 판잣집을 짓고 살며, 낮이면 일본인들이 소유한 공장과 회사에서 막일을 하다가 밤이면 지친 몸을 이끌고 휘황한 유흥가를 지나 어두컴컴한 달동네의 집으로 기어들었다.

정치의 중심에서 부글거리는 국제도시

부산부에서 부산시로 막 다시 태어난 참이던 부산은 해방, 분단, 전쟁이라는 비극과 희극을 연이어 맞이한다. 인민군의 공세에 계속 밀려나, 수도가 대구로, 다시 부산으로 옮겨왔기 때문이다. 1950년부터 1953년까지 3년 동안 부산은 대한민국 존속의 기로 속에서 모든 한반도인이, 그리고 세계인이 주목하고 있었다.

일가친척 없는 몸이 지금은 무엇을 하나
이 내 몸은 국제시장 장사치기다
금순아 보고 싶구나 고향 꿈도 그리워진다
영도다리 난간 위에 초생달만 외로이 떴다

- 박시춘, 「굳세어라 금순아」

1950년 12월의 '크리스마스의 기적', 연합군의 일제 폭격 직전 함흥 흥남부두를 빠져나온 피란민들이 타향살이의 설움과 두고 온 산하 및 친지에 대한 그리움을 삼키며 듣고 또 들었던, 「굳세어라 금순아」의 2절이다.

고통과 눈물이 섞이고 찌드는 나날이었지만, 전쟁 중 부산은 역사상 유례가 없을 정도로 사람과 물자가 넘쳐났다. 북한을 포함한 한반도 각지에서 모여든 피란민, 미군과 그 밖의 연합군이며 종군 기자며 일본, 대만 등에서 온 상인들까지 아우르는 다양한 외국인들이 거리마다 북적였다. 해방 당시 33만 명 정도였던 부산 인구는 1951년 84만 명, 1955년 105만 명으로 급상승했으며 이 시점에서 서울 인구도 넘어서서 한반도에서 가장 거주민이 많은 도시가 되었다. 외국인이 쏟아 놓는 외국산 물자는 당시로서는 귀하디 귀한 상품이었다. 이렇게 되면 싫어도 지역경제가 부흥할 수밖에 없다.

홍남부두에서 허겁지겁 배 타고 와서 낯선 땅에 뚝 떨어진 신세이던 실향민들이 그래도 국제시장 장사치로 먹고살 수 있었던 것도 그 때문이었다.

부산으로 피란 온 각양각색의 사람들 가운데는 정치인들도 있었다. 그러나 그들은 이 절체절명의 난리 속에서도 딴짓을 했다. 제헌헌법에 따르면 대통령은 국민 직선이 아니라 국회에서 선출되는 자리였다. 지금 시각에서는 의아할 수도 있는데, 그만큼 대통령이라는 특별한 자리가 독재로 빠질 위험을 경계한 것으로 볼 수도 있다. 그런데 6·25 전쟁 직전에 치러진 5·30 총선에서 친이승만계가 대거 낙선하자 이승만은 대통령을 다시 노리기가 어렵게 되었다. 그래서 나라가 당장 망할 위기이고 부산에 쫓겨 내려온 신세임에도 부산 정치 파동을 일으켰다. 1951년 말에 대통령을 국민 직선제로 뽑자는 개헌안을 냈는데, 그것이 1952년 초 국회에서 부결되자 헌법 개정에 반대하는 야당 의원 50여 명을 헌병대가 연행해 버린 것이다. 민주헌정에서 있을 수 없는 폭거를 변명하고자 이승만은 '민의는 국회가 아닌 대통령에게 있다'고 주장하고(이른바 관제 데모로 그것을 뒷받침하려 했다), 연행된 국회의원들에게 좌경 용공 혐의가 있다며 몰아갔다.

이것은 결국 7월의 발췌개헌에 따른 대통령직선제로 이어졌다. 국회는 국민의 대표가 아닌 간신배, 이적집단일 뿐이며 대통령을 군주처럼 받들고 지켜야 참된 민주주의라는 한국적 민주주의의 골자는 이 파동으로 자리 잡았던 것이다. 21세기가 꽤나 진행된 지금까지도 한국 정치를 옥죄고 있는 지나친 대통령 중심주의와 레드 콤플렉스는 1950년대 초, 전쟁 중인 임시 수도 부산에서 싹텄다.

그러나 정치파동에 대해 분노한 민의 또한 존재했으니, 이 역시 한국적 민주주의의 한 특성으로 길이 이어지게 된다. 1960년에 이승만 독재를 끝장낸 4·19 혁명은 이미 3월에 부산에서 태동하고 있었다. 부산 지역 6개 고등학교 학생들이 3월 6일부터 14일까지 독재정권 규탄 시위를 벌였고, 3·15 부정선거 이후에도 4월 19일까지 쉬지 않고 시위를 벌였다. 여기에 부산 시민들도 점차 생업을 내던지고 동참했으니, 4·19 혁명의 공로는 서울의 대학생들과 시민들에게만 돌아가야 할 게 아니었다.

그다음 독재정권은 부산 시민의 시위가 확실히 그 몰락의 전초가 되었다. 부산 시민들은 유신 체제의 억압과 경제 악화를 참을 대로 참아왔다. 그러나 1979년 10월 16일에 그들이 지지해 온 김영삼 신민당 총재가 국회에서 어거지로 제명되자 폭발했다. 부산대학교를 시작으로 "유신 철폐, 독재 타도!"를 외치며 거리로 나선 부산의 대학생들을 보며 시민들도 동참했으며, 파출소가 파괴되고 박정희 사진이 불태워지는 일이 잇달았다. 유신정권은 계엄령을 내리고 군대를 동원해 진압에 나섰지만 시위는 마산까지 번졌다. 집권 공화당사와 방송국까지 성난 시민들의 손에 불탔다. 결국 유신 수뇌부는 탱크까지 동원한 대대적이고 무자비한 진압이냐, 아

독재에 항의하는 부산 시민들의 규탄 집회

니면 정권의 항복이냐라는 국면에 처했다. 이런 갈등 속에서 10월 26일, 유신의 심장이 멎게 된다. 1980년 서울의 봄은 부산의 분노가 있어서 가능했다.

그사이에도 부산은 꾸준히 성장했다. 1963년 서울의 특별시와 비슷한 정부 직할시로 처음 승격되고, 그 전년도부터 추진된 경제 개발 5개년 계획으로 전국적인 경제성장과 도시화, 산업화가 추진되는 가운데 1965년의 한일국교 정상화, 1970년의 경부고속도로 개통은 부산이 해외자본(주로 일본)과 물류의 중심지로 급발전하도록 부스터를 달아주었다. 1963년 136만 명, 1970년 184만 명, 1978년 288만 명, 1980년 316만 명으로 인구 규모도 거침없이 커졌다. 시의 면적 역시 인근의 군과 면들을 하나씩 통합하며 꾸준히 늘어났다. 1995년에 직할시가 광역시로 바뀌고 기장군이 편입되며 그 확장은 마무리되었다.

오늘날 부산은 서울에 뒤지지 않는 국제도시임을 자부한다. 1996년부터 정기 개최 영화제로는 한국 최초인 부산국제영화제를 열고 있다. 2002년 일본과 공동 개최한 제17회 월드컵 축구의 일부 경기를 유치했으며, 같은 해에는 아시안게임을 국내에서 서울 다음으로 유치했다. 또 2005년에는 APEC 정상회담이 열렸다. 고등교육기관(대학교)의 규모나 평판, 초고층 빌딩들이 즐비한 상업단지나 주거지, 심지어 부동산 가격에 이르기까지 대한민국에서 서울 다음은 부산이라는 지표가 유지되고 있다.

그러나 1990년대부터 부산의 미칠 듯한 성장세는 꺾이기 시작했다. 물론 그 시기는 대한민국의 성장세가 둔화되기 시작하는 무렵이었지만, 첫머리에 이야기했듯 인구 감소와 고령화는 대한민국 대도시 가운데서는 가장 심각한 편이다.

왜 그럴까. 두 가지 새로운 현실의 컬래버라 여겨진다. 첫째, 이웃 울산, 창원처럼 산업단지가 대규모로 형성되어 있지 않은 탓에 더 나은 일자리를 위해 사람들이 빠져나가고 있다. 둘째, 수도권의 흡입력은 날로 더해지는데 일본과 접근성이 좋은 점이 더 이상 확실한 장점이 아니다 보니, 서울 다음의 대도시라는 정체성보다 부산은 서울에서 가장 먼 지방 도시라는 정체성이 점점 강해지는 상황이다. '부산의 전통 명문대를 다니느니 서울의 그럭저럭한 대학교에 가는 게 낫다', '부산에서 취직하느니 멀지도 않은 울산, 창원에서 일자리를 구하는 게 훨씬 이득이다'라고 생각하는 젊은이들이 늘고 있다. 오랫동안 잊고 있던 변방으로서의 운명이라는 악몽이 21세기 부산에 되살아나고 있는 것이다. 부산은 이를 극복하고자 산업체 유치에 노력하는 한편, 인근 도시들과의 광역 교통망을 확충하고 있다. 또한 북항을 재개발하고 가덕도 신공항을 유치하는 등 국제 물류 역량을 강화하기 위해 안간힘을 쓰고 있다. 하지만 그 과정에서의 환경과 문화 파괴, 정치세력들과 얽힌 이해관계 문제 등이 그림자를 드리운다.

바닷가의 소왕국들에서 왕국의 변방으로, 다시 '세계에서 가장 큰 활력'을 가마솥처럼 부글부글 끓여내던 경제성장 시대의 주인공으로 탈바꿈했다가, 자칫 그 열기가 식을까 봐 근심하고 있는 부산. 그 대강의 역사를 간단히 훑어보았으니 이번에는 부산의 각 '명소'마다 나름대로 이어온 역사를 하나씩 살펴보기로 하자.

빼어난 명소 속 숨어 있는 역사

최치원은 정확히 무슨 일을 하다가 언제 어떻게 죽었는지 분명하지 않은, 신비에 싸인 고대 한국사의 인물이다. 당나라에서도 인정받은 고대 한국의 가장 빼어난 재사이기도 하다. 그래서 그가 묵었다는 동굴, 그가 붓을 씻었다는 시냇물 같은 장소가 방방곡곡에 많은데, 부산 해운대에도 그런 전설이 깃들어 있다.

벼슬에서 물러난 뒤 정처 없이 다니다가 부산 바닷가에 이르자 그곳의 너무도 빼어난 경치에 감탄해 한동안 거기 머무르면서 누대를 쌓고, 자신의 호인 고운孤雲에서 '운'을 따서 누대 이름을 해운대海雲臺로 붙였다는 것이다. 전설이지만 해운대 해변의 바위에는 아직도 해운대라 쓴 석각이 남아 있고, 이것이 아마 최치원의 친필일 거라고 믿어져 왔다. 학자이자 독립운동가인 노상직이 1926년에 쓴 「고운 선생 문집」 증간 서문에도 "선생께서 일단 조정에 편안히 있을 수 없게 된 뒤에는 해운대, 임경대, 월영대에서 외로운 신하의 분을 삭일 수 있었다"라고 쓰고 있을 만큼 어느새 정설처럼 된 이야기다.

해운대라는 누대는 어느 사이엔가 없어지고 지명만이 남았는데, 동백나무 숲이 유난히 빽빽이 우거져 있으며 그 동백숲은 바다 건너 동백섬까지 이어져 있다.

꽃피는 동백섬에 봄은 왔건만
형제 떠난 부산항에 갈매기만 슬피 우네
오륙도 돌아가는 연락선마다
목메어 불러봐도 대답 없는 내 형제여

돌아와요 부산항에 그리운 내 형제여

「돌아와요 부산항에」는 이 노래를 부른 조용필을 일약 유명가수의 반열에 올렸으며, 어느새 부산을 대표하는 노래가 되어 1987년 대통령 선거 때 김영삼의 '로고송'으로도 쓰였다. 이 노래의 가사에는 원래 부관연락선(부산과 시모노세키를 오갔던 연락선)을 타고 징용에 나갔던 사람들을 보내는 설움과 한이 배어 있다. 작사가 황선우는 부산 토박이인데, 어릴 때부터 사랑했던 소녀가 가족과 함께 연락선을 타고 일본으로 가는 걸 바라보던 아픔을 노랫말로 적었다고 한다. 그래서 본래 가사는 '내 님이여'였는데, 1975년 부산항에 처음으로 입항했던 재일동포 귀향방문단이 전국의 이목을 모았을 때, '내 형제여'로 그 부분을 바꿔 부른 노랫소리가 전국에 울려 퍼졌다.

오늘날 해운대는 국제도시 부산의 중심이다. 여름이면 세계에서 가장 파라솔이 많이 선다는 해운대해수욕장을 배경으로 특급호텔들과 센텀시티 등 초고층건물들이 속속 들어섰으며, 그에 걸맞는 국제급 편의시설들도 따라 들어섰다. 인구 감소가 걱정거리인 부산이련만, 해운대구는 부산에서 인구가 가장 많은 구역으로 번화함을 자랑하고 있다. 뜻을 펴지 못한 최치원의 고독과 분노, 연인(형제)이 떠난 동백섬을 향해 토하던 울음소리가 지금은 젊음과 사랑을 만끽하는 여행객들의 발밑에 모래처럼 차이고 있다. 예

해운대해수욕장의 백사장 면적당 파라솔이 가장 많은 해변이라는 국제 타이틀을 보유하고 있다.

나 지금이나 무심한 파도와 바람만 역사를 기억할 따름이다.

태종대는 내륙이 아니라 영도, 옛날에는 절영도絶影島라고 불렸던 섬의 한켠에 널찍하게 튀어나온 바위를 말한다. 날씨가 좋으면 멀리 대마도가 보이고, 해변길을 따라 기암괴석이 줄을 이어서 전통 시대부터 명승지-관광지로 유명했던 곳이다. 일찍이 신라 태종 무열왕, 그러니까 김춘추가 대마도를 정벌하려고 했는데, 그가 출정했을 때 묵었다 하여 '태종대'라 한다. 그러나 이 태종이 그 태종이 아니라고도 한다. 1419년, 가뭄이 들자 조선의 태종이 몸을 돌보지 않고 기우제를 지내고 또 지내서 결국 비가 오니 이를 태종우라 불렀다는 이야기는 많이 알려져 있다. 그런데 기우제를 치른 곳이 바로 이 태종대라는 것이다! 살 날이 길지 않은 몸으로 한반도 끝자락까지 내려와 비를 빌었다면 과연 하늘이 감동할 만한 정성이었을 것이나, 가뭄이면 동래부사가 이곳에 와서 비를 빌기는 했지만 그다지 설득력이 높지는 않은 전설이다. 『조선왕조실록』에 상왕이던 태종의 동래군 행차 이야기는 없기 때문이다.

태종대가 있는 절영도는 또한 자체 전설을 품고 있다. 예부터 말을 기르는 목장으로 쓰였고, 여기서 자란 말은 그림자도 보이지 않을 정도로 빨리 달린다고 하여 섬 이름을 절영도라고 했다. 926년에 후백제 견훤이 고려 왕건에게 절영도 명마 한 마리를 선물로 보냈다. 그런데 뒤늦게 "절영도의 말이 밖으로 나가면 백제가 망한다"라는 참서의 말이 있음을 알고 혼비백산해서 말을 돌려주기 간청하니, 왕건이 비웃으면서 말을 돌려주었다는 것이다.

926년은 견훤이 공산전투에서 왕건을 패망 직전으로 몰고 갔던 해라 이 전설에서처럼 왕건에게 저자세를 보였을까 싶다. 여러 사서에서 추정되는 그의 성격으로 보아 일단 준 선물을 어떤 이유에서든 다시 달라고 애걸할 것 같지도 않다. 부산 끝자락이 당시 그의 힘이 미치던 곳이었는지도 의문이다. 그래도 『고려사』는 이 이야기를 사실처럼 싣고 있다.

절영도는 개화기에 한 차례 국제적 긴장의 무대가 되었다. 1889년, 극동의 거점을 찾고 있던 러시아가 절영도에 눈독을 들이고는 '우

태종대 그 이름의 유래는 김춘추에서일까, 이방원에서일까?

리 함대가 항해하다가 석탄을 보급할 곳이 필요하니, 이 섬을 조차하고 싶다'라고 조선 정부에 요구했기 때문이다. 당시 국내에서는 독립협회가 나서서 결사반대했다. 또 러시아의 남하 정책에 관련된 일은 뭐든 영국의 견제를 받게 되어 있었다. 일본도 한반도와 열도 사이에 러시아가 끼어드는 일을 질색했으므로 이는 한동안 갈등을 빚다가 무산된다.

절영도는 해방 후 행정 구역 개편 과정에서 영도로 이름이 바뀌었다. 그보다 좀 전(1934년)에 개통된 부산 내륙과 섬을 잇는 다리도 영도대교라 부르게 되었다. 「굳세어라 금순아」에도 등장하는 영도대교는 이후 부산의 상징물 중 하나가 되었다. 그것은 이후 부

영도대교 개폐식 다리로 완공 당시에는 국내에 드물었던 형태다.

산대교·부산항대교·남항대교·광안대교 등 대소 426개의 다리가 더 가설된 지금도 마찬가지다.

지금 부산시의 가장 북쪽에 있는 금정산金井山에는 범어사梵魚寺가 있다. 먼 옛날 하늘에서 금빛 물고기가 이곳의 우물에 내려와 놀았다 하여 산에도, 절에도 그런 이름이 붙었다고 한다. 절 자체의 창건은 8세기경 의상이 했다고 한다. 그러나 의상이 지었다는 수많은 절 중에 특별한 근거가 없는 사찰에 속한다. 하지만 화엄종 계열의 명찰로서 최치원이 쓴 『법장화상전』에서도 신라 10대 사찰

의 하나로 꼽는 것을 보면 의상이 그 창건자라는 말이 그럴듯하다
싶다.

임진왜란 때는 서산대사 휴정이 이곳을 본거지로 삼아 승병 활
동을 벌였고, 그 보복이랄지 전화를 입어 절이 깡그리 불타버렸다.
이후 두 차례에 걸쳐 중창하여 지금 건물은 대체로 조선 후기의 것
들이다. 범어사의 일주문은 매우 독특해 보통의 일주문처럼 2개
가 아닌 4개의 기둥을 세웠고 상부는 크고 중후하다. 또 대체로 낮
고 길게 퍼져 있는 모양새를 띠고 있다. 마치 주인에 충실한 맹견

범어사 일주문 기둥이 4개인 것이 특징이다.

이 언제든 적에게 덤벼들려고 몸을 웅크리고 있는 자세 같은데, 그래서인지 '범어사에서 바라보이는 일본의 침략을 차단하고자 이런 형태로 만들었다'라는 말이 있다.

어쨌든 18세기에 세워진 이 문은 100년 뒤의 침략을 막지는 못했다. 하지만 일제강점기 때 범어사에서는 크게 두 차례의 항일운동이 벌어졌다. 하나는 1919년, 당시 범어사 부설 명정학교에서 공부하던 학생들이 3·1 운동에 동참한 범어사학림 의거이며, 다른 하나는 1930년대에 이 절에 머물던 만해 한용운 등이 중심이 되어 벌인 선풍禪風진작운동이다. 이는 불교 부흥운동인 한편 식민지 체제에 대한 저항을 내포했으므로 일제의 직접 탄압의 대상이 되었다.

서울에 명동이 있다면, 부산에는 광복동이 있다. 그런데 명동-회현동-충무로의 경계가 뚜렷하지 않은 것처럼, 광복동도 연이어 있는 남포동과 하나로 묶여 이야기되는 경우가 많다. 사실 이들의 기원은 하나다. 한반도 최초로 조성된 근대식 거리라고 하는, 개항 이후 일본이 조성했으며 국권침탈 후 일제가 정비한 장수통長手通(조즈토오리)이다.

과거의 청계천처럼 개천을 복개하여 만들어진 장수통은 오복점 같은 당시 최고급 신상 옷을 판매하는 옷가게다. 1910년대에 부산의 일본인과 부유한 한국인들을 끌어모았고, 1930년대에는 미나카이 백화점 등이 들어섰다. 서울 명동보다도 빨리 야간 조명 체계를 수립해서, 밤이면 환하게 밝힌 불빛 아래 더 화려한 상점과 인파로 북적이는 불야성이 식민지 부산에서 처음으로 연출되었다. 이 장수통 상점가를 중심으로 용두산에 이르는 지역은 변천정辨天 町(벤텐쵸)과 남빈정南濱町(미나미하나쵸)의 두 구역으로 나뉘어 있었다. 부산부청과 신궁도 이 구역에 들어섰기에, 식민지 부산의 행정 중심 또한 여기였다. 변천정이 장수통의 옷가게와 고급주택으로 유명했다면 남빈정은 고급음식점들로 유명했다. 해방되자 변천정은 광복동, 남빈정은 남포동, 장수통은 광복로로 각각 이름이 바뀌어 오늘에 이르게 된다.

워낙 번화가였다 보니 해방 직후 부산의 정치·경제·행정의 중심지도 이 지역이었다. 임시 수도 당시 임시로 들어선 관공서들도 많았다. 1954년 12월 말에 일어난 용두산 대화재로 판자촌 298채가 불에 타고, 고려 아악 악보와 악기, 조선 왕들의 어진 등을 포함한 국보급 문화재들 3000여 점도 사라지고 말았다. 오늘날 조선 왕들의 실제 얼굴을 몇 명 빼고는 볼 수 없는 까닭은 이 화재 때문이다. 당시는 전쟁이 이미 끝난 직후였지만, 서울에서 피란 올 때 챙겨온 문화재들을 미처 되돌리지 못해 피란민들이 뚝딱뚝딱 만든 판잣집들도 남아 있는 상태였다. 그런 참에 한 집에서 불이 나자 판잣집들을 타고 무섭게 번졌고, 수백 년을 내려온 문화재까지 태워버린 것이었다. 부산이 겪은 6·25 전쟁의 매운 뒤끝이었다고 할까.

이후에도 광복로, 광복동은 계속해서 부산의 번화가로 남았다. 처참한 화재를 겪은 용두산의 판잣집들도 말끔히 사라지고, 신궁도 사라졌으며(광복 직후 방화로 전소되었다), 그 자리에는 이순신 동상이 세워졌다. 동상 옆에는 부산타워가 세워져, 부산 전체를 조감할 수 있는 전망대 역할을 하고 있다. 다만 최근 서면 지구와 센텀시티 등이 최신 인기 명소로 떠오르면서, 광복로와 광복동의 인기는 예전 같지 않다고 한다.

이 지구의 내륙 쪽에는 국제시장이 있고, 바닷가 쪽에는 자갈치시장이 있다. 영화로도 유명해진 국제시장은 일본인들이 남겨둔 물건과 미군이 버린 물건 등을 주워 모은 부산의 빈민과 피란민들이 바닥에 앉아 장사하면서 생겨났다. 여기저기서 보이는 대로 주워온 물건이다 보니 그야말로 각양각색의 도거리 상품들이었는데, 도떼기시장이라는 말도 여기서 생겼다고 한다. 자갈치시장은 해변에 자갈이 많은 탓에 자갈치라 불리게 되었다는데, 일제강점기에는 한때 해수욕장으로 쓰다가 수산시장이 들어섰다. 부산에 오는 사람마다 반드시 찾는 명소 중 하나가 된 지 오래며, 지금도 세계 최대 규모 수산시장이라 한다. 그야말로 세계에서 가장 활력을 뿜어내고 있는 자갈치인 셈이다.

국제시장에서 어느 미군의 땀내에 절은 물건을 흔들며 진짜 좋은 물건이니 사가라고 외치던 북한 출신 아저씨들, 자갈치에서 지나가는 사람들을 잡아끌며 싱싱한 갯장어 한 입 들고 가라고 악다구니를 쓰던 서울 피란민 출신 아줌마들. 살아보겠다고 매일 목이 터지도록 외치던 소리, 그래서 모인 한 푼 두 푼의 돈, 그들의 땀과 눈물이 오늘날 부산의, 경제대국 한국의 밑거름이 되었다.

부산은 삼국 시대부터 근현대에 이르기까지 일본을 끝없이 의식해야 했다. 결국 일본이 이 땅의 주인이 되었을 때, 그들이 강제한 문명개화는 부산을 '삐까번쩍'한 동네와 잡스러운 동네로 나눠놓았다. 그러나 해방 이후 부산은 잡스러움을 바탕으로 이를 악물고 성장했다. 그리고 싸웠다. 한국 자체가 나이 먹어가는 지금, 그런 잡스러움을 되살려서 다시 이 나라에 활력을 불러올지, 세련되고 첨단을 걷는 방식으로 새 길을 개척할지, 부산의 앞길이 곧 한국의 앞길이다.

11

대마도

천년의 경계

대마도를 이 책의 일부로 넣는 일은 많이 망설여졌다. 지안이나 단둥 등은 한때는 분명 한국의 영토였지만, 대마도는 '확실히' 영토였던 적이 없기 때문이다. 자칫 이 책이 '낭만적 민족주의'를 부추긴다는 오해를 살 수도 있어 고민이 되었다.

그러나 '불확실하게' 영토였던 적은 있다. 그리고 임진왜란을 비롯해 한일관계사, 한국이 일본과 겪은 여러 애증의 역사에서 대마도가 중심에 있었던 적이 많았다. 그래서 이 장을 썼다.

사람이 살기에는 너무 척박한 땅

고려에서 조선까지, 한국과 중국의 대마도 관련 문헌에는 한결같이 "한반도에서 거리가 가깝다"와 "토질이 나빠서 사람 살기에 좋지 않다"라는 내용이 빠지지 않는다.

섬은 옛날의 대해국對海國인데 신라의 동남쪽 바다 가운데에 있다. 그 땅이 험하고 온통 숲이 우거졌으며 길은 새나 사슴이 다니는 길에 그친다. 토지가 메말라 좋은 밭이 없어서 주민들이 해산물을 먹고살며, 배를 타고 남북으로 다니면서 곡식을 사들인다.

- 원나라 마단림, 『문헌통고』

섬에 사는 사람이 수천 명을 밑돌지 않을 것인데, 너희의 생활을 생각하면 참으로 불쌍하다. 섬이 대부분 돌산이고 비옥한 토지가 아예 없다 보니, 농사를 짓거나 나무를 심을 수가 없다. 단지 틈만 되면 도적이 되어 남의 재물과 곡식을 훔쳐 먹을 뿐이지 않느냐.

– 태종, 『대마도주에게 주는 유서諭書』

그 산세는 동서는 길고 남북은 짧으며, 토질은 척박하여 논이라곤 한 이랑도 없다. 곡식과 나물을 모두 다 모래 위에 심으므로 두어 치 이상 자라지 못한다. 그러므로 평소 오직 우리나라의 관시關市를 통해서 생계를 유지한다. (…) 수길(도요토미 히데요시)이 축전(쓰쿠바), 박다(하카다)의 땅을 떼어 공로에 대한 상으로 주자 대마도의 우두머리가 비로소 쌀밥을 먹게 된 것이니, 이전에는 오직 우리나라에서 내려준 쌀만을 먹었을 따름이었다.

– 강항, 『간양록』

지금도 면적에 비해 주민의 수가 적다. 심지어 약 5~6만 명에 이르렀을 것으로 보이는 19세기 말보다 더 적다! 우리나라 농촌처럼, 사람들이 자꾸 본토로 빠져나가기 때문이다. 중학교까지만 고향에서 다니고 나가는 경우가 많아서 초·중학교에 비해 고등학교

수가 매우 적고, 대학교는 한 곳도 없다. 주말이면 부산에서 들어오는 한국 사람들이 4~5만 명에 이르므로(코로나19 이전에는) 원주민보다 외지인이 많아진다. 오늘날에도 '불확실하게' 한국 땅이 된다고 할까?

거리는 한반도와 가깝고(약 49.5킬로미터인데, 일본 본토와의 거리에 비해 거의 절반이다. 부산에서 배로 한 시간이면 갈 수 있고, 옛날 돛단배로는 반나절이 걸렸다), 먹고살기는 어렵고, 그러면서도 땅 자체는 제법 넓다(708제곱킬로미터, 제주도의 40퍼센트 정도다). 그러면 자연히 전쟁이든 도적이든 무력 침략의 근거지가 되기 마련이다.

침략이 꼭 일방적이지는 않았고 그에 대한 해석도 일반적이지 않았다. 오늘날 대마도 최북단의 와니우라에는 한국전망대가 서 있다. 한국식으로 지은 이층 팔각정인데, 날씨가 좋으면 멀리 부산의 광안대교가 손에 잡힐 듯 바라보인다. 한국과 대마도, 내지는 한국과 일본의 가깝고도 먼 관계를 기념하고자 현대에 세워진 건물이다. 그 내부에는 한국-대마도-일본의 역사가 한국어, 일본어, 영어로 적혀 있다. 그 가운데에 13세기 말 여몽연합군의 일본 원정에 대한 이야기도 있다.

> (…) 고려인들이 몽골군의 앞잡이가 되어 이 땅을 침략했다. 도주였던 소 스케쿠니를 비롯해 모두 목숨을 걸고 항전했으나, 숫자와 화기에서 앞선 침략자에게 유린당하고 말았다. 그들은

한국전망대 날씨가 맑으면 멀리 부산 광안리가 내다보인다.

대마도를 휩쓸며 수없이 많은 사람을 죽이고, 성폭행과 방화, 약탈을 일삼았다. 그리고 본토에까지 발을 들였으나, 다행히도 본토의 꿋꿋한 저항과 태풍에 밀려 후퇴했다.

그런데 같은 역사적 사건에 대해, 우리나라 서울의 용산 전쟁기념관에는 이런 설명이 붙어 있다.

(…) 몽골과 협력하여 왜구의 진원지였던 대마도와 일본에 진출했다. 고려군과 몽골군의 위력은 압도적이어서 승승장구했으나, 불운하게도 태풍을 만나 되돌아와야 했다.

종종 불거지는 일본의 역사 왜곡 논쟁에서는 같은 사건을 두고 우리는 일본이 한반도를 침략했다고 하고, 일본은 그들이 한반도에 진출했다는 식으로 표현하는 점 등이 지적되곤 한다. 그런 점에서 일본인은 자신들이 저지른 범죄에 대해 반성은커녕 인정조차 하지 않고 있다며, 많은 한국인이 분개한다. 그렇지만 비슷한 왜곡은 반대편에서도 이루어지는 것이다.

그렇다고 한국전망대의 내용이 모두 객관적이라고 보기도 어렵다. 가령 임진왜란에 대해서는 이렇게 서술하고 있다.

> (…) 당시 대마도는 어떻게든 전쟁을 피하려 했다. 그리하여 조선과 본토를 오가며 중재에 진력했다. 하지만 결국 전쟁은 벌어졌고, 대마도의 주민들 역시 원치 않은 전쟁의 피해를 피할 수가 없었다.

그런데 왜란의 와중에 일본군의 포로가 되어, 대마도와 일본 본토에서 3년 동안 지내다가 돌아온 강항은 전혀 다른 이야기를 한다.

> 신이 포로가 되어 왜의 땅에 와서 왜승에게 자세히 들어보니, 그동안의 이른바 왜사倭使란 것이 모두 대마도주가 사적으로 보낸 사람이며, 왜의 국서國書라는 것도 모두 대마도주가 지어 보낸 가짜로, 모든 왜들이 전혀 모르는 사실이었습니다. (…) 전

쟁이 일어나게 된 발단도 모두 의지義智(대마도주 소 요시토시)의 꾀에서 나왔답니다. 섭진수攝津守 행장行長(고니시 유키나가)이 의지의 장인입니다. 의지가 제 힘으로는 적괴에게 통할 수 없으므로 행장을 통하여 우리나라의 허실虛實을 낱낱이 고하였습니다. (…) 병화兵禍가 연속되고 죽은 사람이 무척 많으므로 비록 왜인들일지라도 원망이 뼈에 사무쳐 말하기를, "섭진수가 이 일을 만들었다"고 하며, 청정淸正(가토 기요마사)같이 사나운 자도 역시 말하기를, "조선과 전쟁을 일으킨 자는 섭진수이다"라고 하였답니다. (…) 아! 한 도의 백성의 고혈膏血을 다 뽑아내어 일개 조무래기 추한 놈의 야욕을 채워주었고, 결국은 이토록 많은 속임을 당하였던 것입니다!

– 강항, 『적중문견록賊中聞見錄』

강항의 주장이 아주 정확한 사실을 반영하는 것은 아니었다. 오늘날조차 어떤 사건의 배후와 진짜 의미를 두고 소문과 음모론이 난무하고, 진영에 따라 전혀 상반되는 사건 해석이 양립되기도 한다. 당시에도 강항은 이런저런 소문을 가지고 그렇게 분격하고, 대마도를 단죄한 것이다. 그리고 그 소문이란 조선과의 관계를 개선하고 싶은 당시 일본 본토 사람들의 뜻, 그리하여 전쟁의 책임을 모조리 대마도와 기독교인이라 해서 권력을 잃고 탄압받고 있던 고니시 유키나가에게 돌려버리려는 생각에 따라 편향된 것이었으리라.

여러 사료에 따르면 대마도와 고니시 유키나가는 한국전망대의 기술처럼 전쟁을 어떻게든 막아보려 했던 입장이었던 것 같다. 그러나 일단 전쟁이 기정사실화되자, 몸을 아끼지 않고 싸우며 조선인들을 무수히 죽였다. 조선의 중요한 정보가 대마도를 통해 일본에 들어간 것도, 중간에서 외교적 꼼수를 부린 것도 사실이다. 고니시는 실각했지만, 대마도주는 왜란에서 세운 공로로 황족 계열인 히라平씨를 하사받고 본토의 재정적 지원을 얻기도 했다. 그것은 비주류의 생리, 두 진영 사이에 가로놓여 있는 중간자적 존재의 살아남기 위한 행동방식에 충실한 것이었다.

그렇다면 그 중간자의 이야기, 최소 1600년에 걸친 고민과 대립·교류와 싸움·원한과 화해의 역사를 들여다보자.

대마도는 신라의 땅?

대마도라고 볼 만한 흔적이 한국사에 처음 등장한 때는 73년이다.

왜가 목출도木出島에 침입했다. 각간角干 우오羽烏가 맞아 싸웠으나 패배하고 우오가 전사했다.

－『삼국사기』

국내 학자들 일부는 이 목출도를 대마도라고 보는데, 당시 영남 해안에서 적이 침입해 점령하고, 이를 각간급의 지휘관이 대병력을 이끌고 나가 싸울 정도라면 상당한 규모가 있는 섬일 수밖에 없다. 그렇다면 거제도와 대마도밖에 없는데 거제도는 당시 가야의 영역이었다. 따라서 대마도가 목출도라는 것이다. 그럴듯하지만, 뒷받침하는 논거가 너무 빈약하고 애초에 묘사된 원문이 너무 간략하다. 대마도쯤 되는 영토가 적에게 넘어가고 그것이 이후의 침략기지로 활용될 상황이라면 이후에도 전쟁이 계속 벌어졌을 텐데, 이어지는 내용이 없다. 목출도도 다시는 역사에서 언급되지 않는다.

대마도라는 표현의 첫 등장은 408년에 찾아볼 수 있다. 왜가 대마도에 군영을 설치한다 하여 신라의 군주인 실성마립간이 공격하려 했으나, 서발한舒發翰 미사품未斯品의 건의에 따라 취소하고 적이 공격해 오면 기다렸다가 반격하는 전략을 채택했다고 한다. 역시 『삼국사기』에 나온다. 이때는 대마도가 신라의 영토였는지 아니었는지가 불분명하다. 그런데 확실히 영토였다고 밝힌 자료는 좀 더 있다.

지금 동래(부산)의 절영도絶影島에 태종대太宗臺가 있는데, 전설로는 '신라의 태종太宗이 대마도를 정벌할 때 묵었던 곳'이라 한다.

－안정복, 『동사강목』

삼국통일의 주인공인 김춘추, 태종무열왕이 친히 부산으로 내려와 태종대에서 대마도에 출정하여 정벌했다는 것이다. 다만 정사에는 그에 해당될 만한 내용이 없고, 태종대의 이름에 얽힌 전설에는 이 밖에 다른 것들도 있어서 반드시 사실이라고 믿기는 어렵다. 하지만 이보다 앞선 583년에는 진평왕이 왜의 서쪽을 토벌했다는 기록이 있고, 『일본서기』에는 더욱 앞선 1세기인 유리이사금 시대에 신라가 왜 본토에 쳐들어와 싸우다가 화해하고 흰 말을 죽여 맹세한 뒤 돌아갔다는 기록까지 있다. 그렇다면 대마도를 신라가 지배하고 있었거나 일시 점령해서 그로부터 다시 배를 띄워 일본 본토를 공격했다고 보는 게 자연스럽다.

　　대마도가 신라 땅이었다는 말은 조선 초에도 상식처럼 여겨지고 있었던 듯하다. 바로 세종 때의 대마도 정벌 당시, 대마도주에

『일본서기』 불분명한 고대사에서는 일본의 자료를 통해 우리 역사를 알아볼 수 있다.

게 보낸 유시문諭示文에서 이렇게 밝히고 있기 때문이다.

대마도는 우리나라의 경상도 계림鷄林에 속해 있던 섬이니, 본
래 우리나라 땅이란 것이 문적文籍에 실려 있어 분명하게 상고
할 수 있느니라. 다만 그 땅이 매우 좁고 바다 가운데 있어서 오
가기 힘든 관계로 백성들이 살지 않았다. 이에 왜노 중에 본국
에서 쫓겨나 오갈 데 없는 자가 죄다 이곳으로 모여들어 소굴
을 만들어놓고, 수시로 약탈을 자행하면서 약한 백성의 처자식
을 잡아가거나 백성의 살림을 분탕질하기도 하니, 그 흉악한
만행이 여러 해 이어져 오고야 말았다.

- 태종, 대마도주에게 주는 유서諭書

종합해서 추정해 보면, 신라가 대마도를 내륙의 고을처럼 세를
거두고 법을 집행하며 중앙집권적으로 통치하지는 않았던 것 같
다. 지방관도 주재하지 않았을지 모른다. 하지만 군사적 거점 같은
것은 있었을지 모르며, 백성이 살지 않거나 별로 없지만 우리 땅이
라는 인식이 있었을 수도 있다. 다만 그런 모호한 영토권은 왜의
입장에서도 주장할 만했다. 그래서 수백 년 동안 한때는 신라의 거
점으로, 다른 때는 왜의 거점으로 상대를 침공하는 데 활용되며 이
어진 게 아닐까.

작은 백제로 오래 남았던 고장

이런 양상은 삼국 병립의 구도가 무너진 뒤로 사뭇 달라졌다. 660년에 의자왕이 항복하고 백제는 일단 멸망했지만 그 강토는 쉽게 안정되지 않았다. 그 땅을 차지하려는 신라와 당의 겨룸에다 백제부흥운동까지 벌어졌다. 이 부흥운동의 가장 큰 원동력을 제공한 쪽이 왜였다. 7세기 일본은 백제 출신이라는 소문이 있는 조메이 천황(593~641년) 이래로 백제와 특히 밀접한 관계에 있었다. 조메이의 뒤는 그의 황후였던 고교쿠 천황(한 차례 퇴위했다가 복위한 뒤로는 사이메이 천황이라고 했다)이 이었으며, 그녀는 661년에 몸소 대군을 이끌고 신라를 치고 백제를 다시 세우기 위해 나섰다. 그때 백제 출신 황녀로 알려진 누카타노오오키미가 남겼다는 노래가 전해진다.

니키타츠熟田津에서 배 띄우려 달 떠오르기 기다렸더니 / 마침내 달이 떴네, 조수도 만조라네. / 자아, 자아 배 저어라. 어서, 어서 떠나자.

그러나 출정 직전 사이메이 천황이 급서함으로써 원정은 실현되지 못했다. 뒤를 이은 덴지 천황은 일본에 인질로 와 있던 부여풍扶餘豊을 백제왕으로 추대하고, 상당한 병력과 함께 한반도로 보냈다. 부여풍은 임존성에서 흑치상지黑齒常之와 함께 싸우다 일본에 건너온 귀실복신鬼室福信, 주류성에서 싸우던 승려 도침道琛 등을 측근으로 삼아 부흥운동에 착수했지만, 내부 분열 등으로 힘을 집중하지 못했다. 그리하여 663년, 백강전투에서 백제-왜 연합군이라고 할 수 있는 부흥세력이 나당연합군에게 참패함으로써 백제는 역사 속으로 사라진다.

왜는 665년에 신라와 국교를 정상화하여 백제 멸망을 받아들였으나, 신라가 당과 합세해 왜까지 정복하러 올지 모른다는 두려움을 떨칠 수 없었다. 그래서 667년, 대마도에 피란 와 있던 백제 유민들에게 가네다金田성을 축조하도록 한다. 지금도 조야마城山(가네다성을 쌓은 뒤 붙여진 이름으로 보인다)에 남아 있는 이 성은 일본의 축성 방식과는 전혀 다르게, 한반도 특유의 방식으로 축조된 모습에서 그 정체성을 나타내고 있다. 그리고 이후 오랫동안 백제 유민의 한 사람인 아비루阿比留와 그 자손이 이 섬을 다스리게 함으로써 대마도를 신라와의 전쟁에 대비한 최전방 요새이자, 작은 백제로 남도록 한다.

이리하여 대마도는 한국사에서 일본사로 한 발자국 물러났다. 작은 백제가 된 이상 한국적인 정체성이 더 뚜렷해졌다고 볼 수도 있지만(마치 다수인 말갈계와 중국계를 다스린 고구려계 발해왕조처럼), 분명 한반도에서도 그만큼 멀어진 것이기 때문이다. 그냥 큰 바위섬처럼 인식되던 대마도는 백제 유민들의 정착지가 된 뒤로 점차 사람 살 곳으로 바뀌고, 그만큼 일본 조정과의 유대관계도 깊어짐에 따라 일본으로서의 정체성이 짙어졌다. 농사로 먹고살기 어려운 곳임에는 변함이 없었지만, 674년에 대마도에서 은이 처음으로 산출되어 일본 조정에 상납되기 시작했다. 아마 백제 유민들이 먹고살 길을 찾던 끝에 발견한 결실일 것이다. 광산이 있다면 아무래도 사람이 늘고, 살림이 펴지게 될 것이다. 674년에는 대마도 대표가 일본 궁정에 가서 상박相撲 시범을 보였다는 기록도 있는데, 이것이 오늘날 일본 스모의 원형이라고도 하는 한반도식 씨름이 아니었을까 싶다.

왜구보다 앞섰던 '한구'

이런 추세는 9세기 이후 대마도가 일본의 최전방으로서 한반도에서 들어오는 침략의 대상이 됨으로써 더욱 굳어져 갔다. 811년에는 신라의 배들이 대마도에 침입했고, 866년에는 신라인들과 일본 본토의 일부 모반자들이 손잡고 대마도를 점령할 계획을 세웠다가 발각되었다. 신라인들의 대마도 공격은 894년, 899년에도 이어졌는데 수천 명에 이르는 대규모였다. 포로를 심문해 보니 우리는 민간 도적이 아니고, 신라 정부의 지시를 받고 왔다는 말까지 나왔다.

이들은 아마도 신라 말기에 기강과 질서가 무너지면서 먹고살기 어려워진 백성들이 해적으로 변신한 경우가 대부분이었을 것이고, 신라인만이 아니라 중국 등에서 흘러온 사람들도 섞였을 것으로 보인다. 과연 신라 정부가 그들의 활동을 지시했는지는 의문인데, 어쩌면 해적과 계약을 맺고 해군으로 활용했던 유럽 국가들처럼 접근했을지도 모른다. 아무튼 이처럼 왜구 아닌 신라구新羅寇, 한구韓寇가 대마도에, 나아가 일본 본토까지 침입해 오자 일본 조정도 긴장하지 않을 수 없었다. 위험하다 여겨 견당사를 폐지하고, 대마도에는 본토의 죄수들을 선발해 병력을 증원 배치했다. 포로를 심문하고 통제하기 위한 신라어 통역도 보냈다(이로써, 9세기에는 이미 대마도에 신라어를 능숙히 하는 사람이 없어졌음을 알 수 있다). 대규모의 한구 내습은 신라가 고려로 바뀐 뒤인 1019년까지 이어졌다.

이렇게 경제발전, 안보증강 등에 따라 대마도의 일본계 인구는 점점 늘어, 결국 다수를 차지하게 된다. 그리고 1245년에는 대대로 대마도를 지배해 온 백제계의 아비루 가문과 일본계의 소宗 가문이 대결을 펼쳤다. 지금은 가미자카공원으로 되어 있는 벌판에서 최종 결전이 벌어졌고, 승자는 소 가문이었다. 더 이상 대마도는 작은 백제일 수 없게 된 것이다.

그래도 새로 들어선 고려왕조는 대마도를 영토라 보지는 않았더라도 번방국으로 여겼다. 1049년에 대마도에 표류한 고려인들을 도주가 돌려보내자 당시 문종은 감사의 표시로 선물을 주었는데, 이것이 조공무역의 형태로 발전한다. 대마도는 감귤과 진주, 수은, 그리고 소와 말, 의례용 도검 등을 매년 고려에 바치고, 고려는 곡식과 비단 등을 내려주는 일이 13세기까지 이어졌다.

그러나 1274년, 일본의 입장에서는 '최후, 최대의 한구'가 발생한다. 바로 고려-몽골의 대대적 침공이었다. 두 나라의 병력을 합치면 4만 명, 동원된 배는 900척에 이르렀다. 당시 대마도주 소 스케쿠니는 대마도 남부 고모다하마에 상륙한 연합군에게 80기만 데리고 접근, "우리는 고려와 몽골에 잘못한 것이 없다. 어째서 군사를 이끌고 왔는가?"라고 외쳤다. 그러나 연합군은 화살 세례로 대답했고, 뒤이어 몽골군이 자랑하던 대포까지 불을 뿜었다. 순식간에 비명과 피비린내가 사방을 메웠다.

싸움에 앞장서는 병사들은 대개 고려군이었다. 몽골이 칭기즈칸 이래 취해온 전쟁 방식이 '항복한 나라의 병사들을 앞세운다'였기 때문이다. 이제까지 맞서 싸우다 항복한 나라 사람들이라면 아직 몽골에 대한 충성심이 옅을 것이며, 여차하면 다시 들고 일어날지도 모른다. 그래서 더 위험한 최전방에 세운다. 죽도록 싸워서 충성을 증명하거나 그대로 전사해 버려서 후환을 줄이려는 생각에서였다. 300여 년 뒤 일본이 조선을 침공할 때 대마도와 규슈 지역 출신들을 앞세우게 되는데, 정확히 같은 뜻에서였다.

칼과 활을 들고 앞장선 고려군과, 대포를 쏘면서 뒤따르는 몽골군. 그들은 병력은 물론 총인구로 따져도 자신들보다 훨씬 적은 대마도를 사정없이 유린했다.

> 쳐서 죽인 것이 매우 많았다.
>
> – 안정복, 『동사강목』

이렇게 간단히 기록되어 있지만, 민간인들까지 유린의 대상이 되었고, 마을과 집은 불태워졌다. 일본 쪽의 기록으로는 '임산부의 배를 갈라서 태아를 꺼내고, 아이들의 가랑이를 찢고, (…) 손바닥에 구멍을 뚫어 그 구멍에 밧줄을 꿰고 끌고 다니거나 뱃전에 매달기도 했다. 산속으로 달아난 주민들은 아기 우는 소리를 듣고 군사들이 올까 봐 자기 손으로 아기들을 죽이기까지 했다'고 되어 있다. 여기에는 다소 과장이 있을지 모르지만, 수백 년 뒤까지 대마도와 규슈 일부에서는 우는 아이를 달랠 때 '울음 안 그치면 고쿠리와 무쿠리가 온다'고 말했다고 한다. 고쿠리는 고려군, 무쿠리는 몽골군을 가리킨다. 이렇게 대마도를 쑥대밭으로 만든 연합군은 다시 대마도와 규슈 사이의 이키섬壱岐島을 휩쓸고, 자신만만하게 규슈에 상륙했다. 그러나 아무래도 본토인지라 저항이 만만치 않았고, 보급도 위험해지자 연합군 사이에서 의견이 갈렸다. 고려군 지휘관 김방경은 '배수진을 쳐서 병사들이 사력을 다해 싸우도록 했던 이야기대로, 계속 싸워야 한다!'고 주장했으나 몽골군의 홀돈

忽敦은 '우리 군사는 지쳤는데 적은 자꾸 늘어나기만 하니, 돌아가는 게 상책이다'라 했다. 결국 몽골군의 뜻에 따라 돌아가려는데, 마침 태풍이 불어와 배들이 수없이 가라앉았고, 고려로 돌아온 원정군은 4만 명에서 2만 6000명으로 줄어 있었다.

일본에서 분에이文永의 역役이라 부르는 이 원정은 5년 뒤 되풀이되었다. 이번에는 종전대로 경남 합포에서 출발한 여몽연합군 3만이 대마도에 상륙하고, 중국 남부에서 출발한 옛 남송군 10만이 뒤따라 대마도에 와서 전열을 정비한 뒤 함께 본토를 친다는 계획이었다. 그러나 전과 달리 단단히 준비하고 있던 대마도가 연합군의 상륙을 저지했다! 할 수 없이 이키섬을 거점으로 일본 본토를 공략했으나 전열이 혼란스럽던 틈에 다시 태풍이 몰려와 막대한

「몽고습래회사」 원나라의 일본 원정 때 원정군과 일본 무사들의 싸움을 그린 작품이다.

피해를 입고 만다. 그러자 애초에 싸울 맘이 크지 않았던 남송군이 전열에서 이탈해 버리고, 얼마 뒤 고려군까지 이탈했다. 태풍 가미카제神風에 혼이 난 데다 규슈와 대마도의 일본군에게 앞뒤로 협공당할 염려가 컸을 것이다. 이렇게 쿠빌라이의 야망은 대한해협을 넘지 못했다.

한국에 가까운 일본 땅이 되어버린 섬

이 최후의 한구 이후 다수의 대마도인들은 확실히 한반도는 저쪽, 일본은 이쪽이라고 여기게 되었다. 여기에 가마쿠라 막부의 혼란으로 떠돌이 신세가 된 사무라이들과 살 곳을 잃은 백성들(한반도와 중국의 백성도 포함하는)이 앞서 7세기의 신라구처럼 해적 집단이 되어서 한반도를 침략하기 시작했다. 그들의 본거지는 대마도였다. 이 왜구의 피해가 하도 심각해서 고려 말에 최영, 이성계 등의 군벌이 등장하게 되고, 결국 왕조의 교체로까지 이어지는 것이다.

왜구의 본거지가 대마도인 이상, 그 대마도를 부숴야 왜구 걱정이 없어질 거라고 생각하는 게 당연했다. 1389년에 박위는 군사 1만을 이끌고 대마도를 정벌, 집들과 배 300여 척을 불태운 뒤 귀환했다.

그러나 대마도를 부순다고 한들 섬 자체를 산산조각 내 없애버릴 수는 없는 터였다. 대마도로 몰려드는, 먹고살 길 없는 사람들을 막을 수도 없을 터였다. 왕조가 바뀐 뒤, 태조가 1397년에 김시형을 지휘관으로 하여 두 달 동안 대마도를 정벌하게 했으나 마찬가지였다. 왜구의 출몰은 잠시 잦아들었지만, 결국 되풀이되었다.

그러므로 1419년의 대마도 정벌전은 그런 사항을 숙지한 상태에서 치러졌다. '군사적 승리만으로는 충분하지 않다. 그 이후가 더욱 중요한 것이다!' 1만 7000여 군사와 배 227척을 동원, 고려가 몽골과 연합했을 때 수준의 병력을 내고 효과적인 기습작전을 써서 초전의 대승을 거두었다. 하지만 험한 산지로 들어갔을 때 기습을 받아서 허를 찔렸으며, 대마도주 소 사다모리가 '슬슬 태풍이 불어올 때인데 계속 주둔해도 괜찮겠소?' 하며 은근히 가미카제를 언급하자 결국 철수가 결정되었다.

이러한 전과가 불만스러웠던 태종(당시 상왕)과 세종은 재공격 준비를 했지만, 과연 풍랑이 불어오는 데다 적의 태세를 볼 때 소모전이 될 가능성이 짙음을 직시하고 압력과 회유를 병행하기로 한다. 그리하여 채찍(국내의 병력을 다 내서라도, 몇 번이라도 공격하여 너희의 씨를 말릴 수 있다)과 당근(연 1회 세견선歲遣船의 출입을 허용, 무역을 통해 경제적 안정을 보장해 준다)을 모두 쓴 설득에 소 사다모리가 응하여, 이후 조선은 세견선을 허용할 뿐 아니라 삼포를 개항하고 그곳에 왜관을 설치해 대마도인들이 머물 수 있도록 해 주었다.

이때 아예 대마도를 제주도처럼 완전한 영토로 삼아야 한다는 의견도 있었다. 하지만 대마도 정벌전에서 조선의 군사력이 그곳을 항시 유지하기에는 부족함이 드러났고, 자칫 일본과 끊임없는 영토 분쟁을 벌이게 될 가능성도 있어 꺼려졌다. 또한 예나 지금이나 땅이 척박한 곳이라, 4군 6진에서와 같이 백성을 옮겨서 살도록 하는 일도 쉽지 않았다. 게다가 소 사다모리가 조선 조정의 벼슬(종1품 판중추원사)을 받으며 공손한 태도를 취하는 듯 싶다가도 대마도는 역사상 경상도의 일부였다는 말에는 우리 쪽 역사에는 그런 이야기가 없다며 반발하는 태도를 보여 그들을 조선인으로 만들기란 상당히 어려움이 있었다. 결국 조선 초기의 조선과 대마도의 관계는 속국 정도에서 정리되었다.

그러나 조선 중기로 넘어가면서 조선의 국방력은 약해지고, 대마도와 왜에 대한 인식은 안일해졌다. 반면 바다 건너 일본 땅에서는 전국 시대가 전개되면서 개인과 집단의 무력행동은 불거지고, 통일과 평화는 옅어졌다. 이런 불안한 추세 끝에 마침내 터져 나온 것이 삼포왜란(1510년), 사량진왜변(1544년), 을묘왜변(1555년)이었는데, 모두 일본 본토의 왜가 아니라 대마도의 왜들이 불만과 분노로 일으킨 변란이었다.

16세기 내내 이어진 이러한 불안한 형국은 16세기 말, 일본의 전국 시대가 마감됨에 따라 동아시아 전체를 뒤흔드는 대규모 전쟁으로 이어진다. 도요토미의 야망을 마주한 대마도주 소 요시토시는 조선과 일본 사이에 모호하게 걸쳐 있던 대마도의 입지 때문에 나머지 전쟁을 막아보려 애썼으나 역부족임을 알자 앞장서서 왜란의 선봉에 섰다. 당시 대마도에서 조선으로 건너간 병력은 5000명 정도였다고 하는데, 대마도의 인구를 감안하면 그야말로 마지막까지 탈탈 털었을 정도의 총동원이었다. 이후 명의 심유경沈惟敬과 일본의 고니시 유키나가 등이 주역이 되어 벌어진 양면 외교술(도요토미에게는 그럴싸한 말로 둘러대고 명과 조선에는 그 구미에 맞는 말로 바꿔 대하는 외교 사기)도 대부분 소 요시토시의 장막에서 골몰해 나온 방안들로 보인다.

전쟁과 외교에서 공이 컸다 하여, 소 가문은 히라 가문으로 승격되었고, 일본 봉건 체제의 주역들인 다이묘大名의 일원으로도 인정받았다. 왜란 이전까지 일본 지도나 일본 행정 체계에 대마도는 없었다. 그러나 왜란 이후로는 일본의 한 지방으로 인정된다. 반면 한반도에서는 강항을 비롯한 여러 지식인이 '왜란의 책임은 대체로 대마도에 있다'는 일본 조정의 선전에 호응한 점도 한몫하여, 대마도를 일본 본토보다 더 증오하고 불신하는 입장이 굳어진다. 이로써 1000여 년 만에, 대마도는 확실하게 일본 땅이 된 것이다.

그래도 한반도에서는 개화 시기까지도 대마도는 우리 땅이라는 인식이 아주 없어지지는 않았던 듯하다. 일본의 간곡한 요청으로 파견했던 조선통신사들은 먼저 대마도에 도착한 뒤 대마도주가 베푸는 온갖 잔치를 받은 뒤에 본토로 갔으며, 그 과정에서 '대마도

인들은 미개하다', '우리의 하사품(쌀과 베)과 선진 문물(서예나 유
학 등)을 얻기 위해 안달복달한다', '조선을 왕도 아니고 황제의 나
라로 섬기고 있다(조선에서 온 사람들에게 보이기 위해 만든, 사찰의
'조선 임금님 만세 만세'라는 현판 등을 보고 감격해서)' 등의 인식을 얻
어 돌아오곤 했다.

조선에서 난 쌀과 조선에서 짠 베가

배고플 때 너희를 먹이고 추울 때 너희를 입히나니

너희 목숨은 바로 조선에 달렸느니라

너희 자손 대대로 감히 속이지 말지어다 (…)

의식衣食이 오로지 우리 조선에 있음을 너희가 알진대

그저 우리 임금 천만세를 외치는 게 좋지 않겠느냐?

다시 말한다. 비루한 대마도가 두 나라 사이에 끼어 있는데

모름지기 충성과 신의로 우리를 도와,

백 년을 두고 하늘의 복을 누릴지어다

– 조경, 『동사록』

비록 왜란 이후로 경계 내지 징벌의 의미로 세견선도 축소하고
개항 범위도 줄이고 차왜差倭라 부르던 대마도의 외교사절들도 한
양에 올라오지 못하게 막고 있었지만, 겉으로는 간이라도 빼줄 듯
환영하는 대마도주 이하의 사람들에게 마음이 풀어져 거들먹거린

대마도

것이다. 우리가 대마도를 먹여 살리니 우리 가축이나 다름없다는 인식은 19세기 말, 개화기에 가까운 시점에서조차 대마도를 경상도의 한 지역으로 보던 시각에 그대로 나타나 있다.

> (…) (국토의 끝에) 영남의 대마도와 호남의 탐라도가 있으니, 사나이가 두 발로 우뚝 디디고 선 것과 같은 모양이다.
>
> — 서경순, 『몽경당일사』

그러나 이는 냉엄한 국제적 현실 앞에서는 꿈과 비슷했다. 왜란 이후 본토의 경제 지원을 받게 된 대마도는 더 이상 조선의 물산에 의존해 존재하는 땅이 아니었으며, 1868년의 메이지 유신과 1871년의 폐번치현, 즉 근대식 행정 구역 개편에 따라 규슈 나가사키현에 포함됨으로써 명실공히 일본 영토가 되어 있었던 것이다.

근현대 대마도는 두 사건으로 한반도의 슬픈 역사를 반영한다. 하나는 의병을 일으켰던 면암 최익현이 1906년 쓰시마 유배형을 받고 대마도에 끌려와 감옥살이를 하다가 4개월 만에 옥사한 일이다. 652년 백제 출신의 여승이 세웠다는 슈젠지에 최익현순국비가 남아 있다. 다른 하나는 국권 상실 이후, 고종이 가장 귀여워했다는 덕혜옹주가 1931년에 대마도주의 피를 이은 일본 귀족 소 다케유키와 결혼한 일이다. 그녀는 이후 내내 대마도에서 살다가 전후인 1955년 일방적 이혼을 당한 뒤 귀국하여 1989년에 사망했다.

1931년에 찍은 덕혜옹주와 소 다케유키 순탄치 않은 결혼생
활을 보낸 것으로 추정된다.

오늘날 대마도에 그녀의 흔적은 그녀의 결혼을 축하하여 이즈하라
에 세운 덕혜옹주결혼봉축기념비로 남아 있다.

가깝고도 먼 관계로 남은 숙제

오늘날 부산에서 출발하는 배를 타고 대마도에 도착해 보면 '한국 손님들을 환영합니다'라는 큼지막한 한글 표지판이 보인다. 하지만 가네다성 같은 오랜 시간의 포로들을 제외하면 한국적인 색채는 거의 없다. 그냥 일본의 한 지방이라는 인상. 하지만 앞서 말했듯 대마도는 주민들이 줄어들기만 하는 섬-도시다. 어디를 가봐도 사람이 북적거리는 장면을 좀처럼 볼 수 없다. 북적거린다면 휴일에 부산에서 몰려온 한국 관광객들인 경우가 많다. 그들을 바라보는 대마도 주민들의 심정은 이중적이다. 한국인들이 뿌리고 가는 돈 덕분에 시의 경제가 힘을 얻지만, 그들의 태도가 무례해 보이거나 성미에 맞지 않아 보이는 경우가 많다.

특히 2012년에는 관광객으로 입도한 한국인들이 가이진신사, 간논지 등에서 불상 2점, 불경 1점을 훔쳐 달아나 대마도와 일본 전체가 떠들썩해진 일이 있었다. 이후 불상은 찾았으나 불경은 행방이 묘연한데, 게다가 한국 법원이 한때 '해당 불상은 본래 한국에서 반출된 것으로 보이므로, 한국에 머무르게 돼야 한다'고 판결함으로써(2017년의 제1심 판결, 그러나 항소심을 거쳐 2023년의 최종심에서는 대마도에 돌려주는 것으로 결론지어졌다) 분란이 더욱 커졌다. 한국인들로서는 말이 절도지 '일제가 강제로 빼앗아 간 우리 문화재를 되찾아 온 영웅적 행동'이라 보는 경우가 많은 반면, 일본-대

이즈하라항 대마도의 중심적인 역할을 하는 항구이다.

마도인들에게는 '문화재가 국경을 넘나드는 일은 흔하며, 해당 불상이 일제 때 강탈되었다는 증거도 없는데 엄연한 절도 행위를 국가가 나서서 비호한다'고 분개할 만한 사건이었다.

이 사건에다 일부 한국인들의 '대마도는 한국 땅' 시위(2008년, 2009년), 한일 무역분쟁 등으로 대마도에서 혐한 감정이 크게 일어 2019년 무렵에는 '한국인 사절'을 내건 대마도 상점들이 줄줄이 나오는 사태까지 벌어졌다. 그러나 그에 대한 반작용에다 뒤이은 코로나19 사태로 한국 관광객이 끊기니, 당장 경제가 어려워져서 난처해진 것이 대마도 주민들의 현실이다.

유사 이래로 두 나라의 사이에 끼어 종종 침략당하고 또 종종 침략자가 되었던 대마도다. 이 섬이 현대의 도시가 된 뒤에도 지리적 이중성은 남아 있다. 대마도가 누구 땅인지가 그렇게 중요할까? 오래도록 밀접하게 교류했고, 피도 섞인 사람들끼리 일상의 평화를 이야기할 수 없을까? 이것이 대마도의 숙제다.

12

김해

황금 바다의 전투사들

김해는 경상남도의 도시로, 동쪽에 낙동강이 흐르고 남해안에 가깝
지만 바다에 접해 있지는 않다. 면적은 463제곱킬로미터이며 인구는
54만 명에 조금 못 미친다. 면적으로는 대한민국 51위, 인구로는 21위
로 면적에 비해 인구가 많은 도시에 속한다. 인구로는 경상남도에서
창원(약 100만 명) 다음의 대도시다.

황금 바다를 잃어버린 내륙 도시

김해金海는 말 그대로 풀어 쓰면 황금 바다이다. 전라남도 금빛 바다의 도시 여수처럼 경상남도에도 금빛으로 찬연한 바다의 도시가 있던 모양이다. 그런데 의외로 김해는 내륙 도시다. 한 부분도 바다와 닿아 있지 않다. 왜 그럴까? 김해는 본래 번영하는 해안 도시였다. 그러나 두 차례에 걸친 행정적 조치에 따라, 김해는 바다를 잃어버렸다.

기원후가 될 무렵까지 김해평야는 물 밑에 있었다고 여겨진다. 지금 김해시의 중심가 가까이까지 해변 모래밭이었고, 그것은 김해시 중심의 봉황동 유적에 패총(청동기 시대 사람들이 해변에서 얻은 조개를 먹고 버린 조개무지)으로 증명된다. 어떤 할 일 없는 청동기인이 해변에서 조개를 주워 먹고는 그 껍질을 수십 킬로미터나 갖고 와서 버렸겠는가?

김해와 얽힌 건국신화를 봐도 과거의 김해는 바다를 끼고 있었음을 알 수 있다. 『삼국사기』와 『삼국유사』에 따르면 42년에 변한의 아홉 부족장干들이 계시와 함께 하늘에서 내려오는 금궤를 받았다. 그 안에 들어 있던 알에서 태어난 아기를 임금으로 세웠으니 바로 김수로왕이다. 그는 머나먼 나라인 인도의 아유타에서 온 허황옥과 결혼했다. 기록에는 허황옥이 배를 타고 김해 해변에 닿았다고 했으니, 그 신화가 생길 무렵이나 기록될 무렵(고려 말기)까지는 김해에 배가 드나들 항구와 해변이 있었던 것이다.

어쩌다 벽해상전이 되었을까. 자연적인 축소 과정도 있었다. 지질학자들은 7세기쯤 해변이 소택지로 전환되어 가는 현상이 나타나기 시작했음을 밝혀냈다. 하지만 조금씩 축소된다고 해서 불과 몇백 년 만에 아예 바다가 없어지지는 않는다. 일단 1번째의 행정적 조치는 1930년대에 일제가 취했다. 낙동강 하구에 둑을 쌓고 인위적으로 물길을 막아 바닷물이 빠지도록 만든 것이다. 게다가 간척사업도 벌였다. 쌀 생산지를 마련하기 위해서였다. 일제가 한반도를 차지한 뒤 부산·인천·원산·함흥 등을 잇달아 뜯어고쳐서 자신들의 이익에 부합하게 만들었는데 가장 크게 손본 도시가 바로 김해이다.

그래도 최근까지 김해는 조금이나마 바다를 끼고 있었다. 그러나 1989년, 바다와 닿아 있던 녹산면과 가락면이 부산으로 편입되어 녹산동, 가락동으로 바뀌면서 김해는 완전히 내륙 도시가 되고 말았다.

> 낙동강이 바다로 들어가는 곳이 김해 칠성포인데, 여기서 북쪽으로 거슬러 올라가면 상주에 이르고, 서쪽으로 거슬러 올라가면 진주에 이른다. 길목에 있는 김해가 경상도 전체의 수구水口를 차지해서 남쪽과 북쪽, 바다와 육지의 이익을 모두 챙긴다. 여기서는 관이나 개인 할 것 없이 소금을 판매하여 막대한 이익을 취하고 있다.
>
> -『택리지』

18세기 후반에 강과 바다에서 얻던 김해의 무진장한 풍요는 이로써 역사 속으로 사라졌다. 김해는 역사 속에서 바다를 잃었을 뿐 아니라 나라도 잃었다. 한때 가야연맹에서 가장 강력했던 금관가야의 중심이었던 김해는 과연 어떤 역사를 거쳐왔을까.

금관가야의 수수께끼

김수로왕의 즉위년은 42년이고 10대째 금관가야 왕인 구해왕이 신라 법흥왕에게 항복한 때가 532년이라 한다. 500년 가까운 역사에 왕은 고작 10명이라니? 하긴 기록대로라면 수로왕은 199년에 사망해 158년 동안 왕위에 있었으니 그럴 수도 있다. 고조선이나 고구려 등에서도 100년 이상 재위한 왕이 가끔 보이는데, 사료가 혼동되었거나 정치적 윤색의 결과일 것이다.

아무튼 김수로왕은 102년에 흥미로운 활동을 보이고 있다. 음즙벌국音汁伐國(경주시 안강읍)과 실직곡국悉直谷國(강원도 삼척시)이 영토 분쟁을 벌이다가 신라의 파사이사금에게 중재를 요청했다. 그런데 파사이사금은 다시 김수로왕을 금성으로 초빙, 중재를 대신 맡아달라 했다. 수로왕은 음즙벌국의 손을 들어주었고 파사이사금은 6부에 명해 수로왕에게 향연을 베풀게 했다. 그런데 그중

수로왕릉 납릉이라고도 불린다. 무덤 주위 1만 8000여 평이 왕릉 공원으로 조성되어 있다.

한기부만이 급이 낮은 사람으로 접대를 맡게 하므로 수로왕이 격노하여 탐하리耽下里에게 한기부 부주 보제保齊를 죽이게 했다. 탐하리는 음즙벌국으로 피했는데 파사이사금이 노하여 음즙벌국을 병합하고, 실직곡국과 압독국押督國도 병합했다.

뭔가 종잡을 수 없는 이야기다. 다른 나라의 중재 요청을 왜 남의 나라 임금을 초빙해서 대리시켰을까? 예의에 어긋났다는 이유로 왜 다른 나라의 중요 인사를 죽이며, 금관가야를 칠 일이지 왜 하수인이 망명한 음즙벌국을 공격했을까?

아마도 신라가 음즙벌국을 정복하려 했는데, 그 과정에서 금관가야와 모종의 일을 꾸몄고, 실직곡국과 압독국은 음즙벌국 정복 도중에 공격해 물리쳤다는 정도가 실상이 아니었을까 싶다. 금관가야는 사실 신라와 함께 움직이는 모습이 잦다. 금관가야의 중심지였던 봉황토성, 대성동 고분군 등에서 신라 계통의 유물이 많이 출토되는 것을 보면 금관가야는 대체로 친신라 노선을 이어온 가야국이 아니었을까 싶다(신라 초기에 빈번히 충돌했던 가야는 고령을 중심으로 하는 대가야다).

그러나 적어도 한 차례, 금관가야는 신라와 정면충돌했으며 그에 따라 가야의 운명이 뒤바뀐다. 바로 399년에서 400년, 광개토대왕비에 기록되어 있는 가야-백제-왜의 신라 침공, 그리고 그에 이은 고구려의 원병이다.

영락 9년 기해년에, 백제가 맹세를 어기고 왜와 통하였다. 왕이 순시차 평양에 갔을 때 신라가 사절을 보내 왕에게 고하기를 "왜인들이 국경에 가득 차 성과 못을 파괴하고 있으니 이 노객奴客을 백성으로 여기시는 왕께 구원을 청합니다"라 하였다. 태왕은 은혜를 베풀고 그들의 충성을 칭찬하며 사절들이 돌아가 ??를 알리도록 했다. 영락 10년 경자년에, 보병과 기병 5만으로 신라를 구원하도록 했다. 남거성男居城에서 신라성新羅城에 이르기까지 왜가 가득했다. 관군이 이르니, 왜가 퇴각했다. ??그 뒤를 급히 좇아 임나가라의 종발성에 이르니, 성이 곧 항복했다. (…) 옛날에는 신라 임금이 스스로 와서 ??한 적은 없었는데 ??? 광개토경호태왕에게 ??신라 임금이 (…) 조공하였다.

(?은 결락된 부분)

　　　　　　　　　　　　　　　　　　－광개토대왕릉비

　여기서 '임나가라'가 어느 나라인지에 대해서는 의견이 통일되지 않는다. 그러나 금관가야설이 다수다. 924년에 세워진 진경대사탑비에 "진경대사는 임나 왕실의 후손"이라는 말이 있으며 그는 금관가야 왕실 후손임이 틀림없기 때문이다. 또한 임나가라가 대가야라면 바다에 접해 있지 않은데, 왜가 그쪽으로 도주했다고 보기도 어렵다. 금관가야가 백제와 손잡고 왜의 병력을 끌어들였지만, 고구려군의 공격에 왜군(아마도 백제와 가야군도)이 참패해 항

봉림사지 진경대사탑비 지금은 국립중앙박물관에서 소장하고 있다.

복함으로써 신라는 구원받고 금관가야는 쇠퇴하게 되었다고 볼 수
있다.

한일 역사학계의 난제로 이 기록을 근거로 하는 '임나일본부설'
의 진위 문제가 있다. 광개토대왕릉비는 일본인에 의해 처음 발견
되었다. 일본은 이를 조사한 뒤에 "일본은 김해를 중심으로 임나일
본부를 두어 한반도 남부를 지배했다. 전성기에는 신라와 백제의

영역 대부분까지 일본의 지배 아래 있었다"라는 임나일본부설을 주장했다. 이는 1960년대 초까지 일본의 한반도 지배를 정당화하는 역사적 근거로 정설처럼 주장되었다. 하지만 1963년 북한의 김석형이 반박을 내놓은 뒤 남북한 학계의 비판과 반박으로 차차 극복되었다. 당시 일본은 혼슈의 일부 지역만 겨우 지배하고 있을 만큼 세력이 미약하여, 아마 왜라고 해도 대마도와 규슈 출신들로 보인다. 그런데 그 몇 배나 넓고 기술 수준도 더 뛰어났던(김해의 철과 도기가 일본으로 건너가 국가 발전에 도움을 주었다는 점은 일본 사학계에서도 두루 인정한다) 지역을 멀리 바다 건너 지배할 수 있었다는 말인가? 1980년대 들어 임나일본부 같은 게 있기는 있었지만 가야에 주재하는 왜인들의 대표부 같은 것이었으며 결코 식민지나 영토의 성격을 띠지 않았다고 한일 역사학계에서 합의되었다. 이후로는 일본 역사교과서 등에서도 임나일본부설은 대체로 내려갔다.

하지만 일본의 일반교양서 등에서는 여전히 "고대 한반도 남부가 일본 땅이었다"라는 주장이 난무한다. 2021년에는 검정 체제인 일본 중학교 교과서에 일본 우익에서 만든, 임나일본부설을 채용한 교과서도 포함되어 한바탕 난리가 나기도 했다. 더 황당한 점은 영문 위키피디아를 비롯해, 서구에서 통용되는 백과사전이나 기타 문헌에는 임나일본부설이 버젓이 올라와 있다는 사실이다. 한국 국민들의 관심이 꾸준히 이어져야만 이러한 사실무근의 설이 사라질 것이다.

대성동 고분군 근경 1세기~5세기에 걸친 지배집단의 무덤 자리라고 한다.

이 이후로 금관가야는 확실히 몰락한다. 대성동 고분군에서 정확히 이 시기 이후로 더 이상의 유물이 나오지 않고 있기 때문이다. 이때 금관가야가 완전히 멸망했다는 주장도 있는데, 그렇다면 532년에 구해왕의 항복으로 멸망했다는 기록과 불일치한다. 당시 신라의 법흥왕은 항복한 구해왕을 극진히 대접했다. 상등의 지위를 내렸을뿐더러 진골에 편입시키기까지 했다. 구해왕의 아들 김무력은 이후 진흥왕대에 백제와의 전쟁에서 성왕을 붙잡아 처형하는 등 큰 공을 세우고 각간(재상)에 이르렀다. 그 손자는 바로 삼한통일의 주역인 김유신이며, 손녀 김문희는 김춘추와 혼인해 신라의 왕비가 된다. 당시 금관가야가 보잘것없는 세력이었고 구해왕이 이름뿐인 왕이었다면 어떻게 그렇게 후한 대접을 받을 수 있었을까?

『삼국사기』에도 편제상 배제되었고, 신라 중심의 삼국사에 기대어 그 조각들을 주워 모을 수밖에 없는 가야의 역사는 대충 이 정도다. 존속 기간만 보면 고려, 조선과 맞먹는 국가의 역사인데 허망하다. 하지만 김무력-김유신으로 이어지며 신라를 한 차원 높은 대국으로 밀어 올리는 주역이 된 금관가야 왕실의 후예들은 김해 김씨를 이루어 오늘날 한국에서 가장 많은 성씨에 올라 있다(그 수는 신라 왕실의 후예, 경주 김씨보다 2배 이상 많다).

'돌팔매 전사'가 될 수밖에 없었던 김해 사람들

김유신 등의 활약에 힘입어 삼한 통일을 이룬 뒤, 9주 5소경 체제로 전국을 재편하면서 김해는 금관소경金官小京이 되었다(680년). 수도 금성을 둘러싼 양주良州에 포함된 동시에, 서쪽의 강주康州와 바로 접한 위치에서 두 주를 누르기 위한 거점이었다. 757년에 경덕왕이 지명을 개편하면서 김해경金海京으로 바뀌어 비로소 김해라는 이름을 얻었다.

940년, 고려 태조 왕건은 김해 지명은 그대로 두면서 부府로 고쳤다. 경京에 비하면 격하된 셈이다. 얼마 뒤에는 더더욱 격하해,

최하급 행정단위로 민 데다 이름마저 고쳐 임해현臨海縣으로 만들어 버렸다. 왜 그렇게 왕건이 김해를 홀대했는지는 확실하지 않다. '건국 과정에 김해 호족의 공로가 없었기 때문'이라지만, 개성의 해상 상인 출신으로서 김해 해상 상인들과 상권을 다투다 얻은 앙금이 작용하지 않았을까? 아니면 이미 경주 김씨들을 우대하기로 했는데 김해 김씨들까지 우대하면 고려가 지나치게 신라 위주로 돌아갈 가능성을 경계했는지도 모른다.

고려조 내내 김해는 현에서 군으로, 도호부로 승격되었다가, 또 부로, 현으로 떨어졌다가, 또다시 목牧으로 올라서며 롤러코스터를 탔다. 그러다 보니 김해 사람들도 성질이 났던지, 12세기 말에서 13세기 초까지 각 지방에서 계속 민란이 일어나던 시대에 김해는 규모는 작더라도 인상적인 기록을 남겼다.

금주金州(김해)의 잡족인雜族人들이 작당하고는 호족들을 보이는 대로 죽였다. 일부 호족들은 성 밖으로 도망쳤다. 이어 부사副使의 아문衙門을 포위하자 부사 이적유가 지붕에 올라가서 주모자를 쏘니, 활시위 소리와 함께 쓰러졌다. 그 무리가 일단 놀라서 흩어졌으나, 조금 뒤 돌아와서는 "우리는 강포하고 탐오한 자들을 제거해 우리 고을을 깨끗하게 하려고 했을 뿐이오. 뭣 때문에 우리를 공격하는 거요?"라고 항의했다.

그러자 이적유가 짐짓 놀란 체하면서 이렇게 말했다. "내가 생각이 짧았소이다. 난 또 당신들이 비적인 줄 알았지 뭐요?" 그렇게 그들을 안심시켜 둔 뒤, 성 밖의 호족들과 몰래 연락해 안팎에서 일제히 기습했다. 그리고 그들을 하나도 남김없이 죽여 버렸다.

-『고려사』

13세기가 아니라 마치 20세기의 이야기 같다. 시민들이 타락하고 무도한 일부 지방 권력자들을 처단하고, 이에 대해 정의를 실현했노라 당당히 밝힌다. 이에 공권력은 그들을 이해한다는 듯 슬며시 어루만지다가, 부패한 엘리트들과 결탁해서 민중을 학살한다.

이 뒤로도 비극은 이어졌다. 이번에는 왜구였다. 금주 잡족의 난이 진압되고 20년 만에 김해에 왜구가 상륙했는데, 이것은 말기의 고려를 혼란으로 밀어 넣었던 왜구 사태의 신호탄이었다.

1220년부터 김해에 상륙한 왜구는 점점 더 기승을 부려, 1377년에는 1년에 세 차례나 대규모로 침입할 정도였다. 지금처럼 내륙이라면 차라리 좀 나으련만, 일본과 가까운 항구 도시 김해는 번번이 그들의 선봉을 상대해야 했다. 이렇게 되니 김해 사람들도 단련이 되었던지, 저절로 전사 기질을 습득했다.

석전(돌싸움)을 좋아한다. 매년 4월 초파일부터 아이들이 무리로 모여서 성 남쪽에서 석전을 연습하고 단옷날이 되면 장정들도 다 모인다. 좌우 패로 갈려져 기를 세우고, 북을 두드리고, 소리를 지르며 뛰고 달리고 돌을 비 쏟아지듯 던진다. 승부가 결판난 다음이라야 그만둔다. 비록 죽거나 다치는 사람이 생기더라도 괘념치 않는다. 수령도 금지하지 못한다. 경오년에 왜구를 정벌할 때에 김해의 돌을 잘 던지는 자를 앞에 세웠더니, 적이 감히 앞으로 나오지 못하였다.

- 『신증동국여지승람』

대보름에 석전을 벌이는 관습은 삼국 시대부터 내려왔고 여러 지방에서 행해졌다. 하지만 초파일부터 단옷날까지, 훈련까지 해가며 석전에 진심이었던 지역은 김해가 독보적이었다. 그래서 왜구가 극성이던 고려 말에는 양산 등 인근의 고을 사람들이 집을 버리고 김해에 와서 숨기도 했다. 조선 시대로 넘어가서도 대마도 정벌이나 삼포왜란 진압 과정에 김해 사람들을 차출할 정도였다. 임진왜란 때도 그들의 용맹함은 대단해서 적은 숫자를 가지고도 왜군의 사나운 기세를 3번이나 막아냈다. 하지만 4번째 싸움에서 지휘관이던 초계군수 이유검이 혼자서 달아나 버리는 바람에 패배했다.

그래도 김해는 호란은 겪지 않았고, 17세기 이후 평화가 오래 이어지면서 『택리지』에서 지적했듯 염전업과 상업으로 쏠쏠한 재미를 보는 부촌으로 변신했다. 일제강점기에는 바다가 육지로 바뀌며 영남의 유일한 수구로서의 활력은 사라지고 산업화도 부산,

『신증동국여지승람』 석전에 대한 기록을 찾아볼 수 있다.

울산 등에 밀렸다. 다만 김해평야가 새로 떠오르면서 농업 선진 도시로 새롭게 자리매김해 갔다. 기름진 땅이 새로 열린 데다 일제가 도입한 신식 농업기술의 시험대가 되면서였다. 수로왕의 전설이 담긴 구지봉, 그 자락에 해양의 침입자를 막아왔던 분산성 옆도 비옥한 농지대로 바뀌어 경남의 다른 도시에서 농업 방식을 견학을 올 정도의 생산력을 자랑하게 되었다. 결국 그만큼 특히 일제 말기에는 가혹한 공출에 시달릴 수밖에 없었지만 말이다.

한과 정신으로 낙후할 줄 모르는 도시

1200년의 '고을 깨끗이 하기'처럼, 근현대에도 부당한 권력에 대한 김해 시민들의 저항은 있었다. 하지만 서울(3·1 운동, 4·19 혁명, 6·10 항쟁), 광주(5·18 민주화 운동), 부산(부마민주항쟁) 등처럼 거대한 저항의 선봉이 된 적은 없었는데, 어느새 민주화의 성지 비슷한 위상을 갖게 되었다. 1946년 김해에서 태어나고, 2009년 김해에서 죽은 한 사람 때문이다.

대한민국 제16대 대통령이었던 노무현. 그에 대한 역사적 평가는 아직 이르다. 하지만 한국의 민주주의가 이승만과 박정희를 거치고, 3김을 거친 다음 노무현을 거치게 됨으로써 상당히 다른 길을 가게 되었다는 것만은 틀림없을 것이다. 충격과 비탄을 안긴 그의 죽음 이후, 김해의 봉하마을은 서울 동작동 현충원, 광주 망월동 묘역처럼 정치인들이 중요한 일이 있을 때마다 찾아와 참배하는 순례지가 되었다.

김해는 근현대 들어 부산에 바다도 뺏기고, 경남의 중심 도시 지위도 뺏겼다. 하지만 최근에는 역전의 분위기도 없지 않아 있다. 부산의 땅값 등을 이유로 그곳에서 김해로 옮겨가는 공장들이 늘고 있기 때문이다. 덕분에 부산이 인구 감소를 고민하는 가운데, 김해는 상대적으로 여유가 있다. 앞으로는 부산보다 마산-창원이 더 큰 라이벌이 될 거라고도 한다. 조선 시대까지는 해양, 일제강

고 노무현 전 대통령 묘소 "아주 작은 비석만 남기라"는 대통령의 유언에 따라 남방식 고인돌 형태의 낮은 너럭바위를 봉분처럼 올렸다.

점기에는 농업, 이제는 공업을 바탕으로 좀처럼 낙후할 줄 모르는 김해다.

하지만 김해의 여한도 있다. 왕국과 바다 그리고 지도자를 잃어 본 김해이기에 어떨 때는 못된 호족들에게 칼을 휘두르고, 침략자 들에게 돌멩이를 던진 것처럼 울뚝불뚝 불거지기도 한다. 하지만 낙동강 왼편과 오른편을 아우르고 영남 북부와 남부를 이어주던 과거의 경험을 되새긴다면, 때로 의분을 참지 못하더라도 대체로 는 화합과 통합의 길을 가는 것이 김해의 정신이 아닐까. 파사이사 금의 초빙을 받은 김수로왕의 행동에서, 인간 노무현과 정치인 노 무현의 선택에서 그런 교훈을 얻어야 할 것이다.

김해

13

울산

한국 최고의 산업 도시

울산광역시는 면적 1060제곱킬로미터에 인구는 114만 명 정도다. 면적은 남한 도시 가운데 7위이고 특별·광역시 가운데서는 제일 큰데, 인구수는 8위, 특별·광역시 중에서는 7위이며 수원보다 적다. 대도시이기는 하나 서울, 대구, 대전, 광주 등처럼 그 지역에서 인구가 가장 집중되는 도시는 아니라는 뜻이다. 부산, 인천과 더불어 남한 3대 항구 도시이며 산업 도시로서는 으뜸이다. 현재 시민 1인당 GDP도 전국에서 가장 높다.

고래와 용왕의 아들의 도시

자! 떠나자, 동해 바다로!
신화처럼 소리치는 고래 잡으러!

　1970년대의 답답한 청춘들의 마음을 울렸던 송창식의 곡「고래
사냥」은 배창호 감독에 의해 1984년 영화로도 만들어졌다. 영화에
서 고래를 잡으러 떠난 여주인공의 고향은 동해 끝의 우도인데, 동
해에는 우도가 없다. 오류인지 의도적 설정인지 궁금해진다. 가사
에도 있는, 고래를 잡으러 떠나는 동해 바다는 구체적으로 어디였
을까. 작사가의 의도는 알 수 없으나 아마 울산이었을지 모른다.
울산은 울주 대곡리 반구대 암각화에 나타나는 것처럼 신석기 시

대부터 고래를 잡던 고장이었고, 근대 포경도 1899년에 국내 최초로 시작해서 1986년까지 이어진 고래의 도시이기 때문이다.

울산은 또한 처용의 도시이기도 하다.

나라가 태평을 누리자 왕이 재위 5년에 학성鶴城 바닷가로 놀이를 나갔는데, 돌아오는 길에 구름과 안개가 자욱하게 덮이면서 갑자기 천지가 어두워졌다. 갑작스러운 변괴에 왕이 놀라 주위에 물어보니 일관이 "이것은 동해 용의 짓이므로 좋은 일을 행하여 풀어야 합니다"라고 하였다. 왕이 용을 위하여 절을 짓도록 명하니, 바로 어두운 구름은 걷히고(이로부터 이곳을 구름이 걷힌 포구, 즉 '개운포'라 했다), 왕의 절 건축에 기분이 좋아진 동해 용왕이 7명의 아들을 데리고 나와 춤을 추었다. 그중 하나가 왕을 따라오니, 그가 처용이었다.

－『삼국유사』

당시는 879년으로 주인공인 왕은 신라 제49대 왕인 헌강왕이었다. 태평을 누렸다지만 이미 말기에 들어선 신라는 그의 재위 중에만 오랜만에 두루 평안했을 뿐, 보다 앞서서는 왕위를 둘러싼 골육상잔이 거듭되었으며 그의 뒤에는 민란과 호족들의 반란이 꼬리를 문다. 결국 신라는 헌강왕 사망(886년) 후 채 50년이 지나지 않아(935년) 멸망하게 된다.

설화상으로 처용은 용왕의 아들인데, 용은 고래와 연관이 있다. 바다에 살며 집채 같은 몸집으로 물을 뿜고 꼬리를 휘두르며 움직이는 모습 때문에 서양이든 동양이든 고래와 용을 동일시하는 일이 많았다. 그리고 동해 용왕이라면 죽어서 용이 되어 신라를 지키겠다던 문무왕이 아닌가? 애초에 헌강왕이 개운포에 간 까닭은 놀기 위해서가 아니라 문무왕-용왕에게 나라의 평안을 빌기 위해서였을지 모른다는 추정도 있다.

삼한 통일을 전후로 신라에는 당나라에서 유학한 고승들이 활발히 움직이고 있었다. 자장은 주변 나라들을 제압하는 힘을 모으기 위해 황룡사 구층탑을 짓도록 했고, 명랑은 밀교의 발원력으로 풍랑도 뜻대로 움직여 외적들을 물리칠 수 있노라 주장했다.

국가적 차원의 기복 신앙인 셈인데, 그들의 영향력에 따른 결실 중 하나가 자장이 울산 황룡연못가에 짓도록 한 태화사太和寺다. 말 그대로 큰 화합과 평화를 발원하는 뜻에서 지어진 태화사는 신라가 망한 뒤에도 부속 건물인 태화루의 빼어난 경치로 사람들을 모았다. 고려 제6대왕 성종도 그중 하나였다. 그는 태화루에서 잔치를 열고 울산에서 잡은 물고기를 먹다가 그만 탈이 났다. 서둘러 개경으로 돌아갔으나 그만 38세의 젊은 나이로 죽고 말았다고 한다. 961년의 일이었다.

헌강왕에게는 축복이었던 울산 나들이가 성종에게는 왜 재난이 되었을까. 성종에게는 말 그대로 놀려는 뜻밖에 없어서일까? 태화루는 권근, 서거정 등 여러 시인 묵객들의 상찬을 받으며 울산의 상징으로 남았다가 임진왜란으로 불타 없어졌으며, 2014년에 뜻이 모여 재건되었다.

국가 방위의 최전선, 왜구를 막아라

울산은 일상을 잊을 신화와 꿈이 있는 곳, 해방과 낭만의 고장이라는 색깔을 오래 간직해 왔다. 그러나 14세기 말 이후, 울산은 다른 의미로 중요성이 부각된다. 바로 군사 방위에 중요한 도시가 된 것이다.

왜가 동래와 울주蔚州(울산의 당시 이름)를 불태우고 약탈하여 세미稅米 실은 배를 빼앗아 갔다. (1361년)

왜적이 울주, 양주, 밀성을 침범하여 거의 다 불사르고 노략질하며, 또 언양현을 침범하였다. (1377년)

왜적이 울주에 머무르면서 벼와 기장을 베어 양식을 삼고, 기장, 언양까지 침노하니, 땅을 마치 빗자루로 쓴 것처럼 아무것도 남지 않았다. (1379년)

이처럼 고려 말, 공민왕에서 우왕에 이르는 동안 왜구가 울산을 침략한 사건은 12차례에 이른다. 왜구는 울산을 노략질하는 데 그치지 않고 그곳을 근거지로 삼아 인근 고을들을 침략했다. 나아가 개성 쪽으로 북상하려고까지 했으므로 울산 방위가 국가의 중대한 과제가 되었다. 이는 조선 시대에도 이어진다. 조정은 대마도 사람들의 먹고사는 문제가 어려워 왜구가 자꾸 발생하는 것임을 알아챘다. 그래서 그들이 왕래하며 경제교류를 할 수 있도록 항구를 열어주게 된다. 처음에는 부산포와 내이포만 열었으나, 1427년에 대마도에서 추가 요구를 해와 울산포를 여니 이것이 삼포三浦다. 이렇게 회유책을 쓰는 한편으로 울산에 진鎭을 설치하고, 나중에는 도호부까지 두어서 군사 방비를 강화하려 했다. 1477년에는 울산 읍성을 새로 쌓았는데, 높이가 15척(당시의 단위로 약 7미터)이고 둘레가 3639척(약 1.7킬로미터)으로 동시대에 쌓은 다른 성들에 비해 특별히 높고 견고하게 지었다.

하지만 1510년의 삼포왜란으로 염포는 다시 폐쇄되었고, 16세기 내내 조선과 대마도의 긴장관계가 해소되지 못한 상태에서 임진왜란이 일어난다. 첫 싸움인 부산 공방전에 울산군수 이언성도 참전했으나, 동래부사 송상현이 끝까지 분전하다 전사한 반면 이언성은 왜군에 항복해 버렸다. 그렇지만 울산은 결코 맥없이 적에게 넘어가지 않았다. 관이 손을 들자 민이 나섰다.

"상인常人으로 말한다면 울산의 백정 장오석, 사노비 김선진 등
이 모두 온 힘을 다해 싸워 공이 컸습니다."
"도원수의 말에 의하면 울산 사람들이 제일 정예롭고 용맹스럽
다고 하였습니다."

-『선조실록』

"경상도 감사 등이 연속으로 치계한 것을 보면 울산, 경주에서
살아남은 백성들이 충의에 분발하여 몸을 바쳐 싸우지 않는 이
가 없습니다. 강적과 날마다 혈전을 벌여 열에 아홉이 죽더라도
물러서지 않는다 하니 정말 대단합니다."

-『선조실록』

울산 백성들의 용기와 충혼은 선조도 감동시켜, 전후에 웬만하
면 의병을 인정하지 않으려 한 그도 울산에는 후한 포상을 내렸다.
하지만 역부족은 역부족이었다. 정유재란이 터지자 울산은 왜군의
주장 가운데 하나인 가토 기요마사에게 점령되었다. 그는 기존의
울산성을 더 강력하고 견고하게 증축해 본거지로 삼아서 순천의
고니시 유키나가, 사천의 시마즈 요시히로와 함께 왜군의 3대 거
점을 이루어 한양 공략을 추진했다.
하지만 직산전투로 왜군의 북상은 저지되었고, 조명연합군은
여세를 몰아 왜적을 뿌리 뽑고자 울산으로 쳐들어갔다. 그리하여

1597년 말에서 1598년 초까지 11일 동안, 왜란 전체에서 가장 치열한 전투의 하나였던 울산성전투가 벌어진다.

조명연합군은 5만 명에 가까운 대군이었고, 권율·양호·마귀가 함께 지휘했다. 그들은 울산성 외곽의 소규모 성들을 점령하거나 차단시켜 가토군을 울산 성내에 고립시키는 데 성공했다. 하지만 공성은 쉽지 않았다. 전국 시대에 쌓인 노하우로 공들여 만든 울산 왜성은 연합군의 노도와 같은 공격에도 버텨냈다. 결국 연합군은 성 안으로 흘러드는 물줄기를 막고, 식량 보급도 불가능하게 만든 채 에워싸는 고사 작전으로 갔다.

한겨울이라 울산성의 왜군은 고통이 이만저만이 아니라 굶어 죽고 얼어 죽었다. 가토 기요마사까지 병사들의 오줌을 마시고 시체의 살점을 먹으며 연명했다고 한다. 물과 식량을 구하러 몇 차례 결사대가 울산성을 몰래 빠져나왔으나 연합군에게 속속 분쇄되었다. 하지만 시간은 왜군 편이었다. 조명연합군이 울산성 하나만 붙들고 있음이 확실시되자 순천, 사천을 비롯한 각지의 왜병들이 일제히 지원하러 몰려온 것이다. 조명연합군도 이를 눈치채고 최후의 총공세를 펼쳐, 울산성을 함락 직전까지 몰고 갔다. 절망에 빠진 가토가 배를 가르려고 칼을 닦고 있는데, 아슬아슬하게 원군이 도착해 연합군과 접전에 들어갔다. 연합군도 보급 부족과 추위로 지쳐 있던 터라, 양쪽으로 공격을 받으니 버틸 수가 없었다. 결국 연합군은 퇴각했다. 11일 만에 양쪽 모두 6000명 가량의 전사자를

울산성전투 장면 임진왜란에서 가장 치열하고 처절했던 전투 중 하나였다.

내고 끝난 전투였다.

　이후 가토는 서생포로 물러나서 재정비를 하고 다시 울산으로 돌아온다. 조명연합군도 다시 한번 울산을 공격하지만 역시 실패한다. 결국 도요토미 히데요시의 죽음만이, 조선을 먹고 중국을 삼키고 전 아시아에 군림하려던 그의 헛된 꿈의 스러짐만이 가토를 울산에서 영영 떠나게 만들 수 있었다. 그는 떠날 때 수많은 조선인 포로를 끌고 갔다. 그래서 그의 영지였던 구마모토에 우루산마치蔚山町가 생겨나기도 했다.

한국 중공업의 메카가 되다

그러나 일본인들은 울산만이 아니라 한반도 전체를 점령하면서 돌아왔다. 울산은 특히 일본과 가깝다는 점 때문에 통감부 시절부터 전화선을 가설하고 우체국을 세우는 등 근대적 교통과 통신 인프라 개발이 빨리 이뤄졌다. 1928년에는 공항까지 만들어졌다. 시의 규모도 커져서 임진왜란 당시에는 주변 지역이었던 서생포, 언양 등이 모두 울산으로 흡수되었다.

한편 전통적으로 내려온 어업도 일제강점기 전후로 근대적이고 산업화된 형태로 발전했다. 고래잡이는 물론이고 방어진의 방어 그리고 멸치, 갈치, 청어 등을 잡는 연근해 어업에서 원양어업까지 성장해 나갔다. 원양어업은 해방 이후부터 본격화되었다. 1969년에 안타깝게도 남태평양에서 조업 중 침몰하여 원양어선 사고 제1호로 기록된 남해호 승무원들을 기리는 비가 간절곶에 서 있다.

대한민국의 울산이라고 하면 모두가 현대의 울산을 떠올릴 것이다. 특정 기업의 상호와 현대화된 한국 중공업의 메카인 울산이라는 뜻이다. 1968년에 울산 현대자동차 공장이 준공되어 1976년부터 자동차 수출을 시작했다. 이곳에서 울산 현대조선소는 1973년, 방어진에 세워졌다. 1974년에 한국 최초로 유조선 애틀랜틱 배런호를 건조했는데, 도크를 만들면서 동시에 배도 만들었다는 진기록을 세웠다.

유조선 진수식은 박정희 대통령을 포함한 정관계 거물들이 수두룩하게 모여서 진행했다. 국가 최고지도자가 울산 바닷가에 온 것은 신라 헌강왕과 고려 성종 이후 처음이었다. 박정희는 자신이

울산 현대조선소 23만 톤급 유조선 진수식

투자 보증을 서고 물심양면으로 지원한 결과 쇠로 만든 고래가 울산 앞바다에 뜬 모습을 보고 감개무량했을 것이다. 단 대대적인 국가적 지원을 받은 현대 조선 사업의 목표는 경제성장만이 아니었다. 1980년에는 울산함이라는 한국형 구축함을 진수했다. 1991년부터는 군용 잠수함도 만들기 시작했다. 최근에만 보면 한국형 이지스함인 광개토함, 이른바 천안함 사건으로 침몰한 선박의 이름을 붙인 호위함 천안함 등도 울산에서 만들어졌다.

지금 울산에는 현대자동차 제1공장~제5공장이 있으며 이는 자동차 생산단지로서는 세계 최대 규모이다. 현대중공업 본사와 현대미포조선 본사, 635만 제곱킬로미터에 이르는 매머드급 조선소도 있다. 약 5만 명의 현대 계열사 직원들이 울산에서 살고 있다. 처음에는 그들의 자녀에게 교육 서비스를 제공하려는 목적에서 세워진 고등학교 3개교(현대고·현대공고·현대청운고)와 대학교 3개교(울산대학교·울산과학대학·현대중공업공과대학)가 현대 계열의 울산 교육기관들이다. 현대에서 운영하는 프로축구, 프로농구팀도 있다. 현대 직원과 그 가족들, 현대와 관련된 여러 단체와 시설 종사자들을 망라하면 엄청난 숫자가 울산에서 살고 있다.

1980년대 이래 꾸준히 상승해 온 현대 계열 종사자들의 임금 덕에 지역 경제도 풍요로운 편이며, 울산 시민들의 일반적인 소비나 문화 수준도 높다. 세계적인 오케스트라나 발레단 등이 내한하면 서울과 울산 두 곳에서만 공연한다는 이야기가 있다. 그 두 도시에

서만 모객이 된다는 것이다. 그래서인지, 울산 지역 고등학교 학생
들의 학생부에는 특별활동으로 베를린 필하모니가 연주하는 베토
벤 교향곡 감상, 레오나르도 다빈치 회화전 관람 등이 흔하게 나온
다고도 한다.

고래는 오늘도 꿈을 꾼다

오늘날 울산은 다양하게 사람들을 끌어들인다. 새해가 되면 간절
곶에서 해돋이를 보기 위해 전국에서 사람들이 몰려든다. 2000년
을 앞두고 새천년의 해는 울산 간절곶에서 가장 먼저 뜬다는 발표
가 난 뒤부터다. 본래는 서생포로 조선의 수군영과 일본의 왜성이
있던 곳이었다. 그러나 지금은 높이 5미터에 방송국이나 또는 친
지에게 무료 엽서를 보낼 수 있는 소망우체통, 조각공원, 해맞이
산책로 등 볼거리와 놀거리가 조성되어 사람들이 평화로운 한때를
보내는 공간으로 거듭났다.

울산시 안쪽에는 '울산에는 현대만 있는 게 아니다'라는 듯 울산
석유화학공장을 운영하고 있던 SK 그룹이 시에 헌납한 대규모의
울산대공원(도심 공원으로는 국내 최대라고 하며 동물원과 장미원 등을
포함하고 있다), 복원된 태화루를 중심으로 태화강 변에 조성된 태
화강 국가공원 등이 있다. 울산에서 가까운 양산 통도사, 경주 불

간절곶 소망우체통 동해안에서 가장 먼저 떠오르는 해를 볼 수 있는 일출 명소다.

국사, 대왕암(문무왕의 왕비 역시 용이 되고자 묻혔다는 '울산 대왕암'도 있다. 다만 그 사실성은 의문이다) 등을 돌아볼 수 있는 관광 루트도 개발되었다.

왜성의 유적을 연구하는 한국과 일본의 역사학자나 반구대 암각화와 천전리 각석 등을 탐구하는 학자들도 울산을 종종 찾는다. 그중 천전리 각석에는 신라 법흥왕 시절 이곳을 다녀간 왕자와 공주의 사랑 이야기가 깃들어 있기도 하다.

울산 시민들과 울산을 찾은 사람들은 공장이든 공원이든 크고 널찍널찍한 울산의 공간들을 보며 고래를 꿈꾼다. 천년 전 처용이 춤추었고 새천년의 첫 햇빛이 든 바다를 보며, 대동아공영권이라는 허망한 꿈이든 공업입국이라는 대담한 꿈이든, 이 울산 땅을 밟은 과거의 사람들이 꾸었던 꿈을 떠올린다. 소망우체통에 엽서를

울산 대왕암 공원 아름다운 바닷가를 따라 조화를 이루는 기암괴석이 펼쳐져 있다.

울주 천전리 각석 상부에는 선사 시대 문양과 동물상, 하부에는 선각화와 명문이 있다.

넣으면서, 국가공원의 십리대숲을 걸으면서, 공단의 야경을 보고, 고래고기나 언양불고기로 저녁을 먹으며, 신화처럼 천년을 두고 숨 쉬는 고래를 꿈꾼다.

14

경주

황룡이 놀던 황금의 고장

경주의 면적은 1324제곱킬로미터로 대한민국 도시 중 안동 다음이다. 인구는 약 25만 명으로 45위 정도에 머물며, 안동보다는 인구밀도가 좀 높지만 그래도 면적에 비해 거주 인구가 매우 적은 도시에 속한다. 위로는 포항, 아래로는 울산에 접하며 본래 내륙 도시였으나 20세기 이후 인근 군, 면을 합치면서 동해와 접하게 되었다.

신라의 황금기를 맛보다

고대 경주의 맨해튼은 구황동이라고 한다. 이곳과 인왕동 일부가 박혁거세가 서라벌을 세운 최초의 땅이라는 것이다. 그리고 왕궁과 기타 기간 시설이 들어서 있던 구황동을 중심으로 6부의 구역이 둘러 있었다고 한다.

조선의 유민遺民들이 영남에 내려와 진한辰韓을 이루었는데, 그들이 산골짜기 사이의 여섯 마을에 나누어 살았다. 알천양산촌 閼川楊山村, 돌산고허촌 突山高墟村, 무산대수촌 茂山大樹村, 취산진지촌 觜山珍支村, 금산가리촌 金山加利村, 명활산고야촌 明活山高耶村이다. 이것을 '진한6부'라 한다. 6부 사람들이 박혁거세를 높여서 임금으로 세웠다. 유리왕 8년에 6부의 이름을 고쳐, 양산을 급량부及梁部, 고허를 사량부沙梁部, 진지를 본피부本彼部, 대수를 점량부漸梁部 혹은 모량부牟梁部라 하고, 가리를 한기부漢祇部혹은 한기부韓岐部라 하고, 명활을 습비부習比部라 하였다.

－『삼국사기』

지금 구황동의 바로 오른쪽에는 보문동이 있고, 그것이 한기부의 영역이었다. 한기부 아래로는 습비부(배반동)가 있고 더 아래로는 경주 남산을 끼고 사량부(남산동)가 있으며 배반동과 남산동의 오른쪽에는 본피부(동방동), 남산동의 위쪽이자 구황동의 왼쪽에는 점량부(인왕동), 그 위로 알천을 건너 구황동 위쪽과 접한 곳에는 급량부(동천동)가 있었을 것으로 추정된다.

마치 7개의 언덕을 중심으로 세워졌다는 고대 로마 같다. 하지만 이는 어디까지나 추정이고, 각 부에 다른 동이 비정되기도 한다. 이러한 비정은 후대에 끼워 맞춘 것이며, 본래는 구황동에서 한참 떨어진 지역에 6부가 있었다고도 본다. 6부 이전의 6촌 이름에는 하나같이 산이 들어가는데, 구황동 주변의 경주 구 중심지에는 산이 남산밖에 없음을 봐도 그런 주장이 수긍이 간다. 어쩌면 각각의 부족이 경주 주변의 여러 산에 있었고, 그 부족의 대표들이 서라벌이라는 부족연맹체의 중심지인 경주 구룡동 주변에 파견되어 6부를 구성했을지도 모른다.

경주

대체로 이 지역, 알천과 남산 사이의 땅을 중심으로 반경 2킬로미터 정도의 지역이 본래의 서라벌이라고 봐도 된다. 적어도 신라 상대, 박혁거세에서부터 진덕여왕에 이르는 기원전 1세기 중반에서 기원후 7세기 중반까지의 700년 동안은 말이다.

이곳에 박혁거세가 토성을 쌓고 이를 금성金城이라 불렀다고 하는데, 오랫동안 경주를 이 이름으로 부르게 된다. 고대한국어에서 금金은 군君과 통하므로, '임금이 살고 있는 곳'을 지칭했을 것으로 보인다. 그 뒤 101년에 반월 모양으로 월성月城을 쌓아 확대, 보강했다(최근 발굴 조사에 따르면 4~5세기에 수축된 것으로 보인다고 한다). 왕궁 북쪽에 흐르는 알천의 범람을 막기 위해 오리수라고 하는 삼림을 조성했는데, 지금도 신라왕경숲이라는 이름으로 남아 있다. 한편 왕궁의 서쪽에는 계림鷄林이 있다. 60년에 이곳에서 닭 우는 소리가 들려 가보니 아기가 든 금궤가 있었고, 그 아기가 바로 경주 김씨의 시조이자 신라 초기 이후 모든 왕들의 조상인 김알지였다고 한다. 그 후로 이곳은 닭과 관련되었다고 계림으로 불렸고, 계림은 곧 신라의 별칭이 되었다.

『삼국유사』에 따르면 기원후 4년(『삼국사기』에는 6년), 당시로서는 금성의 외곽(탑동)에 해당했을 지역에 최초의 왕릉이 조성되었다. 박혁거세가 승천하다가 땅에 떨어져 죽었는데 그 몸이 다섯 조각으로 나뉘었다. 그 몸을 묻은 곳이 각각 지금의 오릉이 되었다고 한다.

하지만 고고학자들은 4세기에 조성되었을 것으로 본다. 신라의 초기 궁성이나 왕릉의 연대가 기록과 고고학 사이에 300년~400년가량 차이가 나는 것은 '삼국 가운데 고구려가 먼저 세워지고, 이어서 백제, 신라가 세워졌다. 그러나 고려의 김부식이 『삼국사기』를 쓰면서 본인의 혈통이 닿는 신라를 가장 높이려고 신라의 수립 시기를 한껏 높이 잡아서 삼국 중 가장 먼저 건국된 것으로 위조했다'는 역사학계의 유명한 음모론을 뒷받침해 줄지 모른다.

14년에는 기록상 최초의 침공이 경주-금성에 있었다. 당시 해안을 침략한 왜와 맞서 싸우느라 정신없는 틈에 북쪽에서 낙랑군이 쳐들어와 금성이 함락될 뻔했다고 한다. 32년에는 경주 및 신라 최초의 축제가 있었다. 이때 6촌을 6부로 개편했는데, 이를 기념하고자 두 진영으로 나누어 가을 7월 16일부터 8월 15일까지 길쌈 경기를 벌이고, 진 쪽의 부담으로 잔치를 벌였다. 이것이 가배嘉俳로 한가위의 시초였으며, 이때 「회소곡會蘇曲」이란 노래가 불렸다고 한다. 138년에는 금성에 정사당政事堂을 설치했다. 아직 군권이 강하지 않은 시기에 군주와 대신들이 비교적 평등한 입장에서 정무를 논의하던 협의기구로 보인다.

356년에는 내물마립간이 즉위했다. 그는 신라 최초로 왕이라는 칭호를 쓴다. 또한 박씨, 석씨가 돌아가며 이어받던 왕위가 김씨 일족에 고정 세습되어 신라는 고대국가로서의 면모를 갖추게 된다. 그리고 신화와 사실, 왜곡과 날조가 뒤섞여 모호하던 역사도

황룡사지 각종 출토유물 황룡사는 93년에 걸친 국가사업으로 조성된 큰 절이다. 이곳에서 발견된 유물에는 '신라의 땅이 곧 부처가 사는 땅'이라는 신라인들의 불교관이 잘 나타나 있다.

사실성이 뚜렷해져 간다. 400년에 백제-가야-왜의 총공격으로 망국의 위기에 처하고, 고구려 광개토태왕의 구원으로 이를 면했으나 이후 한동안 고구려의 속국처럼 되어버리는 아픔도 있었다.

하지만 6세기에 접어들어 지증왕, 법흥왕, 진흥왕이 잇달아 즉위했다. 신라는 백제를 누르고 가야를 정복하며 고구려를 물리치고 한강 유역까지 차지하면서 삼국의 우두머리로 올라섰다. 이처럼 국력이 오르는 시기와 같이하여 왕권 신장과 불교 공인-진흥이 이루어졌다. 그 기념물이 구황동에 들어서게 된다. 553년에 진흥왕이 황룡사를 세우고, 645년에는 선덕여왕이 황룡사 9층 목탑을 세운다. 634년에는 분황사가 세워지고, 652년 앞선 어느 시점에는 황복사도 세워진다. 한때는 모두 아홉 군데나 되는 황皇 자 돌림의 웅장한 사찰들이 이 구역에 있어 구황동이라는 이름도 붙은 것이다. 경주-금성은 그야말로 황도皇都가 되었다.

신라 상대에서 중대로 넘어갈 즈음, 즉 태종무열왕과 문무왕의 시대에 구황동 바로 서쪽 부근에 동궁東宮과 월지月池가 만들어졌고, 거기서 다시 조금 더 서쪽, 계림 어귀에 첨성대도 세워졌다. 이처럼 융성하는 신라의 힘은 삼한 통일을 성취한다.

불국사와 석굴암을 만든 까닭

본격적인 중대, 즉 8세기에는 금성의 규모가 더 커지고 더 번화해졌다. 그리고 불교의 힘이 여전한 가운데 유교의 색채도 짙어졌다. 760년에 월성 바깥인 교동을 가로지르는 남천南川의 월정교가 그 상징이다. 월정교 남쪽에 관아를 정비하고 월정교를 통해 궁궐과 연결되었다고 한다. 그렇다면 월성의 범위를 한참 넘어 도시가 확대된 셈이며, 과거 부족연맹체적 6부의 틀을 넘어서 군주의 영역과 신하의 영역, 백성의 영역을 엄격히 구분하는 유교식 도읍 편제가 이루어진 셈이다. 718년에는 궁중에 물시계 누각漏刻도 설치해 첨성대와 함께 천지와 시기의 운행을 관측하고 그에 따라 국가를 운영하는 유교 군주로서의 위상을 갖추었다. 722년에 성덕왕이 백성에게 정전丁田을 지급한 일도 같은 맥락으로 볼 수 있다.

금성이 중앙집권적 유교 군주의 도성으로 변해가는 한편, 도성 안에서는 귀족의, 밖에서는 백성의 불만이 차츰 커져갔다. 귀족들은 보다 자유로웠던 옛날을 그리워하기도 하고, 왕위를 노리기도 했다. 백성들은 통일신라가 고구려와 백제 출신자들을 완전히 융합시키지 못함에 따라 갈수록 불만이 늘었다. 이런 위기를 극복하고자 월정교를 세우고, 각 지역의 이름을 중국식으로 바꾸었던 왕이 경덕왕이다. 그는 오늘날 경주 하면 떠오르는 불국사와 석굴암을 만들었다. 『삼국유사』에는 김대성의 개인적인 사업인 것처럼 적혀 있으나 김대성은 민간인이 아니라 재상이었다. 그리고 국가 규모의 투자와 지원 없이는 이뤄낼 수 없는 사업이라 불국사, 석굴암의 실제 추진자는 김대성이 아니라 경덕왕이었다고 보는 게 일반적이다.

불국사는 그 이름에서 보듯 불국토佛國土를 나타낸다. 상대 후반에는 왕즉불王卽佛, 즉 신라 왕이 곧 부처의 현신이므로 부처님을 섬기듯 왕을 받들어야 한다는 사상을 통해 왕권 강화를 꾀했다. 그래서 진평왕, 진흥왕, 선덕여왕 등의 이름은 모두 석가모니의 친족이나 불교 수호신들의 이름을 따서 썼다. 그러나 이후 원효의 사상과 선종의 유행으로 중생즉불衆生卽佛, 귀천을 불문하고 누구나 깨달으면 부처가 될 수 있다는 인식이 퍼졌으며 더 이상 왕을 부처로 섬기라는 이야기를 할 수 없게 된다. 그래서 대신 불국토 사상을

불국사 '불국토설'을 내세워 약해지던 왕권을 붙들어 일으키려던 경덕왕의 염원이 깃들어 있다.

내세운 것이다. 신라는 곧 부처의 가호로 통일과 번영을 성취한,
이 지상에 이루어진 부처님의 나라이다. 따라서 이를 어지럽히거
나 이에 반역하면 곧 부처님께 거역하는 것이며, 불벌佛罰을 면치
못하리라는 의미를 담았다. 불만투성이인 귀족과 백성들에게 전하
는 메시지였다.

하지만 경덕왕은 765년에 죽고, 뒤를 이은 혜공왕은 겨우 일곱
살이어서 모후의 섭정 체제가 시작되었다. 어린 왕이 즉위하고 섭
정이 서는 일은 왕조국가에서 흔한 일이나, 신라에서만큼은 처음

경주

있는 일이었다. 이는 결국 경덕왕의 노고에도 불구하고 왕권이 약화되어 귀족과 호족이 발호하는 계기가 된다. 779년에는 금성에 대규모 지진이 일어나 100명 이상이 사망한다. 이듬해에는 겨우 성년이 되어 친정을 시작한 참이던 혜공왕이 사망한다. 아마도 왕권 다툼에 말려들어 시해된 것으로 보인다. 신라 그리고 경주의 전성기가 끝나간다는 신호와도 같았다.

780년 선덕왕이 즉위하면서 시작된 신라 하대에는 이름만 대면 알 만한 건축물이 더 이상 금성에 들어서지 않았다. 하지만 금성의 범위는 점점 확대되었던 것 같다. 지금 학계 일부에서는 금성의 최대 범위를 구황동을 중심으로 반경 15킬로미터 정도로 보고 있는데, 그렇다면 초기의 금성에 비해 54배 이상 확대된 것이다. 2012년 발굴된 모량리 주거지 유적이 그 서쪽 끝이며, 동쪽 끝은 토함산이 된다. 『삼국유사』에 따르면 금성에 17만 8936호의 가옥이 있었다. 그 가운데 35채는 금입택金入宅이라 불린 초호화 주택이고, 금성의 귀족들은 금입택 외에 몇 채의 집을 갖고 있어 돌아가며 살았다고 한다. 또한 거의 모든 가옥이 기와집이었고, 모두 숯으로 취사 및 난방을 했기에 굴뚝으로 연기가 올라오지 않았다고 한다. 사실이라면 고려 개경이나 조선 한양에서도 찾아볼 수 없는 번영이 아닐 수 없다. 또한 '17만 8936호'에서 추정되는 금성 인구는 70만에서 100만에 이른다. 지금의 경주 인구가 25만 명, 18세기 기준 한양의 인구가 30만 명 정도이니 그야말로 엄청난 수준이다.

어느 정도 과장이 있더라도, 신라 하대의 금성이 한반도에서 달리 찾아볼 수 없는 웅대한 규모였음은 틀림없어 보인다. 그렇지만 정치와 사회는 점점 어지러워지기만 했다. 궁성은 쿠데타와 암살의 도가니가 되었고, 지방민들은 중앙권력의 약화와 부패에 질려 호족들 편으로 돌아섰다. 말세에 나타나 창생을 구원한다는 미륵신앙이 전국에 유행했고, 이를 이용하여 '내가 미륵이다!' 또는 '내가 미륵의 가호를 받고 있다!'라고 외치는 궁예, 견훤 등의 군벌들이 고구려와 백제에 대한 향수를 불러일으키며 힘을 길렀다. 10세기로 넘어갈 즈음 신라의 실제 영역은 금성을 포함한 경북 일부로

포석정 '망국의 흥청거림'이라는 기록은 왜곡이라고 한다.

쪼그라들었다. 본격적인 후삼국 시대가 되어 누가 한반도의 새로운 주인이 되느냐를 두고 쟁패전이 벌어지고 있었다.

927년에 견훤의 군대가 금성을 습격했다. 허를 찔린 경애왕은 포석정에서 잔치를 벌이던 중 붙잡혀 자결을 강요당했다(이는 왜곡이며, 부근의 포석사에서 국운 상승을 빌고 있었다는 설도 있다). 견훤은 그의 이종사촌인 김부金傅를 왕으로 세운 뒤 철수했다. 고려-신라의 연합전선에 결정타를 날린 동시에 신라 왕실에 갖고 있던 견훤의 개인적인 악감정을 푼 한풀이이기도 했다. 초기보다 수십 배 확장되고 호화 주택이 즐비한 금성이면 뭐 하는가. 고구려나 백제와 달리 한 번도 수도가 함락된 적이 없음을 자랑해 온 신라 아니었는가. 이것으로 신라 왕실의 권위는 바닥으로 추락했고, 신라는 사실상 멸망했다. 그리고 견훤이 왕좌에 앉힌 경순왕은 8년 뒤에 고려에 항복하기로 결정해 천년 왕국을 마감했다.

세월이 흘러도, 나는 경주 사람!

신라는 망했다. 하지만 금성은 남았다. 왕건은 그 이름을 경주慶州로 고치고, 대도독부로 삼아 존중하는 뜻을 보였다. 하지만 경주 사람들이 그것으로 성에 찰 리 없었다. 그렇지 않은가? 천년 왕도의 주민들이며, 인구 수십만에 이르는 대도시이자 문명의 중심지에서 특별한 삶을 살아오던 이들이다. 그런데 저 북쪽의 변두리에서 장사질로 번 돈을 밑천 삼아 왕이 된, 귀족은커녕 평민도 될까 말까 한 출신의 지배를 고분고분 받아들일 마음이 들겠는가? 마치 일제강점기 때 한국인들이 늘 울분과 저항의식을 마음 한편에 품고 있었듯, 경주 사람들은 고려왕조에 대해 좀처럼 충성심을 가질 수 없었다. 그리고 언제나 자신들은 신라의 후예라는 의식을 갖고, 이를 대대로 물려주었다.

> 우리나라에서는 신라 출신자가 고려 태조 초기에 송경(개성) 으로 옮겨와 벼슬하며 산 것이 500년이나 되었고, 우리 왕조가 열린 뒤 한양에 거주한 것이 또 300년이나 되었는데도 지志를 만들면 여전히 소속을 경주 쪽에 쓰고, 전傳이나 장문狀文을 작 성할 때도 여전히 '경주 사람 누구누구'라고만 하니 이상한 일 이다.
>
> —『동국여지지』

이처럼 고려는 말할 것도 없고 조선 후기까지도, 『동국여지지』 를 편찬한 유형원이 이상하게 여겼을 정도로 몇 대 이상 경주가 아 닌 곳에서 살아왔는데도 고집스럽게 '나는 경주 사람'이라는 의식 이 남아 있었던 것이다.

고려 제4대 왕 광종은 과거제를 실시하고 유학과 중국 고전에 밝은 사람을 중용하려는 태도를 보였다. 그런 귀족적인 지식과 소양을 갖춘 사람이라면 대개 경주 출신 아니겠는가? 비록 과거제를 통하지는 않았으나, 경주 출신 최승로는 982년에 성종의 요청에 응해 '시무 28조'를 올린다. 그것이 고려 체제의 개혁과 정비의 청사진이 되면서 경주 출신 지식인들의 시대가 도래했다. 987년에 성종은 경주의 이름을 동경東京으로 바꾸고, 유수留守로 하여금 다스리게 했다. 경주가 개경 중심의 서경(평양)과 함께 고려의 가장 중요한 중심지로 자리매김한 것이다.

백 년이 좀 더 지난 1132년, 묘청의 난을 진압할 사령관으로 경주 출신 김부식이 임명된다. 이로써 서경과 동경, 고구려와 신라의 대결이 벌어지고 동경-신라가 승리했다. 김부식은 1145년에 왕명에 따라『삼국사기』를 편찬하고, 그 책에서 대체로 신라를 삼국의 중심으로 서술함으로써 '역사는 승자의 기록'이라는 통설을 뒷받침했다. 이로써 '개경을 무너뜨릴 수 없다면 개경을 장악하면 된다'는 노선은 마침내 결실을 얻는다.

그러나 반발이 없을 수 없었다. 1170년에 일어난 무신의 난은 문신들의 전횡과 지나친 무신 폄하에 대한 반동이라고 하지만, 뭐든 경주 출신 중심으로 돌아가는 고려 시대 지역 패권주의에 대한 반동이라는 측면도 있었다. 실제로 무신의 난에서 주역인 정중부(해주), 이의방(전주), 경대승(개성), 최충헌(개성), 기홍수(행주) 등은 모두 경주 출신이 아니었다. 이의민만이 경주 출신인 소금 장수의 아들로 비천한 태생이었다. 그는 다른 지역 출신들보다도 경주계 귀족들에게 더 큰 증오심을 갖고 있었을지도 모른다.

그러나 이의민은 반동에 대한 반동의 주역이 되어버린다. 그가 1183년부터 집권하자, 경주 사람들은 그가 경주의 아들이라는 데서 희망을 찾았다. 한때 경주 출신 귀족들을 숱하게 척살했던 그도 "아버지가 꾸신 태몽에, 푸른 옷의 어린아이가 황룡사 구층탑의 꼭대기로 올라가는 걸 보셨다고 한다"라는 소문을 냈다. 푸른 옷은 동쪽을 의미해 이의민이 스스로를 경주의 희망으로 내세운 것이다.

1190년에는 경주에서 신라 부흥을 내건 반란이 연속해서 일어났다. 인근 지역에까지 확산되자 개경에서는 남적南賊이라 부르며 반란 세력을 두려워하게 되었다. 당연히 최고위에 있던 이의민에게 진압에 나서라는 요구가 빗발쳤지만 그는 이리저리 핑계만 대며 미적거렸다. 사실 남적의 봉기는 그와 선이 닿아 있었던 것이다. 보다 못한 공경들이 1193년에 전존걸을 사령관으로 삼아 토벌군을 경주로 내려보냈다. 그러나 그의 부관 자격으로 동행하던 이의민의 아들 이지순이 토벌군의 움직임을 남적들에게 까발렸다. 심지어 군수물자까지 빼돌려 그들에게 넘겨주는 바람에 토벌은 실패했다. 전존걸은 이 일로 분격한 나머지 자결해 버린다. 그러나 이로써 여우 꼬리가 확실히 드러났다고 여긴 조정 대신들은 이의민 제거를 위해 서서히 힘을 모았다. 그 중심에 최충헌이 있었다. 그들은 1196년에 이의민 등을 전격 암살하고, 그 일족을 모조리 죽임으로 본격적으로 남적 진압에 나섰다.

하지만 반란을 겨우 진압했다 싶으면 얼마 뒤에 또 일어나는 식이어서, 최충헌이 중심이 된 개경 조정은 골머리를 앓았다. 신라부흥에 대한 열망만이 반란을 불러온 것은 아니었다. 마치 신라 말에 후삼국이 일어날 때처럼 무도한 무신정권의 부패나 착취에 대한 사무친 분노가 농민과 천민들을 반란에 동참하게 만들었다. 이로 인해 남적의 봉기가 그치지 않았던 것이다. 결국 1204년, 동경별초別抄 패좌孛佐가 일으킨 반란군이 안동에서 격멸되면서 13년에 걸친 신라부흥운동은 끝났다. 최충헌은 동경을 경주로 격하시키고, 그 소속 현들도 마구 잘라내어 규모를 축소했다. 그리고 안동과 대구를 높여서 경북 일대에서 경주를 견제하도록 했다.

그 뒤 1238년 몽골군의 침공으로 경주의 상징이자 자랑이던 황룡사 구층탑이 불타버리고, 이후 또다시 왜구가 몰려오면서 경주는 여러 차례 유린되었다. 그러다 보니 옛 신라 궁성의 잔해에 절이 들어서고, 그 절도 불타고 무너져 없어졌다. 그렇게 점점 옛 황금시대의 유적들도 사라지거나 잊히고 점점 퇴락했다. 개경에서 태어났으되 경주 사람의 정체성을 가슴에 새긴 이제현, 이존오 등의 신진사대부는 새 왕조의 밑거름이 되지만, 고려에서 조선으로 이어지는 경주에 수백 년 전 웅대하고 화려한 대도시의 흔적은 거의 남아 있지 않았다. 황룡사는 탑뿐 아니라 나머지 건물들도 깡그리 사라져 그 자리에 민가와 논밭이 들어섰으며, 불국사는 돌기단만 남은 폐허가 되었다. 석굴암은 아예 묻힌 채 존재도 잊혔으며, 건물은 모두 사라지고 연못만 남아 있던 월지는 월지라는 이름조차 잊힌 채 '안압지'라고 불렸다(지금은 동궁과 월지라는 이름을 되찾았다).

외로운 성이여, 굽은 모양이 반달과 같은데
가시덤불로 반이나 덮이고, 여기저기 족제비 굴이구나
곡령(개성을 지칭)의 푸른 솔은 기운이 왕성하고
계림(경주를 지칭)의 누런 잎은 가을이 쓸쓸하네
태아太阿의 칼자루(왕권을 상징)가 거꾸로 쥐어진 뒤부터
중원中原의 사슴이야 누구 손에 죽었던가
강가의 여인들은 속절없이 옥수화玉樹花를 이야기하는데
봄바람은 몇 번이나 금빛 제방의 버들잎을 어루만졌을까.

– 이인로, 『파한집』

절문을 나오니 절(천왕사)의 동쪽은 멀리까지 사람 사는 곳이 없었다. 무인지경 90여 리를 가서 울주(울산)에 이르렀다.

– 하륜, 『호정집』

하지만 조선의 경주에는 남적 때문에 조정에서 받던 견제가 사라졌다. 몽골, 왜구 등의 전란도 한동안 없었다. 평화가 이어지자

경주

인구도 차차 늘고 논밭도 늘어서 영남의 부유한 고을로 올라섰다. 서거정은 조선이 개국하고 약 1세기 뒤에 "경주는 땅이 넓고 민가는 조밀하다. 물산이 풍부하고 재화는 넉넉하여 동남東南 부고府庫의 제일이다"라고 평가했다. 조선조에 경주가 배출한 걸출한 학자인 회재 이언적을 모시는 옥산서원이 1572년에 들어서면서 영남 유림을 양성하는 주된 보금자리 중 하나가 되었다. 도시가 살 만해지니 폐허가 되었던 불국사 등 고찰들도 일부 다시 지어졌다.

묻혀 있던 시간만큼 깊어진 천년의 고을

신라 시절 '한반도 으뜸의 도시'에서 고려와 조선 시대에는 '영남 으뜸의 도시'로 내려갔던 경주는 근대에 들어서는 '경북의 주요 도시'로 위상이 또 내려간다. 해방 당시 경주 인구는 22만 명에 조금 못 미치는 수준으로, 경상북도에서 대구, 상주, 포항 다음이었다. 대구에 비하면 절반 수준이고, 상주와 포항, 안동이 경주와 두루 엇비슷했다. 일제 치하의 산업화가 대구, 울산, 부산 등을 중심으로 이루어진 탓이었다.

일제강점기는 경주에 양날의 칼이기도 했다. 고구려의 지안처럼, 오랫동안 잊히거나 방치되어 있던 신라의 유적들이 발굴되거나 복원되었다. 석굴암은 1907년에 발견되고, 1912년에서 1915년

석굴암 본존불 일제강점기에 발굴되었다.

까지 3년에 걸쳐 발굴, 복원되었다. 금관총은 1921년, 금령총은 1924년, 서봉총은 1926년 발굴, 조사되었다. 반쯤 무너져 있던 불국사의 청운교, 백운교를 다시 쌓기도 했다.

　이로써 천년 고도 경주가 다시 부각되었다. 발굴과 조사의 결과로 신라 역사 및 미술에 대한 연구의 초석이 놓인 점은 분명 긍정적이다. 그러나 부정적인 점도 많았다. 석굴암, 불국사 등의 복원이 어설퍼서 돌이킬 수 없는 손상을 남긴 점도 그렇고, 다보탑 석사자상을 비롯한 많은 문화재가 일본으로 빼돌려진 것도 그렇다. 게다가 일제는 이들 문화재를 빌미로 경주를 유흥 도시로 키우려 하여, 유곽과 술집들이 옛 성터나 절터에 빼곡히 들어서기도 했다.

대한민국의 경주는 어찌 보면 그러한 일제강점기와 엇비슷한 선을 타며 변화했다. 박정희 정권은 포항과 울산에 산업개발을 집중시키면서 상대적으로 경주는 낙후되었다. 박정희는 1960년대까지는 경제개발에만 관심을 두고 '음풍농월하다가 조선이 망했듯, 문화는 중시하면 유해하다'라는 인식마저 갖고 있었으나 1970년대부터는 '우리 전통문화를 발굴, 복원하고 널리 알리는 게 유익하다'라는 쪽으로 생각이 바뀌어 새롭게 경주에 주목했다. 때맞춰 1973년에 천마총이 발견되기도 했다. 그래서 황룡사지 발굴, 불국사 복원, 보문관광단지 조성 등이 이어졌다. 또 화랑정신을 한민족의 핵심 정신이라 내세우면서, 화랑의 집과 통일전을 경주에 세웠다. 특히 통일전은 '화랑정신으로 삼국통일을, 이제 유신정신으로 남북통일을!'이라는 인식을 국민에 심어주기 위해 조성한 현대의 성전이었다.

이리하여 한때는 수학여행도, 신혼여행도 으레 경주로 가게 되면서 관광업의 메카로 떠오르기도 했다. 하지만 해외여행이 자유화되고 관광 수요도 다변화돼 고적을 답사하기보다 인사동이나 전주 한옥마을처럼 일정한 테마에 맞춰 구경하고, 맛보고, 즐기는 식

천마총 장니 천마도 '천마'가 아니라 '기린'을 묘사한 것이라는 주장도 있다.

의 여행이 주류를 이루면서 경주의 관광업은 빛을 잃어가고 있다.

결국 현대 도시가 살려면 공업이나 금융업이 제일이라는 인식이 생겼지만 도시 전체가 박물관인 터에 마구 공장을 짓고 빌딩을 올릴 수도 없는 일이다. 한껏 변두리에 울산, 포항과 연계되는 공장들을 짓거나 천년 고도와는 도무지 안 어울리지만 원자력에 기대는 방법뿐이다. 대표적인 기피-혐오시설인 방사성 폐기물 처리장이 2015년에 자리 잡았고, 박정희 정권 때 경주에 거의 유일하게 설치한 산업시설인 월성 원전이 문무대왕릉 코앞에서 가동되고 있다. 최근 탈원전 정책에 부딪히면서 그마저도 어려움을 겪는 중이다.

    기원전에 생겨나 한반도의 그 어떤 도시보다 오랫동안 나라의 수도였던 경주는 이제 21세기를 살아가고 있다. 그 도시가 황룡처럼, 천마처럼 웅비할 때가 다시 찾아올 것인가? 그러려면 문화관광과 산업개발이라는 선택지 사이에서 조화를 이루는 방법을, 아니 그 이상의 해결책을 찾아내야 할 것이다.

15

대구

분지에서 저항 운동을 외치다

대구광역시는 수성구, 달서구 등 7개 구와 1개 군(달성군)으로 이루어져 있다. 면적은 883제곱킬로미터, 인구는 230만 명을 조금 넘어 특별·광역시 중 3위이다. 인구가 밀집된 시가지는 모두 분지 안에 있다.

갓바위 부처님의 눈길 아래

　대구는 평균 해발 49미터로, 시 전체가 분지 지형이다. 그 가운데서도 북쪽의 팔공산이 1193미터 높이로 정점을 이루고, 그 산줄기가 점점 완만해지며 평원을 이루다가 남쪽의 비슬산에서부터 다시 높아지는 모양새다. 그래서 대구大丘라는 지명은 한참 뒤에 생겨났고, 원래의 이름인 달구와 마찬가지로 높은 언덕을 뜻한다. 높은 언덕에 큰 평야가 있으니 달구벌이며, 그 평야에 오래전부터 사람이 모여 살아왔다.

　달서구 월성동에서 발견된 구석기 유적으로 미뤄볼 때 아마 2만 년 전부터 사람이 살았으리라 여겨진다. 기원전에 부족국가가 세워졌고, 108년 신라에 병합되어 달구화현達句火縣이 되었는데 그

후로도 계속 달불성達弗城, 달구벌達句伐 등으로 표기되었다. 757년 경덕왕의 지명 한화 조치에 따라 대구가 되었으며, 그 지명이 지금까지 이어졌지만 단지 천 년 뒤, 1750년에 '구됴는 공자님의 함자孔됴와 겹치므로 외람된다'라는 주장이 나와서 대구大邱로 한자명이 바뀌어 오늘에 이른다.

대구의 가장 북쪽에는 대구의 진산인 팔공산이 있다. 높이는 한반도 남녘에서만 따져도 25위에 그쳐 그렇게까지 높고 험한 산이랄 수는 없다. 하지만 영적인 기운은 예부터 한반도 전체에서 으뜸을 다툰다고 여겨졌다. 신라는 삼한을 통일한 뒤 중국을 본떠 5악岳 숭배 체제를 세웠는데, 수도 금성의 진산인 토함산, 당시 신라의 강역에서 가장 높고 험준한 산들인 지리산과 태백산, 풍수지리적으로 오래전부터 명성이 높은 계룡산, 그리고 팔공산이 그 다섯 산이다. 임금이 오악에 직접 올라 하늘에 제사를 지내며 국가와 왕조의 복을 빌었다고 한다.

그리고 갓바위 석조여래좌상이 만들어졌다. 양식을 볼 때 신라 불상인 것만 확실할 뿐 정확히 언제 누가 만들었는지는 모른다. 팔공산 관봉 자연석을 깎아 만든 이 불상은 석가여래가 좌정한 모습을 하고 있다. 전설에 따르면 의현법사가 원광법사의 입적을 지켜본 뒤, 집에 돌아가니 그사이에 어머니도 세상을 떠나 있었다고 한다. 그래서 원광법사와 어머니의 넋을 달래고자 혼자 망치와 끌을 들고 팔공산에 올라 바위를 깎고 또 깎아 부처님을 이루어냈다.

6년 동안 그리했는데, 학들이 날아와 밤이면 그를 감싸서 얼어죽지 않게 해주고 낮이면 먹을거리를 물어다 주어 굶어 죽지 않게 해주었다고 한다. 원광법사가 입적한 때는 640년이니, 전설이 맞는다면 이 불상은 삼한 통일이 이루어지기 직전에 조성되었다고 할 수 있다.

숨을 헉헉 몰아쉬며 제법 가파른 산길을 오르면 계단 끝의 봉우리에 자리 잡은 부처님의 고요한 표정이 보인다. 머리에 쓴 관은 긴 세월 속에 닳고 부서져서 갓처럼 되었다. 그래서 바위 이름도 갓바위가 되었다. 높은 산꼭대기에 조립이 아니라 자연석을 깎아 만든 정성은 깊은 감동을 자아내고, 모든 것에 달관한 듯한 부처님의 표정과 의연히 앉은 모습은 '이곳에서 기도하면 뭐든 한 가지 소원은 이루어준다'는 속설을 낳아 지금도 참배객이 끊이지 않는다.

갓바위 부처님은 신라가 망해가던 무렵, 새로운 왕조의 패권을 둘러싸고 벌어진 공산전투도 내려다보았을 것이다. 당시 후백제보다 고려가 우세했다. 신라는 신라 멸망을 일관되게 추구해 온 견훤이 두려워 고려 편에 섰고, 고려군은 육지에서만 움직이고 있던 후백제군을 수륙 양면으로 협공해 견훤을 포위하려고 했다. 그러자 후백제 호족들도 왕건에게 항복하는 상황이었다.

그러나 견훤은 노련했다. 자신을 압박하느라 신라의 금성이 비어 있음을 알고 그쪽으로 전력을 집중시켰다. 포석정에서 잔치를

갓바위 석조여래좌상 갓바위 부처님은 언제나 세상을 내려다보고 있다.

벌이고 있던 경애왕을 습격해 죽이고, 경순왕을 대신 세운 뒤 물러
났다. 이 소식을 들은 왕건은 2만 명의 군사를 이끌고 남진했다. 그
는 이번에야말로 견훤을 끝장낼 수 있으리라 여겼다. 견훤의 병력
이 훨씬 적은 데다(5000명 정도였을 것으로 보인다) 먼 길을 오가며
싸움까지 벌였으니 지쳐 있을 것으로 예상했기 때문이다. 하지만
이 역시 견훤의 계획대로였다. 먼저 신라를 두들겨 협공 위험을 없
앤 견훤은 팔공산 자락에서 왕건군을 차분히 기다렸다가 전력으로

공격했다.

수적으로 월등했던 고려군은 맥을 못 추고 궤멸되었고, 왕건도 목숨을 잃을 뻔했으나 신숭겸, 김낙 등이 목숨을 내던지며 보호한 덕분에 간신히 살아서 달아났다. 고려군은 8명의 장군과 5000명에 가까운 병력을 잃어 한동안 후백제를 넘보지 못하게 되었다. 오늘날 대구시에는 왕건이 참패한 아군을 보며 넋을 잃었다는 파군재, 그 가까이에 마련된 신숭겸 장군 유적, 포위를 간신히 뚫고 올라가서 살 수 있었다는 왕산 등이 그 처절했던 전투를 기념하고 있다. 팔공산에서 8명의 장군이 전사했기 때문에 이름이 공산에서 팔공산이 되었다고도 한다.

견훤의 군대에는 승병들도 있었다. 바로 갓바위에서 2.5킬로미터 정도 내려가면 나오는 동화사의 승려들이었다. 동화사는 신라 소지왕 때(493년) 유가사라는 이름으로 창건했다가 832년 흥덕왕 때 중창하면서 동화사로 이름을 바꿨다. 당시 겨울인데도 오동나무가 꽃을 환하게 피웠다 하여 그렇게 바꿨다고 한다. 동화사가 견훤의 편을 든 것은 견훤과 밀착해 있던 진표율종眞表律宗 계열 사찰이었기 때문이다.

그 부근 염불암에는 일인석 전설이 남아 있다. 왕건이 파군재-왕산을 거쳐 달아나다가 동화사 근처까지 와서는 한 사람이 앉을 만한 바위를 보고 털썩 주저앉아 쉬었다. 그러자 동화사의 승려가 "그곳은 한 사람(왕을 지칭하기도 한다)을 위한 바위요."라고 했다. 왕건은 "내가 한 사람이오. 그렇지 않소?"라고 대답했다. 그러자 그 승려가 안전하게 피신할 수 있는 길을 가르쳐 주어, 왕건이 무사히 달아날 수 있었다고 한다. 전쟁이 끝나고 동화사가 탄압받지 않은 이유는 이 전설 덕분인지도 모른다.

갓바위 부처님은 계속해서 내려다본다. 고려의 세상이 되고 1194년에는 개경에서 고관대작들이 내려와 팔공산 제천단에 큰 연석을 베풀어놓고 향을 사르며 절하는 광경이 펼쳐졌다. 그중에는 당시 사실상 이 나라의 우두머리였던 진강공晉康公 최충헌도 있었다. 그들이 제사를 지내는 까닭은 1년 전, 무신정권의 가혹한 수탈에 분노한 대구, 경주, 영천, 청도 등의 영남 백성들이 민란을 일으켜 정권을 긴장케 했다가 1년 만에 가까스로 진압되었기 때문이다. 그래서 무사히 민란을 진압한 것에 대해 천신께 감사드리고, 경상도 일대의 민심을 어루만지려 정권 최고위급들이 팔공산에 행차했던 것이다.

1295년에는 충렬왕이 내려왔다. 홍진국사 혜영이 동화사의 주지가 된 것을 축하하고 존경을 표하기 위해서였다. 얼마나 법력 높은 고승이면 왕이 직접 찾아와 하례를 드렸을까? 하지만, 더 큰 이유는 홍진국사가 원나라에 다녀온 스님이며 그곳에서 원세조 쿠빌라이의 극진한 대접을 받았다는 데 있었다. 당시 고려는 왕이 원 황실의 부마가 되고, 시호에 충忠 자가 들어갈 만큼 원나라에 복속된 처지였다. 그러므로 원 황제가 존중한 승려라면 고려 왕이 더더욱 높이 받들어 모시지 않을 수 없었던 것이다. 충렬왕은 법석에 높이 앉은 홍진국사에게 다섯 번 엎드려 절하고, 국존國尊이라는 극존호를 바친 뒤 물러갔다.

이 모든 광경을 갓바위 부처님은 아무 말도 없이, 표정의 변화도 없이 계속해서 내려다본다. 왕조가 바뀌고 1592년, 대구읍성이 왜군의 공격으로 불타고 허물어져 내렸다. 5년 뒤에 다시 쳐들어온 왜군을 맞아 조선의 민과 군과 승이 팔공산성에서 결사적으로 싸워 마침내 물리치고 만세를 불렀다. 1850년에 추사 김정희는 팔공산 일대의 금석문도 살펴볼 겸 불탔다가 중수된 은해사에 찾아와 현판을 써주었다. 1864년에는 사람과 하늘의 뜻이 통한다며 동학을 제창했던 최제우가 삿된 이단으로 몰려, 대구 경상감영에서 처형되었다. 1899년에 동학보다 더 질시받던 기독교의 십자가가 대구제일교회 꼭대기에 세워졌다. 국권 상실과 만세 운동, 6·25 전쟁까지 부처님은 바라볼 뿐이다.

팔공산 자락에서 대구 분지에 이르는 땅에서 천 년하고도 또 몇백 년 동안 갓바위 석조여래는 사람들이 다투고, 절망하고, 환호하고, 염원하는 모습을 변함없이 지켜봤다. 지금도 그 앞으로 찾아와 108배를 드리며 부모의 암이 낫기를, 자식이 명문대에 붙기를, 로또 1등에 당첨되기를, 애인이 생기기를, 가족 모두 건강하기를 바라며 절하고 또 절하며, 불신의 암벽 틈에 동전을 끼워 넣는 사람들을 무표정하게 바라보고 있다. 왕건을, 최충헌을, 김정희를, 최제우를 바라보던 그 표정 그대로.

얽히고설킨 대구의 중심지

팔공산에서 남쪽으로 내려오면 왕건이 패했던 파군재가 있다. 파군재에서 남쪽으로 2킬로미터쯤 더 내려가 국도와 경부고속도로가 교차되는 지점을 지나면 불로동고분군이 나온다. 총 211기나 되는 고분들은 5세기에서 6세기의 것들로 추정되는데, 역사상 대구가 이미 신라에 병합된 다음이다. 그때까지는 아직도 사실상 왕국의 지위를 유지하고 있었던 듯하다. 지금은 주변에 조성된 억새밭과 함께 대구시의 나들이 장소로만 여겨지고 있지만, 먼 옛날에 대구가 한 나라의 중심이었음을 묵묵히 증언하는 곳이다.

실제로 도읍이 될 뻔했다. 689년, 통일신라의 신문왕이 이곳으로 천도하기로 했다가 반대에 부딪혀 뜻을 이루지 못했기 때문이다. 그는 넓어진 국토를 9주 5소경 체제로 재편하고, 한쪽으로 너무 치우친 수도의 위치를 좀 더 중앙으로 옮기려고 했다. 그래서 얻은 해답이 대구였지만, 기득권을 무너뜨리기는 어려웠던 것이다. 신문왕의 구상이 실현되었다면 삼한이 좀 더 단단히 통합되고, 후삼국의 분열이나 공산전투도 없지 않았을까?

비록 임시였지만 도읍이 되기도 했다. 6·25 전쟁 당시 서울을 잃은 상태에서 1950년 7월 16일에 대한민국 수도가 된 것이다. 다만 북한군의 공세가 급해져 한 달 만에 수도는 더 남쪽으로 내려가고, 대구는 치열한 전쟁터로 바뀐다. 그때 한국 정부부처와 미군 사령부가 들어서 있던 곳은 불로동고분군에서 남서쪽으로 가야 한다. 금호강을 건너 8킬로미터 정도 가면 중구 포정동이 나오는데, 여기 경상감영이 있다. 1601년부터 이전의 경주, 상주 등에 설치되어 있던 경상도 행정의 중심지인 감영이다. 이것이 근대에도 이어져 대구부, 경상북도청, 임시 수도청사로 쓰였다. 그렇게 1966년 도청 이전까지 360여 년을 대구·경북의 중심지로 있다가 지금은 공원화되었다. 불로동이 지금도 젊은 연인들이 즐겨 찾는 곳이 되었다면, 이 경상감영공원은 대구 노인들이 많이 모여 대구

대구 경상감영 현대의 도청과 같은 역할을 했던 곳. 지금은 공원이 되었다.

판 탑골공원이라고도 한다. 선화당(행정 업무를 보던 본부)과 징청각(관찰사가 지내던 관사)이 남아 옛 감영의 흔적을 보여준다.

오랫동안 대구 경북의 중심지였던 만큼 이 장소에 얽힌 역사적 사건도 많다. 1862년에는 진주를 비롯한 삼남 일대의 농민들이 삼정의 문란 등에 분노해 임술민란을 일으켰다. 그러자 박규수가 진주 안핵사가 되어 경상감영을 총본부로 삼고 영남 일대의 민란을 수습하는 일을 진행했다. 경상도 일대가 다 민란의 도가니가 되다시피 했으나 대구읍성과 그 배치 병력 덕분에 대구는 멀쩡할 수 있었다. 1864년에는 앞서 말했듯 동학 교주 최제우가 여기 끌려와 처형되었다. 1906년에는 경상북도 관찰사였던 친일파 박중양이 독단으로 대구읍성을 허물었다. 그리고 경상감영 앞에 설치되어 있던 측우기를 일본인에게 선물로 넘겨주고, 감영의 일부였던 포정문도 뜯어내서 지금의 달성공원에 장식물로 세워놓았다.

그리고 1946년 10월 1일, '대구 10·1 사건'이 일어났다. 10월 인민항쟁이라고도 불리는 이 사건은 당시 미군정의 실정에 따른 대구 경북 지역의 극심한 식량난, 엎친 데 덮친 격으로 발병한 콜레라, 그리고 같은 해 5월의 '조선정판사 위조 사건' 이후 좌익을 관용하는 데서 탄압하는 쪽으로 바뀐 미군정의 태도와 그에 반발한 남한 좌익의 극렬 투쟁 등 격동의 시대를 배경으로 한다.

그날, 여성과 청소년 등 1000여 명이 대구시청 앞에서 '굶어 죽겠다! 쌀 좀 줘라! 쌀 좀!' 이렇게 소리쳤다. 그리고 경상북도청 앞까지 행진하며 시위를 벌였다. 대구역 앞에서도 노동자들이 궐기했고, 사태가 점점 심각해지자 경찰 일부가 자기도 모르게인지, 지시를 받아선지 발포해 버렸다. 사상자가 나오자 둑이 터진 듯, 시위대의 규모와 구호는 더욱 거세졌고 이에 맞서는 경찰들의 대응도 더욱 과격해졌다. 경찰이 붙잡히면 그 자리에서 몰매를 맞았고, 그러다 숨이 끊어지기도 했다. 무기고를 탈취해 총기로 무장한 일부 시위대와 경찰 사이의 총격전도 벌어졌다. 붙잡은 시위대를 일렬로 세워놓고 총살하는 일도 있었다. 이틀 뒤에는 경북도청의 하위직원들까지 시위대로 뛰어들어, 행정의 무능을 규탄하고 폭력 진압을 반대했다. 한편 진압 경찰 쪽에는 서북청년단이나 백의사 같은 우파 조직원들이 합세했다.

결국 10월 8일에 시위가 잦아들기까지 대구에서 민간인과 공무원을 합쳐 100명 이상이 사망했다. 그러나 대구에서 일어난 불꽃은 영남 일대로 번지고, 다시 전라도와 충청도, 강원도 등으로도 번졌다. 정확한 통계는 알 수 없으나 전국에서 200만 명이 시위에 나서고, 1200명 이상이 사망했다. 수십 채의 관공서가 불에 탔다.

여순 사건, 제주 4·3 사건과 함께 6·25 전쟁의 전주곡인 '3대 사건'의 하나인 대구 10·1 사건이 발발한 데는 일제강점기 때 대구가 조선의 모스크바로 불릴 정도로 사회주의 계열의 활동이 가장 활발했기 때문이다.

그러나 역사의 아이러니는 같은 시기에 동방의 예루살렘이라 불릴 만큼 우파-기독교 세력이 주름잡던 평양은 붉은 도시로, 조선의 모스크바는 한국 보수우파의 수도로 뒤바뀌도록 만들었다. 1961년 이후, 한국의 주류 엘리트가 북한에서 내려온 사람들에서 대구 경북 출신의 사람들로 교체되기 시작하면서 나타난 변화였다. 그런 굴곡진 헤게모니의 역사는 오늘날 겉보기로는 마냥 평화롭기만 한 고분과 경상감영공원 터에 깃들어 있다.

상업의 중심에서 외친 저항의 목소리

조선 시대 경상감영 주변에는 타지에서 드나드는 이들을 위한 객사가 있어서 그 가까이에 자연스럽게 시장이 형성되었다. 감영에서 북서쪽으로 500미터 정도 떨어진, 지금의 대구역보다 조금 남쪽에 있는 북문 주변의 시장과 서쪽으로 100미터 정도 떨어진 곳에서 봄, 가을에 열리던 약령시(한약재 시장)가 그것이다. 대구가 한양과 영남을 잇는 물류와 낙동강을 활용하는 영남 물류의 요지로 발전하면서, 북문시장은 서문 쪽으로 옮겨져 더 큰 규모가 되었으며 약령시도 1658년부터 정규화되었다. 대구가 경북의 핵심 지역이 될 수 있었던 까닭은 서애 유성룡이 선조에게 건의한 말에서 보듯 농업에 있었다. 유성룡은 '대구는 영남의 중로에 있고 토지가 매우 비옥합니다. 지금 전란으로 터전을 잃고 떠도는 백성을 그곳에 몰아넣고 크게 영농을 펼치면 훗날을 도모할 만합니다'라고 했고, 그의 생각처럼 사람과 물자가 모여들면서 조선 후기에는 대구가 상업의 중심지가 된 것이다. 상업을 기준으로, 조선 후기 대구의 경제 규모는 한양, 평양과 견주는 수준에 이르렀다.

그러나 일제는 박중양을 통해 1908년에 경상감영 객사를 허물어버리고, 약령시도 더 남서쪽에 있는 남성로 쪽으로 옮겨버렸다. 그리고 1941년에는 아예 약령시를 폐지했다. 그러나 조선 최대였던 대구 약령시의 명맥은 오늘도 남성로의 약전골목에 남아 있으며, 얼마 전까지만 해도 이 골목을 그저 걸어다니기만 해도 온갖 한약재 냄새에 휩싸여 '감기 따위는 저절로 낫는다'라는 농담이 나돌곤 했다. 그리고 남성로 자체가 한의원들이 즐비한 길이 되었다. 이런 식으로 근대의 대구는 거리와 골목에 독특한 이야기를 엮으며 변천했다.

남성로는 한약의 메카인 동시에, 근대 기독교와 서양 문물이 영남 지역에 들어온 역사도 갖고 있다. 1893년 이곳에 영남 최초의 개신교 교회인 대구제일교회가 세워졌고, 1899년에는 부속 서양식 병원인 제중원도 세워졌다. 남성로에서 조금 비낀 지점에는 1899년에 처음 지어진(당시 한옥 양식이었고, 지금의 고딕식 건물은 화재 후 1903년에 개축된 것이다) 계산동 성당이 서 있다. 프랑스와의 수교 이후 오랜 박해의 멍에를 벗은 프랑스 천주교에서 국내에 4번째로 지은 성당이다. 1951년에 김수환 추기경이 이곳에서 사제 서품을 받았고, 그 1년 전에는 박정희 전 대통령이 육영수와 결혼식을 치렀다.

한편 일제는 1923년에 서문시장도 서쪽으로 밀어내어, 현 계명대학교 부속 동산병원의 왼편에 자리 잡게 했다. 일제가 대구의 주요 시장터 두 곳을 이렇게 경상감영 쪽에서 멀리 떨어트린 까닭은 사람이 많이 모이는 장터가 행정의 중심이던 대구부(구 경상감영) 근처에 있으면 시위가 벌어지고, 관공서가 습격당할 것을 우려해서였다.

그러나 대구 시민은 저항했다. 일제가 국권의 대부분을 잠식했던 1907년에 서상돈, 김광제 등의 제창으로 '국채보상운동'이 대구에서 시작되었다. 대한제국이 일본에 진 빚을 갚지 못해 국권 침탈의 빌미가 되고 있으니 민간에서 돈을 모아 국채를 대신 갚아주자는 운동이었다. 이 운동은 전국으로 확산되어 '남자는 담배를 끊고, 여자는 가락지를 팔아서' 국채보상 기금을 마련하려는 열풍이 불었다. 이는 일제의 방해 등으로 실패하지만, 그 높은 뜻은 국채보상로와 국채보상운동기념공원으로 기억되고 있다.

국채보상로에서 계산동 성당과 동산병원 사이로 이어지는 계단길은 만세운동길이다. 3·1 운동 당시 계성학교, 신명학교, 대구고보, 성서학당 등의 대구 학생들이 이 계단을 달려 올라가, 서문시장(일제가 이전하기 전 위치)에 모여 대한 독립 만세를 외쳤다. 서문시장이 옮겨진 뒤인 1927년에는 장진홍이 조선은행 대구지점에

국채보상운동기념공원 국민들이 나라의 빚을 갚고자 한 운동을 기념하여 만들어졌다.

폭탄을 투척했고(이육사가 이 사건에 연루되어 검거되었다), 1942년
에는 대구상고 학생들이 중심이 되어 태극단 학생 독립운동을 일
으켰다.

　대구 중심가를 횡단하는 국채보상로와 종단하는 동성로, 오늘
날의 젊은이의 거리가 맞닿는 구역에는 2·28기념중앙공원이 있
다. 1960년 2월 28일, 대선을 앞두고 경북고, 경북사대부고 학생
들이 각자의 학교에서 궐기했다. 일요일인데도 이들이 학교에 모
인 것은 그날 야당 대선후보인 장면의 대구 연설이 잡히자 연설 현
장에 학생들이 모여 시위를 할까 봐 자유당 정부가 "일요일에도 등
교토록 하라"라고 대구 각급 학교에 지시했기 때문이다. 그러나 이

런 어처구니없는 조치는 오히려 울고 싶은데 뺨 때린 격이었고, 학생들은 교사들의 만류를 뿌리치고 거리로 뛰쳐나갔다. 1200명의 학생이 참여하고, 그중 120여 명이 경찰과의 몸싸움 끝에 체포되었다. 이 2·28 학생 의거는 대구로서는 일제강점기의 학생운동과 10·1 사건의 맥을 잇는 것이었고, 전국적으로는 정부수립 이후 처음 벌어진 민주화 운동이면서 4·19 혁명의 선구였다.

저항은 물리적 시위만이 아니었다. 경상감영의 북동쪽에는 향촌동이 있다. 일제강점기 때 일본에서 넘어온 5만 명의 일본인이 모여 살면서 당시 대구 경북의 경제를 쥐고 흔들며 그들만의 삶을 누렸던 곳으로, 대구의 회현동이라고 할 수 있다. 이곳이 해방 뒤에는 예술인들의 거리로 탈바꿈했다. 6·25 전쟁 때 피란 온 예술인들이 이곳에 모여, 1970년대까지 독특한 분위기가 이어지게 된다. 대구 향촌문화관에서 명맥을 이어가는 녹향은 국내 최초의 음악감상 다방이었다. 서울에서 조금 늦게 생긴 음악다방 르네상스도 한동안 향촌동으로 피란 와 있었다. 어두침침한 다방에 앉아 커피 한 잔 마시며 레코드를 듣고 줄담배를 피우고 시나 곡을 썼던 사람들 가운데 박목월, 조지훈 같은 시인이나 변훈, 하대응, 김동진 같은 작곡가가 있었다. 유치환과 김동리, 정비석, 양명문 같은 소설가나 극작가도 이 거리에서 시국과 예술을 토론하고, 작품을 썼다. 이중섭도 백록다방에 죽치고 앉아서 은박지에 그림을 그렸다.

동성로에서 좀 더 내려가 달구벌대로가 신천과 만나는 부근에

김광석다시그리기길의 김광석 동상 수많은 명곡들을 남기고 떠난 그를
기리는 곳에 동상이 놓여 있다.

'김광석다시그리기길'이 있다. 방천시장이 있는 이곳은 해방 후에
만주와 일본에서 돌아온 사람들이 모여 살며 장사하던 동네였다.
그 가운데 김광석의 부모도 있었다. 김광석은 1964년에 태어나 방
천시장 골목에서 다섯 살까지 살다가 서울로 이주했다. 따라서 향
촌동처럼 이 거리에 김광석의 예술혼이 짙게 배었다고는 할 수 없

지만, 그를 기억하고 사랑하는 마음이 2010년부터 이 거리를 김광석 테마로 꾸미기 시작했다. 그의 동상, 그의 이름을 딴 상점, 「이등병의 편지」를 형상화한 옛날 입영 열차 모형, 그의 모습과 노래 가사가 적힌 벽화들이 들어서 있다.

천국의 정원을 품다

대구를 종단해 흐르는 신천을 따라 더 남으로 가자. 오른쪽으로 옛 일본군 기지였다가 6·25 전쟁 때는 한국 공군본부로 쓰였으며, 지금은 주한미군이 주둔하고 있는 캠프 워커를 지난다. 조금 더 내려가면 오른쪽에는 전쟁박물관인 낙동강 승전기념관이 들어서 있는 앞산이 있고, 왼쪽에는 1925년에 대구로 옮겨와 살던 일본인 미즈사키 린타로가 농업용 저수지로 만들었다가 지금은 대구의 대표적인 유원지가 된 수성못이 있다.

더 남으로 내려가면, 마침내 대구의 남쪽 끝이자 신천의 발원지가 나온다. 비슬산이다. 높이 1035미터로 팔공산보다 좀 낮은 이 산을 오르면 거의 꼭대기에 대견사가 있다. 9세기 초 신라 흥덕왕 대에 창건되었다고 한다. 전설로는 당나라의 문종이 세수하다가 대야에 더없이 아름다운 경치가 떠올랐고, 이를 찾고자 산지사방을 다 뒤졌지만 찾지 못하다가 결국 신라 비슬산임을 알았다. 그래서 절을 짓도록 했다고 한다. 고려 시대에는 일연이 이 절의 주지가 되어 22년을 지내면서『삼국유사』를 썼다. 절은 임진왜란 때 불타고, 두 차례 중창되었다가 일제가 1917년에 절 건물을 모두 허물고 삼층석탑만 남겨두었다.

왜 굳이 절을 없앴을까? 전해지는 이야기로는 '이 절의 대웅전이 대마도를 마주 보고 있으며, 일본 땅의 기를 빨아들이고 있다, 따라서 없애야만 일본의 국운이 쇠하지 않는다' 하여 없애버렸다고 한다. 이후 백 년 가까이 절터로만 남았다가 2013년에 중창되어 팔공산 동화사에 부속된 절로 운영되고 있다. 가보면 건물들이 암벽에 기대듯 서 있고, 그 앞에 불쑥 솟아오른 너른 바위에 삼층석탑이 있다. 절 자체가 하늘 위에 떠 있는 모양새이고, 바위 끝에 올라앉은 삼층석탑은 더더욱 그렇다. 이제 막 날개를 펴 바위를 박차고 창공으로 날아오르려는 새처럼 보이고, 눈 아래 펼쳐진 절경을 내려다보며 탄성을 올리는 사람처럼도 보인다.

불상과 불탑은 사실 같은 의미이다. 사바세계의 온갖 번뇌를 바라보며 한편으로 초탈을, 한편으로 자비를 일으키는 불법의 상징이다. 팔공산 갓바위의 석불상처럼, 비슬산 대견사의 석탑도 진보의 성지가 보수의 본산으로 바뀌는 과정까지 대구 땅에서 벌어지는 온갖 일들을 천몇백 년을 두고 바라봐 왔다. 앞으로 그들은 또 어떤 사건, 어떤 변화를 바라보게 될까.

한편으로는 착잡한 생각을 위로하는 천하의 절경이 대견사 뒤

비슬산의 참꽃 철쭉이 먹을 수 없는 데 비해 진달래는 먹을 수 있는 꽃이라 하여 참꽃이라 불린다.

편에 마련되어 있다. 비슬산 참꽃군락지는 매년 4월경에 전국의 관광객과 사진작가들을 모여들게 한다. 대견사에서 가파른 산길을 헉헉대며 30분 정도 오르면 탁 트인 벌판이 나오고, 그 벌판이 온통 진분홍빛 꽃으로 덮여 있는 걸 보게 된다. 마치 산 위에 꽃의 바다가 펼쳐진 듯하다. 그 속을 거닐다 보면, 당나라 문종의 넋을 빼앗고, 머나먼 나라까지 사람을 보내 찾으려 했던 절경이 이게 아닐까 싶다. 산 아래 두고 온 온갖 복잡한 근심 걱정을 잊어버리고, 천국의 정원에서 노닐게 된다.

16

안동

두 가지 높은 뜻을 받들다

대한민국에서 가장 큰 도시는 어디일까? 서울? 부산? 아니다. 면적 1521제곱킬로미터로 서울의 두 배 반이 되는 경상북도 안동이다. 물론 면적만 그렇다. 인구는 약 15만 7000명으로 세종시의 절반도 안 되며, 대한민국 도시 가운데 60위권을 맴도는 중소 도시이다. 그나마 인구가 계속 급감하는 추세지만, 2008년부터 경상북도 도청소재지 가 되면서 조금 나아지고 있다.

지역을 안정시키는 나라의 요새

안동이 면적에 비해 인구가 적은 까닭은 산지가 많고, 공업이 덜 발달하여 일자리가 충분하지 않기 때문이다. 그래서 현대의 안동이 내세우는 구호는 '한국 정신문화의 수도, 안동'이다. 그러나 안동이 처음부터 한국 정신문화의 수도였던 것은 아니다.

고타야古陁耶, 고창古昌, 길주吉州, 순주順州, 복주福州, 영가永嘉, 화산花山. 모두 안동의 옛 이름 또는 별칭이다. 정약용에 따르면 하림河臨도 옛 안동이라고 한다. 551년 진흥왕이 하림의 궁에 머무르다가 가야 출신의 우륵을 접견하고 그 가야금 연주에 반해 금성으로 데려갔다. 여기서 하림이 바로 안동이라는 것이다. 안동 동남쪽 임하臨河현은 태백산에서 발원한 황수(낙동강)와 일월산에서 흘러

내리는 반변천이 만나는 곳으로 풍치가 좋다. 그곳에 왕의 별궁이 있었으리라 보는데, 그에 반해 충주나 청주 등 충청도 어디쯤이 하림이라는 설이 더 많기는 하다. 이토록 많은 이름으로 불렸다는 것은 안동의 경계가 여러 번 바뀌고 그만큼 편안하지 않았던 역사가 그 저변에 있음을 의미한다.

안동은 언제부터 안동이라 불렸을까? 930년에 고창에서 왕건이 견훤을 대파해 앞서 공산에서 겪었던 치욕을 씻는 한편, 후삼국 통일의 승기를 잡았다. 그 기념으로 고창에 안동安東이라는 이름을 내렸다고 한다. 중국이 고구려를 멸망시키고 평양에 설치한 안동도호부나 압록강이 한중 간 경계가 된 뒤 그 왼편인 지금의 단둥에 정한 안동이라는 이름과 같다. 의미도 '동쪽 지방을 (눌러) 안정시킨다'는 뜻으로 같다. 왕건은 안동을 영남 지역을 안정시키는 요새로 생각했다.

안동은 한때 영남의 중심이자 나라의 중심이던 경주와도 경쟁했다. 1197년에 청도와 울산을 근거로 일어난 김사미-효심의 난 진압에 공로를 세웠다고 안동도호부로 승격되었다. 1204년에는 경주에서 십여 년 동안 이어진 패좌의 난 진압의 공로로 안동대도호부가 되었다. 당시 실권자 최충헌에게 누군가가 "동경(경주)을 두고 안동을 이처럼 우대하는 것은 적절치 않습니다"라고 하자 최충헌은 "신라를 부흥시키네 뭐네 하며 동경을 중심으로 난을 오래 일으켰으니 벌주지 않을 수 없고, 안동은 그 난을 진압함에 충의를 다했으니 상을 주지 않을 수가 없다"라고 대답했다. 그리고 경주의 일부를 떼어 안동에 붙이고, 경상주도慶尙州道를 상진안동도尙晉安 東道로 바꿔 부르게도 했다. 경주 세력의 견제 등 여러 이유로 한때 복주목으로 격하되었으나 1361년 홍건적의 침입을 피해 안동으로 몽진했던 공민왕이 개경으로 올라갈 때 안동의 공로를 치하해 안 동대도호부로 다시 승격시켜 준다.

적어도 고려 말까지 안동은 정신문화의 수도라기보다 군사적 요충지로서의 정체성을 갖고 있었다. 또한『세종실록지리지』에 '땅이 메마르다'고 표현되었듯, 대구처럼 경제력을 바탕으로 영남 의 주요 도회가 되지도 못했다. 그렇다면 어떻게 안동은 오늘날과 같은 정체성을 갖게 되었을까?

안동, 두 개의 탑

안동은 전탑의 도시라고도 한다. 국내 최대의 전탑인 안동 법흥 사지 칠층전탑을 비롯해서 4기의 전탑이 있고, 무너져 사라진 탑 들까지 포함하면 10기 안팎의 전탑이 있었다고 한다. 한국 불교 유 물이 석탑 위주임을 생각하면 매우 독특하다.

어째서일까. 명확한 이유는 알 수 없지만, 이 지역에서 의상대사 가 화엄종의 가르침을 활발히 펼쳤다는 점을 근거로 드는 경우가

법흥사지 칠층전탑(왼쪽), 봉정사 삼층석탑(오른쪽)

많다. 사실 의상이 창건한 사찰은 전국에 많다. 그러나 대체로 이름을 빌린 경우이고 영주의 부석사와 안동의 봉정사 등 몇몇만이 의상 또는 의상의 제자가 창건한 절로 알려져 있다. 화엄종의 가르침은 '전체는 하나이며 하나는 전체이다'라는 원융圓融을 근본으로 한다. 이를 현실에 적용하면 통일신라의 삼한 통합 또는 여러 신분 융합의 배경이 된다. 석탑은 질 좋은 돌과 솜씨 좋은 조각사가 필요하기 때문에 왕실이나 호족의 후원이 있어야 건립이 쉽다. 하지만 전탑은 진흙을 가져다 구워서 하나하나 쌓아야 해 소수의 희사보다 다수의 헌신으로 이루어질 수 있는 불탑이었던 것이다.

한편 안동의 석탑은 전탑과 대조적이다. 8세기 말 원성왕 때 세워진 법흥사지 칠층전탑은 통일신라 안정기의 힘과 자신감을 담고 있다. 그에 비해 봉정사 삼층석탑은 고려 초기의 작품으로 여겨진다. 두 탑은 전탑과 석탑이라는 것 외에도 다른 점이 많다. 위엄 있게 우뚝 서 있는 17미터 높이 전탑에 비해 3미터를 약간 넘는 석탑은 그리 위풍당당해 보이지 않는다. 또 더 후대에 지어졌음에도 파손과 마모가 심하고 불에 탄 흔적 등도 많아서 신라의 석탑들에 비해 초라하다는 인상을 지울 수 없다. 그래서인지 법흥사지 칠층전탑이 국보 제16호인 데 반해 봉정사 삼층석탑은 경상북도 유형문화재에 그치고 있다. 봉정사가 극락전 등의 국보 둘, 화엄강당 등 보물 여섯이 있는 당당한 고찰이라는 사실과는 모순된다.

초기 고려는 국가적 차원에서 화엄종을 후원했다. 하지만 왕건의 '훈요 10조'에서 볼 수 있듯 지방 호족이 사원 건립을 통해 힘을 과시하고, 지역 백성들에게 리더십을 펼치는 일은 엄격히 금지했다. 그러다 보니 웅장한 전탑도 빼어난 석탑도 더 이상 지어질 수 없었다. 게다가 조선으로 넘어가자 안동은 유교의 본고장 같은 곳으로 변했다. 자연히 절과 탑을 새로 짓거나 수리하는 일에 적극적일 수가 없었다. 특히 전탑은 시간이 지날수록 벽돌 틈이 조금씩 넓어지다가 무너지기 시작하기 때문에, 꾸준히 정성스레 돌보지 않으면 어느 사이에 황폐해지고 만다. 안동의 전탑들이 원래의 사찰을 잃은 채로, 낡고 기울고 주저앉은 상태로 남은 것은 이런 이유에서이다. 석탑들이 당대 또는 그 이전에 지어진 다른 고장의 석탑들보다 닳고 닳아 보이는 것도 그 때문이다. 물론 안동이 그다지 부유한 고장이 아닌 것도 한몫했다.

그러나 충만한 불심과 갸륵한 정성으로 지어져 무수한 세월을 버티고 견디며 지내온 불탑이다. 법흥사지 칠층전탑을 직접 보면 마치 로마의 유적을 보는 듯한 고색창연함과 웅후함이 가슴에 와 닿는다. 봉정사 삼층석탑도 비록 눈을 확 잡아끄는 점은 없지만, 때 묻고 해진 옷을 걸쳤을지라도 눈빛은 형형히 살아서 단정히 앉아 있는 고승이나 노선비를 연상케 한다. 이 지역의 특성과 역사의 굴곡이 찬란한 영광을 선사하지는 않았으나 이 두 탑은 유교 못지 않게 불교 또한 안동 정신문화의 도도히 흐르는 맥임을 웅변하고 있다.

안동, 두 곳의 서원

『세종실록지리지』는 안동을 메마른 땅이라고만 여겼으나 몇백 년 뒤의 『택리지』는 같은 땅을 '신령이 서린 복된 땅'이라고 묘사했다. 비록 경상좌도의 일부로 토지가 척박하고 백성이 곤궁한 점은 어쩔 수 없으나, 사람들이 윤리를 밝히고 학문을 중시한다. 아무리

궁벽하고 작은 마을이라도 어디서나 책 읽는 소리가 들리며, 해진 옷에 쓰러져 가는 초가집에 살지언정 도덕과 성리性理를 논한다는 것이다. 말하자면 선비가 뿌리내리고 살 만한 고장이라는 뜻이다.

불교에 사원이 있다면, 유교에는 서원書院이 있다. 공자를 비롯한 성聖과 주희, 안향 등 현賢의 위패를 모시고 제사 지내는 종교적 기능과, 이름난 선비를 중심으로 학문을 닦고 학생을 가르치는 교육·연구적 기능을 수행하는 곳이다. 한국 최초의 서원은 1542년 인근 영주에 세워진 소수서원이다. 하지만 안동에는 1570년 고려의 학자 우탁을 기념하기 위해 지어진 역동서원을 시작으로 어느 고장보다 많은 서원이 들어선다. 조선 말 흥선대원군의 서원 철폐로 된서리를 맞긴 했어도 이후 다시 열린 서원들을 포함하여 현재 17개의 서원이 안동시 내에 있다. 그 가운데 단연 으뜸을 꼽는다면 도산서원과 병산서원이다. 이 두 서원은 2019년 유네스코 문화유산으로 지정된 한국의 9개 서원에 포함된다(2곳의 서원이 등재된 도시는 안동뿐이다).

도산서원은 1574년, 4년 전에 서거한 퇴계 이황의 제자들이 스승을 추모하며 세웠다. 설립 1년 만에 사액서원이 되었고, 서당을 포괄하듯 서원이 지어져 있는 독특한 구조인데 서당은 이황이 생전에 제자들을 가르쳤던 곳이다. 이곳에서 수백 년 동안 퇴계 학맥이 양성되었고, 현대에도 이어져 퇴계학을 이루고 있다. 오늘날에는 제사하고 공부하고 기숙하는 공간이 아니라 관광객들이 여기저

도산서원 퇴계 이황 선생의 학문과 덕행을 기리기 위해 세운 서원이다.

기 구경하는 공간이 되었다. 비록 상당 부분이 현대에 복원된 것일
망정, 단정하고 엄숙한 분위기는 여전히 느껴진다. 한자를 잘 아는
방문객이라면 학당에 걸려 있는 무수한 현판 가운데 퇴계가 여기
서 살며 지은 「도산십이곡」을 알아볼 것이다.

　　고인古人도 날 못 보고 나도 고인 못 봬,

　　고인을 못 봬도 가시던 길 앞에 있네.

　　가시던 길 앞에 있다면 아니 가고 어찌하랴.

평생을 바친 자신의 학문을 아낌없이 가르쳐주면서, 그 지식과 정신이 사람들의 머리와 가슴으로 이어지고, 또 이어져서 서당 앞의 낙동강 지류처럼 영원히 그치지 않고 흐르리라. 그는 이런 꿈을 꾸었을 것이다. 그 꿈을 기꺼이 이어받고자 한 사람으로 정조가 있다. 그는 1792년에 도산서원 건너 강변의 숲에서 영남 유생들을 모아 도산별시를 실시했다. 한양 아닌 곳에서 임금을 뵙고 최종 합격자에 오를 수 있는 전시가 치러진 것은 이때가 유일무이했다. 지금도 그때 과거가 치러진 시사단이 도산서원에서 바라보인다.

도산서원은 사실 본래의 안동이 아닌 예안의 서원이라 여겨졌고, 나중에 예안이 안동에 통합된 뒤에야 안동의 양대 서원이 되었다. 반면 병산서원은 처음부터 안동을 대표하는 서원이었다. 기원도 고려 시대의 풍악서당으로 도산서원보다 훨씬 오래되었다. 1575년에 서애 유성룡의 주도로 그의 고향 마을인 하회마을로 서당을 옮겼고, 훗날 그를 추모하고자 서원으로 확충해 병산서원이 되었다.

유성룡은 이황 같은 대학자는 아니었다. 고매한 인격자도 아니었다. 하지만 유능한 행정가이자 술수에 뛰어난 정치가였다. 임진왜란 초기에 왜의 무시무시한 기세로 패색이 짙었다. 의주에 피신한 선조를 지키기 위해 고관들은 민간에서 병력을 모집해야 했다. 그러나 바람 앞의 촛불 같은 나랏님을 위해 누가 선뜻 목숨을 바치겠는가. 고관들은 호소하고 애걸했지만 대부분 소용이 없었다. 그러나 유성룡만은 달랐다. 그는 품에서 장부 같은 것을 꺼내며 '이제 곧 명나라의 구원병이 온다네. 그러면 왜놈들은 눈 녹듯이 사라져 버리겠지? 여기 장부에 누가 모병에 응하고 누가 거부했는지 낱낱이 적고 있소. 전쟁이 끝나면 그에 따라 상과 벌이 있을 걸세!' 이렇게 당근과 채찍을 모두 내밀면서 병력을 확보했다고 한다. 사실 명이 원병을 보낼지는 아직 미지수였고 장부 따위를 적지도 않았으면서 그렇게 술수를 부려 목적을 달성했던 것이다. 바르고 맑은 말과 행동을 철저히 추구한 이황이라면 절대로 불가능했을 일이었다.

또한 그는 제자를 많이 두었다. 요즘에도 학계든 정계든 두각을 나타내려면 자신을 추종하는 무리가 많아야 한다. 그래서 유성룡의 학문적 탁월성은 그다지 뛰어나지 않았지만 제자를 숱하게 양성했기에 그와 공로가 엇비슷했던 이원익 등을 훨씬 능가하는 명성을 얻었다. 그 덕분에 오늘날까지 '임진왜란에서 나라를 구한 건 무에서는 이순신, 문에서는 유성룡이다'라는 인식이 굳어진 것이다. 그래서인지 조용하고 엄숙한 분위기의 도산서원에 비해 병산서원은 호쾌하고 활달하게 느껴진다. 완전히 현대적인 유성룡의 기념관도 들어서서 도산서원과는 더욱 비교된다. 조선 후기에 영남 유림은 기호 유림에 밀려 주도권을 갖지 못했지만, 퇴계 계열의 학문적 성취와 서애 계열의 관료적 역량은 누구도 영남을 무시할 수 없도록 했다. 그 두 원천의 중심지가 모두 안동에 있었던 것이다.

병산서원 서애 유성룡의 학문과 업적을 기리기 위한 곳이다.

안동, 두 곳의 집

거듭 말하지만 안동은 결코 풍요로운 고을이던 때가 없었다. 하지만 고려 말의 혼란에 부대낀 끝에 신라 왕실의 피를 이은 김거두가 낙향했다. 그는 훗날 의성 김씨의 뿌리를 내려 14세기부터 이 땅에서 신진사대부층이 형성되기 시작했고, 이를 바탕으로 서원도 번성했다. 또 조선 중기부터 세사에 지쳤거나 당쟁에 밀린 사대부들이 이곳에 내려와 정착하면서, 안동을 근거로 하는 명문세가

가 여럿 이루어졌다. 대표적으로 고려의 건국공신들을 시조로 하며 조선 후기 세도정치의 주역이 되는 안동 김씨와 안동 권씨가 있다. 이 밖에도 역시 고려 건국공신을 시조로 하는 안동 장씨, 이황을 시조로 하는 진성 이씨, 유성룡을 시조로 하는 풍산 유씨, 15세기 중반부터 안동에 집성촌을 일군 고성 이씨 참판공파, 목은 이색을 시조로 하며 17세기 초부터 안동에 정착한 한산 이씨 호장공계 등 문중을 이루고 수백 년을 안동에서 행세해 온 가문만 십여 개가 넘는다.

가문 또는 문중이라 할 때 연상되는 보수적 가풍, 까다로운 예의범절, 제사와 성묘를 중심으로 하는 죽은 자들의 군림 문화, 문중 간의 암투와 분쟁 등 대체로 부정적인 행태(적어도 현대에는)가 당연히 안동에도 오래 스며들었다. 그래서 한국 정신문화의 수도란 것도 기실은 한국 보수문화의 수도라는 비아냥조차 있다. 현실 정치에서도 안동시장이나 지역구 국회의원 자리는 매번 안동 김씨와 권씨 사이의 나눠 먹기가 되며, 당 공천보다 문중 공천 받기가 어렵다는 말이 있을 정도로 21세기의 안동에서도 가문과 문중의 무게는 실재한다.

하지만 안동의 가문들을 흰 눈으로만 볼 수 없도록 하는 강력한 역사 또한 존재한다. 그것은 안동의 많은 고택, 종택들 가운데 가장 유명하다고 할 임청각 그리고 이육사 생가에서 찾을 수 있다.

고성 이씨 참판공파의 시조인 이증이 15세기 중반에 안동에 내려왔다가 그 아들 대에 세운 것이 임청각이다. 안동에 있는 여러 고택 가운데서도 가장 오래되었으며(물론 그 전부가 당시 지은 그대로는 아니나), 임진왜란을 겪고도 불타지 않아 흔히 보는 조선 후기 양반가 건축양식과는 색다른 조선 초기의 모습을 찾아볼 수 있다. 고성 이씨는 내내 이 집에 살면서 평화와 풍류 그리고 작은 세도를 누리며 자족적인 삶을 영위했다. 그러다가 이증의 19대손인 석주 이상룡에 이르러 전혀 다른 삶이 펼쳐진다.

구한말의 국권 상실기에 이상룡은 어지러운 세상에서 조상들처럼 가만히 은둔하며 지낼 수는 없다고 생각했다. 가문이나 안동보다도 더 큰 것이 위태로웠기 때문이다. 그는 먼저 안동에서 의병을 일으켰다가 붙잡혔다. 안동 시민들이 관아로 몰려가 밤낮 시위를 해 풀려 나왔는데, 그다음에는 애국계몽운동을 벌였지만 끝내 국권이 상실되자 모든 걸 버리고 만주로 갔다. 그곳에서 독립군을 양성하고, 무장투쟁을 전개해 나갔다. 1920년의 청산리대첩은 그가 맺은 결실이었다. 그러나 일제의 매서운 공세 말고도 장애는 많았다. 그가 만주인들처럼 변발을 하고 중국식 옷을 입자 '왜놈들이 강요한 단발과 뭐가 다르냐'는 비난이 쏟아졌다(중국인들 틈에서 독립투쟁을 해야 하는 현실 때문이었다며, '내게 한복을 입혀 묻어 달라'고 죽음의 자리에서 말했다고 한다). 그가 투쟁 자금을 마련하기 위해 숙고 끝에 조상 대대로 내려오는 임청각을 팔기로 하자, 고향에 남아 있던 친지들은 집안을 말아먹으려 한다며 대리인을 때려 내쫓

왔다. 상하이 임시정부와 만주 독립운동 단체들을 통합하려다 양쪽에서 비판을 받기도 했다. 그러나 그는 굴하지 않고 삭풍이 부는 광야에서 대한 독립을 줄기차게 목놓아 불렀다.

무장투쟁에 앞장섰다고 폭력에만 의존한 것은 아니었다. 틈틈이 익힌 서양 학문과 기초를 탄탄히 다진 전통 학문을 연계해 "공자님이야말로 수천 년 전에 이미 사회주의의 진리를 깨달으셨다. 유교는 곧 민주주의이고 사회주의이다"라는 주장을 펴기도 했다. 이는 체계적으로 서양 사상을 익히지 못한 상태에서 나온 설익은 결론이었다. 그러나 그는 단지 국권 회복을 목표로 삼지 않고, 시대와 사회의 모순을 궁극적으로 해결하려는 큰 뜻을 품었던 생각하는 투사이자 행동하는 선비였다.

위대한 종손이 떠난 임청각에 화풀이라도 하듯이 일제는 1942년에 임청각의 상당 부분을 강제로 헐어내고는 철길을 내버렸다. 이를 막지 못한 당시의 종손은 자결했다고 한다. 임청각과 그 근처의 법흥사지 칠층전탑 앞으로는 최근까지도 철도와 전신줄이 닿을 듯이 뻗어 있어 마치 사슬에 묶인 포로 같은 몰골이었다. 2021년이 되어서야 철로를 없애고 방음벽을 허물며, 임청각과 전탑 주변을 정돈하는 사업이 진행되기 시작했다.

임청각만큼의 무게는 없고 그나마 원래 있던 자리에서 옮겨졌지만, 대중에 알려지기로는 이상룡보다 더 유명한 안동 출신 독립운동가이자 문화인물의 생가도 있다. 태화동의 이육사 생가다.

임청각의 군자정 보존 상태가 양호하여 보물로 지정된 군자정은 임청각의 별당으로 누각형 건물이다.

이육사의 본명은 이원록이고, 이황의 14대손이다. "내 고향 7월은 청포도가 익어가는 시절"의 고향은 바로 그의 생가가 몇 대를 이어온 안동의 원천동이다. 그의 어린 시절은 아무런 꾸밈도, 잡음도 없는 태평함과 자연의 아름다움 속에서, 시를 짓고 글씨를 쓰면 집안 노인들이 잘했다며 머리를 쓰다듬고 상으로 맛난 것을 쥐여주던 때이다. 하지만 일제강점기로 이원록이 성년이 될 즈음 가세도 기울었다. 뒤엎어진 세상에서 그는 신식 학문을 배우고, 시를 쓰면서 의열단 등 독립운동 단체에 가입했다. '이육사'라는 그의 필명은 대구 조선은행 폭파 사건에 연루되어 투옥되었을 때 죄수 번호 '264'에서 나온 것이다.

이육사는 최후의 최후까지 결사적으로 항일투쟁을 벌이지는 않았다. 조선은행 폭파 사건도 실제로 참여했다기보다 얽이고 얽인 끝에 감옥까지 간 일이었다. 이역만리 만주로 떠나 다시는 고향 땅을 밟지 않으며 투쟁으로 날을 지새웠던 이상룡과 달리, 이육사는 만주, 중국에 갔다가도 이내 돌아오곤 했다. 그리고 「청포도」, 「광야」 등과는 사뭇 다른, 당시 유행하던 분위기에 맞춘 탐미적이고 퇴폐적인 시를 쓰며 경성의 밤거리를 헤맸다.

그러나 그는 마지막에 결단을 내렸다. 1943년에 그는 다시 한 번 중국으로 떠난다. 무장투쟁과 관련된 일이었고, 그는 십중팔구 자신의 행적이 일제에 노출되고 검거되리라는 사실을 직감하고 있었다. 그는 마지막으로 만난 벗, 신석초에게 가야만 한다고 단언한 뒤 이육사는 베이징으로 향했다. 그리고 일제에 붙잡혀 고문당해 죽었다.

이육사는 도리를 잊고 순간의 쾌락에 몰두하는 모던 라이프에 안주하지 않고, 끝내 지사志士의 길을 택했다. 그는 마지막 결단의 순간에 그의 14대조가 되는 이황의 '길 앞에 있다면 아니 가고 어찌하랴'라는 말을 되뇌지 않았을까?

영웅으로 태어나지 않았으되 영웅적인 길을 선택한 사람이기에 이육사의 삶은 다른 어떤 독립운동가들보다도 빛난다. 오늘날 그의 생가와는 별도로 도산서원 가까이에 이육사문학관이 세워져 그의 삶과 작품을 후세에 전하고 있다.

　이상룡, 이육사 그리고 3대가 모두 독립운동을 한 향산 이만도나 이상룡의 벗이자 동지였던 일송 김동삼, 의병장이자 유교혁신론의 선구자였던 동산 유인식 등이 안동에서 나고 졌다. 그들의 삶을 여러 고택과 생가에 남겼기에 문중의 도시 안동은 현대에 당당할 수 있다.

소박하되 평안한 문화의 마을

　전근대에는 별 볼 일 없다가 근대에 화려하게 떠오른 도시들도 있다. 하지만 안동은 예나 지금이나 화려함과는 인연이 없다. 1976년에 건설된 안동댐은 안동의 많은 소중한 풍경을 앗아갔다. 안동 8경의 으뜸이라 불리던 도연폭포가 사라졌다. 정조가 유일무이한 지방 전시를 개최했던 시사단 주변의 숲을 반 이상 수몰시키고 도산서원을 끼고 돌던 강물을 호수처럼 만들었다. 이육사 생가가 원천동을 떠나 태화동에 다시 지어졌다. 하지만 그렇다고 안동 사람들의 호주머니가 그만큼 두둑해진 것도 아니다. 댐 주변 일대를 개발제한구역으로 묶음으로써, 면적은 엄청 넓지만 인구 밀도는 매우 낮은 안동이 되는 데 크게 작용했다.

그러나 문화의 힘은 약하지 않다. 유성룡의 고향 마을이며 병산 서원이 있는 하회마을은 양반을 조롱하고 전근대 질서를 비판하는 내용의 하회탈춤을 이어오기도 했다. 탈춤은 일제강점기 때 소멸되었다가 1970년대에 복원된 뒤 날로 유명해졌다. 1999년 영국 엘리자베스 여왕이 하회마을을 방문하고 탈춤을 관람해 세계적 명성까지 갖추게 되었다.

안동 시내를 다니다 보면 곳곳에 선비 아니면 하회탈 로고가 눈에 들어온다. 안동 최초의 서원인 역동서원은 오늘날 국립 안동대학교 경내에 있다. 서당을 안으며 서원이 발전했듯이 서원을 안으며 대학교가 발전하고 있는 것이다. 안동대학교는 국내에서 드물게 동양철학과를 설치한 학교이다. 한편 백신, 신약개발 등 첨단 생명공학 분야에 특성화되어 있기도 하다.

계림(신라)의 큰 고을에 고타야라고
안개 노을 별세계를 이루어 영가라고도 불렸네
영호루에 오르면 글자 아직 남아서
현릉(공민왕)의 유적 지금도 자랑하네

18세기 후반, 이의현이 올라서 시를 읊은 안동 영호루는 공민왕이 안동에 피란해 있을 때 근심을 달래던 곳이다. 이후 개경으로 환도한 뒤 왕이 직접 영호루 현판을 써서 내렸다고 한다. 절경 위에 그림같이 솟은 누각으로 영남 제일이라는 평가가 오래 이어졌으나, 유독 화재를 많이 만나 소실되었다가 중건되기를 반복하더니, 이의현이 이 시를 쓰고서 오래지 않아 대형 화재가 일어나 오랫동안 자취가 없었다. 그러다 1970년에 다시 세워져 오늘에 이른다. 유홍준은 『나의 문화유산답사기』에서 새로 지어 별 감동이 없다며 영호루를 폄하했다. 물론, 때 묻지 않은 자연과 어우러져 안개 노을 별세계를 연출했던 옛날과 사방에 콘크리트와 아스팔트인 지금의 감동이 똑같을 수는 없다. 그러나 여전히 안동 시민들에게 안동 시내와 굽이도는 낙동강을 바라볼 수 있는 최고의 전망대

영호루 고려 시대의 누각으로 여러 번 유실된 뒤 옛 자리의 건너편인 현재 위치에 다시 지어졌다.

로 사랑받는다. 전에는 시인 묵객들의 흥을 돋우는 곳이었다면, 지금은 가족이나 연인 등 나들이 나온 사람들의 마음을 어루만지는 곳이다. 파주의 반구정도, 의주의 통군정도 그렇지 않던가. 문화는 그렇게 흘러간다. 바뀌지만 없어지지는 않는다. 옛사람이 아니더라도 가볼 만한 생각이 드는 길을 보여준다. 그리고 문화와 더불어 정신 역시 사라지지 않는 한, 안동은 평안하다.

17

강릉

신선들의 왕국

강릉은 강원도의 대표 도시 중 하나로 동해안에 있다. 면적은 1040 제곱킬로미터로 대한민국 9위인데 서울, 대구, 부산보다 크지만 강원 도에서는 삼척, 춘천 다음이다. 인구는 21만 명 정도로 전국 50위권, 강원도에서 원주(35만 명) 다음이다. 태백산맥 너머 동해안의 강원도 도시들이 으레 그렇듯 면적에 비해 인구가 적다.

육지의 제주도 같은 독립 왕국의 오랜 꿈

수도권에서 강릉으로 가기 위해선 태백산맥을 넘어야 한다. 2015년 대관령터널이 뚫리기 전까지 높고 구불구불한 산길을 자동차로 가기도 꽤 힘들었는데, 사람이나 동물의 발에 의존해야 했던 옛날에는 얼마나 더 어려웠을까. 18세기 초 강릉부사로 부임하는 아버지를 따라 대관령을 넘던 소년 이중환은 "하늘이 보이지 않을 정도로 빽빽이 우거진 나무들 사이로 난 좁은 길을 걷고 또 걸었다. 나흘이 지나서야 겨우 숲길을 빠져나왔다"라고 적었다. 그래서 이 땅에는 독립 왕국이 상당히 오래 유지될 수 있었다.

기원전 2~1세기경 동예가 이 지역을 중심으로 존립했다. 동예는 고조선에 예속되었다가 독립을 위해 한나라에 귀부歸附한다 밝혔으며, 이 때문에 한나라의 창해군으로 지정받기도 했으나 고조선 멸망 뒤 실질적으로 독립했다. 이후 북쪽의 옥저와 겨루며 원산과 함흥까지 세력을 뻗쳤던 것으로 보인다. 언제 멸망했는지 확실치는 않지만 적어도 400년가량 독립 왕국으로 존립했다가 4세기 초쯤 고구려와 신라의 각축장이 되었던 것 같다. 이 무렵 하슬라河瑟羅라는 이름으로 불렸는데, 고구려가 지은 이름인지 신라가 지은 이름인지는 불확실하다.

이후 신라의 땅으로 굳어지고 512년에 이곳의 행정 책임자로 임명된 이사부는 이곳을 전진기지로 삼아 우산국(울릉도)을 정벌했다. 선덕여왕 때인 639년에는 소경小京을 설치했는데 고구려에 맞서는 국방 요충지로서의 의미가 있었다. 721년에는 하슬라에서 장정 2000명을 동원해 발해에 맞서 북쪽 경계지에 장성을 쌓기도 했다. 경덕왕의 고을 이름 개편 때인 757년에는 이름이 명주溟州로 바뀌었다. 예전 이름인 하슬라는 '빛나는 태양'을 뜻했는데 정통 한자식 지명이 되면서 왜 어두운 바다를 의미하는 명溟이 되었는지는 수수께끼이다. 본래 명明이었는데 잘못 옮겨진 것은 아닐까?

통일신라가 쇠퇴하면서 강릉은 다시 독립한다. 785년 왕위 다툼에서 패배한 왕족 김주원은 이 땅으로 와 스스로를 명주군왕溟州郡王이라 칭하며 독자 세력을 구축했다. 그의 둘째아들은 웅천부(공주) 도독을 지내다 822년에 김헌창의 난을 일으켰다. 하지만 명주에서 그의 반란에 호응하는 움직임을 보이지 않았고(난이 너무

설악산 험난한 산줄기가 첩첩이 층을 이루고 있다.

빨리 끝나서였을 수도 있겠지만), 무엇보다 명주를 정벌할 만한 힘이 모자랐기에 신라 조정은 명주를 내버려 두었다. 그래서 명주국은 4대까지 이어지며 130여 년을 존립한다.

후삼국 시대에 이르러 명주는 철원에서 일어난 궁예와 마주치게 된다. "강대국과 맞서지 말고 숙이고 들어가자. 대신 실질적 독립을 보장받자"라는 강릉의 오랜 대외 정책에 따라, 4대 명주군왕 김순식은 싸우지도 않고 궁예에게 항복했다. 다시 왕건이 권력을 잡자 그에게 항복하는데(922년), 왕건은 김순식에게 왕씨 성을 내려주어 '왕순식'이라 불리게 된다. 이후 왕순식은 후삼국을 마감하는 일리천전투에도 왕건을 호종했을 만큼 고려의 중진으로 성장한다. (왕순식과의 관계는 불확실하지만) 명주 출신의 정목부인貞穆夫人이 왕건의 제8왕비가 되었을 만큼 왕건은 명주를 중시했다. 일리천전투 뒤 후백제를 멸망시키고 삼한을 재통일한 다음, 그는 명주를 동원경東元京이라고 칭했다. '동쪽에 있는 으뜸가는 도회'라는 뜻이니 강릉을 잘 대접하는 모양새다. 하지만 신라가 이곳을 소경으로 정하고 중앙의 지배를 강화했듯 이제는 명주의 독립을 인정하지 않겠다는 뜻도 그 이름에 숨어 있다. 아마도 독립 왕국의 명맥은 얼마 뒤 끊어진 듯하다.

이로써 고려의 일개 지방이 된 강릉은 성종 때 여러 번 이름이 바뀌었다. 983년에 하서부河西府로 바뀌었다가 3년 뒤 명주도독부로 바뀌고, 992년에 명주목으로 고쳐졌다. 파견하는 행정관도 목사, 단련사團練使, 방어사防禦使로 계속 바뀌었다. 경이나 도독부는 안보에 중점을 둔 특별 행정 구역이고, 부나 목은 일반 행정 구역이니 강릉의 위상을 어떻게 보는 게 좋을지에 대해 조정에서 의견이 나뉘었던 것 같다.

비로소 강릉이란 이름을 얻은 것은 1308년으로, 충렬왕이 중앙과 지방의 관제를 개편했을 때였다. 강릉江陵은 『삼국지연의』에도 등장하는 오래된 중국 도시 이름이다. 한국 강릉에 왜 그 이름을 갖다 썼을까? 중국 강릉은 장강(양쯔강)과 장호長湖 사이에 도심지가 있어서, 일찍이 중국에 오래 있었던 충렬왕이 동해 바다와 경포호가 가깝게 있고 남대천도 흘러가는 강릉을 보며 중국의 강릉과 비슷하다고 생각했기 때문이 아니었을까? 하슬라-하서-명주가 어느 정도 의미가 통하는 고유 지명이었다면 강릉은 전혀 엉뚱한데, 이렇게 정해진 뒤로는 지금까지 바뀌지 않고 이어져 온다.

철령위는 강릉에 있었나?

강릉이 되고 약 80년 뒤 고려 역사가 말년에 진입할 무렵 강릉은 중대한 국제적 분쟁 지역이 된다. 1387년, 개국한 지 얼마 안 된 명나라가 철령위 설치를 요구해 온 것이다. 명나라는 원나라의 땅 모두 명나라 땅이 되어야 마땅하다며 쌍성총관부에 해당하는 지역을 내놓으라고 고려에 통보했다.

그런데 이때의 철령위가 지금의 강원도 북부, 대관령과 원산만 주변 지역이 아니라 더 먼 지역이라는 설이 있다. 당시 명은 철령위를 설치해 요동 소속으로 하겠다고 했는데 왜 한반도 중동부 지역을 요동에 붙이느냐는 의문 때문이다. 고려가 이에 반발해 요동 정벌에 나선 것을 보더라도 철령위의 위치(쌍성총관부)는 한반도 밖의 요동반도에 있었다는 것이다. 하지만 그렇게 되면 지금껏 우리가 이해해 온 삼국과 남북국, 고려의 영토사를 모두 뒤바꿔야 한다. 고려는 서희가 강동 6주를 얻었을 때 비로소 압록강까지 영토를 확장한 게 아니라 그 이전에 이미 압록강을 넘어 요동에 거점을 갖고 있었던 셈이 되기 때문이다. 쌍성총관부를 탈환한 사람이 이성계의 아버지 이자춘인데 그때 이미 요동 정벌은 성취된 셈이고, 이성계는 이미 차지하고 있는 땅을 정벌하러 간 셈(그것도 불가능한 원정이라고 계속 반대하다가)이 되기도 한다.

철령위 요동반도설을 내세우는 사람들은 '철령위 함경-강원도설'이 식민사학의 산물이라 하는데, 그렇다면 온갖 사서에 숱하게 나오는 동북면東北面이란 표현은 원래 서북면西北面인 것을 일제가 일일이 고쳐 쓴 것이 된다. 쌍성총관부 일대이자 이성계의 세력 기반이던 곳을 동북면이라고 부르는데, 그곳이 사실은 요동반도라면 서북면이라 불렀을 것이 틀림없기 때문이다. 생각해 보면 요동이란 요하의 동쪽이라는 뜻이니 중국 입장에서는 요동반도나 한반도나 다 요동이라고 볼 수 있다. 그리고 장백산맥과 개마고원이 펼쳐진 한반도 북부와 남만주 땅은 워낙 척박해서 통치 거점을 많이 설치하기 어려우니 철령위를 함북-강원에 설치해 자치 단위로 만들고 광역 단위의 통제는 요동반도에서 하려고 했을 법도 하다.

쌍성총관부-철령위가 강릉을 중심으로 하는 지역을 뜻하는 게 맞는다면, 강릉은 본의 아니게 한국사에서 큰 전환이 일어나는 계기를 마련해 준 셈이 된다. 마치 육지의 제주도인 듯 독자성이 길고 길었던, 역사에서 보기 드문 사례처럼 말이다. 철령위 설치 문제가 요동 정벌을 불러오고 그것이 결국 고려와 조선의 교체를 가져온 것은 누가 뭐래도 사실이니까.

놀이에도 공부에도 진심인 고장

대관령 넘어서면 어딜 보나 신선계인데
그중에도 임영(강릉)의 명성이 제일일세
오대산에는 자취紫翠빛이 올올이 쌓여 있고
경포대 호수 물은 맑고 밝아라
천년의 유적 남은 옛 나라의 땅이고
백대에 전해지는 선현의 고향이라네

— 장유, 「임영에 부임하는 기옹을 전송한 시」

고려 말부터 조선 시대까지의 강릉은 현재 대한민국의 강릉과 비슷했다. 경치 좋고 기후 좋은 경승지이며 휴식처였다. 장유가 격찬한 오대산과 경포대는 금강산에 견줄 만하다 여겨졌고, 고려 말 박숙이 고대의 유적을 발견하고 재건한 경포대와 운금루雲錦樓, 한송정寒松亭 등은 여러 차례 개축과 이전을 겪었지만 숱한 시인 묵객들의 필수 방문지가 되었다. 그 밖에도 고려 말의 이인로, 안축, 백

문보, 조선 숙종, 서거정, 성현, 정철, 허목, 정약용 등이 경포대를 예찬하는 시를 남겼다.

'강릉 풍광은 신선계와 같다'는 평판은 이미 통일신라 때부터 있었다. 적어도 고려 말부터 조선 사람들은 그리 믿었다. 신라 4선, 즉 술랑述郎, 영랑永郎, 남랑南郎, 안상安祥은 화랑이자 신선으로 명산대천을 어울려 다니며 시를 쓰고 무공을 익히며, 단약을 배합하고 신선주를 담그는 등 국선도國仙徒의 극치를 보여주었다고 한다.

금강산에서 울산까지 그들이 놀다 갔다는 흔적은 아직도 곳곳에 남아 있다. 특히 경포대에는 그들이 바위에서 솟아나게 했다는 샘물이자 신라 4선이 단약을 만들던 돌절구라는 전설이 있는 돌덩어리 등이 남아 있다. 이곳을 임영臨瀛(전설 속 신선의 땅인 영주에 여럿이 임한다는 뜻)이라는 별명으로 부르던 것도 신선이 놀던 곳이라 여겨서였다. 그래서 이 경포대의 선경仙境을 배경으로 하는 사랑 이야기이자 풍자 이야기도 전해진다. 강원도 안렴사였던 박신朴信과 기생 홍장紅粧의 이야기가 그중 하나이다.

박신은 홍장을 무척 사랑했는데, 부윤 조운흘이 그런 박신을 골리려고 "홍장이 죽었습니다"라며 가짜로 알렸다. 그러고는 슬픔에 잠긴 박신을 위로하고자 경포 호수에 뱃놀이를 마련했는데, 홍장을 선녀처럼 꾸미며 신선처럼 꾸민 뱃사람의 배를 타고 나타나게 했다. "이곳은 네 신선이 놀던 곳입니다. 아직도 그들을 기리는 비석이 있고, 차를 달이던 아궁이며 단약을 빚던 돌절구 등이 남아 있지요. 지금도 가끔 신선이 나타난다는 말이 있답니다"라며 조운흘이 늘어놓는 이야기에도 아랑곳하지 않고 슬픔에 빠져 있던 박신은 갑자기 나타난 신비로운 배와 그 위에서 춤추는 선녀를 보고 "저것 보게! 정말 신선께서 나타나셨네!" 하며 소리를 질렀다. 가까이서 보니 홍장이 아니던가! 놀라움과 기쁨에 정신을 못 차리는 박신을 보며 모두들 한바탕 웃었고 다시 흥을 얻은 경포대 뱃놀이는 밤새 계속되었다고 전해진다.

다소 과장되었을지 몰라도(가령 4선이 단약을 빚던 돌절구라 불리는 원형의 돌덩어리는 어떤 비석의 하단부로 여겨진다), 또 꼭 4선은 아니었을지 몰라도 화랑들은 때때로 이곳을 찾았던 것 같다. 그렇다면 그들을 따라다니던 낭도의 상당수는 이곳에 남았을 가능성이 있다. 신라에서 고려에 이르는 시기까지 군사적 의미로 중시되던 곳이련만, 다음과 같이 강릉의 인심이 후하고 소박하며 놀기 좋아하되 배우기도 좋아한다는 기록이 많은 것은 그런 까닭에서 비롯되었는지도 모른다.

이 지역 사람은 성품이 질박하고 성실하며 욕심이 적다. 없이 살아도 구걸하지 않는다.

－『후한서』

학문을 숭상한다. 더벅머리 때부터 책을 끼고 스승을 따른다.

경포대와 경포호 정철은 「관동별곡」에서 관동 팔경의 으뜸으로 경포대를 꼽았다. 동해안 제일의 달맞이 명소라고 한다.

글 읽는 소리가 마을에 가득 들리며, 게으름 피우는 사람이 있으면 여럿이 함께 나무라고 꾸짖는다. 한편 놀기를 좋아한다. 지역 풍속에 명절을 만나면 서로 초대해 함께 먹고 마시며, 보내고 또 맞이하는 일이 끊임이 없다. 그러나 농사에 힘쓰지 않아서 살림살이가 넉넉하지 못하다.

-『신증동국여지승람』

주민들이 나들이와 잔치를 유독 좋아한다. 지역 어르신들이 기녀와 악공을 부르고 술과 고기를 마련해 산이나 들에서 질탕히 놀기를 즐긴다. (…) 강원도는 고려 때나 지금이나 수도에서

멀기에 출중한 인물이 나기 힘들었는데, 오직 강릉에서는 과거
급제자가 끊이지 않고 나온다.

-『택리지』

이런 분위기의 고장이었기에 장유가 읊었듯 '백대에 전해지는
선현의 고향'이 될 수 있었으리라.

또 다른 강릉의 인물 율곡 이이는 1536년 강릉 오죽헌에서 이
원수와 신사임당의 셋째 아들로 태어났다. 이이와 연관된 지역이
라면 파주나 해주도 있지만, 그래도 가장 인연이 깊은 곳은 강릉이
라고 볼 수 있다. 태어나서 여섯 살까지 강릉에서 지내며 아버지와
어머니 신사임당의 훈육을 받았고, 다섯 살짜리가 어머니의 병을
낫게 해달라고 사당에 엎드려 빌었다는 일화도 있으며, 열 살 때
외가, 즉 고향에 다시 찾아왔을 때 지었다는 『경포대부鏡浦臺賦』가
강릉과 연관되기 때문이다. 말하자면 그의 성정이 강릉에서 형성
된 셈이다. 집집마다 글공부하는 면학 분위기와, 그러면서도 놀고
잔치하는 일을 마다하지 않는 강릉의 풍습은 논리적으로 철저하면
서도 동시에 기氣와 실용의 문제를 외면하지 않는 그의 독특한 철
학 세계가 이뤄지는 배경이 되지 않았을까.

오늘날 파주 자운서원이 그와 그의 일족 무덤을 중심으로 이율
곡의 삶의 결과를 보여준다면, 강릉의 오죽헌은 그가 태어나고 자
라고 놀고 학문을 처음 익히던 공간으로 그의 삶의 배경을 간직하

오죽헌 신사임당과 율곡 이이가 태어나 유명해진 강릉의 대표 유적지이다.

고 있다. 이후 신사임당이 오만 원 권의 모델이 되면서 '분리' 내
지 '중첩'된 셈이나, 기존의 오천 원권 지폐에 이이가, 그리고 자운
서원이 아닌 오죽헌이 그려져 있음은 신사임당과 이이라는 조선의
성모자가 추념과 존숭의 대상이라는 사념을 반영하고 있다.

대략 30년 뒤 강릉은 이 걸출한 모자 말고도 비범한 남매를 배
출했다. 바로 허균과 허난설헌이다. 하지만 시대가 당쟁과 전란으
로 얼룩져 허난설헌 남매는 신사임당 모자처럼 평온한 삶을 누리
지 못했다. 두 사람 다 시대를 꿰뚫고 나라의 경계를 깨트리는 문
장과 사상으로 조선 최고의 지식인이 되었으나, 허균은 당쟁의 틈

바구니에서 역적으로 몰려 형장의 이슬이 되었고, 허난설헌은 제대로 뜻을 펼쳐보지도 못한 채 젊은 나이에 촛불 꺼지듯 혹 꺼져버리는 애통한 삶을 살아야 했다. 그것은 시대가 '공부면 공부고 풍류면 풍류지, 둘 다 한다는 게 무슨 말인가? 선비가 될 것인지 상스럽게 살 것인지 선택하라'는 으름장을 놓았기 때문이기도 했다.

> 푸른 바다가 일어났다가 구슬처럼 하얗게 빛나는 바다에 꺼져 들고
> 푸른 난새는 요란한 빛깔의 난새에 가려 버리네
> 부용꽃 삼 구, 이십칠 송이 붉게 떨어져 흩어져 버리니
> 이 한 밤 서리에 달빛 비쳐, 더욱 차갑기만 하여라
>
> – 허초희(허난설헌), 「꿈에 광상산에 노닐다」

27세에 찾아올 자신의 죽음을 예감한 듯 허난설헌은 "부용꽃 이십칠 송이가 떨어진다"라고 노래했다. 그녀가 숨을 거둔 1589년은 허균이 처형장에서 목이 떨어지기 29년 전이었다. 바다는 푸르기도 하고 희기도 하련만 흰 바다에 굴복할 것을 강요받는다. 푸른 난새는 다채색의 난새와 같으며, 무가치한 흥밋거리일 뿐이라고 경시된다. 4선의 풍류를 그저 무의미한 도락으로만 치부하던 시대는 조금만 생각이 다른 사람이 있다면 그를 사문난적으로 몰아 가두고 누르고 묻어버리는 세상으로 치닫고 있었다.

선인계도 죽음은 피할 수 없다

강릉이라는 이름을 얻은 고려 이래로 대구(공산전투), 천안(직산전투·성환전투), 울산(울산성전투) 등처럼 이곳 강릉에서 한반도의 운명을 좌우하는 일대 전투가 벌어진 일은 없었다. 하지만 이런 선경이라도 싸움과 유혈은 있었다.

1592년 8월에 강릉을 비롯한 그 일대의 고을에서 모인 의병이 북진했다가 동해안을 타고 내려오던 왜병을 공격해 큰 피해를 입혔다.

또 이에 앞서 선조의 6남인 순화군이 의병 모집을 위해 강원도에 왔다. 성격이 거칠고 안하무인인 순화군은 곧바로 함경도로 올라갔다가 형 임해군과 함께 왜군에 사로잡히지만, 강릉 사람들은 꾸준히 병력을 모아두었다가 왜군에 일격을 가한다.

강릉의병은 1896년에도 일어났다. 을미사변과 단발령을 계기로 일어난 을미의병의 하나로 권인규와 이병채 등이 강릉에서 궐기했는데, 여주의 민용호가 병력을 이끌고 합류해 왔다. 그들은 그 일대의 의병을 모으고 태백산맥에서 활동하던 사냥꾼들도 포섭해 전력을 한껏 보강하고 '관동구군도창의군關東九郡都倡義軍'의 기치를 내걸게 된다. 강릉의병은 원산, 함흥 등을 공략해 한때 함흥을 점령하는 등 큰 성과를 올렸다.

당시에 여러 의병이 기세만 높았을 뿐 큰 성과를 내지 못했던 터라 강릉의병의 전적은 단연 돋보였다. 그러나 일제에 맞서기에는 역부족임을 실감하고 간도로 건너가 항일투쟁을 계속한다.

고려 말 이래로 수백 년 동안 강릉은 변방 신세를 면했다. 그러나 해방과 분단은 선경과 휴양지로 평화를 누릴 수 있었던 강릉의 운명을 군사요충지로 돌려버렸다. 6·25 전쟁은 38선 전 지역에서 거의 동시에 남침이 벌어지며 시작되었는데, 강릉도 예외가 아니어서 이 전쟁에서 가장 먼저 인민군의 습격을 받은 지역 중 하나가 되었다.

1950년 6월 25일 새벽, 한때 우리나라에서 해가 가장 먼저 뜨는 곳으로 알려졌던 강릉 남쪽 정동진에 인민군이 들이닥쳤다. 그들은 마을 사람들을 총으로 위협해 진지를 구축하고, 물자를 나르는 데 힘을 보태게 했다. 이 사실이 알려진 몇 시간 뒤부터 국군 8사단이 강릉을 점령하려는 인민군과 격돌해 전투를 치렀다.

이틀간 벌어진 전투에서 8사단은 병력 부족과 지휘의 혼선으로 강릉을 내주며 후퇴했다. 북한군은 순조롭게 점령하여 남진을 계속할 수 있었다. 그런데 아무리 다급했다지만 남북한 양쪽에서 민간인을 동원해 전투 보조를 시켰다니, 이는 국제법 위반일 뿐 아니라 양 진영에서 부역자 처단이 거듭되는 원인이 되고 말았다.

본래 강릉의 코앞까지 내려와 있던 군사분계선은 휴전 덕에 상당히 북쪽으로 올라갔기에 강릉의 안보 부담은 다소 줄었다. 하지만 산악 지대의 특성을 이용해 간첩이나 공비가 자주 내려오게 되어 소탕전이 끊이지 않았다. 그 가운데 가장 대규모의 사태는 무장 공비라는 말이 남한 사람들의 뇌리에서 잊혀지고 있던 1996년에 벌어졌다.

그해 9월 18일, 강릉 해안에서 이상한 물체가 발견되었다. 출동한 군경은 그것이 북한의 상어급 잠수함임을 확인했다. 군경은 북한군이 비밀 작전 뒤 귀환하다가 좌초되어 승조원들이 상륙했다고 판단했다. 당연히 전국이 깜짝 놀랐고 강원도 일대는 그야말로 뒤집혔다. 강원도 내 거의 모든 군부대원들이 현장에 투입되다시피하여 강원도의 삼림에 몸을 숨긴 북한 군인들을 찾아냈다. 마지막까지 발견된 북한군은 26명으로, 투입된 남한 군인은 4만 3000명이 넘었다. 이 과정에서 총격전이 벌어져 남측은 민간인 4명을 포함해 18명이 사망하고 북한 병사들은 24명이 사망했다. 교전 중 전사한 북한 병사는 11명이며 13명은 정보 누설 등을 우려해 동료의 손에 목숨을 잃었다. 한 명(이광수)은 생포되어 전향했으며, 남은 한 명은 끝끝내 행방이 묘연한데 이후 북한 발표에 따르면 '명예롭게 전사'했다고 한다.

이 사건은 시작부터 종료까지 49일이나 걸렸다. 본래 온건했던 김영삼 정부의 대북 태도는 차갑게 얼어붙었다(그들이 단순히 좌초하여 부득이 상륙한 게 아니라 김 대통령을 암살하기 위해 투입된 것이라는 분석도 있었다. 하지만 당시 정국을 볼 때 그럴 필요가 있었나 싶다. 게다가 수도권 쪽이 아니라 굳이 강릉으로, 침투하려 했다는 점도 석연치 않다). '냉전 가운데 간간이 혈투'로 점철된 1950~1980년대까지 한반도의 분단사는 1990년대 초 냉전 종식과 북방 정책으로 옛날이야기가 되나 싶었지만 아직 갈 길이 멀다는 게 확인되기도 했다. 그리고 소년 이중환의 기가 질리게 했던, 하늘이 보이지 않을 정도로 빽빽이 우거진 강원도의 삼림이 갖는 안보적 의미가 재조명되기도 했다.

오늘날의 강릉은 휴양과 관광을 중심으로 발전을 꾀한다. 2009년 녹색시범 도시로 선정된 것을 계기로 시 이미지 브랜드화가 열심히 논의되고, 그 결과 나온 '솔향 강릉'이 도시 내외에서 인기를 얻고 있다. 깨끗한 공기, 밝은 태양, 오죽헌, 경포대, 선교장 등의 전통 볼거리에다 국내에 비할 바 없는 맑고 푸른 해수욕장들, 정동진을 비롯한 해돋이 명소들, 강릉 어디에나 볼 수 있는 고즈넉한 분위기의 솔숲들이 사람들을 쓸어모은다. 대한민국 사람으로서 강릉을 중심으로 하는 동해에 가서 몸과 마음을 쉬어본 적이 없는 사람은 거의 없을 것이다. 2000년대 이후 하나둘씩 들어선 독특한 커피 명인들의 카페를 바탕 삼아 커피 거리를 조성하는 등 관광과 휴양 종목의 다각화도 진행되고 있다.

하지만 그러한 한가로움과 여유, 오래전 신선 화랑들과 몇백 년 전 시인 묵객들의 발자취를 따라가는 발걸음의 이면에는 안보 도시로서 강릉의 숙명이 숨어 있다. 진정으로 강릉이 육지의 제주도로서 가벼운 마음으로 솔향을 즐기며 나들이도 하고, 커피도 즐기

강릉 무장공비침투 사건의 상어급 잠수함 통일공원에 전시되어 있다.

는 도시가 되려면 남북 간에 풀리지 않은 매듭을 풀어내는 일이 먼

저 이뤄져야만 할 것이다.

18

인천

바닷길과 하늘길의 시작점

서해의 여러 섬을 포함하고 있는 인천은 1062제곱킬로미터로 대한민국에서 면적 8위다. 하지만 북서쪽 백령도에서 남쪽 덕적군도에 이르는 넓은 해역이 모두 인천이므로, 도시의 끝에서 끝으로 따지자면 단연 제1위의 대도시라고 할 수 있다. 인구는 290만 명 정도로 서울, 부산에 이어 3위다. 이 도시는 오랫동안 서해에서 한강으로 들어가는 관문이기에 한반도 역사의 주 무대가 되는 일이 많았다.

형제들의 나라 세우기 경쟁, 과연 평화로웠을까?

주몽의 큰아들 비류와 둘째 아들 온조가 북부여로부터 10인의 신하를 거느리고 남쪽으로 가는데 백성들이 많이 좇았다. 드디어 한산漢山 부아악負兒岳에 올라 살 만한 땅을 바라보매 비류가 바닷가에 살기를 원하니 열 신하가 "오직 이 한남漢南의 땅이 북쪽으로 한수漢水를 띠고, 동쪽으로 높은 산악을 의지하고, 남쪽으로 기름진 땅이 열리고, 서쪽으로 큰 바다가 막혀서, 천험의 지리로 얻기 어려운 형세이니 이곳에 도읍하는 것이 또한 좋지 않겠습니까" 하였으나 비류가 듣지 않았다. 백성을 갈라 미추홀로 들어가니 온조는 열 신하와 함께 위례성에 도읍하였다. 오랜만에 비류가 미추홀의 땅이 습하고 물이 짜서 편히 살지 못하고 돌아와, 위례성의 도읍이 안정되고 인민들이 안락한 것을 보고 마침내 부끄러워서 죽었다. 그 신하와 백성은 모두 위례성으로 돌아왔다.

-『삼국사기』

『삼국사기』의 이 이야기는 당시 인천 지역이 항구로서는 가치가 높지 않았음을 짐작케 한다. 만일 그때도 중국 등과의 교역이 활발했더라면 적어도 위례성보다 못하진 않았을 테니까 말이다. 또 어쩌면 비류백제와 온조백제 사이에 힘겨루기가 있어서 온조백제가 최종 승자가 된 것일지도 모른다. 여러 신화를 보면 건국 당시 부족 간의 싸움을 형제끼리 골육상잔을 벌인 이야기로 곧잘 표현한다. 그러나 유교 사상에 흠뻑 젖어 있던 우리나라의 신화 필자들은 그런 패륜의 이야기를 순화했고, 실제 역사도 윤색해 버리는 경우가 많았다.

비류백제의 사람들이 온조백제의 백성이 되었더라면 인천 땅도 백제 땅이 되었을 법하다. 하지만 미추홀 이래 인천이 국가의 행정 구역이 된 것은 고구려의 매소홀현買召忽縣이 처음이라고 한다. 그 다음 땅의 지명을 일일이 중국식으로 고쳤던 경덕왕 때 신라가 한강 유역을 차지하고 나서 소성邵城이라고 고쳐 불렀다. 고려 때는 오늘날의 부평인 수주樹州의 소속 현이 되었다가 숙종 때 왕후 이씨의 고향이라 하여 지인주知人州로 독립했다.

중국인들도 칭찬한 항구 도시

고려 시대에 이르러 비로소 인천은 항구 도시로서 각광을 받기 시작한다. 그때까지 중국과의 교류는 황해도의 옹진과 산둥반도 사이의 해로에 의존했다. 하지만 1073년(고려 문종 27년)에 발해만을 장악한 거란을 피해 더 남쪽으로 교역로를 바꿨다. 그래서 중국에서는 저장성, 고려에서는 인천 앞바다의 자연도(현 영종도)를 종점으로 한반도 서해를 두루 오가는 해로가 열렸다. 더불어 자연도에 도착한 중국인들을 맞이하기 위해 경원정慶源亭이 들어섰다. 중국의 사신이나 무역상들은 이곳에서 험한 뱃길의 고생을 잊으며 놀고 쉬다가 내륙으로 향했다.

> 대접하는 식품은 10여 종인데 국수가 먼저이고 해물은 각양각색에 아주 진기했다. 금그릇과 은그릇에 음식이 담겨 나오고, 청자 그릇도 보였다. 쟁반과 소반은 칠기였다.
>
> ─『고려도경』

1123년 송나라 사신으로 고려에 도착해 대접받은 서긍이『고려도경』에서 소개한 당시의 상차림이다. 고려의 경제력과 문화 수준이 아주 높았음을 엿볼 수 있다.

경원정 덕에 인천은 경원군으로 이름이 바뀌었고, 후에 경원부

慶源府로 이어졌다. 교역의 요지가 된 이래 인구가 지속적으로 늘었다는 뜻이다. 그런데 조선이 개국하고 나서는 고려 때 잠깐 쓰였던 인주仁州라는 이름으로 바뀌었고 태종 때는 아예 군으로까지 내려갔는데, 1413년에 비로소 인천군仁川郡이 되어 인천이라는 이름이 이어졌다.

청자 상감 구름 학 무늬 네귀 항아리 고려 시대에 만들어진 청자로 문화 수준을 엿볼 수 있다.

상업과 교역을 억제하려던 조선왕조의 정책이 경원정과 인천항의 흥청거림에 찬물을 끼얹은 것일까? 인천은 강화도와 함께 교역뿐만 아니라 국방의 차원에서도 오랜 역사적 의미를 가졌다. 일찍이 660년 소정방이 이끄는 당나라의 13만 대군이 황해를 건너 상륙한 곳이 바로 인천 앞바다의 덕물도였다. 그들은 신라와 힘을 합쳐 백제를 멸망시켰다.

외세의 침입으로 거듭된 아픔

고려 시대에는 바닷길로 왜구가 쳐들어왔고, 육로로는 원나라가 쳐들어왔다. 조정은 1232년부터 1270년까지 38년 동안 강화도로 피란해 있었다. 원나라와의 강화 교섭이 이루어져 조정이 개경으로 돌아가기로 했을 때에도 이에 반대하는 삼별초가 봉기했다. 그들은 강화도를 불바다로 만든 다음 진도와 제주도로 옮겨 가며 항쟁을 계속했다.

이처럼 군사적으로 중요성이 큰 지역이다 보니 조선왕조에서도 1460년(세조 6년) 인천에 도호부를 설치했다. 소헌왕후의 고향이라 대접한다는 의미도 있었지만, 도호부의 원래 의미도 군사적 행정기구였다.

비교적 오랫동안 평화를 누리던 조선은 1593년에 전란으로 흔들렸다. 바로 임진왜란이다. 왜군이 소정방의 당나라 군대처럼 남해와 서해를 돌아 인천에 상륙했더라면 아마 조선은 멸망했을지도 모른다. 그러지 못했던 이유는 무엇일까? 여기에는 재미있는 전설이 있다. 왜군의 배가 북상하다가 강화도의 송정촌松亭村에 이르렀는데, 그곳 주민에게 여기가 어디냐고 물어 '송정'이라는 대답을 듣자 깜짝 놀라더니 배를 돌려 돌아가고 말았다. 출정하기 전에 '송' 자가 들어가는 곳에 가면 필패한다는 예언을 들었기 때문이라고 한다. 그리하여 강화와 인천은 난리를 면했다. 하지만 진실은,

아마도 이순신이 전라도에서 뱃길을 막았기 때문일 것이다.

　30여 년 뒤에 일어난 호란 때는 태평한 전설이 생길 여지가 없었다. 1627년 정묘호란에 조정은 강화도로 피란했다. 1636년의 병자호란 때도 피란하려 했으나 때를 놓쳐서 남한산성에서 농성해야 했다. 그때 겪은 최악의 치욕을 거울삼아 1656년에 인천부에 있던 제물진을 한양에서 강화도로 들어가는 길목에 옮겼다. (제물포라는 인천의 별칭은 여기에서 비롯되었다) 또 월곶진과 광성보도 강화도에 설치했다. 1703년에는 제물진 앞 월미도에 행궁을 설치하고 여러 보와 진으로 강화도와 인접한 인천 일대를 두르다시피 하여 철통같은 방어 태세를 구축했다.

　그런 방어 태세는 조선 말기에 들어와 시험대에 놓였다. 1866년에 프랑스가 쳐들어온 병인양요, 1871년에 미국이 공격해 온 신미양요로 강화도 일대는 전쟁터가 되었다. 두 경우 모두 적이 한강을 통해 한양으로 진입하는 것을 막아 방어 태세의 제 몫은 했다. 하지만 서양 군대는 단 6명이 전사한 반면 조선군은 255명이 희생되었고, 외규장각의 도서가 약탈되는 등 피해가 막심했다. 조선이 시급히 군사력을 개량, 강화해야 할 필요를 알려준 사건이었다.

　그러나 인천과 강화도는 미처 그러지 못한 채 운요호 사건을 맞이했다. 끈질기게 개국을 요구하던 일본은 무력으로 문제를 해결하기로 했다. 1875년에 군함 운요호를 인천 앞바다로 보낸 것이다. 그리고 조선이 먼저 공격해 대응했다는 낯간지러운 핑계 아래 강화도의 초지진과 영종도의 영종진을 쑥대밭으로 만들었다. 영종도에 상륙해서는 약탈, 방화, 강간 등을 자행했다. 이 사건으로 결국 조선은 이듬해에 일본과 조일수호조규(강화도 조약)를 맺고 나라를 열었으며, 이로써 한국사는 근대사로 접어들었다.

그 뒤 약 반세기 동안 인천은 한반도를 짓밟는 외세가 가장 먼저 발을 디디는 땅이 되었다. 청나라 군대는 임오군란 때, 일본 군대는 청일전쟁 때 인천으로 들어와 한반도를 전쟁터로 만들었다. 두 사건의 흔적은 아직도 인천에 남아 있다. 인천 차이나타운은 임오군란 이후 한반도에 장기 거주하게 된 청나라 사람들을 위해 처음 만들어졌고, 인천 송도 국제도시의 이름은 청일전쟁에서 활약했던 일본 구축함 마쓰시마松島호를 기념하기 위해 지어졌다.

피비린내 나는 한국 근현대사를 기념하는 인천의 또 다른 장소는 바로 중구 송학동의 자유공원이다. 1950년 9월 15일, 인천상륙작전을 지휘했던 더글라스 맥아더 장군의 동상이 옛 전장을 굽어보며 그곳에 서 있다. 파죽지세로 남침해 낙동강의 마지막 방어선을 무너뜨리려 온 힘을 다했던 북한군의 뒤통수를 친 작전이었다. 유엔연합군은 오늘날의 인천 동구 만석동에 상륙해 치열한 혈전을 벌이며 작전을 성공시켰다. 미군은 유엔군 전사자 222명, 북한군 전사자 1350명의 피가 흩뿌려진 만석동 해변을 '레드 비치'라는 이름으로 부르기도 했다.

운요호 사건을 묘사한 일본의 그림 용맹한 전투처럼 묘사했으나 실상은 양민 학살에 가까
웠다.

인천에 남은 여러 '한국 최초'의 기록

　이처럼 피와 눈물의 역사를 간직한 인천은 20세기 중후반 이후
부터 국방보다는 경제 및 교통의 요지로 더욱 부각되고 있다. 특히
이제는 바닷길뿐만 아니라 하늘길에서도 대한민국의 관문 역할을
한다. 1992년부터 영종도와 용유도 사이의 바다를 간척해 확보된
땅 위로 공항 건물이 들어섰다. 그리하여 2001년 3월 29일 개장한
인천국제공항에는 하루 24시간 동안 평균 1100대의 비행기가 오
르내리고, 20만 명의 승객들이 드나든다. 일제강점기부터 항만 시
설을 현대화해 1974년에는 인천항 전체가 갑문 시설을 구비했다.
인천항은 연간 972만 톤의 해운 물동량을 소화하고 있다. 육로로는 1899년에 한국 최초의 철도인 경인선이 개통되었으며 지금은 그 구간을 확장해 서울지하철 1호선이 달리고 있다.

1967년에 착공해 1968년에 개통한 경인고속도로도 한국 최초의 고속도로라는 기록을 가지고 있다. 통신에서도 1898년 서울 경운궁과 인천 사이에 한국 최초의 전화선이 가설되었다. 전화선이 놓인 지 사흘 만에 고종이 수화기를 들고 인천의 감옥에서 일본인 살해죄로 사형 집행을 기다리던 백범 김구를 사면하라는 지시를 내리기도 했다.

인천에 최초로 들어선 것들은 또 있다. 강화도 마니산의 참성단은 단군이 하늘에 제사를 올리기 위해 쌓은 것으로 한국 최초의 종교 시설이라고 볼 수 있다. 지금 남아 있는 참성단은 조선 시대에 중수된 것이다. (고려 건국 이전부터 이 참성단에서 제사를 지낸 기록이 있으니 최소 천 년이 넘은 종교 시설이다) 지금도 개천절 행사와 전국체전 성화 채화에 사용되고 있다. 강화도의 삼랑성은 단군의 세 아들이 쌓았다는 전설이 있다. 이 전설대로라면 남한에서는 최초로 쌓은 성인 셈이다. 물론 그렇지는 않더라도, 적어도 삼국 시대에는 지어진 듯하고 이후 고려와 조선에서 정족산성을 덧붙이고 더욱 확대하여 임시 궁궐과 왕조실록을 보관하는 곳으로 만들었다. 또한 이곳은 병인양요의 격전지이기도 했으니 서양인의 피가 최초로 뿌려진 한국 땅이기도 하다.

훨씬 많은 피가 뿌려진 인천상륙작전을 기념하는 자유공원

참성단 남한에 전해지는 보기 드문 고조선의 흔적이다.

은 1888년에 조성된 한국 최초의 근대식 공원이다. 당시의 이름
은 '각국공원'이었는데, 강화도 조약 이후 들어온 서양 각국 사람
들의 거류지가 주변에 있었기 때문이다. 자유공원이라는 이름은
1957년 맥아더 동상이 세워지면서 붙여졌다. 또한 이 공원은 일제
강점기 동안 한국 최초의 민주 정부를 탄생시키기도 했다. 1919년
4월 23일 24인의 국민대회 대표자들이 이 공원에 모여 한성 임시
정부의 수립을 선언했기 때문이다.

이처럼 인천에는 서양의 병사들과 선교사들이 엇갈린 영향을
끼친 명소들이 많다. 중구 내동에는 내동 성공회 성당이 있다. 성

인천 자유공원에 있는 맥아더 장군상 한동안 철거 논란에 휩싸이기도 했다.

공회 성당으로는 한국 최초로 세워진 성당인데(1890년), 인천상륙 작전을 전후로 불타버려 지금은 1956년에 중건된 건물로 남아 있다. 그 옆으로 몇십 미터만 가면 한국 최초의 감리교회인 내리교회가 있다. 1891년에 지어졌는데 1년 뒤에는 한국 최초의 초등학교로 여겨지는 영화학당을 부설하기도 했다. 그러나 이 역시 본 건물은 6·25 전쟁 때 많이 파괴되는 바람에 1955년에 허물고 다시 지어 지금은 현대식 건물이 들어서 있다.

내동에서 벗어나 신포국제시장을 가로질러 가면 1899년에 지어진 답동성당이 있다. 인천광역시에서 최초로 지어진 가톨릭 건축물로 빼어난 건축미를 자랑하며 여전히 사람들의 발길을 불러 모은다. 이 역시 6·25 전쟁의 상흔을 겪었지만 피해가 그리 크진 않아서 보수공사로 그쳤다.

아름다운 섬이 넘쳐나는 도시

인천은 섬의 도시이기도 하다. 사람이 사는 섬만 무려 42개에 이른다. 면적을 따져봐도 섬 지역이 인천의 3분의 2에 이른다. 1980년대와 1990년대에 옹진군과 강화군 등이 인천광역시로 편입됨에 따라 그리되었다. 베네치아를 둘러볼 때 무라노섬 등을 둘러봐야 하듯이 인천을 둘러볼 때 섬들을 빼놓을 수 없다. 소정방이 닿았던 덕물도는 현재 해수욕장으로 유명한 덕적도이며, 서쪽의 굴업도는 대한민국에서 가장 아름다운 숲으로 유명하다. 송나라 사신들을 대접하던 자연도는 지금의 영종도다. 영종도 남쪽의 무의도는 두 가지가 유명한데, 하나는 기암괴석이 많아 서해의 알

프스라 불리는 국사봉이고, 다른 하나는 무의도에서 400미터쯤 떨어져 있으며 썰물 때는 무의도와 연결되는 작은 섬 실미도다. 1968년 이곳에서 북파 특수부대를 양성하다가 계획이 취소되자 부대원들이 무기를 들고 서울까지 침입했다가 비참한 최후를 맞이했다. 군사정권 시기의 가장 드라마틱하면서도 슬픈 역사였던 이 사건은 2003년 영화 「실미도」로 비로소 널리 알려졌다.

덩치와 역사적 특수성으로 인해 인천과는 별개로 취급되던 강화도에는 이제까지 언급한 유적 외에도 고구려 때 창건된 전등사와 고려의 옛 궁터, 그리고 세계문화유산으로 등재된 강화 고인돌 유적 등이 남아 있다. 강화도와 다리로 연결된 석모도는 아름다운 풍광 덕분에 영화 촬영지로 각광받고 있다. 역시 다리로 이어진 교동도는 조선 시대에 유배지로 많이 쓰였다. 연산군과 광해군이 이곳에서 귀양살이를 했고, 연산군의 망혼을 달래는 부근당이 이곳에 남아 있다.

인천의 가장 서쪽에는 연평도와 대청도, 백령도 등이 있다. 이 부근에는 오래전부터 안보와 관련된 일화와 사건이 많았다. 조선 시대에는 임경업이 소현세자를 구하기 위해 중국으로 가던 도중 연평도에 들렀다 하여 그를 기리는 사당이 남아 있다. 분단 이후에는 1950년대에 6·25 전쟁의 남침이 가장 먼저 시작된 곳이다. 1990년대 말과 2000년대 초에는 북한과의 해전이 세 차례 벌어졌으며, 2010년에는 북한이 연평도에 포격을 가해 군인 2명과 민간인 2명의 목숨을 앗아갔다.

간척으로 인해 이제는 섬이 아니게 된 월미도도 있다. 이곳에는 조선의 행궁이 있었고, 러일전쟁 당시에는 해전이 벌어졌다. 일제 강점기에는 유원지로 개발되어 지금까지 명성을 누리고 있다. 인천상륙작전의 서전緖戰에서 미군의 무차별 폭격으로 민간인이 다수 희생되었고, 이후에도 군사기지로 활용되느라 주민들을 내쫓아 아직까지도 배상과 귀향 문제가 해결되지 않은 슬픈 역사를 간직하고 있다.

강화도를 비롯한 섬들을 인천에 포함시킨 1990년대 이후는 인천이 국제허브 도시로의 새로운 비약을 꾀한 시기이기도 하다. 인

월미도 간척과 함께 유원지로 개발되어 사람들이 많이 찾는 섬이 되었다.

천국제공항이 열렸을 뿐 아니라 2003년의 경제자유구역 지정(이역시 한국 최초다), 세계 유명 대학을 유치하려는 송도 국제도시와 아시안게임의 무대가 된 청라 국제도시 등의 신설이 그러하다. 비록 이후의 정치적·경제적 흐름은 그런 야심에 못 미치지만 만일 남북관계가 크게 개선된다면 인천의 섬과 하늘, 바다의 중요성은 한층 커질 것이 분명하다.

19

파주

통일을 염원하는 평화 수도

북한과의 접경 도시의 하나인 파주는 면적 672제곱킬로미터, 인구는 45만 명 정도다. 면적은 전국 60위(경기도에서 6위), 인구는 26위(경기도에서 12위)다. 장단면 등 접경지 4개 면, 전체의 4분의 1 정도 되는 지역은 민간인통제구역으로 묶여 있다.

언제부터 파주라고 불렸을까

　지금의 파주시는 여러 고을이 하나로 합쳐 이루어진 도시다. 475년 고구려의 침공으로 임금(개로왕)이 죽자, 백제는 대대로 내려온 수도 위례성을 버리고 웅진(공주)으로 쫓기며 고구려의 손에 많은 땅을 넘기고 떠났다. 술미홀현述彌忽縣도 이때 빼앗긴 지역 중 하나로 고구려는 그 이름을 파해평사현坡害平史縣이라고 고쳤다. 그 이웃인 술이홀현述爾忽縣도 고구려 땅이 되었다가 삼국의 판도가 바뀌며 신라의 품으로 돌아갔다. 신라는 통일 이후 757년, 경덕왕이 전국의 고을 이름을 대대적으로 바꿀 때 이 두 고을도 개명해 파해평사현은 파평현坡平縣으로 줄였으며 술이홀현은 봉성현峯城縣으로 고쳤다.

봉성현은 고려 때 서원현瑞原縣으로 바뀌었다. 조선이 건국되고 얼마 뒤인 1393년에 서원현이 군으로 승격했으며, 5년 뒤에 우리 고을들은 서로 생활이 이어져서 한 고을과 같으니 하나로 합쳐달라는 주민들의 요청을 받아들여 파평현을 서원군과 합치고 두 고을의 이름자를 하나씩 따서 원평군原平郡이라고 했다. 고전 문헌에서 파주라고 언급되는 고을은 대부분 이 군을 지칭한다.

그런데 왜 지금은 원평이 아니라 파주일까? 1459년 세조의 왕비인 정희왕후 윤씨가 이곳 출신이기에 격을 높여 목으로 하고, 이름을 파주목坡州牧이라고 고쳤기 때문이다. 고구려의 파해평사현부터 조선의 파주목까지, 약 천 년을 두고 바뀐 이름이 마침내 정착된 셈이다.

하지만 지역 변경은 끝나지 않았다. 통일신라 이후 교하군交河郡(고구려의 천정구현泉井口縣인데 신라 경덕왕 때 교하군으로 이름이 바뀌었다)이라 불리던 파주목의 옆 동네가 1914년 파주군에 흡수되었다.

또한 적성현積城縣(백제의 난은별현, 고구려의 낭비성, 신라의 칠중성, 경덕왕 이후 중성, 고려의 적성)도 1914년에 연천군에 흡수되었다가 해방 이후 파주와 양주에 분할 흡수되었다. 1972년에는 임진臨津나루를 포함하는 장단군長湍郡(고구려 장단성현長湍城縣으로 역시 경덕왕 때 장단현이 되었다)의 대부분도 파주군의 일부가 되고, 파주는 1996년에 시로 승격되어 오늘에 이르렀다.

남과 북이 서로 바라보며 그리는 땅

삼국 시대 그리고 현대의 분단 시대에 파주는 나라와 나라가 맹렬히 맞부딪치는 최전선이었다. 고려와 조선 시대에는 수도는 아니되 수도와 가까이 있음으로써 그 방어기지 또는 뒷마당 구실을 해왔다.

먼저 '최전선' 파주로서 오늘날까지 남아 있는 흔적은 오두산에 있다. 391년에 변두리의 교하군이었던 오두산에는 백제의 관미성이 있었다. 관미성은 한강과 임진강이 섞이는, 거대한 군함이 정박한 듯한 곳에 지어졌다. 그래서인지 이 성은 한반도 중추 항해로의 요충지였다. 391년에 고구려의 광개토태왕이 이곳을 탈취하고자 전력을 다해 공격해 왔다. 백제 수비군은 악착같이 저항했으나 한 달 만에 성을 내주고 만다. 이것이 고구려가 만주와 한반도에 이르는 패권 국가로 발돋움하는 상징과도 같은 관미성전투였다.

오늘날 오두산에 산성이 있던 흔적은 거의 찾아보기 어렵다. 하지만 또 다른 남북의 대립 현실과 화해의 희망이 이 장소에 깃들어 있다. 오두산에 오르면 꼭대기에 통일전망대가 있다. 1992년에 망향의 설움을 삭이고 살아가는 실향민들을 위해 건립한 이 전망대는 맑은 날이면 북한 땅(황해남도 개풍군에 해당된다)과 거기서 오가는 사람들이 잡힐 듯 내다보인다.

다른 시대, 다른 사람들이겠지만 파주에는 높이 올라 저 너머를 바라보며 감상에 젖었던 장소들이 또 있다. 본래의 장단군(지금은 파주시 장단면) 경내인 도라산은 신라 마지막 왕인 경순왕의 한이 서린 곳이다. 항복을 받은 왕건은 그를 우대했지만 아무래도 왕씨 왕족과 똑같이 대하기는 어려웠다. 그렇다고 본거지인 경주에 살도록 내버려 둘 수도 없었다. 언제 옛 신라 호족들이 그를 업고 반란을 일으킬지 모를 일 아닌가? 그래서 수도 개경이 아니라 '뒷마당'인 장단에 살도록 했다. 경순왕(이제는 고려 상주국 김부)은 그의 부인이자 왕건의 딸인 경순공주가 지어준 도라산 영수암에 매일처럼 올라가 머나먼 경주 땅을 바라보며 한숨 쉬고 눈물지었다. 그래서 산 이름도 '신라의 수도를 돌아본다' 하여 도라산都羅山이 되었다는 설화가 있다.

도라산에도 통일전망대가 있다. 2018년 지어진 이곳은 오두산보다 더 위쪽이고, 민통선(한반도 비무장 지대의 남방 한계선으로 민간인 출입이 통제되는 곳이다) 안쪽에 있다. 방문객은 여기서 망원경으로 개성을 바라볼 수 있다. 같은 산에서 천 년을 사이에 두고 나라 잃은 왕은 남쪽을, 고향 잃은 시민들은 북쪽을 애타게 바라보는 셈이다. 여기서 얼마 떨어지지 않은 곳에는 1978년에 발견된 제3땅굴이 있고, 또 조금 옆에는 서울과 신의주를 잇던 경의선의 남측 마지막 역인 도라산역도 있다. 그 모든 것이 냉전기의 역사적 산물이며, 지금도 끝나지 않은 남북 대립을 증언한다.

장단면에는 덕진산성도 있는데, 고구려가 처음 세운 것을 이후

새로 지은 도라전망대 국방부가 설치한 통일안보 관광지. 개성시 변두리를 선명하게 볼 수 있다.

왕조들도 개축 보수하여 계속 썼다고 한다. 파주의 산성 중 보존이 가장 잘되어 있다. 여기에도 '하염없는 그리움'의 이야기가 있다. 1623년 인조반정이 일어났다. 장단을 다스리던 부사 이서李曙는 그 휘하 병력을 이끌고 반정군에 가담했다. 이기면 충신이 되겠지만 지면 역적이 될 일이라 그의 아내는 가슴을 졸이며 "부디 돌아오시는 배에 깃발을 올려 당신의 생사를 알려주세요. 이기고 돌아오시면 빨간 깃발, 혹시라도 잘못되셨다면 흰 깃발입니다"라고 신신당부했다. 이서의 군대는 선봉에 서서 대활약을 해 반정의 성공에 가장 큰 공을 세웠다. 그러나 그가 배를 타고 돌아올 때 부인과의 약속을 깜빡 잊었는데, 사공이 덥다 보니 흰 저고리를 벗어서 뱃전에 묶어두었다. 이제나저제나 하며 덕진산성에 올라 강을 바라보던 부인의 눈에 그만 저 멀리 하얀 것을 펄럭이며 떠오는 배가

한 부부의 비극을 간직한 덕진산성

들어왔고, 그녀는 곧장 천 길 아래로 몸을 던져 안타까운 고혼이 되었다는 것이다. 비탄과 후회 속에 이서는 덕진산성 한편에 그녀의 혼을 위로하는 사당을 세웠다. 이 사당에 '덕진당'이란 이름을 붙였으나 지금은 없어졌다.

서울에 너무나 가까운 터

삼국의 항쟁사를 볼 때 자주 등장하는 지명 중 하나가 칠중성七重城이다. 지금 적성면에 성곽의 흔적이 남아 있다. 그 자체가 바빌론처럼 7겹의 성벽을 갖춰서라기보다 이 성의 전후좌우에 보조하는 작은 성들이 있었으므로 그렇게 불렸던 것 같다. 고구려, 백제, 신라가 각각 이 성을 차지하려고 몇 번이고 병력을 동원했다. 대표적으로 638년에 연개소문의 명을 받은 고구려의 대군이 임진강을 뒤덮다시피 쳐들어와 신라의 손에 있던 이 성을 빼앗으려 했다. 그러나 알천의 지휘하에 신라군이 굳게 농성하여 끝내 물리쳤다. 이때 고구려는 신라군의 강함을 뼈저리게 체험하여 이후 신라에 소극적인 태도를 취하게 되었다.

고려 시대에는 이곳에서 거란과 고려군이 치열하게 싸웠고, 임진왜란 때도 전투가 벌어졌다. 현대에도 이곳은 주요 전투지였다. 1951년 4월에 영국군 제29여단과 중국군 제19병단 63군이 격돌했다. 그 가운데 가장 용감하게 싸운 부대는 영국군 글로스터셔 대대였다. 이들은 적군을 몰아붙이다가 그만 포위되었고, 영웅적인 분투 끝에 전멸하고 말았다. 그들의 희생 덕분에 중국군은 서울 진공에 차질을 빚게 된다. 오늘날 이 전투와 머나먼 낯선 땅에서 피를 흘린 영국인들을 기리는 설마리 영국군전적기념비가 영국군 설마리전투 추모공원에 세워져 있다.

이처럼 파주는 수도의 뒷마당 역할을 해왔다. 생각해 보면 이곳의 병력이 인조반정에서 큰 역할을 할 수 있었던 것이나 글로스터셔 대대의 희생 덕에 서울이 무사할 수 있었던 것, 그리고 지금 도라산에서 개성이 보이는 것은 모두 이 파주 땅이 개성과 한성—서울에서 가깝기 때문이다. 조선 시대에 임금이 죄인을 파주로 유배보낸다고 하면 '파주처럼 가까운 곳에 보낸다면 유배의 의미가 없습니다!'라고 신하들이 반대할 정도였다. 고려는 이 땅에 별궁을 지었고, 조선은 행궁을 두었다. 한때는 아예 수도의 일부가 되기도 했다. 1063년에는 개성부에 편입되었고, 1895년에는 한성부 소속의 땅이 되었다.

요즘 곧잘 들을 수 있는 '수도권 집값'이라는 말에서 유추할 수 있듯이 한 나라의 중심지에서 가까우면 아무래도 경제와 문화가 발전하기 마련이다. 파주도 어느 정도는 지리적 여건의 덕을 보고, 고관대작들의 생활 터전이 되었던 때가 있었다. 그러나 계속 그렇지는 못했다.

파평 윤씨에 얽힌 여러 이야기

파주를 상징한다고 볼 만한 가문이 있다. 현재 수적으로 대한민국 10대 성씨에 들 뿐 아니라 조선 시대에는 가장 많은 수의 왕비를 배출하고, 과거 급제자 누적 3위에 드는 파평 윤씨 집안이다. 대윤大尹이니 소윤小尹이니 하며 한때 정계를 쥐고 흔들었으며, 대한민국 대통령도 두 사람이나 배출한 유력한 가문이다. 가령 조선 최고의 가문이라 할 전주 이씨만 해도 이성계와 그의 조상들이 전주를 떠나 함경도 지역에서 생활하는 등 본관과 본거지가 달랐던 경우가 많다. 하지만 파평 윤씨는 시조로 꼽는 고려 건국 공신 윤신달 이래로 천 년을 파주에서 살며 대를 이어왔다. 그러므로 파주의 상징이라고 볼 만하지 않겠는가?

고려 시대에 파평 윤씨로 역사에 가장 큰 족적을 남긴 사람이

윤관의 초상

바로 윤관이다. 윤신달의 고손자인 그는 1107년에 여진족에 맞서 출격해 그들을 격파했을 뿐 아니라 그 본거지 깊숙이 쳐들어가 지금의 함경북도 일대를 정복하고 9성을 쌓았다. 고려 시대에 몇 안 되는 정복 사업인 동북 9성 사업이다. 그러나 이런 놀라운 성과에 조정은 인색한 평가를 내렸다. 굳이 먼 곳의 척박한 땅을 차지해 여진족과 분쟁거리를 만들 이유가 무엇이냐는 것이다. 고려 건국

직후 열심히 추진했던 북방 정책의 종결이었다.

결국 고려는 1109년에 9성을 여진족에 돌려준다. 상심한 윤관은 벼슬을 버리고 파주로 돌아와 은둔하며 살았다. 지금 파주에 가보면 그의 묘가 있는데, 풍치 좋은 곳에 무슨 왕릉인 양 거대한 규모로 들어서 있다. 그런데 이것이 진짜 그의 묘인지는 불확실했다. 그래서 1765년에 역대급 산송山訟, 그러니까 '이 묘지가 누구 묘지냐?' 하는 다툼이 바로 파평 윤씨와 청송 심씨 사이에 벌어졌다. 파평 윤씨도 알아주는 가문이지만 청송 심씨 또한 명문인지라 왕(영조)까지 친히 나서 중재했다. 그러나 두 집안 모두 자신들의 입장만 고집하니 왕이 노하여 두 집안의 대표를 모두 유배 보냈고, 두 사람 모두 유배 도중에 죽었다고 한다. 그러면 산송의 결론은 어떻게 났을까? 놀랍게도 조선이 망한 다음까지 이어져 2006년에 가서야 윤씨 쪽의 판정승으로 끝났다. 하지만 그동안 두 가문은 원수가 되어버렸다. 두 집안 출신의 남녀가 결혼을 약속했다가 어쩔 수 없이 헤어지는 일이 적지 않았다는 뒷말도 있다.

정말 윤관의 묘가 맞는다면, 그는 자신이 중흥시키려다가 실패한 왕조의 마지막 국면을 죽어서라도 지켜보았을 것이다. 홍건적이 침공한 1361년에 개경까지 함락당하자 공민왕과 노국공주가 안동까지 도망가다가 윤관의 묘가 올려다보이는 지점에서 쉬었다고 전해진다.

이 묘와 좀 떨어진 곳에 윤관의 별장이었다는 상서대도 있고(그가 상서尙書 벼슬을 할 때 가끔 머리를 식히러 들렀다 하여 상서대다), 근처에는 묘지를 찾지 못한 파평 윤씨 사람들을 집단으로 위로하는 추원단追遠壇과 웅담熊潭도 있다. 웅담은 전쟁에 나간 윤관을 기다리다가 그가 전사했다는 오보에 연못으로 몸을 던졌다는 윤관의 첩에 대한 전설이 얽힌 연못이다. 그녀의 이름이 웅단이라서 웅담이라 불렸다는데, 덕진당 전설과도 비슷하고 곰이 물에 빠져 죽었다는 공주 고마나루 전설과도 비슷한 데가 있다.

파평용연이라 불리는 연못도 있는데, 바로 윤씨 시조 윤신달의 탄생지라 한다. 연못 한가운데에 황금 궤짝이 둥실 떠올라 열어보니 갓난아이가 있었다. 그가 윤신달이었다는 전설이 있다(이때 잉어들이 그를 연못가로 이끌어주었기 때문에, 또는 아기의 겨드랑이에 잉어 비늘이 있었기 때문에 파평 윤씨들은 오늘날까지 잉어를 먹지 않는다고도 한다). 정말이지 만약 조선왕조가 다른 왕조로 바뀌고 파평 윤씨가 새 왕조를 열었다면 파주를 온통 성역화했을 것이 틀림없다.

고려에서 조선으로 바뀔 때 윤씨 문중의 윤호도 적극 동참해 개국공신이 되었다. 이로써 파평 윤씨는 고려와 조선에서 모두 건국공신을 배출한 특이한 가문이 된다. 그리고 제2차 왕자의 난에서 윤곤, 계유정난에서 윤사로, 윤번 등이 공신에 들었다. 윤번의 딸이 1428년에 장차 세조가 될 수양대군과 혼인하면서 조선조 첫 번째의 윤씨 왕비(정희왕후)가 배출되었다. 이어 성종의 왕비 제헌왕후(이른바 폐비 윤씨, 나중에 복권되어 이런 칭호를 가졌다)와 정현왕후, 중종의 왕비 장경왕후와 문정왕후에 이르기까지 모두 5명의 왕비가 윤문에서 나와 파평 윤씨는 조선 최고의 세도 가문이라고 해도 좋을 위치에 올랐다.

영광과 쇠락이 교차하다

다만 16세기 초, 파주에 갑자기 암흑기가 닥쳤다. 바로 조선의 문제적 군주 연산군 때문이었다.

왕이 승정원에 물었다.

"예로부터 제왕은 누구나 연회를 베풀고 놀이하는 곳이 있었다. 수나라의 분양, 당나라의 여산이 있었다. 전조(고려)에 이르러서도 장원이 있어 고려의 시인이 읊기를, '푸른 버들에 문 닫힌 여덟아홉 집이요.

밝은 달에 발을 걷은 서너 사람이라' 하였다. 내가 그 시사詩辭를 읊어보니, 그 화려하고 진기한 경치가 천년 뒤에도 잡힐 듯 그려지더라! 이제 장의문 밖을 보면 산 밝고 물 고와 참으로 한 조각 절경이 아니더냐? 금표禁標를 세워 왕의 구역임을 구분하고, 이궁離宮 수십 칸을 지어 잠시 쉬는 곳으로 하고자 하니, 의정부와 의논하여 지도를 그려서 바쳐라."

영의정 유순 등이 "상의 분부가 윤당하십니다"라고 아뢰었다.

- 『연산군일기』

이렇게 시작된 연산군의 금표 꼽기는 한양에서 경기 일원으로 마구 확대되었으며, 그 과정에서 파주는 인근의 고양 등과 함께 살던 사람들 전원이 외지로 쫓겨나고 왕의 시중을 드는 노비들만 사는 곳이 되었다. 민가는 헐리고 논밭은 정원이나 사냥터가 되어버렸다.

파평 윤씨 입장에서 연산군은 대대로 살아온 터전만 빼앗은 것이 아니었다. 윤곤의 증손자인 윤필상은 세조 시절 적개공신이며 성종 시절 정승을 지내 연산군도 한때 원로로 깍듯이 대했던 사람이다. 그는 폐비 윤씨 사건에 관련되었다는 이유로 뒤늦게 죄인으로 몰려 사약을 받았다. 그의 아들 셋도 뒤따라 처형되고, 촌수가 가까운 윤씨들까지 벼슬이 날아가거나 임용 제한 대상이 되었다.

고향을 빼앗고, 집안의 최고 어르신을 죽이고, 출셋길도 막다니! 이런 임금에게 과연 충성할 수 있을까? 중종반정의 공신들을 보면 핵심에는 윤씨가 없었지만(고려와 조선의 개국공신 때도 그랬듯) 2등 이하에서 윤형로, 윤사정, 윤여필, 윤임 등이 보인다. 연산군이 갖은 일탈 끝에 조선사 최초의 반정으로 쫓겨난 것도, 뒤를 이은 중종이 공신들의 압력에 따라 조강지처 신씨 왕비를 내치고 윤씨(장경왕후)를 들이고, 그녀가 죽자 다시 윤씨(문정왕후)를 새

왕비로 들여야만 했던 것도 어떤 의미에서는 파주의 복수라고 볼
수 있다.

이후 둘 다 중종의 처남들이자 인종의 외삼촌인 윤임과 명종의
외삼촌인 윤원형이 각각 대윤과 소윤으로 나뉘어 정국의 패권을
두고 다퉜으니, 윤씨네 집안싸움이 곧 정권 싸움이 된 셈이다. 여
기서 소윤이 승리해 문정왕후가 오래 수렴청정할 수 있었다.

윤원형이 부인 정난정과 더불어 조선 최대의 세도와 사치 향락
을 누리던 때야말로 파평 윤씨의 세도가 절정에 이르렀던 때이다.
당시 이 시기를 기념할 만한 유적이 오늘날 파주에 남아 있다. 바
로 파주와 고양을 잇는 혜음로에 있는 파주 용미리 마애이불입상
이다. 이곳의 절과 지명은 고려 말에 생겼으나, 바위를 깎아 세운
불상은 세조 시절에 정희왕후 윤씨와 한명회 등의 뜻에 따른 것이
다. 조선 역사상 가장 강력한 권력을 가졌던 여성인 문정왕후는 불
교 부흥에 열심이었고, 그녀의 후광 아래 이 두 석불상도 화려한
사찰을 거느린 명소가 되었다. 각각 네모난 갓과 동그란 갓을 쓰고
나란히 서 있는 돌미륵상은 마치 문정왕후와 그 남동생 윤원형의
기념비처럼 느껴진다.

그런데 조선조에서 가장 많다는 파평 윤씨 왕비도 문정왕후 이
후로는 나오지 않는다. 파주 자체도 조선 후기로 넘어가면 과거의
영광이 믿기지 않을 만큼 쇠락한 고을로 전락한다. 이중환이 팔도
의 좋은 땅을 꼽아서 써낸 『택리지』에 파주는 단 한 차례만 언급되

파주 용미리 마애이불입상 숲속에 불쑥 솟아나 아래 차도를 굽어보고 있다.

는데 그나마도 평가가 부정적이다.

양주, 포천, 가평, 영평은 동쪽 교외이고, 고양, 적성, 파주, 교하
는 서쪽 교외이다. 동교와 서교 모두 땅이 척박하고 백성이 가
난하다. 이런 변두리 지역에는 살 만한 땅이 적다. 가난한 사대
부 가운데 삼남으로 내려간 자는 집안을 잘 꾸려나가지만, 동

교와 서교로 나간 자는 점점 더 궁색해져서 한두 세대 만에 중
인이나 서민으로 전락하는 경우가 많다.

-『택리지』

수십 년 전까지만 해도 왕비와 고관대작들을 수없이 배출한 땅이
었는데 왜 이렇게 바뀐 것일까? 몇 가지 이유를 생각해 볼 수 있다.

첫째, 연산군은 처음에 이곳을 다른 고을에서 쫓겨난 사람들이
거주하는 지역으로 정했고, 나중에는 원주민이고 실향민이고 살지
못하는 땅으로 삼았다. 그러니 오고 가는 사람들 사이에 다툼도 많
고 소란도 심했을 것이다. 새로 온 사람과 전에 있던 사람이 싸우
고, 타지에서 살다 돌아온 사람끼리도 집과 땅을 내놓으라며 다퉜
을 듯하다. 윤관 묘역의 종적이 불분명해진 것도 이때쯤이 아닐까.
『조선왕조실록』에 "파주는 혼조(연산군) 때 입은 피해에서 아직 회
복하지 못했다"라고 계속 언급되는 것도 이를 뒷받침한다.

둘째, 연산군이 입힌 상처가 채 아물기도 전에 전쟁이 터졌다. 임
진왜란 당시 서울에서 가까운 파주는 조선군, 왜군, 명군이 밀고 당
기는 전쟁터였다. 주민들은 병사들의 창칼에 찔려 죽거나, 그들이
요구하는 식량을 대느라 굶어 죽었다. 애써 다시 세운 가옥은 불타
고, 논밭은 죽거나 피란 간 주인이 돌보지 못해 잡초밭이 되었다.

셋째, 역시 서울과 가까운 게 문제였다. 파주에는 왕과 왕족의
능원이 많다. 구리, 고양 다음이다. 조선 전기인 15세기 말에는 예

종의 왕비 장순왕후의 공릉, 성종의 왕비 공혜왕후의 순릉 둘만 있었으나 이후 인조와 인열왕후의 장릉을 비롯하여 영조의 모친 최숙빈의 소령원, 훗날 진종으로 추대된 효장세자의 영릉, 영조의 후궁 이정빈의 수길원이 차례로 들어왔으며 순조의 인릉도 들어왔다가 옮겨갔다.

왕가의 능원이 대충 후미지고 거친 땅 아무 데나 자리 잡을 리는 없다. 집을 짓든 논밭을 일구든 좋은 자리를 차지한다. 그 규모도 큰 데다 그 일대는 잡인의 출입이 금지된다. 가뜩이나 좋은 땅이 모자라는 파주에 자꾸 능원이 생겨나니 살 만한 땅이 적은 더욱 줄어들었을 것이다.

떠오르는 학자의 고향

이런 까닭으로 조선 후기의 파주는 명문대가가 자리 잡고 살 만한 유복한 땅이 되지 못했다. 또한 문정왕후와 윤원형의 시대를 기점으로 조선은 그 국체가 크게 변한다. 조광조의 개혁 이래 사림의 힘과 명분이 날로 강해지고 전쟁까지 치렀다. 더 이상은 공신이나 외척이 행세하기 어렵고, 학술과 덕망에서 두루 존경받는 선비가 조정에서도 대우받는 시대가 된 것이다.

파주는 서울(개경이든 한양이든)에서 가까운 편이면서 풍광도 좋아 고려 때부터 큰 선비가 머물며 쉬는 고장도 되었다. 야은冶隱 길재가 이곳에서 휴양했고, 목은牧隱 이색은 귀양 아닌 귀양을 왔다. 조선 초에는 황희가 만년을 보냈다. 지금 파주에는 황희 유적지로 그의 영정을 모시는 영당, 후손인 황맹헌의 묘 등이 있는데 가장 돋보이는 것은 반구정伴鷗亭이다. 임진강변 살짝 솟은 언덕에 자리 잡

복원된 반구정의 모습 임진강의 경치를 느긋하게 내려다볼 수 있다. 그러나 바로 앞의 보안 철책이 냉정한 현실을 일깨워 준다.

은 반구정은 비록 6·25 전쟁 이후 다시 지어졌지만 날렵하고 깔끔한 멋이 빼어나다. 갈매기를 벗 삼아 여생을 보낸다는 뜻의 정자에 올라보면 교교히 흐르는 임진강과 강변에 물 샐 틈 없이 둘러쳐진 보안 철책이 내다보인다.

또한 백인걸은 조광조의 제자로 기묘사화부터 을사사화까지 사림 정치가 동트기 전의 어두움을 겪던 무렵 낙향하여 파주 우계에서 공부하며 제자를 키웠다.

그리고 조선을 대표할 만한 두 선비가 이 땅에서 나왔다. 우계

牛溪 성혼과 율곡 이이가 그들이다. 비록 둘 다 출생지는 파주가 아니고 파평 윤씨도 아니었지만 대대로 파주에 뿌리를 내린 집안 출신이라 그들의 생활 터전도 파주일 때가 많았다. 무엇보다 파주에서 백인걸에게 학문을 배워 선비가 된 뒤 벼슬살이를 마치고 파주에서 여생을 보내다 파주에 묻혔다. 동인 계열이 주류였던 당시 조정에서 두 사람은 입지가 불안했으나, 선조가 '나도 이이, 성혼의 당이다'라고 말할 정도로 믿음이 두터웠으며 두 사람, 특히 이이의 사상적 깊이는 수많은 추종자들을 낳았다. 이후 성혼을 기리는 파산서원과 이이를 기리는 자운서원, 그리고 백인걸을 기리는 용주서원은 선비의 고향인 파주의 자랑이 되었다. 오늘날에는 자운서원 일대만이 관광지처럼 번화해 조성되었다. 오늘날 이이의 명성이 다른 두 사람과 비교가 안 되는 데다 자운서원 주변에는 이이와 그의 어머니인 신사임당을 비롯한 이이 일족의 묘소가 있기 때문이다.

율곡이 세운 것은 아니지만 파주에 남겨진 율곡의 또 다른 흔적이 화석정이다. 그곳은 본래 길재가 머물며 쉬던 땅이었는데, 율곡의 선조인 이명신이 1443년에 정자를 지었다. 그 옆에는 율곡이 여덟 살 때 지었다는 한시 편액이 걸려 있다.

숲속 정자에 가을이 이미 깊으니
시인의 시상은 끝이 없다네

멀고 먼 물은 하늘에 닿아 하나로 푸르르고

서리 맞은 단풍에 햇볕 비추니 타는 듯 붉네

산 위에는 둥근 달이 떠오르고

강은 만 리의 바람을 머금었네

변방 기러기는 어디로 날아가는가

울고 가는 소리, 저녁 구름 속으로 사라지네

－율곡 이이, 「화석정」

본래의 화석정은 임진왜란 때 불탔다고 한다. 율곡은 전쟁이 나리라는 자신의 경고를 듣지 않던 선조가 반드시 이쪽을 거쳐 피

화석정 예전에는 서원도 있었지만, 지금은 정자만 남아 있다. 현판의 글씨는 박정희의 친필이다.

파주

란 갈 것을 내다보고 죽기 전에 몇 날 몇 시에 정자를 태워버리라고 말했다는 전설이 있다. 선조가 임진강을 건너던 때는 한밤중이었는데, 활활 타는 화석정이 등대 역할을 하여 선조가 무사히 길을 찾아갈 수 있게 해주었다는 것이다. 화석정은 그때와 6·25 전쟁 때 두 번 불타 없어졌으며 지금 있는 것은 현대에 재건된 것이다.

왜란 이후 앞에서 말한 이유들로 파주는 점점 살기 좋은 고장에서 멀어졌다. 대신 뜻있는 선비들이 머물고 길러지는 고장이 되었다. 이런 변화를 가장 분명히 느꼈을 사람 중에는 조선 후기 소론의 주창자인 윤증이 있다.

초목이 울창하다, 파주의 언덕.
조상께서 먼 옛날 터 잡으셨지…

－『성지민의 시에 차운함』

우리 학문, 올바른 맥 이어 왔으니.
백세의 종주 되리라, 파주와 석담이여…

－『우상 신익상에 대한 만사』

윤증이 지은 두 글에서 하나는 파평 윤씨 사람으로서 파주에 느끼는 감정을, 다른 하나는 성혼(파주), 이이(석담)의 학맥을 이은 사람으로서 파주에 대한 감회를 나타내고 있다. 가문의 고향인 파주는 기름진 논과 밭이 아닌 초목이 울창한 언덕으로 대표된다. 그만큼 윤증의 마음속에도 파주는 생활보다 학문의 공간에 더 가까웠음을 알 수 있다.

또 다른 소론의 영수인 박세채도 파주 출신은 아니나 파주에서 만년을 보냈다. 지금 그의 초상화는 율곡의 직계 제자인 김장생의 초상화와 함께 자운서원에 나란히 걸려 있다. 그의 팔촌 형 박세당도 노년에 파주에서 살았다.

한반도의 평화 수도

조선이 말기로 접어들면서 비교적 평화로웠던 세월에도 종막이 닥쳐왔다. 이미 조선 후기에 조정은 왜란과 호란을 겪으면서 파주를 군사기지로 강화하는 조치를 취했다. 광해군은 한때 이곳(교하)으로 천도할 생각을 했고, 영조는 서울의 '4보輔' 중 하나로 삼아서 상시 주둔군과 둔전을 설치했으며, 정조도 야심차게 새로 만든 장용영(정조가 왕권 강화를 위해 설치한 군영)을 일부 파주에 주둔시켰다. 이후 개항에서 국권 상실에 이르는 시기까지 파주는 전란의 피해를 거의 입지 않았다. 하지만 주요 격전지였던 서울 근교에서는 6·25 전쟁 때 수많은 사람이 죽고 수많은 문화재와 집이 타버렸다.

오늘날 파주는 '한반도 평화 수도'라는 타이틀을 내세우고 있다.

1953년 휴전협정과 2019년 제3차 북미 정상회담이 이루어진 장소인 판문점이 이곳에 있다. 그로부터 조금 남쪽에 조성된 임진각 평화누리공원은 군사분계선을 가로지르는 돌아오지 않는 다리를 끼고 있다. 이는 앞서 말한 남북한의 아픔을 간직한 사적지들과 함께 대한민국 최고의 통일-안보-평화 사이트로 파주를 자리매김시키고 있다.

평화 수도란 남북통일 혹은 남북관계의 긴장이 완화되면 이곳이 제3의 수도가 되리라는 뜻일까? 아니면 여기 깊이 새겨진 전쟁과 유혈, 대립과 화해의 역사를 거울삼아 진정한 한반도 평화가 파주에서부터 시작되리라는 뜻일까?

어느 쪽이든 파주는 이중적 미래 앞에 있다. 갈수록 쇠락해지는 구 파주(고려-조선의 파주 대부분)와 교하, 운정 등 파주 남단 사이에 번영의 조화가 필요하다. 고려와 조선에 두루 걸친 문화 유적들과 현대에 조성된 헤이리예술마을, 파주출판단지 같은 문화 명소와의 조화도 필요하다. 파주는 북녘에 얼마간 들어가 있으며 가장 치열했던 전투와 가장 극적인 협상 및 협정의 무대였던 곳이다. 평화 수도라는 타이틀이 무색하지 않을 조화를 남과 북 사이에 이뤄낼 때 역사는 평화와 조화의 고향인 파주를 큰 글자로 새겨 넣을 것이다.

20

연천

가장 오래된 한국인의 흔적

현재 연천읍, 전곡읍과 8개의 면으로 이루어진 연천군의 면적은 676제곱킬로미터, 인구는 4만 명 정도로 경기도 기초 자치 단체 중 가장 적다. 이 책에 실린 도시 중에서도 가장 인구가 적다.

선사 시대의 흔적을 찾다

연천 전곡리는 수능 한국사를 공부하거나 공무원 시험을 준비
해 본 사람들에게 낯익은 지명이다. 약 50만 년 전 이 땅에 모여
살던 사람들이 남긴 주먹도끼는 한반도 구석기 유물로는 유일한
것으로 '동아시아 구석기인들은 주먹도끼가 아닌 찍개를 사용했
다'는 기존 학설을 뒤집었기 때문이다. 같은 구석기라도 찍개는 그
냥 돌을 한두 번 깨뜨려 만드는 반면, 주먹도끼는 더 세밀하게 다
듬어 만들기 때문에 한결 지능적인 도구이다. 따라서 연천의 주먹
도끼는 한국인, 아니 동아시아인들의 자존심을 세워준 증거이기
도 하다.

주먹도끼 연천이 한반도, 나아가 동아시아에서 가장 오래된 살림터였음을 증명하는 유물이다.

연천에는 구석기만이 아니라 신석기, 청동기 시대 유적들도 남아 있다. 그만큼 이 땅에 사람들이 꾸준히 모여 살았음을 알 수 있다. 살기 좋은 땅이었기 때문이 아닐까? 강원도에서 내려온 한탄강과 북한에서 흘러온 임진강이 만나고, 삐죽삐죽 산이 깊고 많은 이곳이야말로 채집과 수렵으로 기초적인 농경에 머무르던 시절 옹기종기 모여 살기 좋은 곳일지도 모른다.

그러나 농경의 수준이 높아지고 그만큼 사람도 많아져 사회가 복잡해지고 난 뒤부터는, 즉 삼국 시대부터는 농지가 많지 않고 토질도 시원찮은 이곳 연천의 인기는 바닥으로 내려갔다.

봄에는 우박이 심하게 내리고 여름에는 3개월 동안 가물었다.
살 수가 없어서 한강 동북쪽 백성들 1000호가 고구려로 들어

연천 통현리 고인돌공원 청동기 시대의 유적들로, 연천 곳곳에 흩어져 있던 고인돌들을 21세기 초에 이곳으로 옮겨 와 공원을 조성했다.

가니, 패수浿水와 대수帶水 사이가 텅 비어 사는 사람이 없었다.

－『삼국사기』

　이론의 여지는 있지만 위에서 말한 '패수'란 황해도와 경기도를 흐르는 예성강이고 '대수'란 임진강이니, 이곳 연천에서 황해도 남부에 이르는 백제의 북부 변방은 기상 조건이 좋지 않으면 아예 사람이 살지 못할 만큼 척박한 땅이었음을 알 수 있다. 그러다 보니 이 지역에 처음 현縣을 설치한 나라는 백제가 아니라 고구려였다. 광개토태왕과 장수왕이 영토를 무섭게 늘리며 한강 유역을 차지했을 때 연천의 이름은 공목달현工木達縣이 되었다. 고구려는 여기에 성도 쌓았다. 지금의 미산면에 유적이 남아 있는 당포성堂浦城은 임진강과 한탄강이 만나는 전략적 요충지에 천연 절벽을 활용해 지어졌다. 이 지점을 확보하면 한반도 북부와 한강 유역을 자유롭게 드나들 수 있기 때문이었다.

모두의 넋이 노니는 땅

고구려의 전성기가 지고 신라의 힘이 뻗어가던 6세기 중엽에 이 땅에서는 치열한 싸움이 연거푸 벌어졌다. 결국 553년에 이 땅을 차지한 신라는 고구려의 당포성을 교두보 삼아 계속 북진해 지금의 함경도 남부까지 장악했다. 668년에 당나라와 합세해 고구려를 멸망시키려 북상하던 신라군도 당포성을 거쳐 갔을 것이다. 그리고 다시 펼쳐진 당나라와의 싸움에서 결정적인 승부처도 바로 이곳 연천이었다.

675년에 벌어진 매소성전투에서 당과 거란의 20만 대군이 임진강에서 한강 하류로 넘어오려던 순간에 그 거점이던 매소성을 신라군이 두들겨 부쉈다. 거점을 잃은 당군은 보급이 끊어져 버렸고, 대군을 먹일 식량을 얻을 길이 없던 당나라는 결국 한반도 전체를 지배할 야심을 접고 물러가야 했다. 이 매소성이 과연 어디인지는 확실하지 않지만, 많은 학자가 지금의 연천 청산면의 대전리산성이라고 비정한다. 이 싸움에서 패배했다면 지금의 한반도는 중국의 한 성省으로 남았을지도 모를 일이다. 삼국통일과 나당전쟁을 마무리하고 안정을 찾은 신라가 공목달현을 공성현功城縣(공로가 큰 성이 있는 현)이라고 고쳐 지은 것은 통일과 구국의 싸움에서 당포성과 매소성이 이룩한 큰 공로를 인정했음이 아닐까.

고려 시대가 되고 비로소 이곳은 연천이 된다. 태조 왕건 시절에 장주障州로 칭했다가 충선왕 때인 1309년에 다시 연천漣川이라 이름 붙인 것이다. '물놀이하기 좋은 강물'이라는 뜻이니 삼국 시대까지 치열한 싸움터로 인식된 이 땅이 산천은 변함없되 평화로운 땅으로 탈바꿈한 듯하다. 사실 주된 까닭은 이곳의 바로 북쪽에 접한 개성-개경이 나라의 수도가 됨으로써 군사적 요충지로서의 중요성이 크게 줄어든 데 있었다.

하지만 수도와 가깝고 경치는 좋으면서 한편으로 풍요로운 지방은 못 되었기에, 연천에는 특별한 한을 품은 사적이 하나둘 늘게 된다. 먼저 978년 지금의 연천군 장남면에 들어선 경순왕묘이다. 신라의 마지막 왕인 그의 무덤은 두 가지 점에서 역대 왕들의 무덤과 다른데, 하나는 능陵이 아닌 묘墓라 불리는 점이고(최근에는 경순왕릉이라고 하지만 원래 명칭은 아니다), 다른 하나는 경상북도 경주가 아닌 경기도 연천에 있다는 점이다. 이는 그가 왕건에게 항복하고 정승공正承公에 봉해졌으므로 왕의 무덤을 뜻하는 '능'이라는 명칭을 붙이지 못했기 때문이며, 그가 사실상 감시 대상으로 개경에 올라와 살다가 개경 근처인 연천에 묻혔기 때문이다.

　신라의 멸망은 이미 돌이킬 수 없었기에 고려에 대항하는 일은 역부족이었으련만, 천년 사직을 자신의 손으로 끝내야 했던 경순왕의 가슴은 찢어졌을 것이다. 더구나 그의 아들이 아버지인 자신을 비겁자라 욕하며 '마의태자(신라가 스스로 고려에 항복하는 것에 강하게 반대하다 금강산에 들어가 초근목피로 여생을 살았다)'가 되어 떠나가 버리지 않았던가. 왕건의 대우는 정중했지만 정승공 김부金傅에게는 끝내 한이 남았으리라. 그 한의 오랜 흔적이 지금 이 순간까지도 연천에서 임진강의 무심한 물결을 바라보며 남아 있다.

　연천의 한을 품은 또 다른 흔적은 1369년경 만들어진 기황후묘이다. 여걸과 악녀의 이미지가 교차하는 기황후는 고려를 속국화한 원나라에 공녀로 바쳐졌다가 원순제 토곤테무르의 총애를 입어 궁녀, 후궁, 그리고 황후의 자리에까지 올랐다. 이후 친아들을 황태자로 옹립하여 당시 세계 제1강대국이던 원나라의 정치를 좌우했고, 기씨 일족을 통해 고려에도 영향을 미쳤으니 아마도 한국인으로는 역사상 가장 막강한 권력을 손에 쥐었던 사람이 아닐까 한다. 그러나 말년에는 원나라가 명나라에 쫓겨 북쪽으로 물러나면서 기씨 일족은 공민왕에게 숙청되었고, 그도 명나라에 포로로 잡힌 채 끝내 쓸쓸히 숨진 듯하다.

　그의 시신은 고려로 운구되어 연천에 매장되었다고 전해진다. 어쩌면 그가 죽기 전 수구초심에서 남긴 유언을 따른 것은 아니었

경순왕묘 왕릉이라 보기에는 조촐하고 소박한 규모이다.

을까. 그렇다면 연천이 그의 고향일지도 모른다. 일개 공녀로 봇
짐 하나 들고 머나먼 땅에 팔려가던 기씨 처녀는 마지막으로 고향
을 돌아보며 "잘 있거라, 한여울(한탄강)아. 다시 보자, 더덜나루
(임진강의 이름이 유래된 나루터)야"라고 읊조렸을지도 모른다. 다
만 그의 정확한 무덤 소재지는 불확실한데, 연천읍에 있는 무덤
터에서 고려 시대 기와가 대량으로 발견되어 그곳으로 추정하고
있다.

　임진강이 굽이치는 미산면의 주상절리 석벽 위에는 그림으로
그린 듯한 기와집들이 자리 잡고 있다. 바로 숭의전이다. 그 앞에

는 아름드리 느티나무 두 그루가 차디찬 강바람으로부터 집터를 지키듯 뻗어나 있으며, 교교히 흐르는 임진강의 푸른 강물은 반대 편의 고운 모래사장을 쓰다듬으며 지나간다. 이 숭의전은 태조부 터 공민왕에 이르는 고려 시대 왕들의 위패와 함께 서희, 강감찬, 윤관, 김부식, 정몽주 등 이름깨나 들어본 고려 신하들의 위패가 모셔져 있는 사당이다.

그런데 전설에 따르면 본래 숭의전은 이 땅에 들어설 게 아니었 다. 1392년에 조선 태조 이성계가 고려의 마지막 왕 공양왕을 폐 위하고 강원도에 유배 보냈는데, 후환이 두려워 결국 삼척에서 그 를 살해했다. 그리고 위패를 배에 실어 한탄강에 띄웠는데 배가 흐 르고 흘러 이 임진강 석벽까지 오더니 정박해서 움직이지 않았다

숭의전지 고려 역대 왕들과 명신들을 기리는 사당이다.

고 한다. 그리하여 그 넋을 위로하고자 숭의전을 세웠다는 것이다.

또 다른 전설로는 반대로 개경에서 왕씨들이 나라가 망하고 종
묘가 무너지는 모습을 가슴 치며 바라보다가, 태조 왕건의 위패를
멀리 강원도 땅에 모시려고 배에 실어 강물에 띄웠고, 그 배가 임
진강을 따라 흘러가다 이곳에 이르러 더 움직이지 않았다고 한다.
그래서 태조의 뜻으로 알고 이곳에 사당을 지었으며, 훗날 조선왕
조에서 숭의전으로 확정해 지었다고 한다. 개성에서 가깝고, 한탄
강과 임진강이 만나는 지점인 연천에 걸맞은 전설이라고나 할까.
아무튼 경순왕의 한과 그에게 한을 남긴 왕건의 한이 모두 이곳에
잠들어 있고, 기황후의 넋과 기씨 일족을 처단했던 공민왕의 넋도
이곳에서 함께 노닐고 있는 셈이다.

물론 유명하고 귀한 사람들의 한의 흔적만 이 땅에 남아 있는 것
은 아니다. 연천에는 중요한 수상 교통의 중심지로 '징파도'라고 하
는 나루터가 있었는데, 조선 시대에도 난리가 나면 징파도에서 배
를 타고 허겁지겁 피신하다가 그만 빠져 죽고, 쫓아온 적들에게 베
이고 찔려 죽는 사람들이 많았다고 한다.

또 연천 최고의 경승지로 연천읍에 있는 재인폭포를 꼽는다. 조
각 명인이 대담하게 깎아 만든 듯한 주상절리 석벽을 흰 물줄기가
힘차게 가로질러 떨어진다.

그런데 왜 이름이 재인폭포일까? '광대'를 뜻하는 재인才人의 원
한이 서려서 그렇다. 오늘날에는 그 폭포 위로 출렁다리가 놓여 있

재인폭포 연천 제1의 명승인 이곳은 광대의 슬픈 전설을 품고 있다.

는데, 수백 년 전에는 한 가닥 줄이 매어 있었다고 한다. 당시의 내로라하는 광대가 줄 위에서 얼쑤절쑤 춤을 추며 폭포를 건너갔다. 그런데 중간쯤 건넜을 때 갑자기 줄이 뚝 끊어져 버리는 게 아닌

가. 광대는 그만 폭포 아래로 떨어져 죽고 말았다. 사실 이는 광대의 아름다운 아내를 탐낸 그 고을 사또의 음모였다. 광대에게 줄타기를 시키고 그 줄을 몰래 잘라버린 것이었다.

사또는 이제 장애물이 없다 싶어 과부가 된 광대의 아내를 잠자리로 끌어들였다. 하지만 그는 사또의 코를 입으로 덥석 물고 잡아뜯어 팽개쳤다. 그러고는 바닥에 나뒹굴며 비명을 지르는 사또 옆에서 자신의 목을 칼로 찔렀다.

칼을 가지고 있었다면 굳이 입으로 깨물어야 했을까 보면, 혹시 코가 아닌 다른 부분을 베어버리고 자진한 것을 순화시켜 말하는 게 아닌가 싶다.

생리는 없어도 풍류는 있다

그럼에도 마냥 잔혹한 일만 있었던 것은 아니다. '연천'이라는 이름의 유래처럼 빼어난 산수를 배경으로 뱃놀이와 물놀이를 즐기던 일화와 후기가 숱하게 많다.

징파도에 포도 빛깔인 양 넘실대는 물이여,
붉은 노을인 줄, 흐드러지게 핀 보개산 철쭉꽃이여.
문득 생각하니, 이정에서 서로 헤어질 때에

봄바람이 살랑일 때에, 우리 함께 감탄하다, 한탄하다 했었지.

- 서거정, 「연천 이 태수太守에게 부치는 글」

우화대 위에 올라 떠나가는 님 보내니,

골짝 사이 흐르는 물, 앞 여울로 흘러만 간다.

울컥, 마음 동해 작은 배 집어타고 징파도로 올라갔더니,

깊은 밤의 청산이여, 추운 달빛 괘괘해라.

- 정두경, 「징파도에 배를 대며」

징파도를 중심으로 연천의 산천에 홀딱 반한 감상을 시로 남긴 조선의 문인을 꼽자면 끝이 없는데, 징파도 물놀이는 태조 이성계로부터 시작됐다고 전해진다.

태상왕이 사신 온전溫全에게 징파도에서 잔치를 베풀었다. 온전이 금강산에서 돌아오매, 태상왕이 그 도중에 청하여 잔치를 베푼 것이다. 임금(태종)이 기생과 풍악을 보내고, 또 종친과 별시위를 보내어 모시게 하였다.

-『태종실록』

개성의 빛이 바래고 새로운 수도 한양이 중심으로 떠오르면서 징파도의 공식 잔치는 점차 사라졌으나, 빼어난 산수를 즐기는 시

인 묵객들의 발길은 끊이질 않았다. 그럼에도 "와, 정말 신선놀음이 하고픈 경치일세!"라는 찬탄 뒤에는 "하지만 신선 아닌 세속 사람은 먹고살기 어렵겠구먼!"이라는 말이 뒤따랐다. 조선 초기에 세조의 공신이던 홍귀달은 현지 사람들에게서 "이놈의 고장을 아예 없애면 좋겠습니다. 그런데 숭의전이 있다 보니 못 없애는 것 아닙니까?"라는 푸념을 들었으며, 중기에는 이정귀가 이곳 연천에 부임하는 친구에게 "자넨 어쩌다가 큰일 처리할 솜씨를 가지고 종일 취해서 한가롭게 꽃이나 구경하는 처지가 되었나?"라며 혀를 찼다. 그리고 후기에 실학자 이중환은 이렇게 냉정히 서술했다.

강물이 안협에 이르러 고미탄에서 흘러오는 물과 합류하고, 토산을 지나 삭녕의 징파도에 이르면 물이 맑고 산이 멀찍이 펼쳐지며 비로소 경성 사대부의 정자와 누각이 나타난다. 무릇 산수란 심신을 즐겁게 하고 감정을 발산하도록 한다. 사는 곳에 그런 산수가 없으면 사람이 거칠어진다. 그러나 산수가 좋은 곳은 생리生利가 변변치 않은 곳이 많다. 사람인 이상 자라처럼 제 등껍질을 이고 살거나 지렁이처럼 흙을 파먹고 살 수는 없으니, 그냥 산수만을 취하여 삶을 영위할 수는 없으리라.

－『택리지』

그럼에도 산수가 좋은 것만으로 만족하며 살아갈 사람도 있지 않았을까? 은둔자라면 말이다. 조선 시대에 제법 많은 이들이 이 곳에 정착했는데, 그중 가장 유명한 사람이 미수眉叟 허목이다. 남 인의 영수로 뛰어난 학자이자 정치가, 사회 개혁가이기도 했던 그 는 서인의 헤게모니에 밀려 끝내 뜻을 못 펴게 되자 1662년 벼슬 을 버리고 연천에 와 여생을 보내고자 했다. 그 뒤 뜻밖에 남인이 정권을 쥐게 되어 한때 한양으로 올라갔지만, 다시 1680년 연천으 로 돌아왔다. 그리고 2년 만에 숨지기까지 서인들의 맹렬한 탄핵 과 처형 요구에 시달렸으나 은둔 기간에 남긴 저작은 한국 실학의 밑거름이 되었다.

노자암을 지나 석포에 이르니 경치가 갈수록 아름답다. 강의 위쪽에 불쑥 나온 앙암이 가장 기이한 절경이다. 앙암에는 바 위 봉우리, 높은 절벽, 중연重淵이 있는데, 그 연못 속에는 오래 된 종이 하나 잠겨 있어 나라에 난리가 나면 울린다고 한다. 물 건이 오래되면 신령이 깃든다 하던가. 석포에서 이 남쪽 강변까 지는 모두 흰 자갈이 깔려 있고 강변 절벽은 모두 푸른빛이 감 도는 바위들이다. 북쪽에는 고려 왕들의 사당인 숭의전이 있다. 강물이 매우 깊다. 강가 사람들의 말로는, 앞에 용이 살고 있으 며 용이 나타나면 가뭄이 든다고 한다.

– 허목, 『미수기언』

연천을 가로질러 도는 임진강 풍경을 즐기던 조선 시대나 지금이나 강물은 맑고 깨끗하다. 그만큼 개발이 덜 되었다는 의미이기도 하다.

허목은 연천에서 지내며 이따금 배를 타고 임진강을 주유周遊했다. 그는 연천살이의 즐거움을 열 가지로 꼽았는데, "비오는 날 숲 너머에서 들려오는 개울물 소리를 즐기는 것, 비 그치면 물이 불어난 앞개울에 낚시를 드리우는 것", "저녁 무렵 아름다운 산기운 가운데 숲 너머에 아스라이 낀 안개를 보는 것, 한밤중에 모든 동물이 잠들었을 때 성긴 숲 그림자를 즐기는 것" 등이다. 한마디로 비가 오든, 해가 나든, 저녁이든, 밤중이든 그는 연천의 사시사철, 24시간을 흠뻑 즐기며 살았다. 이 정도면 생리가 변변치 않아도 문제없지 않았을까?

허목 외에도 그의 먼 후배 격인 청천靑泉 신유한이 허목과 함께

490

연천에 흠뻑 빠져 틈만 나면 허목이 묘사한 그 여정대로 임진강을 주유했으며, 진경산수화로 유명한 겸재謙齋 정선도 연천의 풍류를 즐겼다고 한다. 그리고 고려의 충신 목은牧隱 이색의 후손들이 연천에 정착하여 대대로 이 땅에 뿌리내리면서 이색을 모시는 영당을 짓고 제사 지냈다. 이색의 영당이나 허목의 은거당 및 무덤 모두 연천군 왕징면에 있으며 서로 4킬로미터 남짓 떨어져 있다.

생태관광 도시를 꿈꾸다

20세기가 되면서 연천의 사정은 변했다. 삼국 시대에 이 땅이 치열한 싸움터가 된 것은 남과 북의 경계점이었기 때문인데 또다시 한반도가 남북으로 갈라진 것이다. 연천 자체도 38선으로 나뉘어 북한군이 철원을 거쳐 서울로 진입하는 길목과, 국군과 유엔군이 개성을 거쳐 평양으로 진격하는 길목에 모두 걸쳐 있게 됐다. 따라서 보개산전투, 장승천전투 등 피비린내 나는 전투가 여러 차례 벌어졌으며, 이때 숭의전과 이색의 영당, 우화대, 심원사와 징파나루 등도 전부 또는 일부 불타 없어졌다. 남침 당일 포격에 깨진 채로 남아 있는 38선 표지석, 인천상륙작전 뒤 국군과 유엔군이 반격하며 치고 올라간 길에 세워진 38선돌파기념비, 넘쳐나는 시체를 일일이 매장할 수 없어 한꺼번에 태워버렸던 유엔군화장장,

그리고 6·25참전기념탑 등 이 처절한 역사의 흔적들도 연천에 고스란히 남아 있다.

사실 연천 자체가 전쟁의 상흔이라고 해도 과언이 아니다. 38선으로 갈라졌던 연천은 다시 휴전선으로 갈라져 오늘에 이르고 있다. 백학면과 전곡면 일부는 남으로 돌아온 한편, 삭녕면과 서남면은 북으로 넘어갔다. 북한은 그 땅을 강원도에 포함시켰다가 다시 황해남도로 붙여, 경기도로 남아 있는 남쪽 연천과 더욱 다르게 되었다.

분단의 상처는 휴전 뒤에도 아물지 못했다. 1974년에 백학면에서 북한의 남침용 땅굴이 발견되었다. 제1땅굴이라 불리게 된 이 땅굴은 그해 7·4남북공동성명으로 화해의 급물살을 타는 듯했던 남북 관계에 빙하기를 불러왔고, 이곳 연천이 남북을 오가는 요충지임을 다시 한번 상기시켜 주었다.

2009년에는 북한이 임진강 상류에 설치한 황강댐을 갑자기 방류하면서 연천군민 6명이 휩쓸려 죽었다. 북한 측은 실수일 뿐이라 주장하고 당시 남한 정부는 명백한 수공이라며 한동안 논란이 심하다가, 하류에 대응 댐을 짓기로 결론이 났다. 현재 군남면에 들어선 군남댐인데 그 건설 과정도 순조롭지 않았다. 댐을 지으면 연천군의 상당 부분이 수몰되며 연천의 제1비경인 재인폭포의 물도 말라버릴 것이었다. 또한 한탄강 석벽에서만 서식하는 한탄강 구절초, 고란초도 두 번 다시 볼 수 없다고 예측되었다. 군민들은 여러 차례 온 힘을 다해 시위를 벌였고, 결국 공사 계획이 수정되어 재인폭포 등은 간신히 살아남게 되었다.

똑같이 분단된 접경지역이지만 바로 옆의 파주와 포천 등이 관광과 산업으로 제법 발전을 거듭한 한편 연천의 가난은 수천 년을 두고도 바뀌지 않았다. 그러나 반전의 가능성이 없지는 않다. 구석기 부락민들이나 은둔하는 선비들 말고는 이 땅이 거주민에게 풍요를 안겨준 적은 없지만, 아예 사람이 존재하지 않던 태곳적에는 아주 '핫한' 땅이었기 때문이다. 북쪽에서 내려온 용암은 강물에 이르러 퍼지고 식으며 두 강변에 주상절리를 만들었고, 다종다양한 암석과 토양을 한군데서 찾아볼 수 있게 해주었다. 이 지질학적 특성 덕분에 한탄강 일대가 2015년 국가지질공원이 되었고, 그 가운데 연천 지역은 2020년 국내에서 4번째로 유네스코 세계지질공원에 등재되었다. 연천군은 이를 바탕으로 관광과 학술 자원을 개발할 계획이다. 이미 한탄강 주상절리길은 캠핑의 성지가 되어 전국에서 캠핑족들이 찾아오고 있다.

이처럼 태고부터 원시 시대, 삼국, 고려, 조선, 현대의 볼거리가 한데 모여 있는 지역도 달리 없지만, 관광 도시로 도약하기 위해서는 연천군에 즐길 거리가 좀 더 많아져야 한다. 도로망 확충이나 공원 조성 등에도 더 신경을 써야 할 것이다. 근본적으로는 남북 관계가 개선될 필요가 있다. 그렇게 되면 허목의 발자취를 따라 임진강을 래프팅하거나, 6·25 전쟁의 흔적을 보며 38선과 DMZ를 탐방하는 트레킹 코스도 만들 수 있지 않을까. 물놀이하기 좋은 연천! 깨끗하고 경치 좋은 연천! 평화와 휴식, 그것이 수백 년 동안 되풀이된 갈등과 원한 대신 연천의 본질이 되어야 할 것이다.

21

개성

고려의 문화를 꽃피운 상도

개성특별시는 현재 북한의 최남단 도시로 2구역, 27동, 3리로 이루어
져 있으며 면적은 441제곱킬로미터다. 인구는 30만 명가량으로 북한
도시 중 9위를 차지해 남한과 비교하면 충남 아산, 전북 익산과 비슷
하다.

여기가 왕이 태어날 땅인가?

개성은 고려왕조 500년의 수도였으나 고려 이전의 역사는 그리 풍부하지 않다. 온조 재위 10년(기원전 9년)에 말갈이 백제의 북쪽 경계를 침입하자 직접 출정해 싸웠는데 패배하고 청목산으로 후퇴해 겨우 패망을 면했다고 전해지며, 이 청목산이 바로 송악(옛 개성)이라는 게 『신동국여지승람』의 추정이다. 이후 어느 시점에 고구려로 편입되면서 부소갑扶蘇岬이라는 이름으로 불리게 되었다. 555년에는 진흥왕이 한강 유역을 차지하면서 부소갑도 신라의 땅이 되었고, 694년 '송악에 성을 쌓았다'는 기록이 나온 것을 보아 그 이전 어느 순간부터 '송악'으로 불리게 되었던 것 같다.

이처럼 존재감 없던 송악이 한 나라의 중심으로 떠오르게 된 계

바다의 제왕, 장보고가 활약했던 청해진

기는 무엇일까? 그 시작은 청해진을 무대로 활약하며 '바다의 제왕'이라 불리던 신라 말기의 해장 장보고의 죽음이었다. 송악과 전혀 관계없어 보이는 그의 죽음이 어째서 이 도시의 발흥 기점이 된 것일까? 장보고는 바다의 제왕으로 만족하지 못하고 신라 중앙정치에 발을 디디려다 그만 옛 부하 염장의 손에 살해당했다. 그가 죽자 청해진이 폐지되면서 한곳을 중심으로 체계화됐던 해상질서가 무너졌고, 그 틈을 노려 이곳저곳에서 작은 바다의 제왕들이 생겨났다. 그리고 그들 중에는 송악을 무대로 하는 왕건의 집안도 있었다.

왕건의 집안이 대대로 송악에 할거割據하던 호족은 아닌 듯하나

(그의 할아버지인 작제건 이전의 가계가 없기 때문이다. 심지어 왕씨도 나중에 만든 성일 수도 있다) 왕건이 태어난 877년쯤에는 송악 주변 해역을 장악하고 지역 상권을 거머쥐고 있었다. 왕건이 태어나기 전에 도선이 찾아와 미래의 왕이 태어날 것이니 풍수에 맞춰 집의 구조를 바꿔 지으라 예언했다는 이야기는 잘 알려져 있다. 왕건이 17세가 되었을 때, 도선이 다시 찾아와 "그대는 세상의 난리에 응하여 천연의 요새이자 명당에서 태어났으니 말세의 백성들이 그대 덕분에 크게 구제될 것이오"라고 예언했다고 한다. 또한 옛날 신선 8명이 머물던 곳이 송악이며, 어느 당나라 사람이 송악은 언젠가 수도가 될 것이라고 예언했다는 말도 전해진다.

896년에 왕건의 아버지인 왕륭이 자신의 송악 세력권과 함께 후삼국 시대 군웅 궁예에게 항복하자 궁예는 왕륭을 금성태수로 임명했다. 스무 살이던 왕건은 궁예의 명으로 송악에 머무르면서 발어참성을 쌓았고, 성을 다 쌓자 그 성주로 임명되었다.

궁예는 송악 왕씨 세력을 얻어 매우 기꺼웠던 것 같다. 상당한 자금줄을 얻은 데다 해전에 쓸 전력도 보강한 덕분이었다. 실제로 왕건은 해전에만 나가면 승리를 따내 궁예가 후삼국 가운데 가장 큰 세력을 쌓는 데 크게 공헌했다.

그래서였을까? 899년에 궁예는 도읍을 철원에서 송악으로 옮겼다. 901년에 국호를 고려라고 했으므로 개성은 궁예 때부터 고려의 수도가 된 셈이다. 하지만 궁예는 왕건이 믿음직한 만큼 염려도 되었는지, 905년에 다시 철원으로 돌아간다. 그 사이에 국호는 마진으로 바뀌었다가 얼마 뒤 다시 태봉이 되었으며, 궁예의 염려가 현실이 되는 데에는 그리 오래 걸리지 않았다. 왕건은 918년에 철원에서 쿠데타를 일으켜 궁예를 내쫓고 왕위에 올랐으며, 국호를 고려로 환원하고 이듬해에 송악으로 천도했다. 이로써 궁예고려 수도 6년에 이어 왕씨고려 수도 473년의 역사가 송악에서 시작되었다.

현릉에 봉안된 태조 왕건 어진

많은 전란 속에서도 화려했던 연등회

고려 태조는 천도 직후 개풍군을 송악에 합치고는 이름을 개주開州라고 고쳤으며 자신의 옛 집터에 궁궐을 짓기 시작했다. 조선시대에는 '폐허가 된 고려의 궁궐 터'를 두고 만월대라 불렀지만,

고려는 궁궐 이름을 따로 짓지 않고 궐내의 전각 이름만 지었다. 그러다가 나중에 별궁의 이름만 연덕궁, 연경궁 등으로 지어 정식 궁궐과 구분했다.

조선의 한양이 궁궐터를 두루 물색하고 궁궐 이름도 심사숙고해 지은 '계획 도시'였던 반면, 고려의 개주는 왕이 태어나고 자란 곳에 궁궐을 지어야 하며 그 궁궐이 있는 고을이 나라의 수도라는 의식에서 비롯된 도시였다. 그래서 개주는 수도로서의 지위도 불확실했다. 고려 4대 왕 광종은 960년에 고유 명칭을 개주에서 개경開京으로 바꾸고, 일반 명칭으로는 황도皇都라고 부르게 했다. 중국을 본따 고려의 국격을 높이고 중국과 같은 권위를 가졌음을 보여주려 했던 것이다. 반면 그의 뒤를 이은 성종은 995년에 개경을 개성부開城府로 바꾸었으며, 1018년에는 거란 침입으로 큰 피해를 겪고 난 후 거주 인구가 적어졌다는 이유로 개성부를 없애고 개성현開城縣으로 격하시켜 버렸다. 당시 고려인들은 수도의 개념이 오늘날과는 좀 달라서 궁궐은 궁궐이고 그 주위를 둘러싼 고을은 그저 변두리일 뿐이라고 여겼던 모양이다.

물론 고려 왕실이 수도 정비를 대충 끝낸 것은 아니다. 주변의 평지에 궁궐을 짓는 중국이나 조선과 달리 고려는 비탈진 산등성이에 궁궐을 지었다. 도선의 풍수지리에 더해 아무래도 아래쪽에서 위로 올라가는 편이 평지로 들어가는 것보다 어려워 방어에 유리하다는 점이 작용한 듯하다.

오늘날 남아 있는 만월대 유적을 보면 나무로 지은 건물들은 온데간데없이 돌계단만 잔뜩 있다. 이런 궁궐 구조가 방어에 유리하거나 웅장하고 엄숙한 광경을 연출했을지 모르나 궁궐 출입과 내부 이동은 불편했을 것이다. 따라서 나이가 들어 계단을 오르내리기 어려운 관료들은 궁궐에 자주 출입하지 않고 왕족이나 기세등등한 권신은 궁궐 안에서도 말이나 가마를 타고 다녔을 듯하다.

태조 왕건은 한동안 발어참성을 도성으로 사용했으며 외적이 개경까지 쳐들어오자 그 밖을 둘러싸는 나성을 따로 수축해서 1029년에 완공했다. 이후 고려 수도 개경은 다섯 차례나 전란에 휩싸였다. 1번째는 1010년 거란의 2차 침입이었다. 요의 성종이 직접 대군을 이끌고 와서 현종은 나주로 피신했다. 요군은 개성을 철저히 파괴해 궁궐과 민가 모두 불에 타 남은 것이 거의 없었다고 한다.

2번째는 1232년 몽골의 2차 침입이었다. 살리타가 이끄는 몽골군이 쳐들어왔을 때 고려 조정은 이미 강화도로 몽진한 뒤였다. "이때 장맛비가 열흘이나 계속 내리니 진흙이 발목까지 빠져서 사람도, 말도 자꾸만 쓰러지고, 자빠지고 했다. 지체 높은 집안이나 양가의 부녀들도 맨발로 업히고, 짐을 이며 강화도까지 걸었다. 길가에는 의지가지없는 백성들이 망연자실하여 통곡하니 그 소리가 내내 천지를 진동했다"라고 한다. 이 고통의 몽진길에 혼이 났던지 고려 조정은 침공이 끝난 뒤에도 강화도에서 나오지 않았다. 살리타는 반역자 홍복원을 앞세워 서경, 개경을 잇달아 함락시키고 남경(한양)까지 손에 넣었다. 파죽지세로 고려를 점령하던 살리타가 처인성에서 고려의 승장 김윤후에게 목숨을 잃음으로써 2차 침입은 막을 내렸다. 하지만 1235년, 1253년에도 몽골은 고려를 침입했고 그때마다 조정은 강화도에서 버텼으며 개경은 주인 없는 왕도로 유린을 면치 못했다.

개경이 마지막으로 유린된 것은 1361년 홍건적의 2차 침입 때였다. 공민왕은 복주(안동)로 피신했는데 개울가에 다다랐을 때 젊은 부녀자들이 서로 등을 잇대어 왕비인 노국공주를 무사히 건너게 했다. 이것이 '놋다리밟기'란 민속놀이의 유래라고 전해진다. 이처럼 개경이 겪은 수모와 피해만 봐도 고려 500년에 비하면 조선 500년의 평화가 얼마나 오래 이어졌는지 알 수 있다.

전란이 계속되다 보니 고려 후기부터는 개경 자체가 퇴락하여 수도의 위엄과 광휘를 많이 잃었다. 궁궐도 중요 의식 때만 쓰이고 실제 왕의 정무와 생활 공간은 여러 별궁에서 이루어졌다. 하지만 고려 전기의 개경에는 30만 명이 넘는 사람이 살았고, 13세기 초에는 최대 50만 명까지 늘어난 것으로 보인다. 조선 전기인 15세기에 한양의 인구가 18만 명이고 후기인 17세기에 24만 명이었던 것과 비교하면 대단한 번성이었다. 이는 개경이 상인 집안의 건국자를 둔 왕조의 수도답게 일찍부터 상업으로 변화했기 때문이다. 개경은 바로 코앞에 바다와 이어지는 동강東江이 있는 데다 여기서 오천烏川 물길을 따라서 외국 상선이 바로 시내까지 들어올 수 있는 입지 조건도 갖추고 있었다. 다만 소규모 상선이나 특례를 받은 화물선만 이 물길로 들어오고, 대부분의 상선은 개경에서 25킬로미터 정도 떨어진 예성강 하구의 벽란도에 짐을 부렸다.

전란에 시달리지 않았을 때는 개경의 왕립기관, 공공기관만이 아니라 민간 건물들도 빼어난 모양새를 자랑했다. 고려 말의 이규보는 개경의 풍경을 "수많은 저택과 집들이 고기비늘이 겹친 듯 즐비하다. 연이은 지붕들의 기세가 마치 교룡이 일어나고 봉황이 춤추는 듯하다"라고 예찬했다. 조선왕조가 들어서고 오래지 않은 1488년에 사신으로 온 명나라의 동월은 귀국 후 지은 『조선부』에서 "개성은 백성이 많고 산물이 풍부해 여러 고을과 견줄 바가 아니다. 그 풍기도 단단하고 짜임새 있으니 평양보다 낫다"라고 기록했다.

개성에서는 매년 4월이면 전역을 무대로 한 행사가 열렸다. 바로 연등회다. 나무 위나 지붕 위, 다리 밑에 떠가는 배에도 온통 색색이 칠해져 휘황하게 빛나는 등불로 가득한 한마당이 열린 것이다. 이때는 왕족, 고관, 상인, 평민들이 궁궐 마당과 사찰터와 시장터를 가리지 않고 온 개경에 펼쳐져 있었다. 승려도 선비도 중국인도 서역인도 신분과 남녀에 상관없이 어우러져 일상을 잊고 시와 춤, 술과 노래를 함께 나누던 연등회야말로 고려의 황도, 개경을 표상하는 광경이었을 것이다.

오늘날의 연등회 연등회 같은 행사를 보면 그 시대 개성의 문화 수준을 짐
작할 수 있다.

불교와 유교로 하나가 되다

왕건의 '훈요 10조'와 최승로의 '시무 28조'에 나타나 있듯이 고
려는 불교를 기본으로 하며 부족한 부분은 유교의 역량으로 보완
하는 정신문화 체계를 갖추었다. 이 체계는 개경의 건축물에 그대

로 구현되었다. 일단 개경 경내에는 광명사, 봉은사, 흥왕사 등 큰 사찰만 30곳 정도 있었다. 그 가운데 최소 7곳이 왕실과 밀접한 관련이 있었다.

광명사는 태조 왕건이 한때 머물던 집터에 지었으며, 태안사는 태조의 태실胎室이라 한다. 봉은사에는 태조의 진전眞殿이 있었고 법왕사는 궁궐에서 멀지 않은 관계로 팔관회 때 왕이 행차해 분향하던 절이다. 귀법사는 광종이 불교계를 위로하기 위해 창건했고 강조의 정변이 일어났을 때 목종이 피신한 곳으로 나중에는 과거 시험 장소로도 쓰였다. 운암사는 공민왕이 노국공주를 장사 지내고 온 힘을 다하여 화려하게 개축한 절이며, 나중에는 공민왕도 모시는 곳이 되었다.

흥왕사興王寺는 개경 제일인 고려 시대 최대의 사찰로 이름에서도 알 수 있듯 왕실의 번영과 왕씨의 영원한 복락을 기원하며 짓고, 또 대대로 공을 들인 사찰이었다. 한창때는 황금으로 입힌 탑이 있었고 대각국사 의천이 주지를 맡아 대장경 간행 사업을 했다. 고려 말인 1363년에는 하마터면 공민왕이 암살당할 뻔했던(흥왕사의 변) 역사의 얼룩도 간직한 사찰이다. 이 밖에도 궁궐 내부에 내불당이 3곳이나 있었으며 궁궐 전각 가운데 중광전과 강안전은 연등회 개최지로 삼으려고 만든 전각으로, 후기에 궁궐이 퇴락했을 때도 강안전만은 유지할 만큼 역대 고려 왕들의 정성이 담겨 있었다.

유교적 사상을 보여주는 건축물로는 하늘에 제사 지내는 원구단과 종묘사직 그리고 고려의 성균관이라 불리게 되는 국자감이 있었다.『송사』에서 "고려에는 국자감이 있는데 학자가 6000명이나 된다"라고 할 정도로 고려 초기부터 조선만큼은 아니어도 유학적 소양을 갖춘 문사 관료들이 꾸준히 배출되었다. 그 밖에 청연각清讌閣과 보문각寶文閣은 궁궐 바로 옆에 세워진 궁 밖의 집현전 같은 곳으로 유학자들이 이곳에 모여 공부하고 토론하며 가끔 행차하는 왕의 자문에 응하곤 했다. 순천관順天館은 고려 전기에 송나라 사절들이 머물며 대접받았던 외교기관이자 위락 시설이었고 원 간섭기에는 정동행성征東行省으로 바뀌어 원나라와 관련된 외교, 군사 업무를 처리하는 기관이자 고려 국정에 대한 원나라의 간섭기관으로 존재했다.

촉망받던 인재들, 상인의 길을 택하다

흥망이 유수하니 만월대도 추초로다.
오백 년 왕업이 목적에 부쳤으니
석양에 지나는 객이 눈물겨워 하노라.

고려 말 촉망받는 신진사대부였으나 새 왕조에 봉직하기를 거부한 원천석이 쓴 시조이다. 1330년생인 그는 고려 시대 때 찬란했던 개경부터 역성혁명을 거쳐 조선이라는 새 왕조에 버림받아 점점 퇴락하는 개경의 모습까지 전부 지켜보았다. 조선이 건국되어 개경을 수도로 삼고 다시 한양으로 천도하기까지 평생을 야인으로 살다 간 늙은 선비가 충절을 바쳤던 고려를 잃고 지은 이 시조에는 망국의 한과 슬픔이 흘러넘친다.

원천석은 새 나라를 건설할 인재가 되어 달라는 이성계의 거듭되는 요청을 거부하고 두문불출했다는 절개의 상징인 두문동 선비들의 일원이었다고도 알려져 있다. 전설에 따르면 태조가 집에 불이 나면 못 참고 나오리라 생각하여 일부러 마을에 불을 질렀지만 모두 끝까지 나오지 않고 타죽어 이성계가 땅을 치고 후회했다고 한다.

한편 조선 후기에 이중환은 『택리지』에서 "태조께서 미워해 100년간 과거를 못 보게 하여 결국 모두 평민이 되었고 300년 사이에 사대부들이 사라졌다"라고 남겼다. 원천석 한 사람만 도망쳐 일흔이 되도록 살아남았을 리는 없으니 모두 타죽었다는 말은 믿기지 않고, 개성에 양반이 죄다 사라졌다는 말도 지나치지만 모두 진실에 가깝다. 고려 태조 왕건이 궁예의 세력 기반이던 지역 출신자를 차별했듯이 조선 태조 이성계도 고려의 본거지인 개성 출신자를 꺼렸으며 15세기 초까지는 실제로 과거 응시를 제한한 듯하다. 이후에도 개성 출신 관료에게 승진 등에서 차별을 두었기에 뛰어난 개성

『서화담 선생집』 서경덕의 사상적 면모를 밝혀주는 태허설, 이기설, 원이기 등 대표적인 글들을 수록하고 있다.

출신 인재들이 과거를 통한 출세를 포기하는 경우가 많았다.

그 대표적인 인물이 화담 서경덕이다. 박연폭포, 황진이와 함께 송도 3절로 불리게 되는 그는 일찍부터 학문적 명성이 자자해 조광조가 현량과로 등용하려 했으나 응하지 않았다. 과거 제한이 풀린 뒤 생원시에 응시해 합격했으나 이후의 과거를 포기하고 학문에만 전념해 마침내 퇴계, 율곡과 매우 다르면서 그들에게 뒤지지 않는 영향력을 가진 자신만의 학문 세계를 이룩했다.

벼슬길이 막히자 개성의 인재들은 '플랜 B'를 선택했다. 왕건 이래로 정평이 있는 상인의 길로 들어선 것이다.

남자는 열 살 넘으면 바로 행상에 나서고 여자는 흙집에 들어가 1년 내내 초립을 짠다. 동남쪽 아랫동네에서는 유기 주조를 업으로 삼는다. 매일 시장을 열고 물건을 사고파는 것으로 살아간다. (…) 국내에서는 화폐가 통용되지 않는데 개성부에서만 유독 화폐를 사용한다. 이 덕분에 집집마다 풍족하고 여유가 있으며 부유한 상인과 큰 장사치가 많다.

-『개성부지』

사람들은 이 송도(공식적인 이름은 개성이었으나 사람들은 옛 왕조의 도읍이었다는 점을 생각하며 개성보다 송도松都라는 이름을 많이 썼다) 상인들을 송상松商이라고 불렀다. 송상은 초립, 유기 등 수공업품을 주 품목으로 하는 국내 교역도 했다. 하지만 조선은 애초에 농본억상을 국시로 세우고 화폐도 필요악으로 여겨 물자의 유통이 활발하지 않을 때만 주조했다가 괜찮다 싶으면 거둬들이곤 했던 나라였기에 국내 장사로 떼돈을 벌기란 어려웠다. 그래서 송상은 중국과 일본 사이의 삼각무역에 뛰어들었다. 인삼을 일본에 수출한 송상은 그 대가로 받은 은으로 중국의 비단과 무명실 등을 샀고, 그 비단과 무명실을 일본으로 다시 수출했다. 이 삼각무역으로 송상은 상당한 이익을 남겼다. 명-청의 교체와 일본 전국 시대의 수습과 에도 막부의 출현, 그사이에 벌어진 왜란과 호란 같은 거대한 정변도 이 무역 구도를 허물지는 못했다. 애초에 송상은 정치적으로 버림받은 집단이자 조선의 이단아들이었기 때문이다.

개성

송상의 삼각무역을 위협한 것은 정치가 아니라 자원 고갈 문제였다. 무역의 마중물이 되어 온 인삼이 18세기 이후 점점 구하기 힘들어진 것이다. 그러나 이가 없으면 잇몸이라고 송상들은 부족한 상품을 직접 생산하기로 했다. 인삼과 홍삼의 대량 재배에 나선 것이다. 그동안 쌓은 자본을 날릴지도 모르는 모험이었으나 그들은 끝내 성공했다. 홍삼은 고려 시대에 개경 일대에서 만들기 시작해서 전해 내려온 송도 특산품이었다. 증포법이 매우 어려워 한때 난관에 부딪혔으나, 송상은 끝내 대량 증포 기술을 고안해 상품화시킬 수 있었다. 홍삼을 팔기 시작하니 곧바로 중국과 일본에서 절찬을 받았다. 이 19세기 한류상품으로 송상은 멋지게 재기했고 그들이 정착시킨 인삼과 홍삼 재배법은 근대의 벽을 뚫고 지금까지 이어진다. 오늘날 명절선물 1순위라는 홍삼은 송상의 산물인 것이다.

개화기와 국권 침탈 과정에서 송상의 라이벌인 의주의 만상이 힘을 잃은 반면, 송상은 악착같이 견뎌냈다. 일제가 홍삼을 국가 전매로 바꿔 그들의 가장 큰 무기를 빼앗았으나 그들은 무너지지 않고 백삼이라는 새로운 상품을 개발해 냈다. 송상은 일제강점기까지도 일본 자본가들에게 먹히지 않고 꿋꿋이 버텼다. 한때 왕도의 시민이었다는 자존심, 정치적으로 버림받은 위기를 기회로 바꾸는 창의력과 도전 정신, 단결력(부유한 상인이 어려운 상인에게 저리로 자금을 빌려주는 등, 송상끼리 상부상조하는 원칙은 조선 초부터 내려온 전통이었다)이 거둔 성과였다.

자본주의의 냄새가 난다며 뒷전이 되다

　개성은 조선에 이어 또다시 상업을 부정적으로 여기는 정치 체제에 들어가게 된다. 38선 분할에 따르면 개성은 남쪽에 속했다. 그러나 6·25 전쟁이 터져 북한군이 밀었다가, 유엔군에게 밀렸다가, 다시 중국군이 미는 공방을 되풀이한 뒤에 개성은 북쪽에 놓였다. 전쟁을 마무리하려는 휴전협상은 1951년 7월 8일부터 개성에서 시작되었고 개성이 어디에 속할지가 주된 쟁점이 되었다. 북한은 38선을 원상회복하되 개성은 북한이 차지해야 한다고 주장했다. 북한이 실효적 지배 중인 땅이라는 말이었다. 그렇다면 남쪽이 실효적 지배 중인 연천과 강원도 북부는 남한의 것인가? 38선 분단 때처럼 북한이 해주를 차지한 데다 또 개성까지 갖는다면 해상과 지상 양쪽에서 더 빠르게 서울을 공략할 수 있게 된다. 이를 뻔히 아는 유엔군은 이 주장을 선뜻 받아들일 수 없었고, 회담은 좀처럼 결과를 내지 못한 채 전쟁이 계속됐다.

　1952년에도 전쟁이 이어지자 미국은 개성 확보에 대한 의지가 줄어들었다. 이를 눈치챈 남한은 단독으로 개성을 공략했으나 패퇴했다. 그해 말에 한국에서 전쟁을 끝내겠다는 공약을 내세운 드와이트 아이젠하워가 미국 대통령에 당선되면서 휴전 협의에 가속이 붙었다. 1953년 7월 24일, 판문점에서 휴전협정은 체결되었다. 실효 지배령 유지의 원칙이 합의되어 개성은 북한으로 넘어갔다.

그러자 휴전을 전후해 여러 기관과 단체들이 남쪽으로 내려왔다. 경인교육대학교의 전신인 송도사범학교, 서울 정화여상, 대전 호수돈여고 등이다.

분단 후 상당 기간 남쪽에 속해 있었으며 자본주의 냄새가 짙은 동네라는 점에서 개성은 북한 체제에서 군식구 대접을 받았다. 출신성분(북한의 계급)으로는 함경도를 가장 쳐주는 북한에서 개성 사람은 어디 가서 개성 출신이라고 이야기하기 힘들 정도였다. 김정일이 언젠가 "개성 사람들은 깍쟁이다"라고 말했다는 사실도 이런 편견을 더했다.

하지만 그 김정일 시대에 개성은 새로운 도약의 전기를 마련했

남북이 함께 만들어낸 개성공업 지구

다. 바로 2000년 남북정상회담과 뒤이은 남북교류 덕에 개성이 특별해진 것이다. 개성공업 지구와 개성공단 사업은 정상회담 2개월 만에 남한의 현대아산과 북한의 조선아시아태평양평화위원회가 합의를 체결하면서 시작되었다. 2003년에 착공된 공단 부지에는 최다 125개 기업이 입주해 북한 근로자 5만 4000여 명과 남한 관리자 800여 명이 공동생활을 했다(모두 2014년 기준). 그리고 연간 50만 달러에 가까운 상품을 생산했다.

개성은 공업만이 아니라 관광으로도 남북교류의 최전선에 섰다. 1998년부터 시작된 금강산 관광사업이 남북 모두를 만족시켰다. 북한은 남한에 관광지를 추가 개방하기로 했으며 그것이 2007년부터 시작된 개성 관광이었다. 개성은 관광 도시로 성장할 만한 요인을 충분히 갖추고 있었다. 고려 도읍지로서 만월대, 왕건왕릉, 공민왕릉, 선죽교 등이 있을뿐더러 북한에서 유일하게, 어쩌면 한반도에서 유일하게 조선 말기와 일제강점기 때 지어진 전통 한옥촌이 그대로 보전된 도시이기도 했다. 한국전쟁 당시 북한 도시에 무자비한 공습이 가해졌으나 개성만은 위기를 모면했다. 휴전협정이 진행되는 곳이었기 때문이다.

개성을 찬밥 취급했던 북한 정권은 전후 복구 과정에서 평양, 함흥, 원산 등을 새롭게 현대식 콘크리트 도시로 바꿔놓았으나 개성은 거의 건드리지 않았다. 피해도 별로 없었던 데다 군식구에게 새 옷을 입히고 싶지 않았기 때문이다. 그래서 오늘날의 개성은 묘하게도 일본의 교토처럼 옛 정취를 간직한 도시로 남았다. 뒤늦게 이를 인식한 북한은 앞서 1989년에 북한 세계청년학생축전 때 지었던 민속여관을 보수해서 남한 관광객을 유치하는 관광호텔 및 관광 센터로 만들기도 했다. 개성 관광이 정점에 이르렀을 때는 2008년 6월이었는데 한 달 동안 1만 2000명의 남한 사람이 개성을 다녀갔다.

이 밖에도 2008년부터 남북 역사학자, 고고학자 등이 공동으로 만월대 발굴 사업을 벌였고 개성 고려성균관과 서울의 성균관대학교가 자매결연을 맺고 학생 교류 등을 모색하는 등 개성은 남북관계가 순조로울 때 평양만큼이나 주목받는 북한의 도시였다.

공민왕릉 노국공주와 나란히 묻혀 있는 공민왕릉은 고려 말 왕릉의 완성된 형식이 드러난다.

그러나 2008년에 벌어진 금강산 관광객 피격 사망 사건으로 금강산 관광이 중단되고 그 여파로 개성 관광도 중단된다. 개성공단은 남북한이 서로 한두 차례 중단을 선언하는 우여곡절을 잘 버티나 싶더니 북한 핵실험을 계기로 2016년부터 계속 중단 상태에 있다. 정치적 영향이 가장 적은 만월대 발굴 사업도 결국 2018년에 끝났다. 북한은 이후 미국 및 남한과의 관계 개선이 지지부진함에 화풀이라도 하듯 2020년 6월에 개성공단에 설치되어 있던 남북연락사무소를 일방적으로 폭파시켜 남북이 함께 누렸던 좋은 세월을 한바탕 꿈처럼 여기게 만들었다.

결국 서로의 존재를 인정하면서 국가 간 조약으로 관계 개선의 첫발을 디뎠던 동서독과 달리 남북한은 끝끝내 서로를 '국가'로 인정하지 않으면서 정치적 결정에 따라 언제든 휴지 조각이 될 수 있는 합의서를 근거로 교류해 왔다. 상황이 바뀔 때마다 냉온탕을 오가는 것이다. 그러나 이런 식으로는 정치적 신뢰는 물론 사업적 신용도 생길 수가 없다.

남북의 지도자들은 조선왕조의 천대, 전쟁, 일제의 침략 등도 꿋꿋이 버텨냈던 개성 송상의 끈기와 지혜를, 창의성과 연대 의식을 배워야 한다. 그리하여 남북한 사이에 다시 봄이 오고, 그 봄이 여름도 견뎌내 마침내 가을의 결실을 보게 될 때, 통일 수도의 후보로도 거론되고 있는 개성은 다시 찬연히 빛나게 될 것이다. 수백 년 전 고려의 황도인 개경에서 연등회가 벌어지던 밤처럼.

개성

22

해주

임금에게도 굴하지 않던 도시

해주는 북한의 황해남도 중남부에 있는 시이자 황해남도청 소재지이
다. 면적은 206제곱킬로미터이며 인구는 27만 명 정도로 적은 편이
다. 황해남도의 유일한 시로 산업과 문화, 교통의 중심지이다.

이곳이 전설의 고죽국인가?

황'해'도를 대표하는 도시, 해주. 그런데 어쩌면 한때는 이곳이
이 나라 자체를 대표하는 고장이었을지도 모른다.

주의 동북쪽에 산이 있으니, 이름을 수양首陽이라 하고, 동남
쪽 바다 가운데 30리쯤 되는 곳에 작은 두 섬이 있으니, 이름을
형제도兄弟島라 한다. 그 하나는 높이 12보步요, 또 하나는 높이
8보이며, 둘레가 모두 120보이고, 서로의 거리가 270보이다.
민간에서 이르기를, "백이伯夷·숙제叔齊가 이곳에서 죽었으므
로, 주의 이름을 '고죽국孤竹國'이라 하였다"라고 한다.

－『세종실록지리지』

사마천은 『사기』에서 군주를 제외한 역대 유명 인물들을 엮은 「열전」 중 1번째로 백이와 숙제를 다루었다. 그에 따르면 두 사람은 고죽국이라는 작은 나라의 형제였다. 주나라 무왕이 은나라 주왕을 공격하기 위해 출정할 때 "아무리 주왕이 무도해도 신하 된 도리로 임금을 칠 수는 없습니다"라며 말렸다. 하지만 끝내 무왕이 은나라를 치자 주나라의 백성이 되는 것을 부끄러이 여긴 형제는 수양산에 들어가 고사리만 캐어 먹다가 굶어 죽었다고 한다. 그래서 백이와 숙제는 동아시아 문화권에서는 충절忠節을 상징하는 존재로 남아 있다.

해주 경내의 가장 높은 산 이름이 수양산이고 앞바다에는 형제도라는 섬도 있으니 이곳이야말로 백이, 숙제의 나라 고죽국이 아닐까? 또한 고죽국은 기자箕子가 무리를 이끌고 동쪽으로 가서 정착한 땅, 바로 고조선이라고도 하며, 『수서』에서 고구려의 원조가 되는 나라로 지칭되기도 했으니 해주야말로 한민족의 통치 체제가 처음으로 깃든 곳이 아닐까?

그럴 가능성은 높지 않다. 고죽국은 지금의 요서 지방, 그러니까 베이징에서 좀 더 위로 올라간 지역에 있었던 것으로 추정된다. 고죽국과 고조선, 고구려와의 연관성도 불확실하다. 그렇지만 고려 이후 오랫동안 한반도 사람들은 해주에 가서 여기가 고죽국이거니, 수양산을 바라보며 저기서 백이와 숙제가 절개를 지켜 죽었겠거니 하며 살았을 것이다. 그래서 아직도 수양산에는 두 사람을 기

수양산 폭포 율곡 이이가 이곳에 은거할 때 「고산구곡가」를 지었다고 한다.

리는 청성묘清聖廟가 있고, 묘 앞에는 "영원히 맑은 기풍이 남아 있
네百世淸風"라고 적힌 비석이 세워져 있다.

바다의 고을로 거듭난 요해처

해주를 가리키는 가장 오래된 지명은 고구려 시절의 내미홀內未
忽이다. 옛날에는 마한의 땅이었던 듯하고, 1960년 용당포에서 조
개무지와 집터, 토기 등이 발견되면서 더 앞선 신석기 시대부터 문
명의 흔적이 남아 있었던 것으로 추정된다. 행정 구역의 하나로 명

확히 기록된 것은 고구려 때부터이며, 지금도 해주시 학현동에 가면 100여 개의 주춧돌이 고구려 시대의 건물터로 남아 있다. 또한 후대에 개축과 증축을 거듭한 수양산성도 고구려 때 처음 지은 것이다.

고구려 후기부터는 이 땅을 이후에 지성池城, 장지長池(긴 연못)라 불렸으며, 통일신라의 강역에 든 이후인 762년에는 폭지瀑池(폭포 연못)라는 이름이 붙었다. 모두 연못 지池가 들어가는 이름으로 내미홀도 고대 한국어로 '연못 고을'을 뜻하지만 정작 해주에는 고을 이름으로 삼을 만큼 큰 연못이 없어서 아리송하다. 고을 중앙에 흐르는 광석천과 그 일부인 불류담을 두고 붙인 이름이 아닐까? 광석천은 너럭바위들을 타고 흐르는 시냇물로, 폭이 넓지 않고 도중에 바닥이 파인 곳은 마치 연못처럼 보인다. 그중에서 불류담은 바위 사이로 작은 폭포가 되어 쏟아져 내린 물이 갑자기 트인 물길로 천천히 흘러간다. 폭포수가 떨어지며 부글부글 끓는 듯해 불류沸流이고, 폭포를 지나 넓게 잔잔히 흐르는 물이 연못 같아 불류담이니 조선 시대에 해주 8경의 하나로 손꼽게 되는 경치를 연출한다. 이 불류담 주변의 광석천을 두고 장지나 폭지라고 했던 게 아닐까 싶다. 그렇다면 꽤 오랫동안 해주는 바다를 끼지 않은 작은 고을이었을 것이다. 부산이나 인천처럼 항구로 출발한 도시가 아닌 셈이다.

해주는 원산처럼 통일신라의 최북단 거점으로 국방의 요해처였다. 그래서 문무왕은 이 땅에 신광사神光社를 세웠다. 남으로는 일본의 침입을 막고자 스스로 동해의 용왕이 되겠다고 했고, 북으로는 중국과 북방민족의 침입을 막고자 부처님의 신비한 광채의 힘을 빌리려 했던 것이다(신광사는 수백 년이 지나며 폐찰이 되고 말았지만 1334년에 원나라 마지막 황제인 순제가 그 인근의 대청도에서 귀양살이했던 인연으로 크게 중수하여 오늘에 이른다. 북방민족을 막기 위해 지은 절이 그 북방민족에 의해 명맥을 이은 점은 역사의 아이러니랄까). 변방 거점의 의미만 짙었던 수양산과 불류담의 고장 해주가 비로소 해주라고 불리게 된 때는 신라와 고려가 교체되던 시점이다. 신라 통일에서 후삼국에 이르는 백여 년 동안 고을이 조금씩 커지고 부강해진 끝에 바다에 이르렀다. 태고의 산골짜기와 시냇물을 넘어, 넓고 푸른 바다로 나오게 된 것이다.

전쟁으로 인한 영웅의 탄생

고려의 주 무역항은 해주보다 좀 더 동쪽에 있으며, 수도 개경으로 흘러드는 예성강 어귀의 벽란도였다. 해주는 덩치가 커져 바다에 접하며 이전보다는 발전했지만 여전히 무역보다는 군사적으로 더 중요했다. 그래서 995년에 절도사를 두고 해주절도사는 우신책군(해주에 설치되었던 지방군)을 이끈다고 정했다. 양주楊州의 좌신책군(양주에 설치되었던 지방군)과 함께 개성의 좌우를 책임지는 역할이 부여된 것이다. 다시 말해서 남방에서 적이 몰려오면 양주를 중심으로 방어선을 펴고, 북방에서 공격해 오면 해주가 수륙 양면에서 막아내는 거점이 되는 셈이다. 1018년에는 고려 전국에 4도호부를 두어 국가 방위 센터로 삼았는데, 해주에는 안서安西도호부를 두어 이 전략 방침을 더 확고히 했다. 해주를 안서로 부르게 된 것도 이때부터이다.

그런데 고려 말기에 기승을 부린 왜구는 남쪽에서도 해주로 밀고 들어왔다. 그들은 남해안을 훑고 서해안으로 북상하며 해주까지 습격해 노략질을 일삼았다. 1373년에는 왜구가 목사 엄익겸을 살해하고 해주 성내를 쑥대밭으로 만들어놓은 일도 있었다. 고려 조정은 그 상황에 놀라고 분한 나머지 목사를 전력으로 구하지 않은 죄를 물어 관련자들을 끌어내 목을 베고 해주를 군郡으로 강등시키며 엄한 분풀이를 했다. 수도 방위의 요충지가 유린된다는 것은 곧 국가의 안위가 위태롭다는 뜻이었기에, 그토록 격한 반응을 보였던 것이다.

여기서 이성계의 영웅전설의 막을 연다. 그해 8월에 왜구가 다시 쳐들어와 황해도 일대를 휩쓸었다. 조정이 파견한 임견미, 변안열 등은 모두 해주에서 싸우다 참패하고 퇴각했다. 이때 이성계가 출정해 해주 동쪽의 정자 주변에서 왜구와 맞붙어 대승을 거두었다. 당시 그의 활약은 "너비가 한 길丈(약 3미터)이 넘는 진창에 막

태조 이성계 어진

혀 모두 곤란해하는데 이성계만이 말을 타고 훌쩍 뛰어 건너 왜구에게 돌진했다", "큰 화살 17발을 쏘아 모두 적의 왼쪽 눈에 명중시켰다" 등 초인적으로 묘사되어 있어 과장이 의심된다. 조선 시대까지 해주에 가면 이성계가 말을 타고 뛰어넘었다는 약마지躍馬池를 볼 수 있다는 이야기가 전해졌다.

이성계의 활약으로 왜구의 기세가 한풀 꺾였고, 1380년에 황산대첩에서 대승함으로써 자칫하면 일본인의 손에 나라가 망할 뻔했던 사태가 진정되었다. 이로써 이성계는 새 나라를 세울 만큼 불세출의 영웅으로 떠올랐다.

물론 외적이 해로로만 쳐들어온 것은 아니었다. 고려 말기를 어지럽힌 홍건적은 1351년에 해주를 유린했는데 목사 최영투가 끝까지 용감히 싸우다가 자신의 인장印章을 연못에 던지고 그 뒤를 따라 순국했다. 그의 충절을 기리는 사람들이 그가 죽은 연못을 투인담投印潭이라 불렀고, 조선조에 주세붕이 그 옆에 문헌서원을 세웠다. 바닷길로 온 왜구가 해주 앞바다에 나타나는 일도 세종 때인 1419년까지 있었다.

태평세월과 함께 잃어버린 빛

　　고려 말에서 조선 전기까지 해주의 가치는 전쟁터에 이어 사냥터로 돋보였다. 그 시대에 왕의 사냥을 강무講武라 불렀다. 단순히 사냥감을 잡는 유희에 그치지 않고, 병력을 동원하고 포진하며 지휘하는 연습을 함으로써 전쟁에 대비한다는 의미가 있었다. 일종의 놀이이자 공부였던 셈인데, 어느 쪽의 의미가 더 큰지는 군주와 상황에 따라 달랐다. 어쨌거나 유희의 성격이 짙은 데다 해당 고을은 임금과 수행원들, 군사들까지 뒷바라지하려면 등골이 빠지기 마련이었다. 강무를 나간다고 하면 "훈련을 게을리하다가 유사시에 어쩌겠느냐"라는 임금과 "말씀은 그럴듯하나 군사훈련을 핑계로 노시고 싶으신 거 아닙니까"라는 신하들 사이에 공방전이 벌어지곤 했다. 그래서 고려 말에 공민왕과 우왕은 신하들을 따돌리고 해주에 몰래 사냥을 나가서 입방아에 오르곤 했다. 조선의 태조, 정종, 태종 등도 다를 바 없었다. 해주는 수도와 비교적 가까우면서 깊은 산이 주는 각종 사냥감과 몰이사냥의 묘미에다가 바다와 평야로 이어진 지형상 군사 연습의 효용성이 모두 갖춰져 최적의 사냥터로 주목받았다.

　　임금이 총제 이숙번과 대언 박신을 불러 넌지시 말했다. "경들! 요즘 날이 참 좋소이다. 이때가 아니면 언제 또 놀겠소?" 그리

고 해주에 가서 놀며 사냥하자는 계획을 풀어놓으니 이숙번이
조용히 말했다. "해주에서 사냥이라! 매우 즐거울 겁니다. 다만
민폐가 꽤 있겠지요."

—『태종실록』

　그러나 1394년에 한양으로 천도한 뒤로는 사정이 달라졌다. 해
주와 수도 간 거리가 2배로 늘었기 때문이다. 신하들과의 기싸움
에 지친 군주들은 해주에서 놀기 위한 또 하나의 핑계로 온천을 내
세웠다. 지금도 운영되고 있는 옹진온천이 그것이다. 오랜 시간을
앉아서 생활하던 조선 임금들은 몸에 종기가 나기 일쑤였고, 이를
치료하려면 온천이 최고라는 설에 따라 종종 온천에 가곤 했다. 다
만 당시의 해주 온천은 그렇게 효험이 좋지만은 않았던지, 온천에
간다며 신하들을 뿌리치고 해주까지 간 왕들은 사냥에만 몰두하다
돌아오는 경우가 많았다.

　사냥터는 많은데, 굳이 멀리까지 갈 필요가 있을까? 그래서 조선
중기로 넘어갈 즈음엔 해주 대신 경기도 장단이나 강원도 홍천 등
이 물색되었다. 또 학자 군주상이 강조됨에 따라 강무 자체도 차차
줄어들었다. 또한 온양온천 등을 즐겨 찾게 되면서 해주는 왕이 아
니라 대신들이 가끔 휴가를 얻어 다녀오는 곳이 되어버렸다.

　그렇게 전쟁터로, 사냥터로도 무익해진 해주는 도성에서 한참
떨어진 벽지가 되고 만다. 성종 때인 1488년, 강무 장소로 해주가

어떻겠냐는 말에 대신들은 너도나도 '그곳은 외딴 지대라 풍기風氣가 몹시 나쁘니 옥체가 상할 염려가 크다'며 손사래를 쳤다. 오늘날의 우리가 아오지나 개마고원을 생각하듯, 해주를 취급했던 것이다. 이후 약 백 년 동안, 『조선왕조실록』에 나타나는 해주 관련 기사는 자연재해가 대부분이었다. "해주에 주먹만 한 우박이 쏟아졌다", "해주에 지진이 났다", "황충(메뚜기)이 해주에 창궐했다" 등, 16세기의 해주는 재미는 없고 재해만 있는 깡촌으로 전락해 있었다.

학자와 전쟁으로 되살린 불씨

영락零落했던 해주가 17세기부터 되살아나게 된 것은 한 학자와 전쟁 덕분이었다.

학자는 율곡 이이인데, 그는 세 곳과 인연이 깊다. 그의 아버지가 태어난 파주와 모친인 신사임당의 고향이면서 자신이 태어나 어린 시절을 보낸 강릉, 그리고 부인이 태어난 해주이다. 처갓집이 있는 고장이 무슨 의미가 있겠느냐 여길지 모르나 그때는 결혼하면 처갓집으로 들어가 사는 일이 흔했다. 그래서 율곡의 출생지가 강릉인 것이다. 율곡도 스무 살에 노씨盧氏와 혼인한 뒤로는 벼슬에서 물러나면 처가의 해주로 가서 연구하고 후학을 키웠다. 조선

대표 향약 중 하나인 『해주향약』도 그가 만든 것이고, 그의 호 중 하나인 석담石潭도 해주의 석담동에서 딴 것이다. 율곡이 경연에서 임금과 대화한 내용을 정리한 『석담일기』와 해주에서 키우던 제자들과의 문답을 정리한 『석담어록』 등에 호가 남아 있다. 당대의 대학자이자 정계의 거물이 있는 곳이니 자연히 전국에서 해주로 사람들이 밀려들었다. 율곡의 제자인 해주 사람이 과거에 급제하는 일도 많아졌다. 율곡 사후에 그가 제자를 가르치던 곳에 석담서원이 세워지고, 이후 사액서원까지 되면서 해주의 위상은 더욱 높아졌다.

고산의 아홉 굽이 못을 사람들이 모르더니
풀을 베어 집 지으니 벗님네가 모여드네.
무이구곡 생각하며 주자朱子를 공부하리.

일곡은 어디더냐. 관암에 햇빛 비친다.
푸른 들판에 안개 걷히니, 멀리 보이는 산이 그림 같네.
소나무 숲에 술통 내려두고, 벗 오시나 바라본다.

이곡은 어디더냐. 꽃바위에 늦봄일세.
푸른 물결에 꽃 꺾어 던져, 멀리멀리 보내 보네.
사람들 이 경치를 모르니, 널리 알리고 싶구나….

율곡의 가르침과 그가 즐겼던 멋진 경치를 찾아 해주로 모여든 선비와 과객들은 율곡의 「고산구곡가」도 즐겨 읊조렸을 것이다.

오랜 태평세월이 왕년의 안서도호부인 해주의 군사적 가치를 잊게 만들었지만, 조선을 멸망 직전까지 몰고 갔던 임진왜란과 정유재란, 정묘호란과 병자호란은 해주를 다시 국방의 요지로 떠오르게 해주었다. 그뿐만 아니라 해주는 임진왜란 기간 중 2년 가까이 임시 수도 역할을 했다. 매서운 왜군의 기세에 평양으로, 의주로 피신했던 선조는 그 기세가 한풀 꺾이자 다시 남하했는데, 한양에 바로 들어가지는 못하고 해주에 머물렀던 것이다. 1593년 말에 선조가 한양으로 복귀한 뒤에도 중전을 비롯한 후궁, 왕자, 옹주 등 왕실 가족 다수는 해주에 머물렀으며 정유재란까지 완전히 마무리된 1601년에야 완전히 한양으로 돌아왔다. 선조 일가가 머물렀던 해주 행궁의 부용당芙蓉堂은 이후 여러 차례 화재와 재건을 겪고 오늘에 이르고 있다.

과거 왕의 강무 때처럼 왕과 그 가족을 뒷바라지하기 위한 해주 백성들의 노고는 이루 말할 수가 없었다. 조정은 그 대가로 해주의 세금을 크게 덜어주었을 뿐 아니라 특별 과거도 실시했다. 고생 끝에 낙이 오는 셈이랄까. 한때 왕실을 먹여 살리고, 그곳에 주둔해 있던 중국 군대도 먹이느라 전국의 물산이 해주에 온통 집중되었다. 이는 난리가 끝난 뒤에도 해주가 상업 중심지로서 발전하게 만들었다.

해주 부용당 아담하지만 탁월한 조형미가 돋보인다.

　광해군 때는 해주에서 역모가 진행되고 있다는 있다는 설(아마
도 무고)이 돌아 한때는 이름마저 벽성碧城으로 바뀔 정도로 된서리
를 맞기도 했다. 그러나 뒤이은 인조반정과 호란은 멈칫했던 해주
의 발전에 박차를 가했다. 인조는 왕실이 해주에 머물던 시절에 태
어났다. 더구나 그를 낳은 인헌왕후 구씨具氏도 해주 출신이었다.
왕조가 세워진 지 200여 년, 건국 초기 왕들 외에 한양 출신이 아
닌 왕은 인조가 처음이었기에 해주는 왕실의 성지로서 함흥과 전
주에 못지않은 우대를 받았다. 광해군의 격하 조치가 취소될 뿐 아
니라 특별 과거도 더 생겨났다.

해주는 조선 전기만 해도 땅이 기름지고 메마른 것이 반반(『세종실록지리지』)이라는 시큰둥한 평을 들었다. 하지만 조선 후기로 넘어가며 해주는 한반도 유수의 곡창 지대인 연백평야와 재령평야를 품게 되었다. 관계와 학계의 주요 인사가 계속 배출되고, 물산이 풍족하며, 상업이 융성하고, 관광지로까지 각광받는다면 도시로서 이보다 더 좋을 게 있을까? 조선 후기 들어 해주의 심장부를 흐르는 광석천가에는 지환정, 사미정 등 그림 같은 정자가 속속 세워지면서 풍류객들의 놀이터가 되었다. 평양에 버금가는 유흥의 도시가 되면서 기생골이라는 지명도 생겼다. 경화사족들이 놀러 와 산수를 즐기며 주색에 취한다 하여 붙여진 이름이었다.

상대가 누구라도 해주는 절대 참지 않는다

예로부터 해주는 불의를 보면 참지 못하고 바로 받아버리는, 우직하고 씩씩한 인물들이 출몰하는 고장이기도 했다. 해주에서 태어나거나 오래 살았던 사람이라면 더더욱 백이, 숙제의 충절 이야기를 귀에 못이 박히도록 들었을 것이다. 이 때문인지 먼 과거부터 최근까지, 해주에서 유독 국난이 닥쳤을 때 분연히 떨쳐 일어선 우국지사와 부조리한 세상에 맞서 싸운 의협지사가 많이 배출되었다.

훈척정치가 한참 기승을 부리던 명종 때, 임꺽정은 황해도를 뒤

흔들었다. 그는 비록 해주 출신은 아니나 해주와 그 주변을 무대로 활동했다. 임꺽정과 함께 조선 3대 도적으로 꼽히는 장길산은 숙종 때 사람으로 평안도와 황해도에서 활동했다. 확실치 않으나 그의 고향이 해주라는 소문이 있다. 이들은 단순한 범죄자가 아니라 부패한 관리와 잘못된 정치를 통렬히 비판하는 민중을 대변한다는 평가를 받았다.

일반 민중들도 저항정신이 강했다. 정묘호란 직후, 후금군에 혼쭐이 난 조정이 한껏 저자세를 취하자 해주 백성들이 후금 병사들을 사적으로 습격해 살해하는 사건이 있었다. 양국 간 긴장이 다시 고조된 뒤, 조정이 먼 산 보는 사이에 후금군이 그 앙갚음으로 해주와 황해도 일대를 처절히 유린해 버렸다. 1770년인 영조 때에는 해주 백성들이 왕의 행차를 가로막고 "목사가 영 틀려먹은 인간이니 교체해 주시옵소서!" 하고 점거 시위를 벌이기도 했다. 조정에서는 듣도 보도 못한 일이라며 한탄했다. 어가가 지나는 길에 격쟁하는 것도 죽음을 각오할 일인데, 하물며 개인도 아닌 집단이 나랏님을 아예 사로잡듯이 시위를 벌이다니!

정조 때인 1783년에는 해주의 이광성이라는 사람이 처벌을 받고 억울하다며 자결했다. 그러자 아들인 이육이 한양으로 득달같이 달려가 억울하다며 궁궐의 쟁을 울렸고, 그의 아우인 이철은 아예 엉터리 판결을 내린 판관 놈의 목을 베어버리겠다며 칼을 들고 해주 관아로 뛰어들어 난리를 쳤다. 역시 조정에서는 듣도 보도 못한 일이라는 말이 나왔다.

　북한 정권이 수립된 뒤 철벽같은 김씨 수령 체제에 항거하는 대규모 민중 봉기가 딱 3번 있었는데, 그 가운데 두 차례(1976년, 2012년)가 해주에서 일어났다(나머지 하나는 1998년에 황해북도 송림에서 일어났다).

　이렇게 물불 안 가리는 성질은 나라가 어려워졌을 때 분연히 일어나는 원동력이 되기도 했다. 국권 상실을 향해 가던 시절, 해주에서 많은 의병장과 독립운동가들이 나왔다. 그 가운데 가장 유명한 사람은 안중근과 김구였다.

6·25 전쟁이 시작된 땅

　일제강점기에 일본은 해주에도 공장을 짓고 철도를 연결했다. 그러나 상대적으로 조선 후기에 비해서는 침체되었다. 조선 후기에 해주는 인구 규모로 전국 도시 가운데 5위 안에 들었으나 해방 당시에는 12위로 떨어졌다. 일제의 입장에서는 물류 도시로서 해주의 가치가 인천, 부산, 원산 등에 비하면 낮았기 때문이다. 정치적, 지리적 고려 없이 그어진 38도선이 해주 해변을 아슬아슬하게 지나간 탓에 해주의 입지는 더욱 곤란해졌다. 해주 바로 옆에 있기에 늘 해주의 영향권으로 여겨진 옹진반도가 남쪽 땅으로 잘려 나갔고, 해주에 속해 있던 연평도, 대청도, 백이와 숙제의 전설이 담긴 형제도 등 일체의 섬을 잃었다. 이대로 38선이 사실상의 국경으로 굳어진다면? 해주에서 배를 띄우기는커녕 사람이 조금만 헤엄쳐도 곧바로 분계선을 넘어버리는 터라, 해주는 항구 도시의 기능을 완전히 잃을 판이었다. 북한 전체적으로도 이 구도는 매우 위태로웠다. 옹진반도가 남쪽 땅으로 잡혀 있는 이상 언제든지 남한군이나 미군이 대거 상륙해 곧바로 평양으로 진격할 수 있기 때문이다.

그러므로 북한으로서는 어떻게든 38선이 국경화되는 상황을 타개해야만 했다. 여기에 '이참에 한반도를 적화통일하자'는 야심까지 겹쳐 방어전과 침략전을 동시에 벌인 것이 6·25 전쟁이었다. 1950년 6월 25일 새벽 4시 정각부터 옹진반도에 무차별 포격이 가해졌고, 하루 만에 옹진반도가 인민군에게 넘어가면서 초전이 끝났다.

1953년 7월의 휴전협정 이후 1년 만에 북한은 행정 구역을 대대적으로 개편한다. 이때 황해도가 황해남도와 황해북도로 갈리며 해주는 황해남도의 도청소재지가 되었고, 황해도에 속해 있던 개성도 얼마 뒤 분리되었다. 이러한 개편에는 여러 이유가 있었겠지만, 북한으로서는 접경지역인 황해도를 분리해 놓음으로써 유사시에 지역 전체가 빠르게 점령당하는 일을 막으려는 뜻이 컸으리라 여겨진다. 그리고 해주에 북한 해군기지가 들어서면서 철통같은 방어 체제가 마련됐다. 통일신라에서 고려에 이르는 시기처럼 해주는 다시 한번 군사 위주의 변방 도시가 된 것이다. 다만 이번에는 그 경계 방향이 북쪽이 아니라 남쪽이었다.

자유와 해방의 바다 고을이 되는 날까지

지금의 해주를 조선 전기의 깡촌처럼 생각할 수는 없다. 근대의 해주는 광업으로도 두각을 나타냈기에 양질의 석회석을 활용한 시멘트 공업을 비롯해 금속이나 기계 공업도 꾸준히 발전해 왔다. 1973년에는 북한 9대 공업 지구의 하나로 선정되는 한편 국제무역항으로도 선정되어 다시 중흥을 꿈꿀 만하게 되었다. 그러나 1990년대로 들어서며 김일성 사망, 사회주의권 붕괴, 자연재해 등이 겹쳐 북한이 '고난의 행군'을 겪은 뒤로는 아쉬움이 남는다. 해주는 이후 추진된 경제특구 중심의 북한 발전 전략에서 소외되었기 때문이다. 30개에 육박하는 경제특구들은 대부분 북한과 중국의 접경 지대나 함흥과 원산처럼 동해 쪽의 물류 지역 그리고 평양 주변 지역에 집중되어 있다.

그렇지만 남북관계의 완화와 한반도 평화 정착이라는 큰 그림이 그려진다면 해주는 다른 경제특구들을 단번에 치고 나갈 가능성이 있다. 2007년 남북정상회담 뒤부터 남북 간 경제협력이 있어

온 개성과 서울, 해주를 하나로 잇는 서해평화협력특별지대가 꾸준히 논의되고 있기 때문이다. 이는 정치적, 안보적으로도 큰 의미를 지닌다. 6·25 전쟁의 첫 총성에서 서해교전, 연평해전, 연평도 포격에 이르기까지 해주 앞바다는 남북의 심각한 충돌과 인명 손실로 얼룩진 원한의 바다가 되어왔기 때문이다. 또한 해주 앞바다는 휴전선의 연장인 북방한계선의 실질적 국경 여부를 두고 남북, 남남 간에 갈등이 이어지는 사이에 중국 어선들이 어부지리를 챙기는 일이 거듭된 바다이기도 하다.

그러므로 이 바다가 진정으로 평화의 바다, 공생과 공동 번영의 바다로 바뀔 때, 해주는 명실공히 서해를 거침없이 오갈 수 있을

해주 시내 거리에 자동차가 하나도 없는 것은 왜일까?

중심 광장에 있으나 거의 방문자가 없는 해주 호텔

것이다. 나아가 세계로도 뻗어나가는 자유와 해방의 바다 고을이
되리라. 쉽지 않은 과정이고 남북, 남남의 상호 이해와 신뢰 구축
이 먼저 이뤄져야만 한다. 백이와 숙제의 충절이나 김구의 막무가
내 정의감이 경제적 계산과 적절히 어우러지는 고민과 조율이 필
요하겠지만 말이다.

23

평양

붉은 워싱턴

북한의 수도이자 간판인 평양은 면적 1747제곱킬로미터에 인구수는 287만 명이다. 서울보다 3배 정도 크지만, 인구로는 3분의 1이 못 된다. 그래도 인구, 면적 모두 북한에서는 제일이다.

한국사에서 시대 흐름에 따라 부침을 거듭한 도시가 많지만 평양은 거의 언제나 주목받는 도시였다. 역사상 세 나라(고조선, 고구려, 북한)의 수도였기에 그와 사뭇 대조적인 세 나라(백제, 조선, 한국)의 수도인 서울과 대칭을 이루었으나 수도가 아닐 때도 대개 중요한 대접을 받아온 역사의 주인공이다.

따라서 그에 얽힌 이야기나 중요한 역사적 순간들은 헤아릴 수가 없을 정도이다. 다만 여기서는 그 전근대의 역사를 두 가지 테마를 중심으로 살펴보고 근현대의 평양을 바라보려 한다.

수수께끼로 둘러싸인 옛날의 평양

고구려 국내성이 부루내(너른 강)로 불렸다면 평양은 부루나(너른 벌판)로 불렸다. 그리고 어쩌면 그보다 더 오래전에는 아사달 혹은 왕검성이라고 불렸을지도 모른다.

단군이 고조선을 세운 땅이 아사달인데, 『삼국유사』에 따르면 먼저 평양에 도읍을 정했다가 나중에 아사달로 옮겼다고 한다. 두 도시는 서로 다른 것이다. 하지만 『고려사』에서는 아사달이 곧 평양이라고 보고 있다. 애당초 고조선에 대한 기록은 『삼국사기』에도 없다 보니 아사달이 평양인지, 평양이라 쳐도 이 평양이 지금의 평양인지도 불확실하다. 또한 중국의 『사기』에 우거왕이 한나라와 싸우다가 멸망한 고조선의 수도가 왕검성이라고 적혀 있지만, 평양과 아사달, 왕검성, 세 도시의 구분이 매우 모호하다.

고고학적 유물 등을 참고해 현대에 제기되는 다수설로는 고조선의 원 중심지는 한반도 바깥이었고, 따라서 아사달과 원래의 평양은 요동이나 만주에 있었을 것이라 추정된다. 그런데 왕검성의 위치는 더 곤혹스럽다. 전근대 중국과 한국의 많은 역사가가 왕검성을 평양이라 보고 지금의 평양에 한사군 중 낙랑군이 있었을 것으로 의심치 않았다. 그러나 오늘날에는 "한사군은, 특히 낙랑군은 한반도에 없었다"라는 설이 끊임없이 나와 고구려 이전의 평양을 이야기하기가 어려워진다.

고구려의 동천왕이 임시 천도한 평양은 오늘날의 평양이 아니라는 말도 있다. 평양에 대해 말하려면 부루나라고 불리다가 대동강을 끼고 이뤄진 도시부터 비로소 이야기가 구체화될 수 있다.

247년부터 한동안 평양이 고구려의 수도가 된다. 343년에는 고구려 고국원왕이 다시 수도를 평양으로 옮기고 적극적인 남진 정책을 취했다. 이에 대한 반동으로 평양은 371년에 백제 근초고왕의 태자 근구수近仇首가 이끄는 병력의 공격을 받는다. 이번에도 먼저 백제를 친 쪽은 고국원왕이었지만 근구수는 그를 격파했을 뿐 아니라 치고 올라가서 평양을 포위해 버렸다. 고국원왕은 전사 왕국 고구려의 왕답게 선두에 서서 열심히 싸움을 이끌었으나 화살이 그의 목숨을 앗아갔다. 앞서 동천왕, 미천왕이 중국에 참패했을 때도 왕이 목숨을 잃지는 않았으나 고구려는 심각한 국난에 처해 있었다. 하지만 백제군이 평양 자체를 함락시키지는 못하고 물러간 이후, 고구려는 차차 내실을 다지며 전열을 정비해 백여 년 만인 475년에 위례성을 함락시키고 개로왕을 죽여 백제를 멸망 직전까지 몰고 감으로써 설욕하게 된다.

고국원왕의 원한을 갚아준 장본인은 장수왕이었다. 그는 427년에 평양으로 천도했는데, 이것이 고구려의 마지막 천도였다. 앞서 고국원왕도 평양으로 천도한 뒤 얼마 되지 않아 백제를 쳤으니 백제로서는 긴장해야 마땅했다. 하지만 자국의 국력을 과신했던지 첩자 도림이 개로왕의 눈과 귀를 용하게도 틀어막았던지 별 대비도 없다가 475년의 치욕을 맞이한다. 이 평양 천도는 한국사상 가장 의미심장한 천도의 하나였고, 그 여파도 컸다.

평양에 남아 있는 안학궁의 유적을 보면 둘레 약 3000미터, 40만 제곱미터의 터에 51채 정도의 건물이 있었다. 안학궁 뒤에 쌓은 대성산성은 9킬로미터에 이르렀다. 수백 년 뒤의 경복궁보다 약간 작은 정도이며, 당시와 비교하면 국내성은 물론 백제나 신라, 중국 여러 나라의 어느 수도보다 월등한 규모였다. 그만큼 거대한 사업이며, 동천왕 때처럼 일시적 결정으로 옮긴 게 아니라 고구려라는 제국의 중심부로 치밀히 계획하고 착실히 작업한 결과였을 것이다.

평양이 나라의 중심이 되면서 인접한 곡창 지대인 재령평야의 양곡을 재정에 쓰기 쉬워졌고 대동강과 재령강을 활용해 운송 수단도 비약적으로 발전했다. 천도 직후 장수왕은 전국을 3경 5부 체제로 바꾸었다. 그동안은 각지의 여러 성이 느슨하게 연합하는 봉건적 체제였다면 이제 중앙정부가 권역별로 관할하는 제국 체제로 탈바꿈한 것이다. 대부분의 천도가 그렇듯이 한곳에 몰려 적폐가 된 기득권 귀족 세력의 손아귀에서 벗어난다는 의미도 컸다.

그렇지만 천도가 권력투쟁의 일환인 이상, 반발과 갈등이 뒤따랐다. 472년 개로왕이 북위에 보낸 표의 내용에는 "연(장수왕)이 포악하여 고구려는 어육이 되었고, 대신大臣, 강족强族을 죽이는 일이 끝도 없어 죄악이 하늘에 닿았다"라는 말이 있다. 과장되었겠지만 비슷한 시기에 중국으로 망명하는 고구려 귀족들이 여럿 나온다. 장수왕은 이름처럼 한국사상 가장 오래 산 왕인데도 기록이 많지 않은 이유는 피비린내 나는 숙청과 내분의 도가니였기 때문이라는 추정이 있다.

국내성에 남겨진 기득권 세력과 반대로 평양 지역에서 군림하다가 점령군에 안방을 빼앗긴 토호 세력, 그리고 중앙집권 강화에 불만을 품은 지방 세력 등으로부터 반발과 갈등이 터져 나왔을 수도 있다. 개로왕이 저런 표를 보낸 3년 뒤에 장수왕이 백제를 침공한 것은 어쩌면 내부의 갈등을 외부와의 전쟁으로 덮으려는 시도였을지도 모른다.

475년 이래 백제는 약화되었고, 이때 전성기에 이른 고구려의 힘도 차차 기운다. 반면 신라가 앞서나가 나당동맹을 맺어 그 힘은 삼한을 통합할 수준까지 올라갔다. 백제를 멸망시키자 화살은 평양으로 겨눠졌다. 그래도 고구려는 연개소문이 살아 있던 662년에 나당연합군의 평양 공격을 물리쳤다. 그렇지만 그의 사후 일어난 형제 싸움 때문에 결국 668년에 평양이 함락되어 고구려는 멸망한다. 연남생이 국내성에서 투항했다는 점을 두고 평양 천도 이후의 내분이 불러온 파멸이라고 해석하는 역사학자들도 있다.

말도 많고 탈도 많은 천도였던 셈이다. 그래도 고구려의 역사에서 평양 천도는 싸움 잘하는 만주의 소국에서 만주와 한반도에 걸친 대국으로 발돋움할 수 있었던 계기였다. 그리고 고구려가 말갈이나 여진과 다른 정체성으로 확정될 수 있는 계기이기도 했다.

고구려가 멸망한 뒤, 당은 평양에 안동도호부를 설치했으나 한동안 변경의 초라한 땅으로 전락했다. 하지만 후삼국이 정리되고 다시 일어난 통일 왕조인 고려는 평양을 수도인 개경 못지않게 중시했다.

태조가 뭇 신하들에게 이르기를 "옛 도읍인 평양이 황폐한 지 이미 오래되어 가시나무가 우거지고 오랑캐가 그곳에서 사냥하고 노략질한다. 마땅히 백성을 평양에 옮겨 살게 하여 번병藩 屛을 튼튼하게 하라" 하였다. 그래서 황주, 봉주, 해주, 백주, 염주 여러 고을의 백성을 나눠 평양에 살게 하여 대도호로 만들었다.

－『고려사』

그뿐만 아니라 일찍이 고구려가 국내성-평양-한성(한양)의 3경 체제를 이루었듯 고려도 서경(평양)-중경(개경)-남경(한양) 3경 체제를 구축했다. 그리고 『도선기道詵記』에는 왕이 11월부터 2월까지는 중경에 머물고, 3월부터 6월까지는 남경에 머물며, 7월부터 10월까지는 서경에 머물면 36국이 와서 조회한다는 지침도 있었다. 이를 고려 조정이 곧이곧대로 따르지는 않은 듯하나 993년에 거란의 1차 침입 때 서희가 "우리나라는 바로 고구려를 계승한 나라이다. 그런 까닭으로 나라 이름을 고려라 하고 평양에 도읍을 정한 것이다"라고 소손녕에게 회담장에서 밝혔을 정도로 평양은 거의 도읍과 같은 지위를 인정받았다.

고려사를 뒤바꾼 일대의 사건

이쯤 되면 아예 서경으로 수도를 옮기자는 말이 나올 법했다. 12세기에 접어들 무렵, 예종 재위 중에 개경의 지기가 쇠했으니 서경으로 천도해야 한다는 주장이 나오기 시작했다. 1127년부터 시작된 묘청의 주장이 가장 강력했다. 묘청은 서경 출신이고, 도참사상에 밝았다. 그의 옆에는 역시 서경 출신인 정지상, 윤언이, 김안 등이 있었다. 정지상은 과거에 장원급제를 했으며 김부식과 함께 고려 최고의 천재라는 명성도 있었으나 하급직에 머물러 있었다. 그만큼 서경 출신에 대한 지역 차별이 심했기에 이들은 똘똘 뭉쳐 서경 천도를 이뤄냄으로써 그 설움에서 벗어날 작정이었다.

이들은 "서경에 새로 궁궐을 짓고 그곳으로 옮기기만 하면, 금나라가 스스로 머리를 조아려 항복해 올 것입니다. 그뿐 아니라 주변 36국이 차례로 항복해 와, 고려가 천하의 패자가 될 것입니다!"라며 인종을 계속 설득했다. 인종의 서경 행차에 앞서 대동강에 기름을 채운 떡을 던져놓고는, 물 위로 아롱거리는 기름이 올라오자 "보십시오, 신룡神龍이 토해낸 오색구름입니다!"라고 너스레를 떨기도 했다. 끝내 천도가 이뤄지지 않자 묘청은 1132년에 국호를 대위大爲, 연호를 천개天開라 하며 서경에서 반란을 일으켰다. 그러자 인종은 개경에 머물러 있던 천도론자들을 줄줄이 잡아다 처형하고 김부식을 사령관으로 하는 토벌군을 서경에 보냈다. 묘청은 한 달 만에 부하들의 손에 죽고, 반란 자체는 1년을 끌었으나 끝내 진압되었다.

단재 신채호는 『조선사연구초』에서 묘청의 난과 그 실패를 "조선사 천년 내 최대의 사건"이라고 평가했다. 묘청-평양은 전통 낭가사상과 개혁 정신을 대표하고, 김부식-개경은 유교 사상과 수구 의식을 대표했다. 그러나 묘청이 김부식에게 패배해 평양 천도가 무산됨으로써 한민족은 한반도에 갇히게 되고 중국의 속국으로 전락하면서 고대의 웅혼한 기상과 자주 의식도 잃어버리게 되었다는 것이다.

글쎄, 한 가지 사건을 두고 그토록 거창한 의미를 부여하는 일은 적절하지 않다. 게다가 묘청의 난은 엘리트 경쟁에서 소외된 소수의 몸부림 성격이 짙다. 묘청은 정지상 같은 동지들과도 따로 행동해 개경에서 그들이 숙청되게끔 했으며, 그들을 지지하는 호족이나 민중 세력도 뚜렷이 보이지 않았다. 다만 한국사를 뒤바꾼 대사건은 아닐지라도 고려사를 뒤바꾼 사건일 수는 있었다. 이를 계기로 김부식 등 신라-경주계 문신 세력이 조정을 장악해 권력을 남용하는 바람에 그 반동으로 무신정변이 일어나게 되었기 때문이다. 그리고 어쨌든 이를 기점으로 고려가 고구려의 계승자라기보다 통일신라의 후계자라는 정체성을 더 짙게 갖게 되었다고 할 수 있다.

묘청의 난은 진압되었으나 서경 천도론은 이후에도 간간이 나왔다. 마지막으로는 1367년, 신돈이 평양을 답사한 다음 공민왕에게 천도의 필요성을 건의했다. 역시 명분은 "『도선기』 등에 따르면 개경의 왕기는 이미 소진되었다"였지만, 공민왕은 받아들이지 않았으며 신돈도 적극적으로 주장하지는 않았다. 그렇게 나라의 중심은 서경이 아니라 남경(한양)으로 넘어가게 된다.

평양의 피가 시내가 되어 대동강을 물들이다

조선 시대에 들어도 평양은 쇠락하지 않았고, 경제적 풍요가 넘쳤다. 평양이 고대부터 입지 조건이 좋은 도시였던 덕도 있지만, 여진족 등 북방의 위협을 방비하고 중국 사신의 접대에 공을 들여야 했던 탓에 평안도의 세금이 중앙으로 가지 않고 지역 내에서 소비되었기 때문이다. 돈이 있는 곳에 유흥이 번성하기 마련이라, 조선 전기부터 후기까지 을밀대 유람이 풍류의 꽃이며 평양 기생이 전국에서 으뜸이라 꼽힐 만큼 흥청거리는 분위기가 이어졌다. 그래서 세자 자리에서 물러난 양녕대군이나 부왕을 속이고 놀러 다닌 사도세자가 평양을 즐겨 찾기도 했다. '평양 감사도 저 싫으면 그만'이라는 말도 여기에서 나왔다.

그런 유흥의 도시와는 좀 어울리지 않게도, 평양은 조선 시대에 들어 기성箕城이라 많이 불렸다. 기자의 도시라는 뜻인데, 평양은 단군왕검이 도읍으로 삼은 곳으로 알려져 있었지만 조선 시대다 보니 단군보다 기자를 더 존숭한 나머지 그렇게 불렸던 것이다. 평양 외곽에 남아 있던 바둑판 모양의 들판이 기자께서 정전井田을 설치하셨던 유적이라 믿어지기도 했다. 신채호가 "그것 봐라, 내 말이 맞지?"라고 할지도 모를 일이랄까.

그런 평양이 치열한 전쟁터, 불바다가 되는 일이 조선 시대에 두 차례 있었다. 먼저 1592년 7월에 파죽지세로 한양으로 올라오던 왜군을 피하기 위해 선조는 일단 개성으로 갔다가 다시 평양에 들어갔다. 여기서는 피하지 않고 싸울 생각이었다. 한양성과 달리 평양성은 이중, 삼중으로 성벽이 있었고, 대동강이 천연의 방벽 역할도 했으므로 싸워볼 만했던 것이다. 멀리서 오느라 지친 왜군을 평양에서 막으며 남도의 의병과 명나라의 원군이 도착하기를 기다릴 참이었다. 그러나 병력이 워낙 모자랐다. 성벽의 길이만큼의 병력이 있지 않으면 성벽은 적에게 귀찮은 장애물 이상이 될 수 없다. 할 수 없이 막대기에 옷을 걸어서 여기저기 꽂아둠으로써 멀리서 보면 병력이 많게 보이는 허장성세를 취했다. 게다가 가뭄이라 대동강 물이 많이 줄어 건너기에 어렵지 않다는 문제도 있었다.

결국 선조는 이원익, 윤두수 등에게 평양 방어를 맡기고 다시 피란길에 나섰다. 고니시 유키나가가 이끈 왜군은 대동강을 사이에 두고 평양성을 마주 봤다. 이원익은 밤에 결사대를 이끌고 그들을 기습했으나 그것이 오히려 왜군에게 걸어서 건널 만큼 수심이 얕은 지점을 가르쳐 주는 셈이 되고 말았다. 그리하여 왜군이 일제히 강을 건너오자, 수비군은 제대로 싸워보지도 못한 채 성을 비우고 달아나 버렸다.

이렇게 평양은 왜군에게 점령되는데, 고니시는 그대로 눌러앉은 채 가을과 겨울을 모두 평양에서 보냈다. 미친 듯이 선조의 뒤를 쫓던 종전과는 너무도 다른 모습이라 임진왜란 최대의 수수께끼로 남아 있다. 평양까지 쉴 새 없이 올라오느라 지치고 병력 손실도 많았기에 좀 쉬면서 지원군을 기다리기로 했던 듯하다. 그러나 이번에 목이 빠지는 쪽은 고니시였다. 이순신에 의해 뱃길이 끊기고, 각지의 의병들이 왜국을 애먹이는 바람에 원군이 늦어졌기 때문이다. 게다가 난생처음 겪어보는 한겨울 강추위에 왜군은 넋이 나갈 지경이었다. 그즈음 이여송이 이끄는 명군이 압록강을 넘어왔다. 그는 역전의 용장이었고 병사들은 요동에서 추린 정예군이었다. 만약 이여송과 고니시가 전투 전에 대화할 수 있었다면 "우리에겐 조총이 있다"라는 고니시의 말에 이여송은 "우리에겐 대포가 있지"라고 대답했을 것이다. 명군은 1593년 1월부터 평양성에 집중포화를 퍼부었다. 일찍이 경험한 적 없는 위력에 왜군이 혼이 나간 틈에 그들은 조선군, 승병들과 합세해 불타고 무너지는 성벽을 기어올랐다. 결국 고니시와 왜군은 평양에서 물러나 눈보라가 치는 가운데 애써 진격해 온 길을 되짚어 퇴각해야 했다.

그러나 일본은 다시 돌아왔다. 1894년 9월 청일전쟁 때 평양에는 1만 5000명의 청군이 주둔하고 있었다. 이들을 무찌르고자, 일본군은 한양, 개성, 원산, 삭령에서 출정해 평양에 모였다. 9월 15일, 청과 일본의 대결이 시작되었다. 청군은 병력에서 뒤지지 않았고, 19세기에도 여전히 견고하기로 이름났던 평양성의 도움을 받았다. 그러나 기본적으로 사기와 단결력에서 밀렸다. 지휘관인 섭지초는 앞서의 성환전투에서 싸워보지도 않고 달아난 사람이었다. 그의 형편없는 지도력에 여러 지역에서 차출되어 온 부대들 사이의 알력까지 겹쳐 청군의 사기는 바닥이었다. 반면 일본군은 부대장까지 직접 총을 쏘고 돌격하고, 맨손으로 성벽을 기어오르는 등 놀라운 투지를 발휘하며 맹공격했다. 결국 성벽이 뚫리고 성의 이곳저곳이 일본군에게 점령되자, 섭지초는 항복을 선언했다. 그리고 더 이상 저항하지 않을 테니 무사히 퇴각할 수 있게 해달라고 요청했는데, 일본군은 그 요청을 들어주겠다고 하고는 청군이 성에서 나가자마자 급습하여 그들을 도륙했다.

도륙된 사람들은 청군만이 아니었다. 청군은 평양을 일방적으로 점령하고는 시민들을 노역에 강제 동원하고, 전투병으로까지 내몰았다. 수많은 평양 시민들이 전투 중에 목숨을 잃었다. 민가에 남아 떨고 있던 여성과 아이들조차 광기 어린 유린과 살육에 희생되었다. 당시 현장을 목격한 이인직이 몸서리를 치며 "평양 사람들의 피가 냇물을 이루어 대동강을 빨갛게 물들였다!"라고 할 정도였다.

이 전투로 사실상 한반도에서의 청일전쟁은 끝났다. 전쟁은 만주에서 이어졌고, 우여곡절 끝에 모든 도시와 산천, 국민이 일본의 소유물이 되었다.

단 한 명을 위해 철저히 계획된 붉은 도시

일제강점기 평양부平壤府가 된 평양은 대륙 침략의 군수기지로 설계, 개조되었다. 나아가 경성 대신 조선총독부가 들어설 도시로 검토되기도 했다. 평양 기생이 평양권번으로 조직되면서 유흥의 메카라는 명성을 이어가는 한편, 그들 가운데 연예인이 속속 등장하기도 했다. 그리고 1866년 제너럴셔먼호 사건 이후로 평양에 스며든 개신교가 어지러운 세태 속에서 마음의 안식을 찾는 사람들에게 점점 번져갔다. 특히 1907년 평양 대부흥회에서 600여 명의 신도들이 신앙의 열기에 복받쳐 중범죄를 포함한 평생의 비밀을 낱낱이 고백하고 참회하는 사태가 일어났다. 믿기 힘들 정도의 회개 열기가 한반도와 만주에까지 퍼져 나간 일은 한국 기독교사에 남을 대사건이었다. 그런 기독교세는 일제강점기에도 이어져 일요일 아침이면 수많은 교회의 종소리가 온 평양에 울렸다. 평양에 '동양의 예루살렘'이라는 별명이 붙을 정도였다. 그런 분위기에서 윤동주 등이 평양 숭실학교에 유학을 왔고 김일성의 부모도 열성적인 기독교 신자가 되었다.

일제가 밀려나고 북한에 소련군이 진주하면서 평양은 남한의 지칭으로는 '붉은 도시', 북한 스스로의 호칭으로는 '혁명의 수도'가 되어갔다. 일단 소련군의 군정 정부가 평양에 들어섰고, 그 후견을 받는 김일성이 1945년 9월에 북한 평양역에 도착해 광장에서 연설하며 위대한 지도자로서 첫발을 디뎠다. 1946년에 평양부는 평양특별시로 개편되고 사실상 북한 정부인 북조선인민위원회 및 그 하위조직인 평양특별시 인민위원회가 설치되었다. 신의주반공학생 의거 등을 거친 우파, 기독교, 지주 세력 다수가 월남했고, 조만식 등 우파나 민족주의 독립운동가, 천도교 세력의 숙청을 거치며 북한은 평양을 중심으로 공산화되었다. 1948년 9월 9일에 조선민주주의인민공화국이 정식 수립되었다.

그리고 6·25 전쟁이 일어났다. 미국과 중국 등의 개입에 따라 삽시간에 적화통일이 될 것 같았던 전세는 역전에 역전을 거듭했다. 제2차 세계대전의 폭격을 훨씬 뛰어넘는 무지막지한 폭격으로 평양을 비롯한 북한의 주요 도시들은 폐허가 되었다. 그리하여 휴전 뒤에는, 그야말로 아무것도 없는 곳에서 새로운 평양이 건설될 수 있었다.

오늘날의 평양과 비슷한 도시를 꼽는다면 어디일까? 서울? 아니다. 같은 사회주의 국가이자 혈맹인 중국의 수도 베이징? 그렇지 않다. 지구상에서 평양과 가장 비슷한 도시는 미국의 워싱턴이다.

누군가 워싱턴을 "죽은 사람들을 위한 도시"라고 폄하했었다. 과언이 아니다. 이집트 파라오의 오벨리스크를 본뜬 워싱턴기념탑을 중심으로 넓고 긴 도로가 마름모꼴을 그리고, 마름모의 꼭지점마다 국회의사당, 백악관, 링컨 기념관, 제퍼슨 기념관이 있다. 백악관과 국회의사당은 말할 것도 없이 미국 정치권력의 두 정점이며, 링컨과 제퍼슨 기념관은 건국의 아버지와 현대 미국의 아버지이자 노예 해방자를 모신 신전이다. 고고한 백색으로 빛나는 건물을 넓고 푸르른 잔디밭과 포토맥강이 둘러싸고 있다. 전후 평양시를 재건할 때 이 워싱턴을 참고했는지는 모르겠지만 대동강이 끼고 도는 도시 공간을 일정하게 구획하고 거대 기념물들을 배치한 점에서 이만큼 짝을 이루는 도시도 없다.

한국사에서 가장 처절하고 잔혹했던 전쟁을 일으킨 장본인인 김일성은 전쟁이 끝나고 나서 힘을 잃기는커녕 신이 되었다. 그리고 평양을 신의 도시로 만들어갔다. 앞서 평양의 면적은 서울의 3배라고 했지만 대부분은 평양 행정 구역에 속한 산업 지구들이며 대동강 중류의 능라도-양각도-두루섬을 중심으로 한 진짜 평양시는 그 4분의 1 남짓이다.

대동강을 동쪽에 두고 일제가 철거한 평양성의 잔여물인 대동문, 보통문과 을밀대가 있으며 그 안쪽으로 모란봉공원과 만수대 언덕이 조성되어 있다. 1950년대에 비교적 일찍 조성된 모란봉공원에는 소련이 한반도 북부를 해방시켜 준 것을 기념하는 해방탑, 중국이 조국해방전쟁(6·25 전쟁)에 도움을 준 것을 기념하는 우정탑, 러시아풍의 모란봉극장이 들어서 있다. 이 공간은 김일성 주체사상이 본격화되기 전, 북한이 소련 및 중국을 중심으로 하는 사회주의 소국일 때의 기억을 담고 있다. 따라서 지금은 그리 주목받지 못하는 공간이다.

그 아래쪽으로 좀 더 내려가면 1970년대와 1980년대에 걸쳐 조성된 만수대언덕이 있다. 평양의 붉은 광장 또는 천안문 광장이라고 할 수 있는 평양의 얼굴이자 북한의 얼굴이다. 1972년 김일성은 이 만수대언덕에 자신의 환갑 기념으로 23미터 높이의 동상을 세우고, 그 뒤편으로 조선혁명박물관을 이전해 재건립하도록 했다. 북한이라는 나라의 국가정신 내지는 인민종교의 중심점으로 삼은 것이다. 김일성이라는 한 개인이 이끈 북한의 사회주의화 과정이 북한이라는 국가의 정신적인 본질이자 실체로 자리매김한 순간이었다.

1982년에 그가 고희를 맞이했을 때 만수대언덕의 중심점을 둘러싸고 거대한 삼각형이 그려져 꼭지점마다 각각 또 다른 신전들이 들어섰다. 북쪽의 개선문은 프랑스 파리의 에투알 개선문(50미터)보다 높은 60미터이며, 꼭대기는 3층의 지붕 비슷한 구조물을 이고 있다. 동아시아 전통에서 3층의 전각은 황제가 거주하는 공간을 상징한다. 개선문의 두 기둥에는 각기 1925와 1945라는 숫자가 각인되어 있다. 1925년은 김일성이 평양에 살다가 만주로 떠난 연도이고, 1945년은 그가 의기양양하게 귀국한 연도이다. 수십 년이나 지나서 그의 개선을 경축하는 기념물이 생긴 셈인데, 개선문이 평양의 입구 격인 순안공항에서 평양역으로 가는 길에 세워졌음은 평양과 북한의 현대사가 김일성의 승리, 개선의 역사임을 나타낸다. 대동강 건너인 오른쪽 꼭지점에는 주체사상탑이 세워졌다. 170미터 높이이며, 2만 5550개의 돌로 이루어져 있는데 바로 김일성의 고희를 상징한다. 높이 169미터의 워싱턴기념탑을 의식해서 세워진 게 틀림없다.

그 반대편의 왼쪽 꼭지점에는 인민대학습당이 들어섰다. 현대식과 전통 건축양식을 절충해 지었고, 10만 제곱미터 공간에

평양 개선문 3층의 지붕과 기둥에 쓰인 연도까지 모두 김일성을 위한 것이다.

600개의 방이 있는 도서관 겸 평생학습관이다. 결국 김일성과 그가 주도한 혁명역사라는 조선민주주의인민공화국의 핵심을 둘러싸고 김일성의 인생 역정(개선문), 김일성의 사상(주체사상탑), 김일성의 인민들(인민대학습당)이 삼위일체를 이루며 옹위하는 구도이다. 평양-북한의 시간은 김일성의 시간(환갑, 고희)에 맞춰 의미를 가지며, 평양-북한의 공간은 김일성의 생애와 성취, 생각에 따라 배치된다. 세상에 그 어떤 도시도 이렇게 장엄할 정도의 역사와 조경 철학을 동원해 개인숭배에 헌신하고 있지 않다.

이 우주적인 시간과 공간의 질서가 너무도 엄숙하고 경건했기에 1994년에 북한을 물려받은 김정일은 생전에 자신을 상징하는

김일성광장과 주체사상탑 중국의 천안문 광장과 설계가 유사하고 실제로도 비슷하게 사용된다고 한다.

건축물을 일체 덧붙이지 않았다. 대신 아버지 수령의 상징 건축을 추가하거나 보완했는데, 김일성 삼각형에서 10킬로미터 정도 서쪽에 있는 만경대구역과 5킬로미터 정도 북동쪽에 있는 금수산태양궁전을 정비한 것이다.

만경대 구역에는 김일성이 어린 시절 살았다는 만경대 생가가 옛 모습대로 보전되어 있고, 그의 조부와 부모의 묘도 있다. 만경대혁명사적관, 만경대혁명학원, 만경대학생소년궁전 등이 딸려 있다. 금수산태양궁전은 김일성 생전의 집무실인 북한판 청와대인 금수산의사당을 증개축해서 김일성의 영묘로 만든 것이다. 정리하

557

인민대학습당 북한의 대표적 복합문화시설 중 하나. 쉽게 말해 도서관이다.

면 평양시(중심부)의 서쪽에는 김일성의 고향인 만경대가 있고, 중앙부에는 그의 삶과 사상과 업적을 축약한 김일성 삼각형이 있으며, 동쪽에는 김일성의 죽음을 나타내는 태양궁전이 있는 것이다. 그의 묘가 곧 집무실이니 김일성은 죽어서도 계속 북한을 통치하며 집무하고 있는 셈이 된다. 역사상, 고대 이집트나 로마를 포함한 어떤 나라도 이처럼 철저한 정치화-개인화된 공간으로 도시를 구성하지 않았다.

2011년에 김정일도 유명을 달리하고 김정은이 3대째 수령에 오르자 그는 이전 수령들과는 사뭇 다른 모습을 보여주기 시작했다. 일단 만수대언덕의 김일성 동상 옆에 김정일 동상을 세우고, 금수산태양궁전의 김일성 관 옆에 김정일 관을 안치했다. 어떻게 보면 전대를 충실하게 계승했지만, 다르게 보면 더 이상 평양–북한이 유일한 구조에 지배되고 있지 않음을 나타낸다. 젊고 현대적인 신세대 지도자답게 이 엄격한 정치적 시공간 질서를 깨트리지는 않으면서 자신만의 색깔을 입히기 시작한 것이다.

2012년에 집권 1주년을 기념하여 만수대언덕 옆에는 초현대식 주거 공간인 만수대아파트를 세웠고, 인민대학습당 옆에는 자신이 유학했던 스위스의 커피하우스를 본뜬 련광찻집을 지었다. 그리고 금수산태양궁전 위쪽에 려명거리를 조성하기 시작했다. 2018년 완공된 이 려명거리는 평양의 맨해튼이라 불리는데 초고층 아파트

김일성, 김정일 동상 두 사람 모두 죽어서도 평양에 군림해 있다.

와 사무용 빌딩들이 즐비하여 이 거리 사진만 보면 서울이나 도쿄, 뉴욕 등의 현대 자본주의 국가의 도심과 다를 바 없다. 또 평양 중심부에서 좀 떨어진, 북부의 광복거리에 광복 지구 상업중심을 지었는데, 중국식 이름에서 알 수 있듯 중국 자본을 유치해서 지은 현대식 쇼핑몰이다. 말하자면 다른 국가처럼 일상적이고 상업적인 공간들이 계속해서 만들어지는 곳이 김정은의 평양이다.

사회주의 천국은 어디로 갈 것인가

하지만 김정은의 평양도 결코 열린 도시는 아니다. 김일성종합대학을 나와 유럽 제일의 북한전문가로 통하는 뤼디거 프랑크는 "지금 북한에는 300만 명 정도의 중산층이 있다. 그 대부분은 평양에 산다"라면서 "평양은 북한 내부의 천국이며 북한의 이상향"이라고 못 박는다. 남한의 서울처럼 주거 문제, 즉 좋은 주거지에 살려면 돈이 너무 많이 들고 비교적 집값이 싼 곳에 살려면 출퇴근이 어려워지는 문제는 평양에서는 전혀 상상할 수 없다. 애초에 돈만 있으면 아무나 살 수 있는 곳이 아니며, 모두의 주거지는 걸어서 출퇴근이 가능한 곳으로 지정되기 때문이다. 프랑크에 따르면 이것은 정치적으로 매우 현명한 정책이라고 한다. 생활에 불만이 많은 북한 주민들이 고개를 돌려 서울이나 도쿄를 바라보는 대신 평양만 바라보게 만들기 때문이다. 즉 열심히 노력해서 성분을 개선하고 당의 눈에 들면 사회주의 북한의 진짜 천국인 평양에서 살 수 있다. 그런 희망이 있는 한, 머나먼 곳을 바라보며 체제 전복을 꿈꾸진 않으리라는 것이다. 어쩌면 서울 강남이나 평양이나 노력하면 성공한다는 미끼를 눈앞에 대롱거린다는 점에서 비슷한 것도 같다.

김정은의 평양 그리고 그 이후의 평양은 어떻게 될 것인가? 점점 더 정상으로 다가갈 것인가, 김일성 삼각형의 틀에서 벗어나지 못한 채 급격한 변화를 맞게 될 것인가? 확실한 점은 평양이 변하

평양 시내 모습 겉보기에는 여느 도시들과 다를 바 없다.

면 북한도 변할 것이고, 평양이 근본적으로 변하기 전에는 북한의
변화 또한 기대하기 힘들다는 점이다.

24

원산

폭격의 아픔에도 나아가는 도시

원산은 현재 북한의 강원도에 속해 있는 도시이다. 면적은 314제곱킬로미터로 남한의 양주, 태백 정도의 크기이며, 인구는 36만 명 정도로 남한의 광주(경기도)와 비슷하다. 한반도 전체로 봐도 인구밀도가 비교적 높은 편에 속한다. 행정 구역은 38개 동, 15개 리로 구분된다.

별 볼 일 없던 작은 마을

원산은 홍콩과 비슷하다. 완전히 맨땅에서 시작되지는 않았지만, 제국주의 세력이 들어오면서 조그마한 포구를 대도시로 키웠기 때문이다. 처음부터 작정하고 근대적인 도시계획에 따라 만들었기 때문에 세종시와도 비슷하다. 그러면 근대 이전의 한국사에는 원산이라는 도시가 없었는가? 그렇다고는 할 수 없으나, 덕원이라는 이름으로 주로 불려온 내륙의 도시와 가까운 원산포구, 원산진으로 존재해 왔다. 이후 원산이 커지면서 원래 덕원에 해당되는 지역까지 포괄했다. 가령 노량진이 점점 커져서 한양을 잡아먹고 노량특별시가 되었다면 이해될 것이다. 그런 점에서 부산과도 비슷한다. 일단은 덕원의 역사를 살펴보자.

이곳은 본래 동예의 영토였고, 언젠가부터(동예가 언제 어떻게 소멸되었는지는 잘 밝혀져 있지 않다) 고구려 땅이 된 다음에는 어을매於乙買 또는 천정군泉井郡이라는 이름으로 불렸다(그런데 이와 정확히 같은 이름의 고장이 파주에도 있다. 기록의 착오인지, 비슷한 지형이라서 비슷한 이름이 붙은 것인지는 모르지만, 지금 파주에 가면 어을매로가 있다).

신라 신문왕 1년인 681년에 사찬(신라의 17관등 중 8등) 무선武仙이 3000명의 병력으로 이 땅을 고구려로부터 빼앗았는데, 무슨 생각에서였는지 고을 이름을 뒤집어서 천정군을 정천군井泉郡이라고 고쳤다. 이후 함흥과 같이 통일신라의 북쪽 경계 지대가 되었다가 어느 시점에 발해에 빼앗긴 듯하다.『고금군국현도사이술古今郡國道懸四夷述』에 "발해는 동쪽으로는 천정에서 서쪽으로는 책성栅城까지 39역驛의 땅을 가졌다"라고 적혀 있기 때문이다.

그러다가 고려가 세워지고, 태조가 북방 영토 개척에 나서면서 이곳도 고려에 속하게 되었다. 그런데 땅 주인이 바뀌는 과정에서 전쟁 기록이 전혀 없는 걸 보면, 상당히 황폐한 변방 중의 변방이라서 나라에 힘이 있을 때는 그럭저럭 관리하다가 힘이 빠지면 내버려 두어 새로운 세력이 무주공산이나 다름없는 땅을 차지하는 식이었던 듯하다.

고려 땅으로서 이곳은 용주湧州, 의주宜州로 이름이 바뀌면서 거란, 몽골, 여진 등의 침입에 계속 시달렸다. 그래서 현종 때는 물길로 침입해 오는 여진족을 막기 위해 의주 앞바다에 과선戈船을 만들어 배치했다는 기록이 나온다. 배 위를 철갑 목판으로 덮고 철갑에는 창칼을 촘촘히 꽂아서 기어오르지 못하게 만든 배였는데 여기에 거북 머리만 달면 곧 거북선이 되니 거북선의 아이디어는 생각보다 오래되었던 셈이다.

고려 말에 이르러 이 땅은 조선왕실과 특별한 인연을 맺게 된다. 전주에서 대대로 살아온 이성계의 고조할아버지이며 훗날 목조穆祖로 추존되는 이안사가 1253년에 산성별감과의 마찰로 그곳을 떠나 삼척에서 살기로 했다. 하필 그 산성별감이 곧바로 삼척에 부임해 오는 바람에 다시 짐을 싸서 의주로 옮겼다. 고려 조정은 이안사에게 의주병마사를 제수하고 그 땅을 지킬 책임을 맡겼다. 하지만 1년 만에 몽골에 항복하고 그쪽에서 주는 벼슬을 받았다. 반역자가 된 셈인데, 고려 말은 하도 상황이 어지러웠으므로 이성계 집안은 멸족당하기는커녕 훗날 다시 고려로 돌아와 극진한 대접을 받았다.

어쨌든 의주는 이 인연으로 함흥만큼은 아니지만 조선왕실의 대우를 받게 된다. 1437년이 되어서야 비로소 덕원德原이라는 이름을 갖게 되었다.

태조께서 나라를 세우시자 오래전에 죽어 있던 덕원의 큰 나무에 새 가지와 잎이 돋았다

위와 같은 전설이 『용비어천가』에 기록됐고, 세종 27년인 1445년에 도호부로 승격되었다.

조선조 내내 덕원은 역사적으로 그리 주목받지 못했다. 임진왜란과 병자호란 때 피해를 입은 것과 1675년에 송시열이 이곳에 유배된 것 그리고 1737년에 교제창交濟倉이 원산진에 처음 설치된 것 정도이다. 교제창은 흉년이 들었을 때 지역 일대의 빈민을 구제하기 위한 기관인데, 평소 지역에서 한양으로 올리는 세곡을 일부 저장해 두었다가 긴급 시에 사용했다. 덕원은 함경도 일대는 물론이고, 필요하면 강원도와 경상도에도 쌀을 보냈다. 그렇게 보면 함경도에서 가장 아래쪽, 덕원 인근의 원산진이 수운에 가장 적절한 위치였기에 선택된 것이다. 1789년 호구조사에서 덕원의 인구는 8000명 남짓이었다. 당시 충주나 의주(평안북도) 인구가 1만 1000명 정도였으니 중소 도시지만 비교적 규모가 큰 편이었다고 볼 수 있다. 원산진의 인구는 200명 정도에 그칠 때였다.

제국의 병참 도시로 이용당하다

1878년 4월, 초봄이지만 한반도의 북쪽인 데다 바닷가인 원산 포구의 날씨는 아직도 쌀쌀했다. 그때, 저만치서 물살을 헤치며 다가오는 거대한 뭔가가 보였다. 눈가에 손을 대고 가만히 살펴보던 어민들은 가슴이 철렁했다. 이양선이다!

개항한 지 2년이 넘어가던 때, 서양 오랑캐 복장의 왜인들이 탄 시커먼 쇳덩이 배를 봐도 그렇게까지 두려워할 일은 아니었다. 하지만 좀처럼 없던 일에 사람들은 수군거리며 상대의 동태를 초조하게 살폈다. "저러다 다짜고짜 대포를 쏴 갈기는 건 아니겠지? 강화도랑 제물포에서처럼 말이야!"

하지만 일본 배는 공격할 의도는 없어 보였고, 바닷가를 이리저리 오가며 측량이라는 것을 하더니, 말없이 물러갔다. 그리고 1년 뒤, 일본은 측량 자료와 1876년의 강화도 조약 제5조인 '부산 외의 두 항구를 개항할 것'을 조선 조정에 들이밀고 원산 개항을 요구했다. 조선은 원산항개항예약元山港開港豫約 7개조에 합의해 마침내 1880년 5월에 원산을 열었다.

일본이 자국에서 가깝고 전통적인 개항장이던 부산 외에 한반도 서쪽의 인천, 동쪽의 원산을 열도록 한 것은 유사시에 양쪽에 병력을 상륙시켜 한양을 점령하고, 북쪽에서 내려올 청나라나 러시아의 군대와 빠르게 맞서려는 계산에 따른 것이었다(실제로, 1894년 청일 전쟁에서 일본군은 원산을 통해 상륙하여 한양으로 진격했다).

개항은 단지 기존의 항구에 배가 들어오도록 허가하는 데서 그치는 일이 아니었다. 원산진에는 큰 배를 정박시킬 근대적 항만 시설이 없었고 항구에 드나드는 사람들이 묵을 숙소나 편의시설도 전혀 없었으므로 일본은 개항과 동시에 원산을 뜯어고치기 시작했다. 물론 조선 대표가 동행했지만 그저 동행할 뿐, 모든 일이 일본의 결정에 따라 척척 진행되었다. 부두 건설과 함께 일본인 거류구역, 영사관과 세관 건물들이 하루가 다르게 늘어갔고, 넓고 반듯한 도로도 닦였다. 개항하자마자 한꺼번에 200명이 상륙했던 일본인들도 점점 늘어 원래의 주민보다 많아졌다. 하루아침에 문명개화 도시의 원주민이 된 것처럼 대대로 주인이던 땅에서 더부살이 신세가 된 원산진 농어민들은 그저 어리둥절할 뿐이었다.

하지만 문명개화는 독을 품고 있었다. 개항 초에는 주로 영흥만 일대의 사금을 캐내 일본으로 수출했다. 조선인들이 사금 나는 곳들을 확보하고 캐내서 조선 상인의 손을 거쳐 수출하던 것을 나중에는 일본인들이 직접 하게 되니 조선인들은 틀만 만들어주고 쫓겨난 셈이었다. 주 수출 대상은 점점 쌀과 콩 등 곡물로 점점 변했는데, 이 때문에 함경도와 강원도 일대에 곡물 가격이 폭등하다 못해 기근이 돌 지경이었다. 곡식을 기존의 유통망에 내놓는 것보다 일본 상인에게 넘기는 게 이익이 되었으므로 먹고 살아야 할 분량까지 동나게 된 것이다. 게다가 강화도 조약 당시 해외 물정에 어두워 관세를 매기지 못한 탓에 일본 면직물이 거침없이 밀려들어와 피복 시장을 장악했다. 거류 구역에서 으스대면서 조선인들을 야만인 취급하는 일본인들, 그들과 시비가 붙으면 지체없이 달려와서 무조건 조선인들을 욕하고 폭행하는 일본 경찰은 자본주의와 제국주의의 민낯이었다.

이를 차차 깨닫게 된 원산과 덕원, 문천, 고원 등 영흥만 일대의 조선인들은 반격을 준비했다. 그중 하나는 "우리도 배워서 힘을 갖자!"였다. 그리하여 1883년에 민관 협력으로 한반도 최초의 근대 교육기관인 원산학사가 개교했다. 이곳에서는 일본어 등의 외국어와 만국공법 등 근대 서양의 법률제도, 외국의 지리와 문화 등이 중심 교과였고, 무술과 병법도 가르쳤다. 전통적으로는 학문의 시작과 끝이었던 유교 경전도 가르쳤지만 특수과목이었다. 불과 몇 년 전, 오랑캐에 나라를 열고 그 문화를 들이는 일은 곧 기자와 공자의 가르침을 버리고 짐승과 같은 지경으로 떨어지는 것이라며 결사반대하던 선비들의 외침이 생생한 상황에서 그랬다는 것은 원산 사람들이 겪은 문화 충격이 워낙 커서였을까. 아니면 조선에서 대체로 변방살이를 하다 보니 유연한 발상이 더 쉬웠기 때문일까. 이 학교를 마치고 일정한 성적을 낸 학생은 곧바로 문무 과거의 최종 과정에 응시할 자격이 부여되었다.

다른 하나는 방곡령이었다. 1889년 5월, 황해도 관찰사 조병철이 인천을 통해 황해도의 곡물이 빠져나가는 것을 차단하는 조치를 내렸다. 그러자 함경도 관찰사 조병식도 10월에 원산항에서 콩의 반출을 1년간 금지했다. 일본은 강력히 항의했으나, 조병식은 조선 정부의 지시도 거부하며 끈질기게 방곡령을 관철했다. 결국 이듬해에 일본이 군함을 동원하겠다며 최후통첩을 하고, 정부가 조병식을 해임하며 원산 방곡령은 끝났다. 이로써 일본의 경제 침탈이 더 심하고 집요해졌지만 당하고만 있지는 않겠다는 원산 그리고 조선의 기개를 보여준 사건이었다.

하지만 결국 국권은 상실되었고, 대한제국 시절 덕원군이었던 원산을 일제가 1913년에 원산부로 개편, 옛 덕원과 원산진을 포괄하는 영흥만 지역의 도시가 되었다. 주권이 일본에 넘어간 뒤에 원산항의 개발은 가속화되었다. 또한 기존의 개발이 무역항으로서의 원산의 기능을 강화하는 데 집중되었다면, 이제는 공업 도시와 휴양 도시의 기능도 덧붙여졌다.

1920년 문화통치의 일환으로 한반도에서 기업을 설립하려면 총독부의 엄격한 심사를 거쳐 허가를 받아야만 한다는 조선회사령이 폐지되었다. 명분은 조선인들에게도 회사를 차려 돈벌이를 쉽게 해준다는 것이었지만 실제는 일본계 기업들의 잔치판이 되었다. 원산도 예외가 아니어서 일본 화학공업 재료로 쓰이는 정어리기름 가공 공장을 비롯하여 선박 수리업, 주물업 등 경공업이 하나둘씩 들어서더니 1930년대 즈음에는 일본이 대륙 침략의 야욕을 본격적으로 펼치면서 중공업 회사와 공장도 생겨나기 시작했다. 그 가운데 오노다시멘트공장, 스미토모제련소는 오늘날에도 북한의 천내리시멘트공장, 문평제련소로 이어지고 있다.

또한 명사십리해수욕장, 송도원해수욕장이 일제강점기를 거치며 본격적인 휴양지로 개발되었다. 갈마반도에는 골프장이, 신풍리에는 스키장이 건설되었다. 무역, 공업, 휴양의 삼박자를 갖춘 원산은 1945년 해방 당시 11만 2000명의 인구를 갖춘 한반도 9대 도시였고, 북한에서 6번째로 큰 도시로 성장해 있었다. 물론 빠른 도시화와 산업화의 그늘도 심했다. 우리가 참여하고 계획할 수 없는 발전이었던 만큼 절망과 분노도 컸다. 그래서 터져 나온 저항이 원산총파업인데, 1929년 1월부터 4월까지 4개월간 이어진 일제강점기 최대의 노동운동이다.

폭격으로 무너져 내린 희생양

해방과 동시에 이뤄진 분단으로 원산은 북녘땅이 되었고, 1946년부터 함경남도가 아닌 강원도의 원산시가 되었다. 강원도 인민위원회, 우리 식으로 풀면 도청의 소재지도 원산이 되었다. 6·25 전쟁 중에는 어느 도시보다 큰 시련을 겪었다.

먼저 1950년 7월 6일, 6·25전쟁의 첫 미군 폭격이 원산에 떨어졌다. 7월에만 세 차례의 폭격이 더 있었다. 그 가운데 13일의 3차 폭격은 특히 심해 1249명이 사망했다. 그만큼 군항으로서 원산의 중요성이 컸기 때문이었다. 다시 1950년 9월, 인천상륙작전 성공 이후 북한은 허겁지겁 후퇴했다. 후퇴하면서 "도피 분자, 요언 전파 분자와 무자비하게 투쟁하며 밀정 및 파괴 분자를 적발, 가차 없이 숙청하고 반역자는 무자비하게 처단하라"라는 김일성의 지

원산항 미군 폭격기의 공격을 받고 있다.

시에 따라 이곳저곳에서 북한군에 의한 북한 양민 학살이 벌어졌
다. 원산에서도 심하게 자행되어 1700명 이상이 총살당한 것으로
보인다. 그 상태에서 미군이 10월에 원산을 접수했다. 그러나 중국
군이 참전하자, 그 기세에 밀린 미국은 12월에 원산에서 물러난다.

　미군은 일단 물러났지만 계속해서 원산을 공격했다. 이번에는
비행기만이 아니라 전함이 나섰다. 하늘에서 떨어지고, 바다에서
쏘아대는 포탄에 원산은 산산조각이 났다. 1953년 종전 1분 전까

지 계속되었다는 공격으로 원산에는 단 한 채의 건물도 남아 있지 않았다. 지금 건물은 모두 전후에 지어진 것이다. 이렇게 혹독한 폭격과 포격은 남한 사람들에게조차 강렬한 인상을 주었다. 지금 군대를 다녀온 중년 세대 이상이라면 알고 있을 것이다. 몸을 굽혀 머리를 땅에 박고 뒷짐을 지는 자세인 '원산폭격'이 여기서 유래됐다.

세계사에 길이 남을 만한 원산폭격은 하마터면 1968년에 재현될 뻔했다. 그해 1월, 미 해군의 정보수집함 푸에블로호가 원산 앞바다에서 북한 해군에 나포된 것이다. 북한은 미군 간첩선 나포 사건으로, 미국과 남한은 푸에블로호 납치 사건으로 부르고 있는 이 사건으로 한반도는 초긴장 상태에 빠졌으며, 미군은 원산을 다시한번 잿더미로 만든다는 계획을 세우고 실행 검토까지 했다. 그러나 당시 베트남전이 치열하게 전개되고 있던 참에 또 하나의 전쟁을 아시아에서 수행할 수는 없었다. 사건은 미국이 영해 침범 등에 대해 북한에 사과한 뒤 그해 12월에 승조원 82명과 전사자 시신 1구가 판문점을 통해 송환됨으로써 끝났다. 푸에블로 선박 자체는 평양으로 끌려가 대동강 변에 지금도 전시되고 있다.

북한 제2의 도시를 꿈꾸다

1970년대는 6·25 전쟁의 깊은 상처가 아물면서 원산에 다시 봄이 오는 시기였다. 1971년부터 만경봉호가 원산과 일본 니가타 사이를 정기 왕복하며 재일교포들을 북한 땅에 보냈고, 그들은 북한의 재건과 기술 발전을 도울 인력과 재력을 제공했다. 산산조각이 났던 일제강점기 때의 공장들도 재건되고, 새로운 공장들도 지어져서 북한 굴지의 공업 도시로 떠오르기 시작했다. 그 가운데는 갈마동에 있는 금강원동기 합작회사도 있다. 1993년 일본과의 합작으로 농기구 제작을 위해 설립되었으나, 어느 시점부터는 미사일을 제작하는 회사로 바뀌었다. 원산에는 미사일 발사기지도 있다. 2009년부터 2022년까지 50발 이상의 미사일 시험 발사가 원산에서 이루어졌다. 본래 일본이 서울과 북쪽을 공략하기 위해 건설한

만경봉호 원산시의 해운회사가 운용했던 페리선이다.

오늘날의 원산항 전경

원산은 이제 남쪽을 노리는 미사일의 본거지가 된 것이다.

그러나 2010년대부터는 새로운 바람도 불고 있다. 1984년쯤(정확하게는 알려져 있지 않다) 바로 여기, 원산에서 태어난 김정은이 북한의 최고지도자가 된 것이다. 북한 체제의 성격을 생각하면 목조(이성계의 고조부)가 한때 지내면서 익조翼祖(이성계의 증조부)를 얻었다고 왕실의 대우를 받은 것과 엇비슷한 영향이 있는 듯하다. 과연 김정은은 집권 후 이곳에 현지 지도를 십여 번 이상 오면서 다른 도시와는 사뭇 다른 애정을 보였다. 2022년 초까지 원산 앞바다에 전용 요트를 띄우고 뱃놀이를 즐기는 모습이 종종 목격되기도 했다.

그는 일제강점기 시절처럼 원산을 휴양-관광의 도시로 거듭나게 하려는 프로젝트도 적극 추진했다. 기존의 명사십리해수욕장과 송도원해수욕장을 더 세련되게 발전시키고, 마식령에는 국제 규모의 스키장을 열어(2013년에 완공해 개방되었다), 지리적으로 가까운 금강산과 연계했다. 익조의 능묘, 이성계가 어릴 때 말 타는 법을 배웠다는 치마대, 신라 때 창건되었다는 명적사, 인근의 고산군에 있는 석왕사(이성계가 무학을 만나, 장차 왕이 되리라는 예언을 들었다는 고사가 얽혀 있다) 및 부속 암자인 보문암 등의 전통 관광자원도 활용했다. 2014년에는 그런 내용의 원산-금강산 국제관광 지대 개발이 공식 발표되었다. 원산-금강산 지구는 원산 지구와 통천 지구, 금강산 지구로 구분되며, 여기에는 142개의 역사유적과 백사장, 해수욕장, 자연호수, 676개의 관광명소, 광천자원과 신경

원산 송도원호텔 전경

통, 장염 치료에 특효가 있는 328여 만 톤의 감탕자원이 있다.

이 모든 프로젝트가 성공적으로 달성된다면 원산은 평양에 버금가는 북한 제2의 도시가 될 것이라는 전망도 있다. 하지만 그러려면 북한에 대한 제재가 풀려야 하고, 남한 및 국제사회에서 북한이 정상 국가로 인정받아야 한다. 그러자면 핵도 핵이지만 원산에 배치된 미사일 관련 시설도 걸림돌이다.

결국 사람은 전쟁을 위해(무력이든, 경제든) 도시를 만들고, 길을 닦고, 건물을 짓는다. 하지만 한편으로 평화와 휴식을 위해서도 같은 일을 한다. 1880년 개항기부터 지금에 이르기까지 원산은 이 모순에 근거한 발전과 파멸, 재건의 역사를 이어오고 있다.

25

함흥

조선왕조의 성지

함경남도 도청이 있는 함흥은 함경도의 최대 도시이자, 현재 북한에서 평양과 남포에 이어 인구 규모로 3번째(77만 명)인 대도시이다. 면적은 556제곱킬로미터로, 남한의 논산시와 비슷하며 북한에서는 4번째로 크다.

네 나라가 깃발을 꽂다

함흥이 번화한 대도시가 된 지는 제법 오래되었지만, 그보다 더 오래 변방 도시라는 정체성이 있었다. 북쪽은 함경산맥, 서쪽은 낭림산맥으로 둘러싸여 있어서 이보다 북쪽으로 가면 험하고 추워서 사람이 살기도, 지나다니기도 어려운 한편, 가운데로 성천강이 흐르고 그 성천강이 동해로 나가며 비옥하고 널찍한 평야를 만들어 주었기에 쌀 생산이 많았다. 그래서 변방의 번화한 도시라는 모순적인 성격을 띠게 되었다.

쌀 생산이 본격화되기 전인 고대에는 변방으로의 성격이 좀 더 강했을까. 이 땅이 고조선의 강역에 속했는지는 의견이 갈리지만, 설사 속했더라도 변두리 중의 변두리였을 것 같다. 1965년에 회상

구역에서 발견된 함흥 이화동 유적은 초기 철기 시대의 것인데, 북한 학계는 이를 위만에게 밀린 준왕이 한동안 이곳에 머물렀던 흔적으로 보고 있다.

삼국 시대가 본격화되기 전에 이곳은 오랫동안 옥저의 땅이었다는 게 정설이었다. 이곳에서 북쪽에 숙신, 남쪽에 동예가 있다고 보아, 조선 시대까지 현도군이 한때 이 땅에 설치되었다고 여겼다. 그런데 현대의 연구에서 현도군은 보다 북쪽인 고구려의 본거지 가까이에 있었다고 비정되었으며 옛 함흥 땅은 임둔군에 속했을 거라고 여겨졌다.

그러나 2005년에 평양에서 출토된 목간에 따르면 평양을 중심으로 아래로는 해주, 위로는 함흥에 이르는 땅이 모두 낙랑군이었다고 한다. 다만 중국 왕조의 지배권은 대체로 명목상에 불과한 데다 낙랑군 안에서도 여러 나라가 있어서 준독립국가처럼 운영되었다. 그 가운데 함흥은 바로 고구려 대무신왕이 32년에 정복한 낙랑국에 해당된다고도 한다. 그러면 사랑하는 호동왕자를 위해 자명고를 찢었던 비련의 여인인 낙랑공주도 함흥 사람이었던 셈이다. 이는 56년에 "고구려가 동옥저를 멸망시키고 비로소 영토를 동해안까지 넓혔다"라는 『삼국사기』의 기록과 모순되지만, 넉넉히 보아 1세기에 이곳 함흥이 고구려의 판도 아래로 들어간 점은 확실할 것 같다.

변방 대도시답게, 이제까지만 보아도 벌써 4개국(고조선, 중국 한

나라, 옥저, 고구려)이 이 땅에 깃발을 꽂았던 셈이지만, 함흥은 이후에도 9개의 나라가 더 오고 갈 운명이었다. 245년에는 위나라의 관구검이 쳐들어오자 고구려 동천왕은 이곳 함흥까지 달아났다. 고구려의 충신 유유紐由가 거짓으로 항복한 뒤에 적장을 죽이고 자신도 죽음으로써 겨우 멸망을 피했다. 하지만 550년에는 북쪽, 서쪽에서만 오던 침략의 말발굽이 남쪽에서도 왔다. 신라 진흥왕이 거칠부居柒夫를 비롯한 8명의 장군을 보내 지금의 함경남도 땅을 빼앗은 것이다. 신라군은 지금의 황초령(함흥 북쪽)까지 점령했다. 새로 얻은 영토를 돌아보기 위해 568년에 이 땅을 순수한 진흥왕은 황초령순수비를 세웠다. 신라 역사상 가장 북쪽까지 이르렀음을 기념하는 이 비석은 현재 마운령순수비와 함께 함흥본궁의 전시관에 있다.

이후 함흥은 삼국통일과 나당전쟁 과정에서 신라의 손에서 벗어났으며 8세기부터는 발해의 영토가 되었다. 발해 5경 가운데 남경남해부가 함흥이라는 설은 정약용이 18세기 말에 주장한 이래 통설이 되고 있다(다만 최근 북한에서는 북청이라는 설이 등장했다). 북방을 중심으로 삼았던 고구려나 발해에는 함흥이 가장 남쪽의 변두리였지만, 한반도를 중심으로 삼았던 나라로서는 북쪽 변두리였다.

926년 거란에 의해 발해가 멸망한 뒤 이 땅은 여진족의 차지가 되어 갈뢰전曷懶甸이라 불렸다. 1107년에 고려 윤관이 북벌에 나서 동북 9성을 빼앗았는데, 이 땅도 그중 하나였다. 이때부터 '함주咸州'라 부르며 성을 쌓고 대도독부까지 설치했지만 유지하기가 쉽지 않음을 고려는 곧 깨달았다. 그래서 2년 만에 여진에 9성을 되돌려준다. 이후 칭기즈칸의 몽골이 만주 지역을 침략하면서 여진이 세운 금나라 땅이던 함주는 1212년에 몽골에 넘어갔다. 원나라는 함주를 합란로合蘭路라 부르며 지배하다가 1258년 고려 북부 변방 화주(훗날의 영흥군)를 침략했다. 이때 조휘, 탁청이 지방관을 죽이고 원나라에 투항했다. 그러자 원나라는 이 지역에 쌍성총관부를 설치해 합란로를 포함한 철령 이북의 함경남도 일대를 관할하도록 했다.

함흥의 슈퍼스타, 태조 이성계

여기서 함흥의 스타가 등장한다! 두말할 것도 없이 조선 태조 이성계이다. 그의 집안은 고조부인 이안사 때까지는 전주에서 살았으나 이안사가 고려의 병마사가 되어 북방으로 갔다가 원나라에 투항해 관리가 되고, 그 손자이자 이성계의 조부인 이춘이 쌍성총관부로 옮기면서 동북면(함경도)에 뿌리를 내리게 되었다. 그리고 이성계의 아버지인 이자춘은 공민왕의 설득을 받아들여 1355년 고려에 귀순하고, 이듬해에 쌍성총관부를 공격하는 고려군의 내응이 되어 승리를 이끌었다. 그리하여 철령 이북이 다시 고려의 땅이 되어 합란로도 함주라는 이름을 되찾았다.

이자춘이 쌍성총관부의 원나라 관리였던 1335년에 영흥에서 태어난 이성계는 쌍성총관부 탈환 때도 스물둘에 말을 달리며 싸웠고, 5년 뒤 아버지가 죽자 그 지위를 이어받았다. 그리고 홍건적, 원나라 군대, 여진족, 왜구 등 동아시아의 변동을 맞아 사방에서 쳐들어오는 외적들을 잇달아 쓰러트리며 고려의 수호신 위치에까지 올라섰다. 자기 터전인 함흥 일대에서 벌인 전투도 여러 번인데, 특히 1362년에 원나라의 나하추를 꺾은 전투와 1385년 왜구를 물리친 전투가 두드러졌다. 후에 최영과 함께 고려 양대 군벌이 된 이성계는 신생 명나라가 자신이 나고 자란 영흥과 함흥(정종 이방과와 태종 이방원을 그곳에서 얻었다)을 포함한 옛 쌍성총관부를 내놓으라고 하자 분노한 최영의 주장대로 명나라에 칼을 겨누었다. 하지만 결국 위화도에서 그 칼끝을 돌려 새로운 나라를 여는 길을 선택하게 된다.

이성계는 함흥차사 설화로도 한국사에 함흥이라는 이름을 새기게 된다. 아끼던 막내아들 이방석에게 왕위를 물려주기로 한 결정에 불만을 품은 이방원 등이 왕자의 난을 일으키고, 형제간에 피를 뿌리자 울분에 찬 이성계는 함흥으로 돌아가 은둔해 버렸다. 태종이 된 아들이 여러 차례 차사를 보내 그를 달래려 했지만 번번이 죽여버려 함흥차사는 가기만 하고 돌아오지 않는 사람들이 되고

함흥본궁의 정전과 풍패루   이성계가 왕이 되기 전에 살던 곳. 그가 죽은 후에는 사당이 되었다.

말았고, 이성계의 측근이자 친구였던 무학만이 그의 마음을 누그러뜨릴 수 있었다는 이야기이다.

　이 이야기는 역사적 사실은 아니다. 다만 이성계가 왕자의 난으로 심한 충격을 받았으며 정종에게 양위한 뒤 함흥으로 은퇴하여 한동안 한양으로 돌아가지 않았음은 사실이다. 끝내는 태종을 용서하고 한양의 궁궐에서 숨을 거두지만 그의 사저는 함흥본궁이라 불리며 이성계와 그 4대조의 위패를 모시고, 그가 생전에 쓰던 갑옷이며 무기 등을 보관하는 조선왕조의 성지가 되었다.

　그 앞뜰에는 오래된 소나무가 있는데, 이성계가 직접 심었다는 전설이 있다. 임진왜란 때 이곳을 점령한 왜군이 소나무를 마구 찍어서 죽게 만들었지만 신비하게도 되살아났다고 한다. 오늘날에도 함흥본궁에 가보면 큰 가지가 아래로 숙여져 마당에 닿을 정도로 잔가지를 무척이나 넓게 퍼뜨려 마당 위에 솔잎 구름이 덮인 듯한 기묘한 정경을 연출하는 소나무를 볼 수 있다. 그 앞의 누각인 풍패루는 왕조가 일어선 지방을 풍패豐沛의 땅이라 부르는 데서 이름 지어졌다(전주의 풍패지관과 같다). 북한은 함흥본궁에 역사박물관을 만들고 진흥왕순수비 등을 보관하는 장소로 삼았다.

또한 태종은 1416년에 함주를 '함흥부'로 바꾸고, 길주와 함께 '함길도'라 칭하며 동북면의 주요 도시로 삼았다. 세종 때는 김종서의 6진 개척 덕에 변경 도시에서 더 안쪽의 도시로 자리 잡았다. 또 세조 때 양성지는 6경 제도를 건의했는데, 그 가운데 함흥은 북경北京으로 나라의 북방 전체의 중심 역할을 했다(이 '북경'이라는 이름 때문에, 일부 재야사학자들은 조선은 사실 지금의 중국 땅에 있었으며 함흥=북경=베이징이라는 황당한 주장도 한다). 그러나 이 건의를 긍정적으로 검토하던 세조가 태도를 180도 바꾸게 되는 사건이 그로부터 20년 뒤에 일어난다.

한반도에서 가장 긴 다리, 만세교

1467년에 함경도 길주의 이시애는 중앙에 대한 토호들의 불만을 세조의 부당한 집권 과정과 결부지으며 반란을 일으켰다. 이때 함흥에서도 이중화 등이 호응하여 관찰사 신면을 살해하고 무기를 들었다. 함경도 전체가 반역에 가담하다시피 했기 때문에 조정에서도 전력을 기울여 겨우 제압할 수 있었다. 이를 계기로 함흥은 군으로 격하되었으며 함길도라는 이름도 영흥과 안변을 대신 내세워서 영안도로 바꾸었다. 1509년에 다시 함흥부, 함경도가 되었지만(길주 대신 경성을 세워서) 이후 조선왕조 내내, 함경도 전체는 반역향이라는 낙인을 벗지 못해 비주류 지역으로 남는다(임진왜란 때 이곳을 점령한 왜군에게 협력하고 임해군, 순화군 두 왕자를 내준 일로 그 시각은 더욱 굳어져 버렸다).

그러나 조선의 함흥에 그늘만 서린 것은 아니었다. 관료와 학자를 배출하기 어려운 한편 상업이 발달했기 때문이다. 그것은 고려 말에 이루어진 중요한 인프라 투자가 한몫했다. 1380년경 건설된 만세교가 그것이다. 함주부사 장만세가 보니 시내 한가운데를 갈한천(성천강)이 지나가는데 장마 때면 물이 불어서 나루터가 잠겨 통행이 불가능해지곤 했다. 그래서 다리를 만들어 사시사철 통행이 가능하도록 하고 만세교라 이름지었다. 그 길이는 무려 127미터로, 근대 이전까지 한반도에 놓인 다리 중 2번째로 긴 것이 76미터(한강 살곶이다리)였고 다리라고 하면 대개 10미터도 넘지 않았으니, 당시 사람들 눈에는 거의 7대 불가사의처럼 보였을 것이다. 조선 시대에 함흥 하면 만세교라고 할 정도로 명물이 되었고, 선조

때 만세교가 끝나는 곳에 낙민루樂民樓를 세우자 함께 어우러져 절경을 연출했다.

> 높다 높아 낙민루여, 허공에 기대 섰고,
> 길고 길다 만세교여, 무지개처럼 뻗어 있네.
> 다리 위를 걷는 사람, 누대 위에 앉은 사람!
> 어느 쪽서 바라봐도, 한 폭의 그림일세.
>
> - 김창협, 『농암집』

서계 박세당은 "함흥의 웅대함과 풍악(금강산)의 장려함이 서로 견준다"라고 하였고, 성호 이익도 "낙민루에 올라 드넓은 함흥평야를 바라보았다. 그 웅장함은 50년이 지난 지금도 잊지 못한다"라고 했으니 만세교와 낙민루의 풍경은 조선 사람들로서는 실로 상상을 초월하는 풍경이었던 것 같다.

만세교는 단지 경치만 좋게 만드는 관광자원이 아니었다. 18세기 말 홍의영이 함경도를 둘러보고 지은 『북관기사』에 보면, "큰 수레에 물건을 실어 나르며, 소나 사람이 지고 나르는 일은 거의 찾아볼 수 없다. 집집마다 수레를 갖고 물건을 실어 바쁘게 오간다"라고 했다. 상업을 천시하고 외침을 염려했던 조선은 큰길을 닦지 않아서 한양에서조차 수레를 거의 볼 수 없다. 그러나 함흥은 만세교로 큰 강물마저 거침없이 오가게 되니, 자연스레 길과 수레

가 발달했던 것이다. 박지원, 박제가 같은 조선 후기 북학파들은
나라 살림살이가 나아지려면 상공업이 발달해야 하고 그러려면 중
국처럼 수레를 많이 활용해야 한다고 주장했는데, 함흥에서만큼
은 이미 활용되고 있었던 것이다. 만세교는 함흥 사람들의 정서를
함양하는 수단도 되었다. 양반들은 벗 또는 사랑하던 기생과 만세
교 위에서 다시 만날 것을 약속하고 헤어졌으며, 평민들은 정월대
보름마다 다리밟기를 했다. 또 새 옷을 차려입고 부럼을 깨물며 그
긴 다리를 밤새 자기 나이 수대로 왕복했는데, 그러면 일 년 내내
다리가 아프지 않게 된다고 믿었다.

굳세어라 금순아!

근대로 접어들며, 함흥은 또 크게 탈바꿈했다. 상업과 농업의 중
심지에서 공업 도시로 바뀐 것이다. 그러나 그것은 타율적인 변화
였다. 일제는 1905년, 을사조약의 결과 통감부를 설치하자마자 함
흥 성곽의 대부분을 허물어버렸다. 철로를 놓고 찻길을 넓히기에
방해가 된다는 이유였다. 러일전쟁 당시 퇴각하던 러시아군이 만
세교를 불태워 버린 후에 재건한 다리가 목재라서 홍수에 안전하
지 않다며 아예 철근 콘크리트로 새로 지어버렸다. 그리고 1914년
의 경원선 개통을 시작으로 함경선, 평원선, 한남선 등이 놓이

고, 함흥을 둘러싼 산자락에서 무연탄과 석회석을 캐기 시작했다. 1929년에는 부전강수력발전소가 들어서고, 1931년에는 성천강 제방이 완공되는 등 함흥은 빠른 시간 안에 근대 공업 도시로서의 모습을 갖춰갔다. 이는 모두 대륙 침략을 위한 무기 제조와 병참기 지로 함흥을 이용하려는 생각에서였다.

일제강점기가 끝나자 함흥에는 소련군이 진주했고, 그들의 감독 아래 인민위원회가 조직되었다. 그리고 전개된 사회주의화가 일으킨 불안과 불만은 1946년의 함흥반공학생 의거 등으로 표출되기도 했지만, 결국 함흥은 '북한의 군수기지 및 주요 항구'라는 입장에서 6·25 전쟁에 돌입했다. 그 결과, 유엔군의 폭격으로 함흥은 그야말로 철저하게 파괴되었다.

잿더미는 다시 눈물바다가 되었다. 1950년 12월, 중국군의 개입으로 점령했던 북한 지역을 포기해야 할 상황에 이르자 유엔군 사령부는 함흥의 흥남부두를 통해 군병력과 민간인을 철수시키기로 했다. 15일부터 24일까지 진행된 흥남철수작전(유엔군 암호명: 크리스마스 카고 작전)은 미군 10만 명과 민간인 10만 명을 무사히 남쪽으로 보냄으로써 외신에서 크리스마스의 기적이라고 말할 정도였다. 그때 남쪽으로 온 북한 사람들 다수가 이후 남한 역사에서 중요한 역할을 하게 되었고, 문재인 대통령의 부모도 그에 포함되어 있었다. 그러나 한계치까지 군함에 탑승시켰건만, 끝내 남겨진 민간인도 10만 명이 넘었다.

함흥 철수 직후 폭파되는 흥남항 부두를 관측하는 USS begor호

눈보라가 휘날리는 바람 찬 흥남부두에

목을 놓아 불러 봤다 찾아를 봤다

금순아 어디로 가고 길을 잃고 헤매었더냐

피눈물을 흘리면서 일사 이후 나 홀로 왔다

— 박시춘, 「굳세어라 금순아」

영화 「국제시장」(2014)으로 대중의 기억에서 살아난 박시춘의

노래 가사처럼, 개중에는 북새통 속에 가족과 헤어져서 땅을 치며

함흥만에 눈물을 뿌려야 했던 사람들도 있었다. 그들의 슬픔과 절규를 뒤로하고 마지막 배가 함흥을 떠난 얼마 뒤에 유엔군의 집중 포격으로 흥남부두는 산산이 파괴되었다. 혹시라도 배가 돌아올까 봐, 혹시라도 잃어버린 부모형제를 찾을까 봐 그 자리에 머물다가 휩쓸린 민간인은 없었을까?

북한 최고의 범죄 도시는 도약을 꿈꾼다

지금 함흥은 7개 구역으로 나뉘어 있다. 흥남은 2001년 독립된 시로 갈라졌으나 2005년에 다시 합쳐졌다. 독일 태생으로 북한에 유학해 북한 연구를 꾸준히 해오고 있는 빈 대학의 뤼디거 프랑크 교수는 현대의 함흥을 "독일풍의 도시"라고 말한다. 그렇게 된 데는 까닭이 있다. 잿더미가 된 도시의 전후 복구 과정에 동독의 적극적인 지원이 있었기 때문이다.

덕분에 기원전 2세기까지 거슬러 올라가는 역사를 가진 이 동양의 고도古都는 근대 서구의 도시처럼 바둑판처럼 반듯하게 정리된 도시로 재탄생했고, 동독에서 유행하던 노란색 타일을 붙인 건물이 즐비하게 되었다. 이에 대한 감사의 의미로 새로 닦은 가로의 이름을 빌헬름피크대로로 붙이기도 했으나, 지금은 슬그머니 그 이름을 바꾸고, 전후의 재건도 천리마운동 등 자체 노력의 산물이라고 선전하고 있다.

집과 길만 복구된 것은 아니었다. 90퍼센트 이상 파괴된 공업시설도 다시 지어졌다. 1961년 완공된 2·8비날론기업소는 북한 현대사에서 뜻깊은 곳인데, 월북한 과학자 리승기가 개발해 낸 합성섬유 비날론을 처음으로 생산한 곳이었기 때문이다. 이 비날론은 북한의 과학기술력과 공업생산력을 상징하는 제품으로 '주체섬유'라는 이름까지 얻게 된다. 뒤이어 흥남비료공장, 흥남제련소, 용성기계공장, 함흥전기기구공장, 함흥모방직공장 등이 신설되거나 재건되어 함흥은 한반도 북부의 중공업 중심지라는 위상을 회복하게 되었다.

함흥 시내 맞추어 지어진 건물에서 독일의 영향을 볼 수 있다.

북한의 최고지도자들, 특히 김정일은 함흥의 발전에 지속적인 관심을 기울여 왔다. 그는 1985년에 "함흥을 제2의 평양으로 만들라"라고 특별히 지시했다. 그에 따라 1990년대까지 새로 조성된 새별거리와 광장거리는 평양의 천리마거리처럼 고급주택 단지로 지어졌다. 또 1980년대 말부터 개발된 마전유원지는 해수욕장과 놀이시설, 빠넬각(유럽식으로 지어진 호텔)까지 갖추면서 평양의 당 간부나 고위층 자제들이 놀러 오는 곳이 되었다. 또한 김정일은 1984년에 함흥대극장을 만들라고 지시하고 건축 과정을 직접 챙겼는데, 크기와 객석 수, 대극장과 소극장으로 이뤄진 구조, 전통미와 현대미를 조화시킨 건축양식 등에서 조금 앞서 완공된 서울의 세종문화회관과 비교된다. 김정일은 과학 발전을 북돋기 위해 1999년에는 파격적으로 평양이 아닌 함흥의 과학원 분원에서 대의원 투표를 하기도 했다.

함흥은 고대부터 현대까지 영광과 소외가 엇갈리거나 동시에 존재했고 지금도 그 드라마는 끝나지 않았다. 제2의 평양이라는 구호 뒤편으로 마구잡이식 공업화에 따른 살인적인 대기오염과 부유층 및 외국인 방문의 부산물이라 할 수 있는 북한 최고의 범죄율이 존재한다. 북한의 고난의 행군 시기에는 한때 굴지의 쌀 생산지역이었던 이곳에서 심한 굶주림을 견디다 못해 식인 행위가 벌어졌다는 보도가 여러 차례 있었다.

그렇지만 함흥은 또 다른 미래를 기다리며 오늘도 발전하고 있

함흥대극장 극장에도 사회주의를 형상화하는 여러 요소들이 쓰였다.

다. 함흥의 저력이 최대한 발휘되는 때는 어쩌면 남북 화해가 정말
로 이루어지고 교류가 본격화될 때, 흥남부두를 떠났던 배들이 부
산에서 다시 찾아오고 철도와 항공로가 연결되어 금강산-원산-청
진을 잇는 공업 및 관광 벨트를 형성할 때부터일지 모른다.

26

신의주

중국과 한국을 잇는 관문

중국 단둥에서 출발, 어둠에 묻힌 구 압록강철교를 건너면, 북한의 신의
주시 관문동으로 들어선다. 대륙과 반도를 잇는 관문 역할을 하는 지점이
었으므로 관문동이다. 지금의 신의주시는 면적 180제곱킬로미터, 인구 약
36만 명으로, 마주 보고 있는 단둥과 비교하면 상당히 소규모이다. 그 경
계도 역사상 변천이 심했다. 한때는 지금의 의주군 주변 지역이었다가, 통
합되었다가, 다시 분리되고, 의주가 가졌던 한반도의 관문 역할을 건네받
기도 하며 정체성이 계속 변했다. 보다 남쪽의 용천군, 동북쪽의 피현군도
하나로 합쳐졌다가 떨어지기를 반복했다. 그래서 여기서는 의주와 신의주
를 하나의 도시로 보고, 의주-의주군의 역사를, 그리고 신의주시의 역사
를 살펴보기로 한다.

계속해서 주인이 바뀌는 땅

일부 지역에서 발견되는 선사시대(신석기) 유물을 제외하면 의주의 고대사는 상당히 불분명하다. 가장 먼저는 이 땅에 고구려가 우마성이라는 성을 세웠다는 것인데, 고려 시대에 이르러 거란의 침입을 대비하여 강감찬이 내성을 덧대어 쌓았으며(1017년) 그 뒤로 백마성이라는 이름으로 불렸다. 다만 1018년 이후 거란과의 전쟁 때 이곳에서 전투가 있었는지는 불확실하다.

백마성은 "매우 높은 곳에 지어져 거의 언제나 안개가 끼고, 매우 춥다"라고 조선 시대의 기록에 나와 죄인들의 유배지로도 활용되었다. 하지만 국방의 의미가 퇴색된 것은 아니어서, 인조가 1634년에 "백마성은 실로 나라의 서쪽 관문西門이다"라며 단단히 지켜야 한다고 말하기도 했다. 그 말을 따르려는 듯 1646년에 의주 부윤 임경업이 백마성을 재수축했으며 이를 근거로 청나라와의 싸움을 대비했다. 그러나 호란 당시 청군은 백마성을 우회해서 남진했기 때문에 실제로 서쪽 관문의 역할을 다하지는 못했다. 백마성은 오늘날 피현군(평안북도 중서부)에 있으며, 전근대 시대에도 의주의 경계 밖에 있을 때가 많았다. 아마도 고구려와 발해의 입장에서는 이 지역이 접경지가 아니었기 때문에 압록강 서안의 단둥을 개발하는 것 외에 특별히 큰 의미를 두지 않았던 듯하다.

지금의 의주군, 역사적으로 의주의 핵심이었던 지역은 10세기에 "거란이 압록강의 동쪽 언덕에 성을 쌓고 보주保州라고 일컬었다"라는 기록에서 비로소 나타난다(7세기에 검모잠이 고구려 부흥운동을 벌인 궁모성이라는 설도 있으나, 궁모성은 그 위치가 평양, 요동, 연천 등으로 온갖 설이 난무하는 수수께끼의 도시이므로 일단 접어둔다). 요나라는 1054년에 보주에 궁구문弓口門을 설치하고 포주抱州라는 이름으로 고쳤다고 하는데, 궁구문이 기존의 보주를 보강한 일종의 요새인지, 보주의 이름을 궁구문이라고 바꿨다가 또 포주로 바꾼 것인지도 불확실하다.

그에 앞서 993년에 있었던 거란의 1차 침입 때 서희가 담판 지어 획득한 강동 6주에 보통 이 보주-의주는 포함되지 않았다고 여긴다. 강동 6주의 가장 동쪽은 홍화진으로, 오늘날 의주에 포함되어 있으나 당시에는 보다 남쪽의 이웃 고을이었기 때문이다. 그러나 1033년에 고려가 쌓은 천리장성의 시작점이 옛 국내성(압록강 하구)이라고 되어 있어 국내성이 단둥이니 의주니 하는 설이 나오기도 했다. 그렇다면 보주-의주는 물론 어쩌면 단둥까지 당시 고려에 속해 있었던 것으로도 보이기 때문에 더욱 혼란스럽다. 요와 고려 모두에 이 땅은 변방 중의 변방이었던 만큼, 보주-의주는 빈번히 주인이 바뀌는 땅 내지는 양국의 완충 지대가 아니었을까. 또는 대마도처럼 서로가 영유권을 주장하는 묘한 지역이었을지도 모른다.

의주가 확실히 우리 강역에 들어온 때는 1117년인 고려 예종 때이다. 금나라의 공세가 심해지자 이곳을 지키던 요의 통군統軍 야율영과 내원성자사來遠城刺史 상효손이 성을 이끌고 고려에 투신했다. 고려 조정은 이 땅의 이름을 의주義州로 고치고 남쪽 백성들을 그곳으로 옮겨서 국방의 최전선으로 삼았다. '의義'에는 '이웃 나라가 우리의 미덕을 흠모하여 충성을 맹세한다'라는 의미가 있어 그렇게 지은 것이다.

그러다가 1269년에 최탄이 반란을 일으켜 서경, 북계의 54개의 성과 서해도의 6성, 즉 지금의 평안도 대부분에 해당되는 땅을 갖고 원나라에 투신했다. 원나라는 마다하지 않았으며, 그 땅에 동녕부東寧府를 설치했다가 1290년에 고려에 반환한다. 이후 반원 정책을 추진한 공민왕은 의주를 국토 최전선으로 재정비하고자 1366년에는 목牧으로 승격시키고 1369년에는 만호부를 두었다.

위화도회군이 일어난 땅

이성계는 의주를 무대로 이름을 떨친 적이 있다. 1370년, 그는 공민왕의 지시로 제1차 요동 정벌에 나섰다. 동녕부 주변은 고려에 반환되었지만 동녕부 자체는 요동에 옮겨졌다. 동녕부는 기황후를 배경으로 고려 조정을 흔들던 기씨 일족의 근거지이기도 해 정벌이 시도된 것이었다. 이성계는 1200명의 병력으로 12월에 의주에서 출발해 압록강을 건너 단둥으로 넘어갔다. 당시에는 다리가 없었고, 웬일인지 한겨울에 압록강도 얼지 않아서 부교를 만들어 건넜다고 한다. 동녕부 쪽에서는 이원경, 처명 등이 나와 맞섰다. 이성계는 먼저 이원경을 무찔러 항복을 받은 뒤 향도로 삼고 진군했다. 처명도 격파하고 항복을 받으려 했지만 그가 거부하자 이성계는 전설의 활솜씨를 발휘해 먼저 다리를 쏘아 맞히고는 "이래도 항복하지 않으면 네 머리를 쏘겠다"라고 하여 결국 처명의 항복을 받아냈다고 한다. 이후 처명은 이성계의 심복이 되어, 끝까지 그를 따르며 공을 세웠다.

그로부터 18년이 지난 1388년에 이성계는 같은 길을 따라가다가 정반대의 선택을 하게 된다. 바로 우왕과 최영 등의 주장에 따라 이루어진 제2차 요동 정벌이다. 당시 이성계는 4불가론을 내세우며 원정에 반대했으나, 결국 조민수와 함께 원정군 사령관으로 의주로 향하게 되었다. 의주에 도착해 보니 상황은 심각했다. 6월,

이성계가 4불가론 가운데 포함시켰던 장마가 현실이 되어 강물이 불어나자 애써 놓은 부교가 떠내려가고 원정군은 압록강의 위화도까지만 간 채 오도 가도 못하게 되었다. 어떻게든 길을 뚫어보려던 병사들 중 수백이 익사했으며, 그대로 있다가는 군량 부족에 전염병까지 덮쳐 싸워보지도 못하고 파멸할 위험에 처했다. 게다가 시간을 지체하는 만큼 명나라는 전열을 정비해서 덤벼올 터였다. 계획된 행보인지, 우연한 선택인지 논란이 끊이지 않는 위화도회군이 마침내 결정됐다. 이후 고려는 10년 만에 멸망한다. 오늘날 위화도는 단둥을 방문하는 한국인들의 필수 관광코스 중 하나가 되었는데, 단둥에서도 가깝지만 북한의 영토로 신의주시에 속해 있

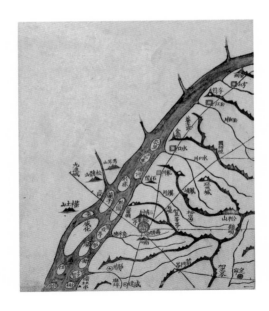

대동여지도의 위화도 고려가 조선으로 바뀌는 계기였던 위화도회군의 무대였다.

다(1949년의 국경협정에서 압록강 중의 섬은 모두 북한 영토로 한다고 정했기 때문인데, 이 때문에 국토를 많이 내어줬다고 대만에서 베이징 정부를 극렬히 성토하기도 했다). 위화도회군은 한국사의 물줄기를 바꿔놓은 사건 중에서 최소 10위 내에 들어갈 대사건이었으나, 이를 기념하는 조형물 등은 전혀 없고 그저 나무와 풀밭뿐인 흔해빠진 섬으로 남아 있다.

피곤한 역사를 가진 관문

조선으로 넘어간 다음, 의주는 다시 중국과 접하는 국가의 관문이 되었다. 중국에서 사신이 온다는 통보가 있으면 조선 조정에서는 부랴부랴 원접사를 선발했다. 2품 이상의 고관 가운데 인품과 학식이 뛰어난 사람을 뽑았고, 그를 보좌하고 수행할 임시벼슬로 문례관, 차비관, 영위사 등도 뽑아서 일부는 의주에서 도성까지 오는 길목을 정비하고, 원접사 등은 의주까지 가서 압록강을 건너오는 중국 사신을 맞이했다. 사신을 접대하는 객관은 의순관義順館이라 불렀다. 의주의 이름이 거란인들이 고개 숙이고 들어왔다고 하여 생겨난 것인데, 똑같은 '의義'를 중국에 사대하는 장소에 썼으니 얄궂은 일이었다. 또 망화루望華樓도 의주성 내에 있었는데 폐지했다가 용만관龍彎館으로 다시 지었다.

이렇게 의주에서 맞이한 중국 사신들은 '칙사'로 극진한 대접을 받았고, 이들이 도성에 왔다가 임무를 마치고 돌아가면 또 반송사가 사신을 의주까지 모셔간 뒤 송별했다. 이처럼 극진한 대접을 받는 사신들의 콧대가 높아진 건 당연했다. 특히 국제관계가 아직 정착되지 않았던 조선 초에는 그들의 행패가 유독 심했다.

> 요동 백호百戶 하질夏質이 압록강에 빠져 죽었다. 하질은 진마사進馬使 양첨식을 호송하고 의주까지 이르렀다가 소를 사서 돌아갔는데, 강을 건널 때 물이 한창 붇는 판이라, 강 가운데서 소가 놀라 넘어져 빠지면서 배가 엎어졌다. 함께 탔던 사람들도 모두 죽었다.
>
> ―『태조실록』

1395년에 있었던 이 일은 아무리 봐도 불행한 사고였으나, 명나라는 조선 사람이 하질을 물에 빠트려 죽였다며 책임자 및 관계자 심문을 요구했다. 이에 따라 의주를 책임지고 있던 진충귀와 사건의 목격자들이 명나라로 끌려가서 곤욕을 치렀다.

> 서북면西北面 도순문사都巡問使가 보고하기를, "내사內史 해수海壽가 13일에 압록강을 건너 의주에 이르러서는, 까닭 없이 화를 내며 목사 박구朴矩의 옷을 벗기고, 판관 오부吳傅를 잡아 묶고

는 볼기를 때리려다가 그만두었습니다."

-『태종실록』

1409년의 이 일은 당시 동양에서는 비천하게 여기던 환관이 사신 자격으로 남의 나라에 들어와 한 지역의 총책임자를 모욕하며 행패를 부린 사건으로, 보고를 들은 태종도 욱하는 마음을 가누기 어려워서 "내가 하늘을 거스를 수 없어서 충심으로 대국을 섬기는데, 이런 지경까지 겪게 되니 어쩔 줄을 모르겠다"라고 한탄했다. 이런 무도와 행패는 조선 중기로 넘어가면서 차차 잦아들었으나 칙사 대접의 수고로움과 힘겨움은 그치지 않았다. 특히 의주에서 중국 사신을 대접하랴, 원접사 일행을 챙기랴 고생이 많으니, 의주 주민들이 도시를 떠나 유랑하는 일이 점점 늘어서 조정에서 관례를 깨고 위화도, 어적도 등의 섬에 들어가 농사짓는 일을 허용해 주기까지 했다. 나중에 가서는 해외와의 무역을 엄격히 금지하는 억상 정책까지 얼마간 풀어서 의주에 중강개시中江開市를 허용했다. 이를 배경으로 개성상인을 일컫는 송상松商과 어깨를 나란히 하는 만상灣商이 나타나 조선의 양대 상인 집단이 되기도 했다.

여러 나라에 치였던 땅

　하지만 결국 의주 백성들은 조선과 중국의 고관 나리뿐만이 아니라 나라님까지 모셔야 할 상황에 처한다. 1592년에 파죽지세로 올라오는 왜군의 공세를 피해 한양을 버린 선조가 일단 평양에서 적을 막으려 했으나 평양도 함락되어 결국 의주까지 쫓겨 온 것이다. 선조는 태어나서 처음 겪어보는 북방의 찬바람에 으슬으슬 떨었다. 민가를 뒤져 겨우 마련해 온 마르고 딱딱한 찬거리를 억지로 씹으며 유명한 시를 읊었다.

나랏일이 창황한 날이 왔는데
누가 능히 곽자의, 이광필처럼 충성하랴
큰 계책에 따라 도읍을 버렸으니
다시 돌아가기란 여러분을 믿을 따름이네
관산의 달을 보며 울음이 터지고
압록강 바람은 마음을 찢는구나
조정 신하들이여, 오늘 이후에도
다시 서인이니 동인이니 할 것인가.

　선조는 16개월 동안 의주에 머물렀다가 명과 일본의 교섭으로 임진왜란이 휴전에 들어가면서 겨우 한양으로 돌아갔다. 중국 한

나라의 고조가 평성에서 흉노 정벌에 나섰다가 백등산에서 포위당한 뒤 뇌물을 써서 간신히 살아남은 적이 있는데, 이를 평성의 치욕이라 한다. 이후 조선에서도 선조의 의주 피란 생활을 가리켜 용만의 치욕이라 했다. 어가가 머물렀던 의주성보다 좀 아래에 있는 용만을 지칭한 것인데, 실제 치욕을 당한 장소보다 조금 떨어진 곳을 지칭한 건 무슨 이유일까?

이후 의주는 호란 때는 중국군이 청일전쟁과 러일전쟁 때는 일본군이 상대의 경계를 넘어 쳐들어가는 전진기지가 되었다. 그사이 1623년에는 가도 사건이, 1903년에는 용암포사건이 벌어지기도 했다. 가도 사건은 명-청대전 중에 명나라의 요동도사 모문룡이 청군에 쫓겨 압록강을 넘어와서 우리 땅에서 청군과 싸우다가, 철산 앞바다의 가도로 들어가 무슨 독립 왕국처럼 지내며 우리 조정에 이걸 보내라, 저걸 들어줘라 하고 요구를 거듭했던 일이다. 조정으로서는 그 요구를 들어주기도 벅찬 데다 모문룡 때문에 청군이 침입해 올까 봐 여간 부담스러운 게 아니었다.

용암포 사건은 만주를 자신들의 식민지처럼 여기던 러시아가 한반도까지 내려와 제멋대로 용암포를 점령하고 압록강 하구 일대를 장악하려 했던 일이다. 단둥과 용암포를 잇는 전선까지 가설하는 러시아의 횡포에 우리 정부는 물론 일본, 영국도 격분하여 대립한 지 1년여 만에 용암포를 개항하는 것으로 일단락되었다. 둘 다 정묘-병자호란과 러일전쟁의 촉매가 되었고, 외국 세력이 우리 정

신의주

부를 허수아비처럼 여겨 우리 땅을 무단 점거하고 행패를 부린 사건이었다.

1905년에 경인선 다음으로 2번째로 부설된 경의선은 일제가 사업권도 없는 상태에서 불법 착공부터 한 뒤에 사업권을 뜯어내어 완공한 철도였다. 빠르게 완공하려고 터널을 뚫어야 하는 곳은 죄다 우회해 버렸기에 건설속도도 무척 빨랐다. 일제가 그토록 서두른 까닭은 진행 중이던 러일전쟁과 향후의 대륙 침략에 필요한 병력과 군수물자의 운송 수단을 마련하기 위해서였다.

일제는 1911년에 단둥과 이어지는 다리를 철교로 개축해 북진용 인프라 건설을 늘렸으며, 이를 계기로 의주는 신의주로 주도권을 넘기게 된다. 경의선과 이를 잇는 압록강철교 주변 지역이 자연스럽게 집중 개발되었기 때문이다. 1914년 4월 1일, 일제는 광성면 신의주동을 중심으로 민포동 일부, 미륵동 일부를 신의주부로 승격시켜 의주군에서 분리했다. 이후에도 지속적으로 분리되어 신의주는 커지고 의주는 작아졌다. 그리하여 이 지역은 애증과 굴곡의 한국 현대사를 신의주 중심으로 겪게 된다. 지금은 해동제일관이라는 현판이 붙은 의주성 남문과, 전시에는 군사적으로 쓰고 평시에는 풍류를 즐기도록 높이 설치된 통군정 정도가 의주군에 남아서 전근대의 역사를 묵묵히 나타내고 있다.

일제강점기의 신의주는 접경 도시로서의 틀을 벗고, 상업과 산업의 도시가 되었다. 압록강변의 목재를 벌채해 가공하는 목재 가

공업, 용천 평야에서 재배하는 쌀을 가공하는 정미업이 일제 초기부터 발달했다. 1941년에는 압록강 하류에 수풍댐도 세워졌는데, 무려 세계 제3위인 거대 규모의 댐으로 신의주를 비롯한 한반도 북부의 공업 지대에 전력을 공급했다. 이를 바탕으로 신의주에는 인조견 제조업, 고무 제조업, 주조업 등도 발달했다. 덕분에 해방 당시 신의주의 인구는 7만 명을 좀 넘어 대전과 비슷했다.

일제강점기 때 일제의 대륙 침략 구상에 따라 신의주와 원산, 함흥은 일종의 계획 도시처럼 기초부터 새롭게 지어졌고, 남녘에 비해 상공업이 빠르게 발전했다. 이곳에는 남녘에서 극심한 가난이나 신분 차별에 시달리다가 새 일자리를 찾아 모여든 사람이 많았다. 그래서인지 다른 지역들에 비해 일제에 대한 저항은 비교적 적

일제강점기의 의주 접경 도시에서 산업 도시로 한참 바뀌던 때다.

었다. 먹고사는 일이 그들에게 가장 중요했기 때문이다.

그렇다고 저항이 아예 없지는 않았다. 1925년 신만청년회 사건은 사회주의 계열이던 청년회 간부의 결혼식 피로연장에서 친일지역 유지들 및 순사들이 구타당한 사건으로, 이것이 실마리가 되어 신만청년회는 물론 그 모 단체였던 조선공산당까지 일제의 탄압을 받게 된다. 또 1928년 신의주청년동맹 사건은 발족식 거행중에 천명된 강령, 선언 등이 불온하다는 이유로 그 자리에서 일제의 단속과 탄압을 겪은 사건이다.

저항은 해방 뒤, 북한 체제가 수립되던 도중에도 일어났다. 1945년 11월에 일어난 신의주반공학생 의거는 생계유지의 힘겨움 속에서도 신의주 사람들의 고단한 삶을 파고들었던 두 사상, 사회주의와 기독교 가운데 기독교가 소련 군정 체제에 대한 불만을 표출하면서 촉발되었다. 해방된 다음 달, 한반도 최초로 창립된 정당인 기독교사회민주당과 조선민주당의 독립촉성 연합집회에서 소련 당국의 실정과 인민위원회의 횡포에 대한 성토가 쏟아지자, 소련군과 신의주 공장 노조원들이 그들에게 테러를 가해 교회 장로 등이 현장에서 사망하는 일이 벌어졌다. 그러자 분격한 신의주의 6개 중학교 학생들을 비롯해 의주군, 용천군 등 부근 지역의 학생 5000여 명이 '공산당 타도', '소련군 반대' 등의 구호를 외치며 거리를 행진하고 공산당 본부, 인민위원회 본부 등을 습격했다. 공산당 보안대와 소련군은 기관총을 포함한 실탄 사격으로 24명을 사살하고, 학생과 시민 200여 명을 체포해 시베리아로 보내버리고, 기독교사회민주당을 해산시키는 등 초강경 대응을 했다. 이로써 평안도를 중심으로 세력을 형성했던 기독교-민족주의 우파 계열은 된서리를 맞았고, 그 일부는 월남해 극렬한 반공주의자들로 활동하게 된다. 아이러니하게도 북한이 완전히 공산화되고 김일성의 나라가 된 다음에도 끈질기게 남아 있던 신의주의 교회 건물들은 6·25 전쟁 당시 미군의 융단폭격으로 사라져 버렸다. 단둥에서 중국군이 넘어오는 길목이 된 압록강철교와 신의주시는 평양에 버금가는 무자비한 폭격 목표가 되었다. 심지어 세균무기까지 사용된 것으로 밝혀졌다.

짙어지는 중국의 그림자 속에서

전쟁이 끝나고, 복구가 이뤄지자 김일성 유일 체제가 확고부동하게 서고, 세월이 흘러 그 후계자의 시대까지 왔다. 신의주는 접경 지대로 국가의 관문 역할을 하며 오늘에 이르렀다. 그리고 압록강을 사이에 두고 단둥이 나날이 한국화되는 반면, 신의주는 갈수록 중국화되어 갔다.

그 시작은 2002년, 만성적 경제난과 체제 개혁의 압박에 시달리고 있던 북한이 신의주를 홍콩과 비슷한 국제경제 지대로 중국

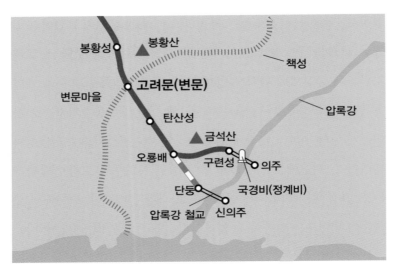

조선 시대 단둥 – 구련성 – 의주 – 신의주 지역의 위치도

과 합작 개발한다는 프로젝트를 추진하면서부터였다. 당시 네덜란드 국적의 화교로 어우야歐亞그룹을 운영하던 양빈楊斌이 김정일에 의해 신의주특구 행정장관에 임명되었으며, 그를 중심으로 신의주 일대는 독자적인 법규와 국기, 화폐까지 갖춘 북한 속의 또 다른 국가로서 중국식 자본주의 경제 체제를 추구하려 했다. 첨단산업과 금융산업 그리고 카지노를 포함하는 유흥–관광산업이 주력 육성 대상이었다. 그러나 이는 중국과의 조율을 충분히 거치지 않은 프로젝트였다. 중국은 곧바로 양빈에게 탈세 혐의를 씌워 구속해 버림으로써 신의주 경제특구는 출범도 하기 전에 좌초되었다.

하지만 북한은 이 사업에 미련을 버리지 못했으며 독자적으로 신의주 간척사업과 철산군 쪽의 대계도 지구를 신의주 지구와 엮어서 산업단지로 개발한다는 계획을 추진했다. 이는 1990년대 말부터 닥친 북한 체제의 최대 위기인 고난의 행군이 갈수록 심화되며 중단되지만, 어느 정도 회복이 되자 다시 용암포 앞바다의 황금평(옛이름 황초평) 섬과 신의주의 위화도를 묶어서 경제특구로 만드는 프로젝트가 가동된다. 이번에는 중국과의 협의도 충분히 거친 상태였으나 이 또한 좌절되었다. 김정일에서 김정은으로 북한 최고지도자가 바뀌고, 이후 경제특구 사업을 진두지휘했던 장성택이 2013년에 숙청되었기 때문이다. 그리고 기본적으로 북한의 핵과 미사일 개발 때문에 중국이라 해도 대놓고 북한과 경제협력을 이어가기 어려운 상황이었다.

오늘날 신의주에 특구는 없다. 하지만 중국의 경제적 영향은 소리 소문 없이 커지고 있다. 신의주 거리를 걸으면 중국어가 더 많이 들린다고 할 정도로 많은 중국인이 신의주에 상주 또는 임시 거주하고 있다. 그들은 북한에서는 허용되지 않는 행동도 곧잘 하지만 당국은 눈감아준다. 경제 제재에다 코로나까지 덮친 지금으로서는 정상적 방법으로 외화를 벌어들이기가 어려운 것이다. 옛날 조선왕조가 의주의 특수성 때문에 일반적인 체제 원칙을 굽혔던 것과 비슷하달까. 그때나 그 뒤에나 외국인들이 거들먹거리며 의주 일대를 마음대로 휘젓던 것과 비슷하달까. 만약 남북통일이 안 된다면 북한은 중국 땅이 되고 말 것이라는 말이 종종 반농담처럼

신의주역 전경 역사를 마주 보고 김정일을 찬양하는 표어가 눈에 띈다.

나돈다. 그러나 적어도 2010년대 이후 신의주에서는 그런 말을 농담으로라도 하면 안 된다.

새로운 돌파구는 열릴 것인가. 경제적 수탈과 남을 위한 경제 개발이 아닌, 중경개시와 만상들처럼 민초들 스스로 삶을 윤택하게 가꾸면서 나라 경제도 살찌우는 활동이 다시 이 땅에서 이뤄질 수 있을 것인가. 북쪽으로 또는 남쪽으로 침략의 전진기지가 되면서 약소국과 힘없는 백성의 비애를 진저리 나게 겪는 일이 더 이상 운명처럼 여겨지지 않게 될 것인가. 이런 의문들을 품은 채로 의주-신의주는 2020년대를 보내고 있다.

27

단둥

압록강 저 너머, 각국 첩보원의 암약처

단둥丹東은 중국 랴오닝성에 있다. 면적은 1만 503제곱킬로미터, 인구는 240만 명이 조금 넘는다. 면적으로 보자면 울산보다 작고 인구로는 대구보다 적다. 압록강을 사이에 두고 북한 신의주와 마주 보고 있는 접경 도시이다.

패권을 쥐려면 박작성을 손에 넣어라

단둥은 (신)의주와 붙어 있다. 그래서 『고려사』 등에 "압록강이 서해로 흘러들어 가는 곳에 있었다"라고 묘사된 고구려 국내성의 후보지 가운데 하나이다. 하지만 조선 후기까지 국내성을 의주 부근 어딘가로 믿는 게 보통이어서 단둥이 바로 국내성인지에 대해서는 의견이 갈렸다. 1965년까지 안동安東이라 불렸던 이 도시는 사서를 살펴보면 국내성과 다른 도시였다고 보기 쉬웠다. 지안과는 달리 연행사 등이 두루 다녔는데 고구려의 수도였다는 흔적이 거의 없었기 때문이다.

242년에 고구려의 동천왕이 위나라의 서안평西安平을 공격한다. 이 서안평을 지금의 단둥이라 보는 경우가 많다. 그렇다면 적어도 당시에는 단둥과 국내성은 별개였던 셈이다. 또한 고구려가 서안평을 공격한 것은 그때가 처음도 아니었다. 146년 태조가 당시에 후한 땅이던 서안평을 공격해 대방군의 지도자를 죽이고 낙랑태수의 처자를 붙잡아 왔다는 기록이 있다. 이렇게 보면 국내성과 단둥이 가까웠다(그래서 곧잘 쳐들어갔다)는 추정은 가능하지만, 상당히 오랫동안 단둥과 국내성은 별개였던 셈이 된다.

위나라는 244년에 서안평을 공격한 빌미로 관구검을 보내 고구려를 건국 최대의 위기에 빠트린다. 관구검의 침입 때문에 잠시 평양으로 천도할 때까지 국내성을 중국에 빼앗겼다는 기록이 눈에 띄지 않아 조선 후기의 박지원 등이 믿었던 단둥이 국내성이라는 설은 그다지 설득력이 없어 보인다.

고조선이 멸망한 뒤 단둥은 중국의 최전방으로 남았다가 미천왕이 311년에 고구려 땅으로 만들었다. 고구려는 이곳을 박작성泊灼城이라 이름 짓고, 약간 남쪽의 압록강 하구에 대행성을, 북쪽에 오골성을 쌓아서 유사시에 서로 의지가 되도록 했다. 한족韓族과 한족漢族이 오랫동안 부딪쳐 온 요충지였기 때문이다.

과연 수와 당의 고구려 침공 때 박작성과 인근의 오골성은 격전지가 되었다. 특히 612년에 수양제가 사상 최대의 병력을 이끌고 침공해 본진이 요동성을 공략하는 동안 우문술은 별동대를 이끌고 먼저 오골성을 함락시켰다. 수군은 계속 진군해 평양을 손에 넣으려다가 을지문덕의 살수대첩으로 원정 자체가 실패로 돌아갔다.

645년에 당 태종이 고구려를 친정할 때는 당군이 이 박작성을 먼저 공략하느냐, 안시성을 먼저 노리느냐가 전쟁의 승패를 갈랐다. 주필산전투에서 당군에 패해 항복한 고연수, 고혜진이 먼저 오골성을 함락하면 인근 성들을 차례로 손에 넣을 수 있으며 여기서 거둔 식량을 밑천으로 곧장 평양을 공격할 수 있을 것이라고 당 태종에게 건의했다. 그러나 장손무기가 먼저 안시성부터 손에 넣는 게 옳다고 주장하고, 태종이 그 말을 들어 안시성만 붙들고 있다가 퇴각함으로써 고구려가 무사할 수 있었던 것이다.

이후 당 태종은 대규모로 친정하는 대신 정예부대를 계속 보내 고구려의 힘을 소모시키는 전략을 취했다. 그 가운데 648년에 설만철이 이끄는 당군은 박작성을 바로 겨누었다. 박작성을 지키던 소부손은 1만 명의 군사를 이끌고 맞섰지만 참패하고 자신도 목숨을 잃었다. 그러나 박작성은 산과 강으로 에워싸여 방비가 튼튼했기에 성주와 주 병력이 없는데도 잘 버텼으며 그사이에 오골성과 안시성의 구원병이 도착했다. 설만철은 그들과 겨루어 또 이겼으나 싸움이 길어지면 불리하다 여겨 후퇴했다.

확실하지 않지만 668년에 연남생이 국내성에서 반연남건 세력을 이끌다가 당에 항복했을 때 박작성, 오골성도 당나라로 돌아선 듯하다. 이후 박작성은 당의 안동도호부 치하에 있다가 8세기 초쯤 발해의 영토가 되었다. 기록에 나오지는 않으나 732년에 발해가 서해를 건너 당의 산동반도에 있는 등주를 공격했을 때, 아마 이곳에서 병력을 모아 출정시켰을 것이다. 발해의 강역으로 볼 때 중국으로 대규모 수군을 출정시킬 수 있는 곳은 압록강 어귀밖에 없기 때문이다. 수와 당이 고구려를 칠 때마다 수군을 출정시킨 곳이 등주였으니 고구려도 하지 못한 복수를 발해가 해낸 셈이다.

반도와 대륙 사이의 역사적 관문

이 땅의 주인은 926년에 발해에서 요나라로 바뀌고, 1125년에 다시 금나라로 바뀌었다. 금은 이 땅에 파속부婆速府를 두었다. 원나라에서는 파사부婆娑府로 고쳤고, 금나라와 원나라의 지배 기간 중에 언젠가 구련성九連城이 세워졌다. 9성을 연이어 쌓아서 구련성이라는데, 지금 남은 것은 그다지 크지도 않은 단 하나의 성뿐이다. 뭔가 다른 뜻으로 지었다가 나중에 다른 한자와 혼동된 게 아닐까? 근대로 들어와 확장되기 전의 원래 단둥이 신의주와 압록강을 사이에 두고 마주 보고 있다면 구련성은 그보다 좀 위쪽의 의주와 마주 보고 있었다. 당연히 한반도와 중국 대륙 사이의 중요한 관문 역할을 해 명, 청과 조선의 사신들은 거의 모두 이곳을 거쳐서 서로의 땅을 밟곤 했다.

왜란 때 명나라의 군대와 호란 때 청나라의 군대도 이곳을 거쳐서 한반도로 들어왔고, 삼전도의 굴욕 이후 소현세자와 봉림대군,

즉 훗날의 효종도 이곳을 거쳐서 청나라로 끌려갔다. "청석령 지나 거냐, 초하구 어디메오. 호풍도 차도 찰샤. 궂은 비는 무스 일고"라 는 유명한 시조에서 청나라 가는 길의 고통과 원한을 토로한 효종 은 돌아와 왕위에 오른 뒤에도 내내 북쪽 하늘을 보며 이를 갈았으 며, 다음과 같은 시를 썼다.

나 십만의 군병을 이끌고 떠나리라.
가을바람 부는 구련성에 웅장한 진을 치리라.
깃발 한 번 휘둘러 북쪽 오랑캐 쓸어버리리라.
노래하며 춤추며, 돌아와 태평성대를 열성조께 아뢰리라.

북벌은 실현되지 못했으나 엉뚱하게도 구련성에 진을 치고 청 나라 사람들을 도륙한 것은 일본이었다. 1894년 10월에 청일전쟁 을 일으킨 일본은 풍도해전, 성환전투, 평양전투에서 연거푸 이긴 다음 청나라 본토를 직접 들어가려 했다. 그리하여 의주와 구련성 사이에 놓인 다리를 통해 압록강을 건너려 했는데, 청나라 쪽에서 도 2만 3000명의 병력으로 구련성교九連城橋(줄리앤창다리라고도 불 린다)를 악착같이 사수했다. 하지만 일본군은 밤사이에 재빠르게 배다리를 가설해 압록강을 넘고 만다. 이어 허를 찔린 청군을 3시 간 만에 섬멸하고, 무방비 도시가 된 단둥을 점령했다. 잠시 숨을 고른 일본군은 요동으로, 만주로, 거침없이 진군해 나갔다. 이들은

1904년에도 의주전투를 거쳐 구련성-단둥을 통해 러시아군을 밀어붙이며 러일전쟁의 승기를 잡았다. 이후 이 두 전투의 승리를 기리는 기념비를 구련성에 세웠으나 일본이 패망한 뒤에 사라졌다.

약 반세기 뒤에 또다시, 단둥은 한반도와 중국 대륙의 중요한 연결점으로 대규모의 병력이 이동하는 통로가 되었다. 1950년 10월에 중국의 인민지원군이 압록강을 건너 북한으로 진입해 바람 앞의 촛불과 같았던 조선민주주의인민공화국을 원조한 것이다.

힘을 모아라, 모아라!
기세 등등히, 등등히!
우리는 압록강을 건넌다.

명백하게 중국이 국가로서 참전한다 하지는 않되, 실질적으로 온 국력을 온통 기울여 자발적인 의용군으로 6·25 전쟁에 뛰어든 중국 군인들은 압록강 다리를 건너며 이 노래를 불렀다고 한다. 이후 휴전할 때까지 한반도에서 싸우는 중국군을 지원하는 병참기지도 단둥에 마련되어 있었다. 단둥 시민들은 이를 기념하며 당시나 지금이나 단둥이 영웅들의 도시로 불린다고 자랑스러워한다.

1876년부터 안동이라 불렸던 이 지역은 1965년에 단둥으로 이름이 바뀌었다. 북한이 '동쪽을 (억눌러) 안정시킨다'는 의미의 당나라의 안동도호부를 연상케 하는 이름을 불편해했기 때문인 듯하다. 과거의 서안평, 오골성, 구련성, 대행성을 모두 포괄하고 있는 오늘날 그곳에는 한족을 비롯해 만주족, 몽골족, 후이족 등 29개 민족이 살고 있다. 조선족도 상당수 거주하며, 단둥시에 포함되어 있는 시들인 봉성시, 동항시와 만주족 자치현 내에 조선족 마을들이 있다.

이념에 따라 쓰여진 역사

단둥시에서 제일 높은 산이 잉후아英華산인데, 그 꼭대기에 높이 53미터의 항미원조기념탑이 있다. 6·25 전쟁 휴전 40주년인 1993년에 세워지고, 휴전 연도인 1953년을 기념하고자 53미터라는 높이에 맞추었다. 신의주시에서도 이 탑이 보인다고 한다.

탑을 바라보는 한국의 시각은 엇갈릴 수밖에 없다. 북한으로서는 다행스러움과 감사함, 남한으로서는 아쉬움과 유감이리라. 항미원조기념탑이 우뚝 선 광장에는 6·25 전쟁 당시 중국군이 사용했던 대포나 비행기 등이 전시되어 있고, 광장을 가로질러 가면 항미원조기념관이 있다. 기념관 자체는 훨씬 일찍 지어져 1958년에 개관했다. 이후 대대적인 확충 공사를 벌여 지금의 기념탑-기념광장을 갖춘 형태로 1993년에 재개관했고, 2014년에 한 차례 더 확충되어 재개관했다. 안에 들어서면 당시 중국의 최고지도자 마오

중국에서 단둥에 세운 '항미원조기념관'

쩌둥과 인민지원군 총사령관 펑더화이의 동상이 있고 "미국에 대항해 조선을 원조함은 내 집을 지키고 내 나라를 지킨 것이다抗美援朝, 保家衛國"라는 문구가 크게 적혀 있다. 이 문구와 기념관의 테마는 하나의 메시지를 전한다. "6·25 전쟁은 한반도 내부 갈등으로 시작되었다. 그러나 미국이 야욕을 드러내 개입하여 북조선을 멸망시키고 나아가 중국을 침략하려 했다. 그래서 용맹무쌍한 중국인들이 자발적으로 참전하여 조선을 지키고 중국을 지켰다"라는 메시지이다. 서울 용산의 전쟁기념관(한국사의 모든 전쟁을 다루기는 했지만, 전시의 3분의 2 이상이 6·25 전쟁에 맞춰져 있다)이 "6·25 전쟁은 무력으로 동족을 살육해서라도 적화통일을 이루려는 북한의 침략으로 시작되었다. 그러나 미국을 비롯한 유엔군이 돕고, 우리 국군이 목숨 바쳐 싸워서 대한민국을 지켰다"라는 메시지를 담은 것과 극단적으로 대비된다.

단둥에는 '동북공정'의 증거도 있다. 바로 시 외곽의 후산虎山산 성인데, 옛 유적은 대부분 무너져 사라졌고 성문과 성곽 등이 완연히 중국식으로 복원되어 있는 이 성은 출토된 유물 등을 볼 때 고구려의 성으로 여겨진다(보통 박작성으로 여겨지나 위치를 따져보면 그 외곽을 지킬 목적으로 건설된 오골성일 수도 있다). 그러나 오늘날 중국 정부는 이를 무시하고 만리장성의 동쪽 끝이라며 자국의 자존심을 높이고 만주-요동 지역에 실재했던 한국계 국가의 정체성을 지우는 데 힘쓰고 있다.

정치와 국익이 역사의 시선을 뒤틀어놓고 있는 가운데, 오늘날 단둥에는 중국인과 조선족 그리고 남한과 북한에서 온 사람들이 뒤섞인다. 다리 하나 건너 북한과 오갈 수 있으므로 북한에서 온 공무원, 노동당원 등도 많고, 비공식 루트로 들어와 장마당(시장)에 가져가 팔 물건을 고르는 북한 민간인들도 많다. 여기에 1992년의 한중수교 이래 급격하게 증대된 한국과 중국의 경제교류에 따라 단둥에 와서 공무, 사업, 관광 등을 하는 한국인들도 갈수록 늘었다(코로나19 사태 이전, 단둥을 찾는 외국인 관광객의 둘 중 하나는 한국인이었다. 이들을 노린 관광코스 중에는 배편으로 압록강을 유람하며 건너편에 보이는 신의주 등 북한 풍경을 손에 잡힐 듯 볼 수 있는 유람선도 있다). 한국에서 온 성형외과 의사와 조선족 간호사가 있는 병원에 북한 화교 출신 당 간부의 북한 출신 부인이 찾아오는 일이 단둥에서는 별로 신기한 일도 아니다.

단둥시의 압록강 전경 압록강 너머로는 북한이 보인다.

　　남한과 북한 사람들이 그토록 다양하게 마주칠 기회를 얻는 곳은 지금 지구상에서 단둥밖에 없다. 단둥은 또한 세계에서 드물게 활발한 정보전이 펼쳐지는 도시이기도 하다. 북한을 오가는 관문이라는 특성 때문에 남북한은 물론 미국, 일본, 러시아, 영국 등 세계 각국에서 온 언론사 특파원들과 국가 첩보원들이 암약하고 있다. 신해혁명을 계기로 단둥이 개방된 1905년 이후부터 중화민국을 거쳐 만주국, 그리고 중화인민공화국이 들어서기 전까지 단둥에서 그들의 활약은 이어지고 있다. 그때 단둥의 한국인 중에는 상해 임시정부나 의열단 등에서 파견한 요원들도 있었고, 그런 상황을 소재로 2016년에 「단동」이라는 영화가 국내에서 제작될 계획이었으나 무산되기도 했다.

아시안 하이웨이는 실현될 것인가

중국 정부는 단둥시에서 정치적으로는 항미원조기념관과 후산산성에서 보듯 남한과 대립각을 세우고 있지만, 경제적으로는 단둥의 경제개발을 위해 한국의 투자를 적극적으로 유치하려 한다. SK 그룹을 비롯해 단둥에 주재하는 한국 기업은 60개가 넘는다. 중국 정부는 한국이 꿈꿔온 시베리아 횡단 철도에 호응하고자 단둥과 서울을 잇는 아시안 하이웨이 건설을 제안하기도 했다.

만약 아시안 하이웨이가 실현된다면 단둥과 북한을 잇는 구간은 신압록강대교가 될 것이다. 길이 3킬로미터의 현수교인 이 다리는 중국에서 2014년에 완공됐다. 그러나 아직까지 그 다리를 건넌 자동차나 사람은 하나도 없다. 북한 쪽에서 도로를 연결시키지 않고 있기 때문이다. 대북 제재 상황과 코로나 사태가 일단의 이유이나, 고구려 시대부터 중국과 엮인 역사를 생각할 때 그렇게 통크게 길을 개방하기에는 꺼려지는 점도 있을 것이다. 다만 최근 갈수록 심각해지는 북한의 경제 상황 때문에 조만간 길이 닦이고 다리가 개통될 전망이라는 이야기가 계속 나오기도 한다.

그때까지 육로로 북한에 들어가려면 신압록강대교보다 좀 더 상류 쪽에 놓인 압록강철교를 이용해야 한다. 길이 1킬로미터로 신압록강대교 이전에는 압록강에 놓인 최장 최대의 다리였고, 기원은 19세기에 놓였던 구련성교다. 1911년 철도가 통하는 철교로 개축되었고, 1943년에 증축한 다리를 넘어 중국군이 6·25 전쟁에 개입한 한 달 만인 1950년 11월에 미군이 폭격으로 파괴했다. 이후에도 보수와 증축을 거쳐 철도, 차도, 인도를 갖춘 다리로 활용되고 있다.

1990년 중차오유이차오中朝友誼橋라고 이름이 바뀌었는데 북한 쪽에서는 조중우의교로 부르고 있다. 외길이라 오전에는 중국 쪽

1950년 미군 공습으로 파괴된 압록강철교

중국에서 바라본 조중우의교

에서, 오후에는 북한 쪽에서 차들이 통행한다. 한동안 북한에 공급되는 생필품의 80퍼센트가 단둥에서 이 다리를 거쳐 북한에 들어갔는데, 코로나19 사태 이후 북한에서 이 다리마저 폐쇄했다가 최근 물자를 수송하는 열차편만 다시 열었다. 밤이 되면 묘한 광경이 펼쳐지기도 한다. 다리의 중간쯤이 끊어진 듯 보이지 않기 때문이다. 단둥은 현대 도시답게 밤에도 야경이 휘황찬란한데, 전력난을 겪는 북한은 대부분의 조명을 끄기 때문에 북한 관리구역인 다리 중간부터 시꺼멓게 바뀌어 어둠에 잡아먹힌 것처럼 보이는 것이다. 그러나 한때는 이 풍경이 정반대였다고 한다. 1950년대 후반부터 1960년대 중반까지 문화대혁명 등에 시달리던 중국 단둥의 불은 꺼져 있고, 신의주의 불빛은 찬란했다고 한다. 역사는 때로 반전된다. 그러면서 반복된다.

28

지안

잊힌 왕도

지안集安시는 지금 중화인민공화국의 영토이다. 현급시로서 스스로가
시이면서 지린성吉林省 통화시通化市에 포함되어 있다. 면적은 3341제
곱킬로미터로 서울의 5배가 넘지만, 인구는 20만 명을 조금 넘는다.
시의 대부분이 삼림 지대이므로 인구밀도가 낮은 편이다.

국내성은 어디인가?

통화 일대가 옛 고구려와 발해의 땅인데, 특별히 지안을 살펴보는 까닭은 그곳이 고구려의 옛 수도, 국내성으로 추정되기 때문이다. 사실 삼국의 역사는 확신할 수 없는 게 많다. 각 나라에서 역사를 남겼지만 전해지지 않으며, 삼국이 망하고 한참이나 지난 뒤에 쓰인 고려의 사서들과 중국, 일본의 자료에 겨우 의존하고 있으니 당연하다.

그래도 400년 이상 고구려의 수도였던 국내성의 위치는 정확히 알려져 있어야 할 듯하나 불행히도 그렇지 못하다. 지금 교과서를 비롯해서 어지간한 공식 자료에는 압록강 중류쯤에 있는 지안이 국내성이었다고 나온다. 하지만 그보다 앞선 추정에 따르면 압록강이 서해로 흘러들어 가는 길목, 즉 (신)의주와 마주 보는 지점에 국내성이 있었다고 한다. 두 지점 사이의 거리는 400킬로미터나 되므로 결코 사소한 오차는 아니다.

평장사 유소柳韶에게 명하여 북쪽 경계에 관방關防을 새로 설치하게 했다. 서해가의 옛 국내성 터로 압록강이 바다로 들어가는 곳에서부터 시작하여 동쪽으로 위원, 흥화, 정주, 영해, 영덕, 영삭, 운주, 안수, 청새, 평로, 영원, 정융, 맹주, 삭주 13성을 잇고, 요덕, 정변, 화주 3성에 대어가며 동쪽 바다에 이르니, 길이가 천여 리에 뻗쳤다.

『고려사』의 덕종 2년(1033년), 천리장성의 축조에 대한 기사이다. 분명 "압록강이 서해로 들어가는 곳이 국내성 터이며 그곳에서 장성을 쌓기 시작했다"라고 적혀 있다. 『삼국사기』(1145년)에는 "한나라 현도군의 경계점이자 요나라 요양遼陽의 동쪽"이라고 적혀 있어 지안이나 의주 부근으로도 해석할 수 있으며 1451년 완성된 『고려사』는 물론 좀 이전인 1403년에 쓰인 권근의 『동국사략』에는 의주 부근이라고 못 박고 있다. 1486년 최종 완성된 『동국여지승람』역시 의주 부근설을 취했다.

1760년, 안정복은 『동사강목』에서 다른 주장을 한다. 고구려 유리왕 21년(기원후 2년)에 제사에 쓰일 돼지가 달아났다. 설지薛支가

돼지를 쫓아가 붙잡은 곳을 보니 새 도읍이 되기에 적당했으므로 돌아와서 유리왕에게 보고했고, 이듬해에 졸본에서 국내성으로 도읍을 옮겼다고 『삼국사기』의 '고구려본기'에 기록되어 있다. 하지만 졸본에서 의주 부근까지는 너무도 엄청나게 떨어져 있기에 달아난 돼지를 쫓아가 잡을 만한 거리가 아니다. 또한 『당서』에서 고구려 멸망 직후인 669년 이적李勣이 당나라 고종에게 보고할 때 "압록강 이북에서 이미 항복한 성이 11개인데, 그중 하나인 국내성은 평양으로부터 17역驛 떨어져 있습니다"라고 언급했다. 그런데 평양과 의주 사이는 5역참 정도라 거리가 맞지 않는다. 안정복은 이를 토대로 "국내성은 지금 초산부楚山府와 마주 보는 압록강 저편, 올자산성兀刺山城에 있었다"라고 썼다.

제법 그럴듯하다. 이후 이익의 『성호사설』, 이긍익의 『연려실기술』, 한치윤과 한진서의 『해동역사』 등에서도 이 설을 채택해, 지금의 지안이야말로 고구려 400년 수도 국내성이 있던 곳이라고 단언했다.

하지만 '국내성 의주설'이 사라진 것은 아니다. 1721년, 경종 1년에 의주 부윤 이명언李明彥이 상소를 올려 기존의 의주성이 외적의 침입에 너무 취약하다면서 "여기서 30리쯤 되는 거리에 고성古城이 하나 있는데 이른바 국내성으로, 곧 고구려의 500년 도읍지입니다. 그 형세가 이곳 성보다 100배나 나으니, 바로 하늘이 내린 금성탕지金城湯池입니다"라며 의주를 국내성으로 이전하자고 건의했다. 1780년 청나라에 다녀온 박지원도 의주를 마주 보고 있는 구련성에 묵으며 이런 시를 남겼다.

요양遼陽 가는 만리 길, 누워서 생각해 보았다네

이 산하를 거쳐간 고금 영웅, 몇이나 되려나

이적이 도호부 설치했던 곳엔 나무들만 빽빽하고

동명왕이 지내던 궁궐은 구름에 덮여 있네

날고뛰며 싸우던 일, 강물과 함께 아득히 흘러가 버렸고

어부와 나무꾼의 한가로운 수작만 남았으니, 석양이 쓸쓸하여라

취하여 「출새곡出塞曲」을 읊다 문득 웃고 마니

머리 흰 서생은 또 상투 풀고 머리를 빗질하려네

– 박지원, 『열하일기』

그는 구련성 사람들에게 "여기가 고구려의 옛 도읍이었다"라는 말을 들었고, 그 사실을 조금도 의심하지 않았다. 심지어 1855년, 역시 청나라를 다녀오는 길이던 서경순도 옛 국내성인 구련성에서 점심을 먹으며 감개무량했다고 적고 있다.

생각해 보면 안정복 등이 의주설을 부정하면서 내세운 근거도 확실하지는 않다. 돼지가 수백 킬로미터를 달아났을 리는 만무하지만 졸본으로 알려진 지점에서 지안까지의 거리도 수십 킬로미터는 된다. 무슨 돼지가 그렇게 악착같이 달아나고, 무슨 사람이 그

지안

렇게 악착같이 쫓아갔을까. 한번 제물은 영원한 제물이기라도 했을까. 일단 제물로 찍어둔 돼지 말고 다른 돼지를 바치면 나라가 망하는 줄 믿었을까. 애당초 전설이 섞인 이야기라 곧이듣기도 어렵거니와, 졸본의 위치 역시 우리가 알고 있는 것과 다를 수 있다.

『당서』의 내용을 근거로 '의주라면 거리가 맞지 않는다'는 지적도 허점이 있다. 옛날, 말을 이용해 장거리를 갈 때 군데군데 쉬었던 역참과 역참 사이의 거리는 시대와 장소마다 다르다. 대체로 17~40킬로미터 정도였는데 40킬로미터로 잡는다면 의주와 평양 사이는 17역참이라기에는 너무 짧다. 그러나 17킬로미터나 그 미만으로 잡으면 맞아떨어지는 것이다.

그런데 왜 지금은 지안설이 대세이며, 이 책에서도 지안을 두고 국내성 이야기를 하는 것일까? 유적 때문이다. 국내성 유적과 환도성 유적 외에 구 외곽에 있는 태왕릉, 장군총, 무용총, 각저총, 광개토대왕릉비 등 오늘날 고구려 문화유산의 거의 대부분을 차지하는 지안의 유적들은 수백 년 동안 잊혀 있다가, 20세기 초 뒤덮은 나무와 잡초, 흙 등을 제거하고 무너진 부분을 복원하고 나서야 제 모습을 드러냈다. 그것은 조선 초기쯤 되면 이미 이 지역이 황량해져 있었고(가끔 그 주변을 다니던 조선인들은 낡고 무너진 돌무덤이나 석비 등이 "금나라의 유적이다"라는 현지인의 설명에 무심히 고개를 끄덕였다), 청왕조가 들어선 뒤인 1670년부터는 아예 이 지역을 봉금封禁하여 사람들이 드나들지 못하도록 하는 바람에 유적의 관리

광개토대왕릉비 고구려 건국 역사, 광개토태왕의 생애 등 고구려의 역사를 볼 수 있다.

고구려 장군총 가장 완벽한 형태를 유지하고 있는 고구려 시대의 돌무지 무덤이다.

도, 조사도 이뤄지지 않았기 때문이었다.

지금도 태왕묘, 장군총 등의 주인이 누구인지 수수께끼이지만, 광개토대왕릉비가 있는 이상 '지안이 고구려의 수도 국내성이었다'라는 추정은 큰 힘을 얻을 수밖에 없다. 그리고 의주 부근, 옛 구련성 등에서는 이렇다 할 고구려 유물이 나오지 않았다. 그러므로 근대에 들어 처음으로 지안 고구려 유적을 발굴, 조사한 일본 학계의 결론대로 지안이 옛 국내성이라는 점은 지금까지 반박되기 어려운 '강력한 추정'이 되는 것이다.

굳이 말하자면 지안의 고구려 유적이 오랫동안 잊힌 까닭과 그토록 많이 남아 있을 수 있던 까닭은 그 지역이 황량해졌고 오랫동안 출입 금지구역이었기 때문이 아닐까. 반면 계속해서 사람이 살고 바쁘게 드나들던 의주 부근은 유적을 밀어 버리고 새 건물을 짓거나 유적의 석재를 가져다 집 짓는 데 쓰면서 남아나지 않았을 수 있다. 지금 평양에 고구려의 유적이 없고, 서울에 백제의 유적이 거의 없는 까닭도 그렇다. 광개토태왕릉비도 왕릉에 세우는 유일무이한 비석이 아니라, 로마 황제나 인도 왕들의 기념주처럼 고구려가 이곳저곳에 세웠던 '여러 기념비 중 하나'에 지나지 않을 수도 있다(실제로 그 비문의 내용은 광개토태왕의 업적을 찬양하는 것에 중점을 두고 있어서, 묘비명보다 기념비문의 성격이 짙다).

확실한 점은 지안이 국내성은 아니었을지라도, 고구려의 그냥 여느 지방에 지나지 않았다고는 할 수 없다는 점이다. 아니면 왕릉

지안에 있는 고구려 무용총의 수렵도

이라고밖에 볼 수 없는 거대한 무덤들이 그토록 즐비할 수가 없다.
한 가지 또 떠오르는 추정은, '국내성이 한 군데가 아니었다'는 것
이다. 같은 이름의 도시가 한 나라에 둘 이상인 경우는 그리 드물
지 않다. 3세기 중엽 위나라의 공격을 받고 고구려는 도읍을 국내
성에서 평양으로 잠시 옮기게 되는데, 그 평양은 오늘날의 평양도,
5세기에 다시 천도한 평양도 아닌 '통화 어딘가의 평양'일 거라고
많은 사학자가 추정하고 있다. 평양이 하나가 아니라면, 국내성 또
한 꼭 하나일 까닭이 있겠는가?

국내성의 이름을 가만히 들여다봐도 막연하게나마 실마리를 얻

는다. 국내성國內城. 한자를 곧이곧대로 훈역하면 '나라 안의 성'이 된다. 무슨 말인가? 고개를 갸우뚱하면서, 이곳을 불내성不耐城 또는 불이성不而城이라고도 표기했음을 생각한다. 이而는 내耐를 옮겨 쓰다 생긴 변화일 것이고, 불내不耐는 국내國內와 마찬가지로 순우리말의 한자 음역일 것이다. '참지 않는 성'도 의미가 통하지 않기 때문이다. 그렇게 보면 내內는 내耐로 강이라는 옛 순우리말을 나타내고, 국國은 불不과 같은 의미를 다른 한자로 옮긴 것이라고 볼 수 있다. 국은 '나라-너른', 불은 벌판이라는 말에 남아 있듯 '벌-너른'이 된다. 즉 국내성-불내성은 '너른 강의 성'이다. 너른 강은 압록강일 테니 압록강변에 세워진 성이라면 이것도 저것도 부루내, 국내성이라 불렀던 게 아닐까.

고구려인의 꿈과 야망이 한때 꽃피었던 곳이나 오랫동안 잊혀 있던 곳, 지안을 다시 돌아보고 '국내성'에 대한 이야기를 해보자.

국내성의 흥망성쇠를 지켜본 땅

전근대 사회에서 수도를 옮기는 일은 대개 정치적 다툼, 계산과 연관된다. 『삼국사기』에 따르면 3년에 유리왕이 졸본에서 국내성으로 도읍을 옮기고 또 위나암성(환도성)을 수축해 그 방비를 강화했다고 하는데, 유리왕은 동명성왕에 이은 고구려 제2대 왕이면서

위나암성 궁터 전시 때 사용하는 산성이었다고 한다.

굴러온 돌이다. 동명성왕이 부여에 남겨두고 온 아들로, 징표를 들고 나타나 아들이자 후계자로 인정받았기 때문이다. 그런데 그 뒤석 달 만에 동명성왕이 사망해 유리왕이 계승하고 있어서 너무 공교롭다는 생각이 든다. 더욱이 동명성왕이 졸본에서 왕비로 맞이한 소서노와 그녀가 낳은 비류, 온조는 새 임금에 짐이 되지 않고자 고구려를 떠나 남쪽으로 내려간다. 이건 또 너무 평화롭다. 실제로는 동명성왕, 유리왕, 소서노와 그 아들들 사이에 피비린내 나는 권력투쟁이 벌어졌을 가능성이 높지 않을까.

그러므로 유리왕은 수도를 옮겼을 것이다. 졸본에는 굴러온 돌

지안

의 권력 장악을 마땅치 않게 여기는 구 세력이 너무 많았기 때문이다. 압록강변에 자리를 잡음으로써(그곳이 지안이든 의주 부근이든), 수상 교역로를 확보해 나라의 힘을 키우려는 뜻도 있었으리라.

그런데 모두가 국내성으로 옮겨간 것은 아니었다. 태자인 해명解明은 졸본에 남아 있었다. 그 까닭이 전란을 겪을 때 혹시라도 군주가 적에게 희생되면 곧바로 새로운 군주를 세워 항전을 계속할 수 있도록 하는 분조分朝와 같은 뜻이었는지, 유리왕과 해명 사이에 갈등이 있었기 때문인지는 불확실하다.

어찌 됐든 눈에서 멀어지면 마음도 멀어진다던가, 처음에는 어땠는지 몰라도 서로 다른 도시에서 지내다 보니 자연히 아버지와 아들 사이에도 틈이 벌어지고 만다. 8년에 황룡국黃龍國의 왕이 강궁을 보내왔는데, 해명은 강궁을 두 손으로 꺾어 버렸다. 그런데 유리왕은 이를 못마땅히 여기고 해명에게 황룡국에 다녀오라 하고는 황룡국에는 은밀히 "해명이 내게 불효했으니 대신 죽여달라"라고 전했다. 무엇이 불효란 말인가? 굳이 생각하면 "이웃나라의 선물을 제가 뭔데 부수느냐"라고 하겠는데, 그렇다 해도 도무지 죽을 만큼 심각한 불효로 여겨지지는 않는다. 황룡국에서도 그리 생각했는지 해명은 무사히 돌아왔다.

하지만 유리왕의 증오는 그칠 줄 몰랐고, 1년 뒤 "너는 다른 나라에 무례를 범해 내 얼굴에 먹칠을 했다. 네게 명령한다. 죽어라"라고 소름 돋는 지시를 내렸다. 해명은 "너희가 이런 강궁을 다룰

수 있겠느냐는 조롱을 섞어 보냈길래, 고구려를 무시하지 말라는 뜻에서 꺾어 버렸습니다"라고 답했으나, 결국 "아버지의 명령을 어길 수 없다"라며 창을 꽂아놓고 그곳으로 말을 몰아 창에 꿰뚫려 자결했다.

이것이 한국사에서 왕이 왕자를 죽인 1번째 기록인데(2번째는 대무신왕의 의심을 받고 죽은 호동왕자이다), 스스로는 아버지, 양어머니, 이복형제들의 양보를 받고 왕위에 오른 유리왕이 친자식에게는 어찌 그리 가혹할 수 있었을까. 강궁을 부러트린 행동을 자신에게 언젠가 칼을 들이댈 수도 있는 표시로 해석한 유리왕의 편집증이었을까. 유리왕의 즉위 과정에서 일어난 일에 대해서 공교롭고 평화롭게 묘사한 사가들이 여기서도 실제 역사를 되도록 부드럽게 만들려다가 비정한 아버지를 연출한 것일까? 이로써 국내성은 고구려의 수도로 굳어지고, 졸본이 다시 고구려 역사상 주역으로 떠오르는 일은 없게 된다.

20년 뒤, 유리왕이 사망하고 셋째 아들 무휼이 대무신왕이 된 직후, 후한의 요동태수가 고구려를 침공했다. 아직 약소국이던 고구려는 대번에 국내성까지 밀려 성 안에서 농성에 들어갔다. 수십 일이 흘렀지만 한군이 포위를 풀 기미가 안 보이자 분위기가 흉흉해졌다. 하지만 울두지라는 사람이 꾀를 내어, "이 멀고 험한 곳까지 와서 싸우시느라 수고가 많습니다!" 하며 술과 잉어를 선물로 내보냈다. 그러자 요동태수는 안색이 변하더니 철수를 지시했다.

의아해하는 부하들에게 "싱싱한 잉어를 보낸 걸 보니 성 안에 연못이나 샘물이 있을 거다. 그렇다면 앞으로도 오래 버틸 수 있을 것 아니냐!"라고 말했다. 앞서 돼지와의 집념 싸움 끝에 국내성 땅을 발견하고 도읍지로 최적이라고 보고한 설지가 "지형이 험한 동시에 땅이 비옥하다"라고 그 이유를 들었었다. 적이 쳐들어와도 지형 때문에 쉽게 함락시킬 수 없고, 포위당해도 오래 버틸 만큼 물과 식량 자원이 풍부해야 할 것, 그것이 언제나 주변국과의 전쟁을 대비해야 했던 그 시대 고구려 도읍지의 기본 조건이었다.

그러나 그런 국내성도 무릎을 꿇을 날이 오고 말았다. 238년, 오랫동안 요동 지역을 실질적으로 통치하며 중국 본토와 고구려 사이의 완충 역할을 해온 공손씨 세력이 위나라에 무너졌다. 이후 위나라와 고구려의 긴장은 계속 고조되었고, 동천왕은 선제공격이 최선이라 여겨 242년에 위나라의 서안평을 침공했다. 하지만 이는 벌집을 쑤신 격이 되어 244년에 유주자사인 관구검이 이끄는 위나라의 대군이 고구려로 쳐들어왔다. 국내성의 험준한 지형에 관구검도 상당히 애를 먹었으나 결국 국내성은 그에게 유린되었으며 동천왕은 간신히 달아났다. 이때 1만 8000명의 고구려인이 목숨을 잃었다고 한다. 관구검은 자신의 공적을 자랑하는 기공비紀功碑를 세우고 물러갔다. 고구려 역사상 가장 치욕적인 패배였다. 그런데 왜 관구검은 옛날 한나라 때처럼 정복한 땅에 군을 설치하지 않았을까? 아마도 위나라로서는 오, 촉과의 전쟁을 염두에 두어야 해서 동쪽에 많은 군대를 계속 보낼 수가 없었고 왕을 죽이거나 항복을 받지는 못했으니 저항이 이어지리라 예상했을 듯하다. 그리고 관구검이 말했다시피 땅이 척박하여 우리 땅으로 삼을 필요는 없고 넘어오지 못하게 적당히 눌러두기만 하면 되었기 때문일 것이다.

어쨌든 가까스로 나라를 지킨 동천왕은 이듬해에 '평양'으로 수도를 옮긴다. 이 평양이 어느 평양인지는 논란이 끊이지 않지만 오래지 않아 환도한 것으로 보인다. 342년에 외침을 대비하여 국내성을 대대적으로 수리했으나 그 보람도 없이, 그해에 전연前燕의 왕 모용황이 군대를 이끌고 쳐들어와서 다시 한번 국내성을 쑥대밭으로 만들고 만다. 비록 고국원왕은 놓쳤으나 그 대신 모용황은 왕태후 주周씨와 왕비를 사로잡고 백성 5만 명을 포로로 잡았으며, 고국원왕의 부왕인 미천왕의 왕릉을 파헤쳐 시신까지 챙겨 물러갔다. 미천왕이 낙랑을 함락시켜 한사군의 명맥을 끊은 일에 대한 분풀이였을까? 고국원왕은 이듬해에 전연에 신하가 되어 충성하겠다고 밝히고 겨우 부왕의 시신을 찾아왔다. 모후 주씨 등은 355년에야 고구려로 돌아올 수 있었다. 이후 한동안은 백제의 전성기라 고구려는 고난의 세월을 보낸다.

하지만 4세기 말부터는 고구려의 힘이 치솟기 시작했다. 광개토대왕-장수왕-문자왕에 이르는 약 140년은 고구려의 최전성기가 되었고, 한국 역사상 주변 국가들에 가장 큰 국력을 떨쳤던 시대가 되었다. 그리고 이 시대에 고구려는 이미 한계를 드러낸 수도 방위 문제를 두 가지 방법으로 해결했다. 첫째는 요동을 차지한 것이고, 둘째는 427년에 평양으로 수도를 옮긴 것이다. 이제 적들은 요하를 건너고, 요동반도를 꿰뚫고, 다시 압록강을 건너서 한참을 들어와야만 수도를 넘볼 수 있게 되었다. 수와 당의 무지막지한 침공을 잇따라 물리칠 수 있었던 데는 이 천도의 효과도 컸다. 하지만 국내성이 버려진 것은 아니었다. 고구려는 3경 체제라 해서 평양과 함께 국내성과 한성을 국가의 중심지로 삼고 특별 관리 했다.

666년, 국내성은 다시 한번 고구려 역사에 뚜렷이 등장한다. 그러나 이번에는 결코 긍정적인 의미가 아니었다. 고구려의 명장이자 독재자 연개소문이 죽고, 그 아들들 사이에 권력투쟁이 벌어졌다. 그리고 싸움에서 진 연남생은 국내성으로 가서 그곳의 세력과 함께 당나라에 항복한다. 이것으로 요동 확보와 평양 천도로 얻었던 수도 방위 효과는 단숨에 사라졌다. 당군은 연남생을 앞세워 요동 방어선을 손쉽게 돌파하고, 국내성에서 평양까지 짓쳐들어와 한 달 만에 평양을 함락시켰다. 이로써 고구려는 멸망했다.

고구려와 중국이 모여 또 다른 문화를 빚어낸 도시

고구려의 역사는 끝났다. 그러면 국내성의 역사도 끝났을까? 꼭 그렇지는 않았다. 당나라는 고구려의 땅에 9도독부 42주 100현을 설치하고, 국내성-지안에는 가물주도독부를 두었다. 그리고 약 반세기가 지날 무렵, 고구려의 후예들이 지안을 다시 차지했다. 발해였다.

다만 발해의 5경 15부의 하나인 서경압록부西京鴨綠府가 곧 지안이었는지는 확실하지 않다. 중국 사료에 따르면 서경압록부는 곧 고구려의 국내성이며, 발해의 서쪽 관문으로 이를 통해 발해와 중국의 사신이 서로를 넘나들었다고 하는데, 지안이라고 보기에는 조금 의심스럽다. 의주 부근 국내성이라면 그럴듯하지만 말이다. 그래서 조선 후기부터 현재까지 서경압록부의 위치를 두고 여러 가지 설이 대립한다. 지안설도 있으나 압록강에서 가까운 요동 어딘가가 더 유력한 후보지로 여겨지고 있다. 하지만 지금 중국의 공식 역사서는 지안을 서경압록부로 보면서 그 아래에 신神, 환桓, 풍豊, 정正 4주가 있었다고 단정하고 있다.

926년에 요나라로 인해 발해는 멸망하고 지안은 요의 땅이 되지만 다시 936년에 발해의 귀족이던 열만화烈萬華가 옛 서경압록부에서 정안국을 건국한다. 제2의 발해 내지 제3의 고구려였던 이 나라는 한때 백두산과 장백산맥 일대와 압록강 하류 지역을 장악하며 할거했으나 985년에 요에 의해 멸망한다. 요나라는 그 땅에 환주桓州와 녹주綠州를 두었는데, 다시 요나라가 금나라에 의해 멸망해 흡수된 다음에는 환주라는 이름만 보인다. 세월이 흐르면서 그 땅이 쇠락했음을 짐작할 수 있다.

명나라 때인 1409년에는 환주가 건주建州에 흡수되고, 여진족들의 주 무대가 된다. 그리고 다시 그 여진족의 천하가 된 1657년에는 봉천부奉天府에 속하게 되었으며, 강희제 9년이던 1670년부터 1860년까지 190년 동안 봉금되어 원칙적으로 사람이 살 수 없는 땅이 된다. 백두산 일대는 청나라의 발상지이니 신성한 땅에는 잡인이 들어올 수 없다는 이유였으나 실질적으로 이미 많이 황폐해져 내버려 둬도 아쉬울 게 없는 땅인 데다 조선과의 경계선에서 완충 지대를 만드는 게 유리하다는 계산에서였을 것이다. 그래서 이 190년 동안은 인삼을 캐거나 사냥하려고 몰래 그 땅에 들어갔다가 청나라 관리에게 적발되어 약하게는 항의를 받고, 강하게는 처형을 당하는 조선인의 이야기가 간간이 역사에 나올 뿐이다. 이 땅은 그렇게 무인 지대로 남고 말았다.

　근대화와 제국주의 침탈의 거센 물결에 떠밀려 봉금이 풀리자, 한동안 지안은 러시아와 일본의 각축장이 된다. 이후 일본의 꼭두각시인 만주국이 세워지고 1945년에 일본이 패망할 때까지 일본의 세력 안에 있었다. 1946년부터는 지린성 통화시의 지안輯安현으로 있다가 1965년에 지안集安현으로 이름을 고치고, 1988년에 계속 통화시에 소속된 지안시로 바뀌어 오늘에 이른다.

　오늘날, 20만 명 정도인 지안시의 인구 다수는 한족 계통이지만 그 하위 행정 구역 중에는 량쉐이 조선족향凉水朝鮮族鄉이 있다. 북한과 가깝기 때문에 관계가 밀접하다. 그 밀접함을 나타내는 것들로 긍정적인 것은 문화(2004년 북한 평양, 남포 등의 고구려 유적과 함께, 지안의 고구려 유적이 유네스코 문화유산으로 등재된 것 등), 경제(두 나라가 공동 관리하고 활용할 압록강 댐의 건설 등) 부문에서 두드러진다. 반면 사회 및 정치적으로는 부정적인 부분도 있다(압록강을 넘어서 탈출하는 탈북자들을 막고 돌려보내기 위한 검문소의 설치, 2019년 지안에 세워진 윈펑雲峰검문소는 중국 유일의 5G 검문소로, 드론, 열추적 모니터, 가상현실 추적통제장치 등 첨단기술을 총동원해 죽음을 무릅쓰고 압록강을 건너는 탈북자들을 샅샅이 살핀다).

고구려의 영광과 패망의 역사를 읽으며 가슴 뛰어본 적이 있다면 이제는 중국의 변두리 소도시로 남은 지안시에 남다른 감회가 생기지 않을 리 없다. 물론 낭만으로 현실을 바꿀 수 없으며, 도시는 역사를 넘어서 계속 살아간다. 고구려의 국내성, 발해의 서경압록부, 중화인민공화국의 지안시에 대하여 대한민국의 오늘을 살아가는 우리가 단순한 감상 이상의 뭔가를 생각하고 실천할 수 있다면 그것은 그 땅에 또 다른 역사를 만들어 갈 디딤돌이 될 것이다.

29

룽징

별을 헤아리는 도시

룽징龍井(용정)시는 중국 지린성 연변조선족자치구의 도시이다. 면적은 2209제곱킬로미터, 인구는 26만 명 정도이다. 지안시에 비해 면적은 상당히 적으나 인구는 더 많다. 한민족–조선족이 시 인구의 70퍼센트에 육박해, 중국에 있는 어떤 도시보다 한민족 계열 인구 비율이 높다. 남쪽으로는 두만강을 경계로 북한과 접하며, 서쪽은 백두산 자락이다. 시 중앙으로 해란강이 흐른다.

두만강을 넘어온 개척자들

인터넷에 룽징의 중국 간자표현 '龙井'을 쳐 보면 용정차龙井茶만 주루룩 나온다. 중국 강남에서 유래한, 룽징시와는 아무런 상관이 없는 차이다. 룽징시에 대한 중국 인터넷 자료를 보려면 시市를 덧붙여야만 겨우 찾을 수 있다. 그만큼 중국에서 룽징시는 지금도, 역사 속에서도 별로 인지도가 없다. 사실 전통 역사에서도 그랬다. 그러나 근대 이후 한국인에게, 룽징은 매우 특별한 도시이다.

룽징은 북옥저, 고구려와 발해의 영토였다. 하지만 아무리 한국 고대사 사료가 빈약하기로 이 지역을 가리키는 것으로 보이는 사료는 거의 없다. 현 룽징 시내에 있는 한왕산汗王山의 조동산성朝東山城을 비롯한 12개 산성이 고구려 및 발해의 산성이라는 국내 학계의 추정이 있다. 그러나 중국 학계에서는 이에 동의하지 않는다. 국내 학계의 주장도 그곳에서 출토된 기왓장들이 고구려 양식이라는 정도가 근거라, 이렇다 할 문헌 자료의 뒷받침이 없는 상태에서 룽징이 고구려의, 발해의 어느 도시였다고 말하기는 어렵다.

이 지역과 관련된 정확한 연대는 1644년인데, 청왕조가 이 지역을 왕조의 발상지인 신성한 땅이라는 이유로 봉금한 때이다. 1881년이 되어서야 봉금이 풀렸으니 240년 가까이 역사가 없는 땅으로 있었고, 그 이전이라 해도 역사를 모르는 땅인 셈이다. 그러나 그때부터 룽징의 역사는 본격적으로 시작되며, 한반도 사람이 그 역사를 만들게 된다.

봉금이 풀리자마자 함경북도 회령에서 장인석, 박인언이 십여 명의 식솔과 함께 두만강을 건너 이곳에 이르렀다. 그들은 1644년 이전 만주족이 쓰다가 내버린 폐우물을 발견하고, 다시 팠다. 그리고 그 우물을 중심으로 마을을 개척했다. 나중에 용두레우물이라고 불리게 되는 이 우물이 바로 용정龍井인 것이다. 마을 이름도 그에 따라 용정촌이 되었다.

이 룽징의 본격적 개척은 1870년대 말부터 시작된다(1790년대부터 시작되었다는 주장도 있으나, 적어도 본격적인 개척은 아니었다고 여겨진다). 이는 당시에 불법이었지만, 함경북도 주민들의 간도 개척의 흐름 중 하나였다. 1877년에 주민들이 종성과 온성 사이의 두만강 하중도에 건너가 농지를 개척했으며, 이 지역이 강 사이에 있어 간도間島라고 불렀다. 후에 그 범위가 점점 넓어지면서 백두산 동쪽의 남만주 일대를 다 간도라고 부르게 되었다.

당연히 중국이 이를 좋아했을 리 없다. 그러나 당시 청왕조는 서구 열강과의 거듭된 전쟁 패배로 쇠퇴일로에 있었고, 북만주는 러시아 세력이 잠식해 들어오는 판이라 두만강 일대의 남만주에 힘을 쓸 수 없었다. 조선 정부는 이 상황을 활용하려 했다. 1880년 회령 부사로 부임했던 홍남주는 관할 백성들이 간도로 넘어가는 일을 은근히 장려했으며, 이로써 국토를 넓힐 수 있다고 기록했다. 또 서북경략사 어윤중은 두만강을 넘어간 주민들에게 경작 허가증을 발급해 주는 대신 세금을 거뒀다. 그들이 중앙정부와의 교감 없이 그런 정책을 밀어붙였다고 보기는 어렵다. 그리고 1883년에는 중앙정부 차원의 조치로 압록강과 두만강을 넘어가는 주민을 처벌했던 월강금지령을 폐지했다. 청의 봉금 해제에 따라 굳이 자국민을 단속할 필요가 없다는 명분에서였으나 이 조치로 간도 이주-개척-식민지화에 속도가 붙게 된다.

그러자 청나라에서 나서 룽징에 통상국을 설치하고 조선과의 통상만이 아니라 지역 행정도 담당하게 했다. 그리고 영토 침범을 하지 말라고 조선 정부에 항의했다. 그러자 조선은 "무슨 소리냐? 간도는 원래 우리 땅이다. 너희가 그동안 못 들어가게 막아놓았을 뿐이다"라고 받아쳤다. 그래서 1712년에 세웠던 백두산정계비의 비문 해석 논쟁이 벌어졌다. "서쪽은 압록강을, 동쪽은 토문강을

두만강 중국과 러시아의 국경을 따라 동해로 흘러든다.

경계로 한다西爲鴨綠 東爲土門"라는 문구에서 토문강을 청은 두만강,
조선은 도문강이라고 해석하며 맞섰다. 사실 이 문제는 백두산정
계비 건립 당시에는 거의 논란이 되지 않았으며, 심지어 우리 조정
에서 토문강은 두만강이 맞는다고 해석하고, 거기에 별 이의도 없
었다는 기록마저 있다. 당시의 영토 개념은 근대처럼 명확한 경계
를 갖는 게 아니었고, 어차피 춥고 쓸모없는 땅인데 청나라 땅이면
어떻고 아니면 어떠냐는 게 조선 조정의 인식이었기 때문이다. 그
러나 19세기 말은 아무리 쓸모없어 보이는 땅 한 조각도 눈에 불을
켜고 사수해야 하는 시대였다.

룽징

1885년부터 1887년까지 이어진 조-청 국경 분쟁은 결론 없이 끝났다. 명목상 간도는 청나라 땅이되 사실상 조선 사람들이 구슬땀을 흘리며 사람 사는 곳으로 만들어가는 땅이라는 모호한 상황이 이어졌다. 청나라 입장에서도 이 상황이 나쁘지만은 않다는 인식을 갖게 되었다. 그만큼 조선에서 온 사람들이 쓸모없어 보이던 땅을 열심히 개간해 주고 있었기 때문이다. 그래서 룽징을 포함하는 두만강 접경 지대 일부를 아예 특별개간구로 설정해서 이주민들을 환영하는 모양새를 취했다. 이에 간도 이주민이 늘고 간도의 개척 수준도 확대되어 1900년에는 룽징의 개산둔진開山屯鎭과 서전대야瑞甸大野에서 아마도 만주 역사상 최초로 벼농사가 이루어지기까지 했다.

　　이때 제3의 세력이 불쑥 고개를 디밀었다. 일본이었다. 청일전쟁과 러일전쟁으로 한반도에 대한 기득권을 제국주의 열강들 사이에서 인정받은 일본은 다음 순서로 만주를 공략하기에 간도의 모호한 상황이 도움이 된다고 보았다. 그래서 1906년에 이토 히로부미 통감이 중국인들의 핍박에서 조선인들을 보호해 달라는 박제순 참정대신의 요청을 수용한다는 모양새로 간도에 일본군을 파병했고, 1907년에는 룽징에 간도 파출소를 설치했다. 말로는 조선인을 보호하는 경찰력을 파견한다는 것이었으나 실제로는 병력 파견이었다.

　　나아가 일본은 1909년의 간도 협약으로 간도 지역에서 청의 주권을 인정하되 철도 부설권과 광산 채굴권을 획득해 장차 침략 기반으로 삼기로 한다. 조선, 아니 대한제국의 입장에서는 뼈아픈 일이었지만 1905년의 을사조약으로 외교권을 상실한 상태였고 사실상 나라 자체가 반 이상 일본의 손아귀에 들어가 있었기에 어쩔 수 없었다.

간도협약 일본 대표특명 전권공사 이주인 히코키치

간도 협약은 한국의 영토권 주장에 좌절을 가져왔다. 하지만 이것으로 룽징을 비롯한 간도에서의 한인 활동은 오히려 더욱 활성화되었다. 철도 부설 등으로 일거리가 늘어남에 따라 한반도에서 힘겹게 살던 사람들이 계속 간도로 넘어갔으며, 1910년대에는 룽징만이 아니라 간도와 그 서부(이른바 서간도) 이곳저곳에 한인촌이 생겨났다. 1918년, 간도의 한국인은 21만 명이 넘었으며, 이는 그곳에 거주하는 중국인의 4배에 가까운 규모였다. 용정과 간도는 민족적 기준으로는 한국 땅이 되었던 것이다.

어둠 속에서도 별을 바라보다

한국 땅인 이상, 일제의 국권 침탈에 대한 저항도, 또 그에 대한 탄압도 전개되었다. 일제가 간도를 통한 노골적인 만주 침략을 잠시 미룬 것이 일종의 기회가 되었다. 헤이그 밀사의 일원으로 유명한 이상설은 1906년 룽징에 와서 서전서숙을 창립했다. 당시 룽징의 교육기관은 이주민들이 세운 서당이 전부였다. 서전서숙은 룽징 최초의 근대 교육기관이면서 독립운동의 요람이었다. 이상설이 1년 뒤 헤이그로 떠나면서 일제의 집요한 탄압에 서전서숙은 문을 닫지만, 그 뒤에 배우면서 싸우는 기관은 줄을 잇게 된다.

그중 서전서숙을 계승했다고 할 수 있는 학교가 명동서숙이었다. 명동서숙은 룽징촌과 별도였던 명동촌에서 창립되었다. 명동촌은 김약연 등에 의해 1899년에 이루어졌는데, 보통의 한인촌과는 달리 처음부터 교육 등 공공의 목표를 갖고 있었다. 주민들은 각자 먹고살기 위한 밭을 일구는 한편 일부의 땅을 공동 경작하며 학교 설립-운영 기금을 마련했는데, 이를 학전學田이라고 했다. 학전을 근거로 처음에는 규암재 등 구식 교육기관(서당)이 생겼고, 서전서숙이 문을 닫자 그 교사들을 초빙하여 1908년에 명동서숙이 창립되었다. 명동서숙은 명동학교로 발전하고, 명동여학교 등 여러 학교들이 분화 설립되었다. 훗날 대성중학으로 바뀐 이 학교들을 윤동주, 송몽규, 문익환, 나운규 등이 거쳐 간다.

용정이 계몽운동을 넘어 독립운동의 무대로 주목받은 것은 1919년의 간도 3·1 운동과 1920년의 15만 원 탈취 사건이었다.

1919년 경성에서 일어난 3·1 운동에 자극받은 간도 3·1 운동은 3월 13일, 용정의 서전대야에서 1만 명가량의 한인이 독립선언 낭독과 만세 시위를 벌임으로써 시작되었다. 일제가 현지의 중국 병력까지 끌어들여 유혈진압에 나서 18명이 사망했다. 하지만 만세운동은 4월 중순까지 간도의 이곳저곳에서 계속해서 일어났다.

15만 원 탈취 사건은 그 전년도에 조직된 북로군정서 소속 철혈광복단 단원 6명이 군자금 마련을 위해 조선은행 룽징출장소로 들어오는 현금수송차량을 습격해 무장호송대 5명을 사살하고 15만 원의 지폐를 탈취해 블라디보스토크로 무기를 구입하러 떠난 사건이다. 15만 원이라면 지금의 백수십억 원에 해당되는 거금이었는데, 그들은 그만 일제에 발각되어 경성 서대문형무소로 압송되었다가 처형당한다. 그들 중 2명은 명동촌 출신으로 명동학교 계열에서 공부한 사람들이었다.

같은 해에 청산리대첩이 벌어지고, 서간도의 이상룡, 용정의 김약연 등이 세운 학교가 독립정신을 고취할 뿐 아니라 독립운동의 진원지가 되고 있음이 점점 분명해지자 일제는 마침내 이빨을 드러냈다. 과거 조선인들을 보호한다는 명목으로 만주에 파견해 두었던 병력을 대대적으로 증강하는데, 이번에는 불령한 조선인들을 진압한다는 명목이었다. 그들은 무시무시한 기세로 학살을 개시했

15만 원 탈취 사건 유지비 옆에 놓인 헌화가 민족사의 아픔을 여실히 드러낸다.

다. 무장독립운동 단체만이 아니라 한인 민간인들도 가차 없이 도륙했다.

> 우리 겨레라면 남녀노소를 가리지 않고 총으로 쏘아 죽이고,
> 칼로 찔러 죽이고, 몽둥이나 주먹으로 때려죽였다. 산 채로 땅
> 에 묻기도 하고, 불로 태우고 가마솥에 넣어 삶기도 했다. 코를
> 뚫고, 갈빗대를 꿰고, 목을 자르고, 눈을 도려내고, 껍질을 벗기
> 고, 허리를 자르고, 사지에 못을 박고, 손발을 끊었다.
>
> – 박은식, 『한국독립운동지혈사』

이 간도참변으로 수천 명의 간도 한인이 목숨을 잃었다. 마을 전체가 서부 개척 시대의 인디언 마을처럼 몰살되고, 인적 없는 폐허로 남았다. 독립운동 단체는 궤멸되거나 만주에서 피신했고, 한인 자치회나 학교 등까지 모조리 박살 났다. 룽징도 예외일 수 없었다. 명동학교 등은 잿더미로 변했고, 수백 명이 학살되었다. 피나는 노력 끝에 학교들은 나중에 다시 열었으나, 운영 전반에 제약을 받아야만 했다. 이 일로 간도에 거주하던 중국계 주민과 한인들 사이의 관계도 나빠졌다. "너희 때문에 일본이 쳐들어와 우리도 덩달아 피해를 봤다!"라는 중국인들의 인식 때문이었다.

간도참변은 만주사변의 전주곡이었다. 만주에 합법적으로 대군을 투입한 일본은 1931년 자작극을 빌미로 이 방면 군벌인 장쉐량을 공격했으며, 이는 1932년에 청나라 마지막 황제 푸이를 꼭두각시로 내세운 만주국 수립으로 이어졌다. 룽징도 만주국의 일부가 되어, 광기의 먹장구름 아래에 한반도와 마찬가지로 일제 치하에 놓였다.

그래도 먹장구름 사이로 별을 바라보는 사람들도 있었다. 윤동주, 송몽규, 문익환 등 룽징 출신 청년들은 평양의 숭실중학, 경성의 연희전문학교 등을 거쳐 일본에 유학한다. 간도-한반도의 환경이 인재로 성장하기에는 한계가 있다고 여긴 가족들의 권유에 따른 것이었고, 일본에서 공부했지만 도리어 한인으로서의 민족의식이 더욱 불타올랐다. 그들은 유학생끼리 모여 몰래 한국 문화를 공부했고 한글로 시를 썼다. 일본이 패전하면 곧바로 독립을 쟁취할 준비도 갖추기로 했다. 그러나 1940년대의 일제에 적발되고, 그들이 쓴 한글 시는 일본 제국에 반역한 증거물로 낙인찍혔다. 윤동주와 송몽규는 함께 감옥에 갔혔다가, 옥사했다. 둘 다 29세였다.

고요히 침전된 어둠
만지울듯 무거웁고
밤은 바다보다 깊구나

홀로 헤아리는 이 맘은
험한 산길을 걷고
나의 꿈은 밤보다 깊어
호수군한 물소리를 뒤로
멀—리 별을 쳐다보며 쉬파람 분다

– 송몽규, 「밤」

가슴 속에 하나 둘 새겨지는 별을
이제 다 못 헤는 것은
쉬이 아침이 오는 까닭이요,
내일 밤이 남은 까닭이요,
아직 나의 청춘이 다하지 않은 까닭입니다.

별 하나에 추억과

별 하나에 사랑과

별 하나에 쓸쓸함과

별 하나에 동경과

별 하나에 시와

별 하나에 어머니, 어머니.

－윤동주, 「별 헤는 밤」

이들과 완전히 똑같은 길을 가지는 않았지만, 춘사 나운규는 무장독립운동에 동참했다가 1926년 무성영화 「아리랑」을 만들어 일제강점기에 한인 청년들이 겪어야 했던 울분과 원한을 그려냈다. 신학을 공부하여 목사가 되고, 일제강점기를 견뎌냈지만 그 뒤에 불어닥친 분단과 독재를 참지 못해 숨이 다하는 순간까지 재야에서 투쟁했다. 룽징이 낳은 이들은 암흑천지에서 고개 숙이고 어둠에 적응해 살아가기보다 오히려 고개를 들고 희미한 별을 헤아리기를 선택한 청춘들이었다.

윤동주 　그의 시집은 사후에 출간되어 큰 반향을 일으켰다.

해란강 강가에 두고 온 땅

1945년에 일제가 패망하자 다시금 힘의 공백 상태에 빠진 룽징과 간도는 한국 영토로 귀속될 뻔하기도 했다. 뒤늦게 일본과의 전쟁에 참전한 소련은 19세기 말 제정러시아에 이어 다시 한번 만주를 점령했다. 그리고 그 땅에 눈독을 들였다. 하지만 미국을 자극할 것을 우려해 대리자로서 북한을 내세우기로 한 것이다. 간도뿐 아니라 서간도, 요동반도까지 북한에 넘기는 비밀 협약이 체결되고, 북한은 이 지역들에 행정관과 병력을 보내 접수할 준비를 했다. 하지만 중국의 장제스가 강력히 항의하고, 곧 그를 대신해서 마오쩌둥이 베이징의 주인이 되면서 이 계획은 무산되었다. 소련도, 북한도 사회주의 형제국인 중공의 영토를 탐낼 수는 없었기 때문이다.

중국은 1952년에 연변조선족자치구를 설치했다. 룽징은 그에 포함되는 연길현이 되었고 1983년에 룽징현이 되어 본래의 이름을 되찾은 뒤 1988년에 룽징시로 승격되었다.

중국 문화대혁명 중에는 소수민족에 대한 공격도 있어 룽징의 상징인 용두레우물이 파괴되기도 했으나 이후 반대로 소수민족의 문화와 자존심을 추어주는 정책이 전개되면서 용두레우물도, 룽징이라는 이름도 복원된다. 그리고 한중수교 이후 한국 관광객들이 많이 찾아오자 윤동주 생가, 일송정, 대성중학 등에 사적지를 복원하고 개발하는 사업이 이뤄졌다. 21세기 들어서는 명동촌의 옛 모습을 되찾는 사업도 진행되고 있다.

오늘날 룽징의 주 산업은 농업과 광업이다. 주민의 약 절반이 농업에 종사하며 그중 다수는 다수가 사과, 배 등의 과수 농사를 짓는다. 한편 철, 석탄, 석회석 등 광산이 많으며 석유를 캐내려는 작업도 진행 중이다. 그리고 한국인들을 위한 룽징 항일운동 유적 관광만이 아니라 북한 관광 상품, 창바이산(백두산) 관광 상품, 스키장을 비롯한 유락시설 등을 중심으로 하는 관광유흥업도 비중이 커지는 추세이다. 북한이 1991년 나진선봉자유경제무역지대를 개설하자 거리상 이점을 활용한 발전이 기대되었으나 이후 침체되어 지금은 별 기대가 없다.

룽징을 중심으로 이루어진 간도 개척은 미국의 서부 개척과 닮았지만, 다른 꼴이다. 황무지나 다름없는 곳으로 용감하게 찾아간 서민들이 갖은 애를 써서 문명과 도시의 발전을 이뤄낸 것은 닮았지만, 미국에서 벌어진 원주민들 학살과 박해 과정이 일본의 손으로 이주민들에게 자행되었음은 다르다. 룽징은 어쩌면 현대 한국인들에게 또 하나의 두고 온 산하일 수 있다. 과연 국적을 초월한 민족 화합과 연대가 이루어질 수 있을까? 지금의 한국에서 조선족이라고 하면 으레 따라붙는 멸시와 의심의 눈초리를 생각한다면, 어려울 듯하다.

30

닝안

발해의 꿈을 간직한 도시

닝안寧安(영안)시는 중국 헤이룽강성 무단장시의 일부인 현급시이다.
면적은 7870제곱킬로미터, 인구는 43만 명 정도로 무단장시의 면적
중 5분의 1 정도를 차지하고 인구는 7분의 1을 조금 넘는다.

'안녕'이라는 이름의 도시, 발해의 상경

닝안은 한자로 안녕安寧의 앞뒤 글자를 바꿔 쓴 것이고, 의미로는 똑같다. 왜 이 도시는 안녕이라는 의미로 표시되었을까. 거기에는 이름이 지어지기 앞선 몇백 년의 역사가 배경으로 있다. 그러나 한국인들은 그 역사보다 몇백 년 앞선 역사 때문에 이 도시에 관심을 갖는다. 닝안은 옛날 발해의 수도, 상경용천부上京龍泉府였기 때문이다.

발해는 과연 어떤 나라였던가? 668년 고구려가 멸망하고, 그 귀족과 백성들 중 일부는 신라나 중앙아시아의 동돌궐로 망명했다. 그리고 또 일부는 중국으로 끌려갔다. 그 가운데 영주에 가 있던 고구려인들은 695년 거란족 이진충이 반란을 일으켜 영주 도독

을 죽이고 스스로 무상카간無
上可汗이라 했을 때 그에 동조
했다. 이듬해에 이진충이 병사
하자 고구려 장수 출신의 걸걸
중상乞乞仲象과 그 아들 대조영
大祚榮이 고구려인들과 속말말
갈인들을 이끌고 동쪽으로 이
주했고, 697년에 옛날 읍루挹婁
의 강역이던 동모산東牟山에 이
르러 실질적으로 독립 국가를
세운다.

초기 발해의 강역은 대체로
백두산을 중심으로 하는 남만
주와 개마고원 일대였을 것으

발해 대조영 동상

로 보인다. 이후 점점 땅을 넓혀 북쪽으로는 흑수말갈의 땅을 빼앗
아 송화강 하류까지 이르고, 남쪽으로는 지금의 함경남도의 용흥
강까지 내려와 신라와 접했다. 733년에 발해는 돌궐, 거란과 힘을
합치고 당은 신라와 합쳐서 동아시아 대전에 돌입하려다 악천후
때문에 흐지부지되기도 했었다.

742년에 발해 제3대 문왕文王은 중경현덕부를 건설하고 그곳으
로 수도를 옮긴다. 정확한 위치는 알 수 없으나 지금 중국 지린성

님안

허룽和龍시의 서고성자西古城子로 추정된다. 앞서 수도였던 홀한성忽汗城 또는 악다리성鄂多里城보다 상당히 남쪽으로 내려와서 두만강에 가까워졌다. 그리고 756년에는 다시 상경용천부로 천도했다.

상경용천부는 발해의 첫 수도이던 홀한성과 그리 멀지 않다. 오늘날 기준으로 홀한성은 지린성 둔화敦化시에, 상경용천부는 무단장시-닝안시에 속해 있다. 문왕은 거의 반세기 동안 중심지였던 곳으로 돌아가되, 전혀 새로운 도시를 계획해서 만들었다고 할 수 있다. 문왕은 여기서 그치지 않고 789년에 다시 동경용원부(지금 지린성 훈춘시의 팔련성八連城으로 추정된다)로 천도했는데, 재위 중 두 차례나 수도를 옮긴 점은 매우 특별해 보인다. 아마도 발해가 땅은 넓은데 여러 민족으로 이루어져 있어서, 때마다 중심지를 옮겨가며 다독이고 억눌러야 했기 때문이었을 것이다.

그러나 793년에 그렇게 수도를 옮기던 문왕이 사망하자 왕위 다툼으로 발해는 한동안 어지러웠다. 족제인 대원의大元義가 계승했지만 시해되고, 문왕의 손자인 대화여大華璵가 추대되어 성왕成王이 되었다. 성왕은 이듬해에 동경용원부에서 상경용천부로 다시 수도를 옮긴 뒤 얼마 뒤 병이 들어 숙부 대숭린大嵩璘이 섭정 통치를 하다가, 성왕이 사망하자 정식으로 왕위를 이어서 강왕康王이 되었다.

이후 발해는 멸망할 때까지 이곳을 수도로 삼아 만주와 연해주, 요동, 한반도 북부를 다스린다. 따라서 적어도 8세기 말부터는 상경을 중심으로 발해의 국제가 정비되고, 수도의 면모도 확고해졌을 듯하다. 상경은 당의 장안성과 같이 3성 체제로 이루어져 있었다. 외곽을 둘러싸며 수도의 영역을 표시하는 외성, 민간인의 거주 구역 및 시장과 사찰 등을 지나 중심 구역을 둘러치고 궁궐과 정부기관을 구획-보호하는 황성, 그리고 궁궐을 둘러싼 궁성이다. 황성의 남쪽 구역인 3성 6부 터를 지나 오봉문五鳳門으로 들어가면 금란전金蘭殿을 비롯한 5개 또는 7개의 대전이 일렬로 늘어서 있고, 그 좌우로 여러 궁궐 건물들이 있었다. 지금 베이징의 자금성과 비슷한 모습이었다고 보면 된다. 넓이는 외성 기준으로 약 4.6×3.5킬로미터의 사각형 구조였기에 16.1제곱킬로미터였을 것으로 보인다. 당시 일본의 헤이조平城와 엇비슷한 규모이며, 조선의 한양성보다 좀 더 크다.

이런 모양새나 궁성 정문 오봉문에서 황성 정문 오문午門을 지나 외성의 남대문에 이르기까지 직선으로 이어지는 주작대로朱雀大路가 도성의 중심이 된 점 등은 당의 장안성을 모방했다. 하지만 상경성만의 특성도 있다. 가령 장안성은 동, 서, 남쪽마다 대문이 3개씩 있고, 북쪽에 하나가 있는 10문 구조를 갖고 있었다. 그러나 상경성은 북쪽에도 3개씩 대문을 두는 12문 구조였다. 장안성이 북쪽의 문을 최소화한 것은 북방에서의 적의 침입을 염두에 둔 것인데, 상경성은 그런 염려를 하지 않아도 되는 상황이었을 듯하다. 상경용천부는 용주龍州라고 하는 행정 구역 내에 들어서 있었고,

발해 상경용천부 유지 발해의 주요 도시였던 5경 중 하나. 지금은 풀밭뿐이다.

북쪽으로는 발주渤州, 서쪽으로는 호주湖州가 있고 각각 성이 있어
서 상경성을 호위하는 구도였다. 다른 방향으로는 높은 산과 강물
이 천연의 장벽 역할을 해주었다.

　상경성은 각각 발주, 호주를 통하는 큰길과 다시 동남쪽으로 뻗
는 큰길을 국토의 대동맥으로 쓰는 심장과 같았다. 발주를 통하는
북쪽 대로는 거란도로서 송화강 상류를 건너 부여부를 지나 거란
의 경계로 들어갔다. 호주를 통하는 서쪽 대로는 둘로 갈라지는데
위쪽 길은 대씨 왕조가 처음 당나라로 끌려갔던 당의 영주와 연결
되는 영주도, 아래쪽 길은 중경과 서경을 하나로 잇는 한편 서경에

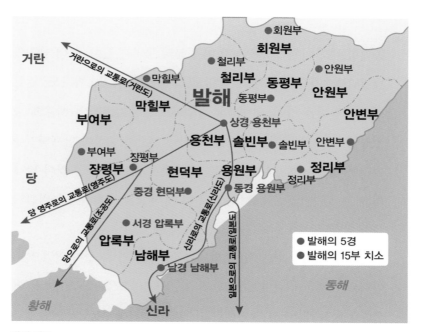

발해 지도

서 다시 압록강을 따라 동쪽으로 가서 서해를 통해 당나라의 등주에 이르는 조공도였다. 둘 다 중국으로 통하는데 아래쪽 길만 조공도라 불린 까닭은 수운을 이용해 무역하는 길이었기 때문이다. 그리고 동남쪽 대로는 동경에 이른 뒤, 뱃길로 일본에 가는 일본도와 지금의 함경남도를 남쪽으로 내려가 함흥 부근인 남경남해부를 거쳐 신라에 이르는 신라도로 나뉘었다. 이 길들은 발해의 정치-경제관계와 외교-안보관계를 한눈에 보여준다. 영주도가 거란도와 조공도의 중간에 놓임으로써, 만약 거란이 발해를 침공하면 두 방향에서 당의 원군을 불러와 대응할 수 있다. 반대로 당이 발해를 공격할 때도 마찬가지이다. 또한 일본과 통하는 길이 좀 더 남쪽의 남경남해부를 거치도록 하지 않고 북쪽에서 나뉘는 까닭도, 만약 신라가 남경을 침공, 점령했을 경우라도 일본의 원군을 빠르게 요청할 수 있도록 하기 위해서였다. 결국 거란과 중국이 합세하거나 신라와 일본이 합세하여 발해를 침공하지 않도록 하는 것이 발해의 외교 전략이었고, 이는 동시에 이 네 세력과의 활발한 무역관계로 뒷받침되었다.

상경성의 외성 안쪽, 황성 밖에는 7곳 이상의 큰 절이 있었으며, 아직도 발해진에 남아 있는 발해 석등이 그 증거로 남아 있다. 이 석등은 6.3미터나 되는 거대한 규모에다(동시대 한반도의 어떤 석등

발해 석등 발해의 힘이 묻어나는 어마어마한 크기의 석등이다.

보다 크다), 고구려와 신라의 양식이 조화되어 있는 점에서 발해의 국력과 문화적 역량을 엿볼 수 있다. 발해는 813년에 당나라에 금불상과 은불상을 선물할 정도로 불교가 융성한 나라였다. 또한 유교도 못지않았다. 오늘날 흔적을 찾을 수는 없으나 외성 안쪽–황성 밖에는 유교와 한학을 가르치는 태학도 있었을 것으로 여겨진다. 759년, 발해에 사신으로 간 양태사楊泰師가 「밤에 다듬이 소리를 들으며」라는 한시를 남겼고 이는 일본인들에게 애창되면서 『교고쿠슈經國集』라는 한시집에 올랐다. 또한 818년에는 헤이안 시대를 대표할 걸작 한시들만 모은 『분카슈레이슈文華秀麗集』가 나왔다. 그 가운데는 발해 사신 왕효렴王孝廉의 시 5수와 발해 승려 인정仁貞의 시 1수도 포함되어 있다. 외국에서도 인정받고 길이 전할 만큼 격조 높은 한시를 지을 수 있었다면 태학에서 짜임새 있는 공부를 했으리라 추정하기에 충분하다.

무너진 제국이 남긴 꿈과 한

발해는 9세기 초, 818년부터 830년에 이르는 선왕宣王의 치세에 최전성기에 이르렀다. 이때 국토는 고구려의 경계를 넘어섰으며 5경京 15부府 62주州 체제로 내실 역시 갖추었고, 당나라에게 해동성국海東盛國이라는 찬사를 받을 만큼 내치, 외치, 문치 모두 나무

랄 데가 없었다. 그러나 결국 달이 차면 기울기 마련이다. 9세기의 나머지 기간은 발해가 서서히 그러나 확실히 쇠퇴하는 기간이었다. 890년대가 되면 왕들의 시호도 전해지지 않고, 대현석이니 대위해니 하는 이름만 전해질뿐더러 왕이 자연사해서 계승이 이루어졌는지, 쿠데타가 났는지, 선왕과 후왕의 관계는 뭔지 등도 도무지 알 수 없어진다. 심지어 이때쯤 누가 왕인지도 잘 모르게 된다.

924년에는 새로 선 거란-요의 요주를 공격해 그 백성들을 포로로 잡아 귀환하는 모처럼의 전과를 보여줬다. 그러나 그것은 안 하느니만 못한 일이었다. 바로 이듬해에 요태조 야율아보기가 이를 복수한다며 직접 대군을 이끌고 발해를 총공격해 왔기 때문이다. 당시 중국은 당나라가 망하고 오대십국의 혼란기에 빠져서 예전처럼 거란과 중국 사이의 균형 외교가 불가능했다. 신라도 후삼국의 분열기로 접어들고 있어서 윗동네 사정을 챙길 겨를이 없었다. 발해 자체의 응집력도 바닥나서 장군 신덕神德이 500명을 이끌고 신라에 투항해 버리는 등 일치 단결해서 외침에 맞설 상황이 아니었다.

926년 거란도에서 그 방면의 침공을 막던 부여부가 요나라의 공세에 마침내 무너졌다. 요의 군대는 곧바로 거란도를 따라 상경까지 쳐들어왔고, 포위된 상경에서 마침내 당시 군주였던 대인선 大諲譔(항복했으니 시호도 없고, 몇 대 왕인지조차 불확실하다)이 항복했다. 이로써 발해는 328년 만에 멸망했다.

거란족에게 그 328년이란 북방민족의 패권을 발해에 빼앗긴 채 항상 발해의 눈치를 봐야 했던 설움의 시대였을 것이다. 그런 만큼 발해에 대한 요의 처분은 가혹했다. 일찍이 발해와 우리는 대를 이은 원수지간이라고 말했던 야율아보기는 항복한 대인선을 마부, 그의 왕비를 말이라고 부르며 잔인하게 업신여겼다. 그리고 상경용천부를 중심으로 하는 발해 땅을 동단국東丹國, 즉 동쪽의 거란이라고 부르게 하고는 자신의 맏아들 야율배가 맡아 다스리도록 했다.

이런 가혹함에는 후유증이랄까, 아무튼 뒤끝도 있어서 야율아보기는 요나라 수도로 개선하다가 급사하고, 그 후계를 두고 야율배와 둘째 아들 야율덕광 사이에 아귀다툼이 벌어졌다. 결국 야율덕광이 이겼는데, 이는 야율배의 본거지처럼 된 상경용천부가 거란 정권에서 더 찬밥 신세가 되게끔 만들었다. 요 태종(야율덕광)은 928년에 상경용천부를 천복성天福城이라고 개명한 뒤 그 주민을 이주시켜 도시가 급속히 쇠락하게끔 했다. 이에 맞서 발해의 마지막 태자인 대광현大光顯이 발해 부흥 운동을 벌이며 후발해를 세운다. 그러나 대세는 어쩔 수 없었던지, 934년에 대광현이 수만 명의 백성과 함께 고려에 망명함으로써 발해 부흥 운동은 끝난다.

발해를 대신하는 북방민족의 영도자로서 어느 정도 자리를 잡은 요나라는 발해의 5경 체제를 본뜨고, 938년에 요동의 동경요양부東京遼陽府를 비롯한 영토 각지에 발해 유민을 분산 이주시키는 정책을 취했다. 이로써 고구려계와 속말말갈계가 섞여 있던 발해인들은 요동에서 만주에 이르는 넓은 지역에 분산되면서 응집력을 잃어가게 되었다. 그사이에 발해와 거리를 뒀던 흑수말갈의 응집력이 뚜렷해졌고, 이들은 곧 여진족이라는 이름으로 금나라를 세우게 된다.

요나라가 붕괴하고 금나라의 천하가 된 뒤, 발해의 후예들은 요나라 시절보다 좋은 대우를 받았다. 금나라의 요직에 오르고 금나라가 송나라를 공격하여 중국 북부를 차지하는 일 등에 적극적으로 도움을 준 발해계 인사들도 많았다. 심지어 금나라 황실에 발해 혈통의 여성들이 들어가면서 발해의 피가 섞인 황제들이 나오기도 했다. 하지만 그 나라를 다시 세우는 일은 완전히 옛이야기가 됐다. 옛 상경용천부도 초라한 시골 고을이 되어갔다. 수백 년이 흐르고, 중국에 명나라가, 한반도에 조선이 각각 주인으로 군림할 무렵에 그곳은 닝구타寧古塔라는 이름으로 불리고 있었다.

조선의 매운 시선, 닝구타

닝구타는 다소 실체를 정확히 파악하기 어려운, 신비로운 고장이다. 바로 청나라를 이루게 되는 흑수말갈의 후예, 그 가운데서도 건주여진의 발상지로 알려져 있기 때문이다. '닝구'는 만주어로 여섯, '타'는 개로 6개 지명이다. 청나라를 세우는 누르하치의 증조부가 6명의 아들을 낳아서 이 지역에 할거했으며, 이들은 청 건국 이후 육조六祖로 존숭된다. 그래서 이곳 이름을 닝구타라고 했다고 전해진다. 하지만 이는 후금-청이 아니라 금을 건국한 아구타의 육조에서 비롯된 이야기라고도 하며, 본래의 닝구타는 지금의 닝 안이 아니라 요동에 있었다고도 한다. 명나라는 만주를 장악하고 있던 여진족을 셋으로 구분했는데, 백두산을 경계로 서쪽을 해서 여진, 오른쪽을 건주여진, 그 북쪽을 야인여진이라고 했다.

발해의 역사를 잊어버린 조선인들에게 닝구타는 그 한국식 발음에 따른 영고탑 또는 구주具州일 뿐이었으며, 조선 초기 4군 6진을 개척할 때도 미치지 못했던 오랑캐 중의 오랑캐, 올적합兀狄哈의 본거지 중 하나로만 어렴풋이 알려져 있었다. 1455년, 함길도 도체찰사 이사철은 북방의 여진족 현황에 대해 단종에게 보고하면서 "다만 화라온火剌溫, 수빈강愁濱江, 구주(닝구타) 등지의 올적합은 깊고 먼 내지內地에 있으면서 일찍이 귀순하지 않았으므로, 그 부락과 족류族類의 강약과 우두머리 이름, 총 숫자 등을 알 수 없습니다"라고 밝혔다.

이렇게 조선 전기까지 '테라 인코그니타(미지의 땅)'로 남았던 닝구타는 정묘-병자호란 이후로 심심찮게 실록에 등장하게 된다. 효종 때인 1652년에 청나라가 이곳에 요새를 쌓고 장군을 배치했는데, 1654년과 1658년에 그들은 조선에 나선(러시아) 정벌을 도우라고 요구한다. 러시아인들이 시베리아를 정복해 들어와 만주에까지 나타나 청이 격퇴하려 했지만 닝구타를 지키던 병력만으로는 부족해지자 조선의 조총부대를 파병해 달라고 한 것이다. 이에 응해야 했던 조선 조정은 60명 정도의 부대를 북우후北虞候 변급의 지휘로 파병했다. 이들이 도착해 청병과 함께 러시아인들을 요격하고, 돌아와 정비하던 근거지가 닝구타였다. 돌아온 변급에게 효종이 닝구타가 어떻더냐고 물으니, "성이라 할 만한 게 있기는 한데 나무로 적당히 둘러서 만들었습니다. 성 안팎에 겨우 300호 정도밖에 인구가 없습니다"라고 대답했다.

태조와 인연이 있다고 해서 전주, 함흥 등을 승격시킨 조선왕조에 비하면, 청 황실은 자신들의 발상지인 닝구타를 중시하지 않았던 것 같다. 이후 청왕조에서는 그나마 있던 요새조차 철수시키고, 악질적인 범죄자의 유배지로만 활용했다. 청나라가 끝날 때까지 이 도시는 내내 낙후되어 있었다. 오죽하면 닝구타에서 먹고살기가 어려워 두만강을 넘어 조선에 들어오는 주민이 조선 후기의 사회문제까지 되었을까. 한편 발해의 상경용천부로서 번성했던 이 도시가 왜 이렇게까지 몰락했을까도 싶다. 어쩌면 946년의 백두산 폭발 이후(한때 그것이 발해 멸망의 원인이라고 추정되기도 했으나, 시기가 맞지 않는다) 이 일대의 기후조건이 급격히 나빠진 것일까?

이와 별도로, 조선왕조에서는 인조에서 영조에 이르기까지 100년 이상 한 가지 예상이 닝구타와 관련해서 끊이지 않았다. "오랑캐들이 지금은 운이 좋아 설치지만, 곧 패망해서 영고탑으로 돌아갈 것이다!" 남방에서 명왕조의 후예들이 봉기했다는 소문이나 몽골이 청을 위협한다는 조짐이 보일 때도, 삼번의 난이 일어났을 때나 그 난을 진압하고 청왕조의 황금시대를 연 강희제가 사망했을 때도 어김없이 조정에서 영고탑 회귀설이 제기되었다. 이는 예상이라기보다 바람이었다. 그리고 청의 국세를 봤을 때 청이 정말로 패망하더라도 300호의 인구도 먹여 살리기 힘든 닝구타로 굳이 돌아가지 않을 게 뻔했으니 청나라에서 알았다면 기가 막혔을 것이다. 그러나 이 영고탑 회귀설은 조정에서 늘 진지하게 논의되었고 그들이 영고탑으로 가는 길에 우리를 공격할 수도 있으니 방비를 충분히 해두어야 한다며 대책까지 세우곤 했다. 18세기가 끝날 즈음이 되어서야 회귀설이 잦아들었다. 대신 닝구타에서 넘어오는 사람들에 대한 대책이 쟁점이 되었다. 논란 끝에 국경 지대에 시장을 열어 닝구타 일대 주민들의 경제에 보탬을 주는 식으로 이 문제는 무마된다. 조선 조정은 정작 얼마 지나지 않아 백련교도의 난, 태평천국의 난 등이 일어나고 아편전쟁이 벌어져 청나라가 정말로 몰락하기 시작했을 때는 별일 없을 것이라며 아무 대비도 하지 않았다. 하나의 국가로서 적어도 첩보에는 어이가 없을 정도로 무능했다.

동북아의 폼페이, 닝안

19세기 중반 이후, 근대화와 제국주의적 침탈이 동시에 이루어
질 때도 이 땅에는 그 영향이 느리게 왔다. 청일전쟁에서 일본이
승리의 일환으로 만주에 동청철도를 부설하기 시작하면서 닝구타
인근에 1901년에 목단강역을 세웠다. 주변에 흐르는 목단강牧丹江
에서 이름을 딴 것인데, 당시 주변은 사람이 거의 없는 황무지였다
고 한다. 이후 역 주변으로 조선인을 포함한 이주민이 늘면서 점차
도시의 모습을 갖춰갔고, 그에 따라 근처의 닝구타도 좀 더 개발되
었다. 1910년, 거의 마지막에 이른 청나라는 닝구타의 이름을 닝
안寧安(영안)으로 바꿨다. 닝구타에서 평안할 영寧 자를 따고, 중국
도시에 많이 붙이는 글자이자 평안하다는 뜻을 가진 안安 자를 덧
붙여 평안하고 평안한 도시로 남으라는 뜻을 두었다고 하겠다. 발
해와 대립과 협력을 반복한 흑수말갈을 잇고, 금나라를 이은 청나
라, 그들의 발상지이자 발해의 중심이기도 했던 이 도시에 내내 가
했던 홀대를 뉘우치면서 마지막 순간에 뉘우치면서 이런 이름을
지은 것일까.

이렇게 청이 망하고 일본의 괴뢰국가인 만주국이 이 땅을 다스
리면서 기존의 목단강역을 중심으로 대륙 개발과 침략을 위한 철
도 추가 부설, 공장 설립 등이 진행됐다. 그래서 차차 닝안은 신생
도시인 무단장(목단강)에 잡아먹혀 갔다.

1930년대는 한국인에게 이 닝안의 의미가 두 가지로 뜻깊었던 시기였다. 하나는 이 시기에 본격화된 옛 발해 상경성 유적에 대한 발굴이었다. 고구려의 지안이 1900년대부터 발굴된 것에 비하면 상당히 늦은 셈인데, 그것도 서양학자들에 의해 먼저 시작되었다. 1931년 9월에 러시아의 포노소프 조사단은 12일 동안 닝안에 남은 상경성 유적을 조사하고 10월 25일까지는 옛 발해, 그러니까 경박호 일대의 유적을 탐사했다. 이들의 발굴로 상경의 실제 규모가 밝혀졌을 뿐 아니라 한숨이 나올 정도로 문헌이 적은 발해사가 고고학적 뒷받침을 받아 제대로 연구되었다. 포노소프는 "이 닝안 시야말로 동북아시아의 폼페이"라고 소감을 밝혔다.

그러나 일제는 포노소프 조사단의 탐사가 한창 진행되고 있던 바로 그때 만주사변을 일으켜 중국 대륙을 본격 침략하기 시작했다. 그리고 자체의 발굴조사단을 꾸려 포노소프 조사단이 세운 기반을 활용해 발해를 연구했다. 그들은 이른바 만선사관滿鮮史觀(만주와 한반도는 역사적으로 일체이며 한반도를 지배하는 일본이 만주를 지배하는 것도 당연하다)이라는, 엉뚱한 견강부회식 제국주의 역사관을 뒷받침하고자 발해사에 관심을 쏟은 것이다. 이렇게 불순한 의도에 따른 역사 연구였지만 부여, 고구려, 발해 등 만주를 무대로 했던 한민족의 국가들에 대한 재조명이 이루어지고, 일제하 민족주의 사학의 태동에도 영향을 주었다. 역시 견강부회랄지 "부여의 제천행사였던 영고迎鼓가 벌어졌던 터가 곧 영고터이며 이것이 영고탑이 되었다"라는 추정도 나왔다. 기발한 추정이지만, 고구려사, 발해사는 물론 요와 금, 원의 역사에도 닝구타가 영고탑이라는 표현은 보이지 않으며 명나라의 기록에서 비로소 나타난다는 점을 생각하면 무리수에 가깝다.

한편 1930년대의 닝안 지역은 무장독립투쟁의 중요한 무대가 되기도 했다. 1933년 2월에 총사령관인 지청천이 이끄는 한국독립당 산하의 한국독립군은 경박호 쪽을 지나다가 우연히 일본군과 마주쳤다. 한국독립군은 만주에서 결성된 항일 중국 민병대인 길림구국군과 합세해 일본군-만주국군의 진로를 막아섰으며, 효과적인 기습전으로 적을 참패시키고 많은 군수물자를 노획했다. 이로써 한국독립군은 사기가 드높아졌을 뿐 아니라 길림구국군의 신뢰도 확실히 얻어서, 그해 6월에 동경성전투의 승리도 따내게 된다. 동경성은 바로 닝안 외곽의 상경 유적지를 말한다. 한국독립군과 길림구국군은 이번에도 호흡을 맞춰, 동경성에 주둔 중이던 일본군과 교전하여 그들을 도주하게 만들었다. 한국독립군의 최대 전과였고 무장독립운동사 전체를 통틀어 손꼽을 만한 승리였다.

그러나 한국독립군이 닝안 자체를 점령한다는 목표는 달성하지 못했다. 그리고 이후 길림구국군과 점점 사이가 멀어져, 1933년이 끝날 무렵에는 오히려 길림구국군의 공격을 받게 되면서 상반기의 기세를 이어가는 일은 좌절된다. 그래도 이 지역은 일본이 패망할 때까지 일제에 불온한 지역으로 남으며, 산업적으로 번화했던 무단장시와는 달리 제국주의가 강제한 질서를 끝끝내 거부하는 기개를 보여주었다.

모두가 탐내는 발해

일제 패망 후 중화민국과 중화인민공화국의 분쟁-신질서 정착 과정에서, 이 지역은 무단장성, 쑹장松江성 등으로 관할구역이 자주 바뀐 끝에 1954년부터 헤이룽장黑龍江성으로 정착되었다. 닝안 자체도 하이린海林현이라는 이름을 가졌다가 1983년에 닝안현이 되고, 1990년대에 시로 승격되었다. 닝안시에는 조선족자치구가 두 곳 있는데, 전체 인구에서 조선족이 차지하는 비중은 9퍼센트 이하로 그렇게 높은 편은 아니다.

오늘날 발해 상경 유적지는 보하이진渤海鎭에 있다. 그곳에 가면 상경유지上京遺址박물관이 있어서 1930년대 이래 발굴되고 조사된 발해 유적지의 실체를 낱낱이 보여주고 있다. 그러나 진열실 첫머리부터 발해를 설명하는 문구는 "당나라의 속국 중 하나. 속말말갈 중심의 지방 민족 정권"이라고 되어 있다. 고구려계가 왕실을 구성하며 고구려의 후계국가로 존립했다는 진실과 당에 형식적으로 조공했더라도 결코 속국이라 할 수 없는 독립국가 해동성국이었다는 사실, 보다 나아가 발해가 한국사의 일부라는 정체성을 깡그리 부정하는 문구인 것이다. 이는 동북공정이라는 말 자체가 나오기 전부터 중국의 일관된 입장이었다. 따라서 이곳을 들르는 한국 연구자와 관광객들의 항의가 끊이지 않고, 발해 관련 국제학술대회가 열릴 때마다 '발해사는 한국사인가? 중국사인가?'를 두고 두 나라의 학자들 사이에 치열한 공방전이 거듭 벌어지고 있다. 최근에는 엉뚱하게도 러시아 쪽에서 두 나라의 과도한 민족주의적 시각을 중재한다며 발해사는 중앙아시아 역사의 일부로 보아야 한다는 관점을 제시하기도 했다. 중앙아시아의 초원 지대와 만주의 삼림 지대는 생활환경, 문화환경이 모두 판이하건만, 그렇게 주장하는 까닭은 중앙아시아의 맹주가 러시아라는 의식 때문이다. 한반도를 비롯해 만주 땅 전부가 일본의 터전이라 여긴 일본의 만선사관처럼 말이다.

지금 상경 유적지를 유네스코 문화유산으로 등재하려는 시도가 진행 중인데 우리나라에서는 기대 반 걱정 반이다. 한때 만주와 동북아시아 북부를 제패했으며, 요나라나 금나라 등에 비해 모자랄 것이 없었는데도 꾸준히 외면되어 온 발해가 세계사에서 마땅한 자리를 차지하는 점은 대환영이다. 그러나 등재 시도 주체가 중국이기에, 결국 상경유지박물관과 중국 교과서에 적힌 역사 인식이 그대로의 굳어지는 게 아닐까 하는 점에서는 심각한 우려를 금할 수 없는 것이다.

오늘을 살아가는 우리에게 발해란 무엇일까. 국뽕을 뒷받침해 줄 그럴듯한 재료일 뿐인가, 까마득한 옛날 사라졌으며 지금 우리의 생활, 문화와 거의 아무런 관련이 없는 옛이야기일 따름인가. 한국이나 중국이나, 정작 시민들은 그 의의를 잊은 채 각국 정부만이 자기 것으로 만들려고 기를 쓰는 것이 발해사의 현실이다. 우리는 오히려 국제적으로나 국내적으로나 갈등과 몰이해가 커질 뿐인 오늘날 우리 사회를 반성하며, 고구려계와 말갈계, 중국계가 한데 어우러져 300년 넘도록 번영할 수 있었던 발해의 포용력과 통합의 기술을 배우려는 자세를 가져야 할 것이다. 1994년에 서태지와 아이들이 답답한 현실을 넘어, 장쾌하면서도 대범했던 우리 역사의 한때를 꿈꾸며 노래 불렀던 것처럼 말이다.

언젠가 나의 작은 땅에 경계선이 사라지는 날
많은 사람이 마음속에 희망들을 가득 담겠지
난 지금 평화와 사랑을 바래요
젊은 우리 힘들이 모이면 세상을 흔들 수 있고
우리가 서로 손을 잡은 것으로 큰 힘인데
우리 몸을 반을 가른 채 현실 없이 살아갈 건가
치유할 수 없는 아픔에 절규하는 우릴 지켜줘
갈 수 없는 길에 뿌려진 천만인의 눈물이 있어
워! 나에겐 갈 수도 볼 수도 없는가
저 하늘로 자유롭게 저 새들과 함께 날고 싶어

우리들이 항상 바라는 것 서로가 웃고 돕고 사는 것

이젠 함께 하나를 보며 나가요

– 서태지와 아이들, 「발해를 꿈꾸며」

서울

석촌동 고분군 | 문화재청

방이동 고분군 | 문화재청

풍납토성 | 문화재청

몽촌토성 | 문화재청

아차산 일대 보루군 발굴 전경 | 문화재청

잠실롯데월드타워 | ⓒmauveine.kim | 플리커

진흥왕순수비 | 연합뉴스

경복궁도 | 서울역사박물관

북촌 한옥마을 | 내부 자료

남대문시장 | ⓒRepublic of Korea | 플리커

러시아 공사관 | ⓒHomer Hulbert | 위키피디아

촛불 시위 | ⓒTeddy Cross | 플리커

남산서울타워 | ⓒWei-Te rong | 플리커

용산 전쟁기념관 | ⓒAdbar | 위키피디아

국립중앙박물관 | 내부 자료

독립문 | 문화재청

서대문형무소 내부 | ⓒChrisrian Senger | 위키피디아

월드컵공원 | ⓒtravel oriented | 플리커

정릉 전경 | ⓒ국립문화재연구소

국립 4·19민주묘지 비석 | ⓒInSapphoWeTrust | 위키피디아

2020년 장위동 | 서울역사아카이브

동대문디자인플라자 | ⓒNestor Lacle | 플리커

전태일 동상 | ⓒdalgial | 위키피디아

청량리역 | 서울역사박물관

문래동 벽화 | ⓒBellalee1205 | 위키피디아

여의도 국회의사당 | ⓒ저작자표시라이센스입니다 | 플리커

여의도 공원 연못 | ⓒWpcpey | 플리커

봉은사 판전 | 문화재청

강남대로 | ⓒDomenico Convertini | 플리커
서울올림픽대회 폐막식 불꽃놀이 | ⓒSteve McFill | 위키피디아

수원
광교호수공원 | ⓒWoohyun Photos | 플리커
수원 화성 | 문화재청
거중기 그림 | 국립중앙박물관
화성성역의궤 | 국립중앙박물관
봉돈 | ⓒoreum | 위키피디아
송시열 초상 | 국립중앙박물관

공주
고마나루 | 문화재청
곰사당 | 문화재청
무령왕릉 | 문화재청
남매탑 | ⓒYoo Chung | 위키피디아
우금치전적기념비 | 위키피디아

천안
버드나무 | ⓒ칼빈500 | 위키피디아
홍경원갈기비 | 위키피디아
유관순 | 위키피디아
아우내 3·1 운동 사적지 | 문화재청

전주
전주 객사 | 문화재청
남고산성 | 문화재청
오목대 | 문화재청
매천집 | 한국학중앙연구원·유남해
사발통문 | 위키피디아
전주한옥마을 | ⓒSongk1122 | 위키피디아

광주
구 전남도청 | ⓒsim1992 | 위키피디아

잡혀가는 시위대 | 나경택 촬영(5·18기념재단 제공)
광주 시민 총궐기 | 나경택 촬영(5·18기념재단 제공)
광주망월묘지공원 | ⓒRhythm | 위키피디아

남원
황산대첩비 탁본 | 국립중앙박물관
선원사 철조여래좌상 | 문화재청
광한루 | 문화재청
성춘향 | ⓒNamwon030 | 위키피디아
만인의총 | 문화재청

여수
돌산대교 | ⓒjeong gon kim | 플리커
향일암 | ⓒ함규진
흰돌고래 | ⓒstan shebs | 위키피디아
여수 아쿠아리움 | ⓒAltostratus | 위키피디아
여수 낭도리 공룡발자국 화석산지 | 문화재청
정왜기공도권
형제묘 | 함규진

제주
삼성혈 | 문화재청
관덕정 | 문화재청
세한도 | 국립중앙박물관
항몽유적 | 문화재청
제주 다랑시 동굴 학살 현장 재현 | ⓒ지구야자 | 위키피디아

부산
독재 규탄 집회 | 한국정책방송원
해운대해수욕장 | ⓒMobius6 | 위키피디아
태종대 | ⓒintacto | 플리커
영도대교 | 문화재청
범어사 일주문 | ⓒSteve46814 | 위키피디아

대마도
한국전망대 | ⓒ함규진
일본서기
몽고습래회사
소 다케유키와 덕혜옹주
이즈하라항 | ⓒSaigen Jiro | 위키피디아

김해
수로왕릉 | 문화재청
봉림사지 진경대사탑비 | 문화재청
대성동 고분군 근경 | 문화재청
신동국여지승람 | 국립중앙박물관
고 노무현 전 대통령 묘소 | ⓒ날개 | 위키피디아

울산
울산성전투 장면 | ⓒWhlee | 위키피디아
유조선 진수식 | 한국정책방송원
소망우체통 | ⓒChoi2451 | 위키피디아
대왕암 공원 | 문화재청
울주 전천리 각석 | 문화재청

경주
황룡사지 출토유물 | 문화재청
불국사 | 문화재청
포석정 | 문화재청
석굴암 본존불 | 문화재청
천마총 장니 천마도

대구
갓바위 석조여래좌상 | ⓒBarnkim | 위키피디아
경상감영 | 문화재청
국채보상운동기념공원 | 문화재청
김광석 동상 | ⓒChoi2451 | 위키피디아
비슬산의 참꽃 | ⓒ함규진

안동

법흥사지 칠층전탑 | 문화재청

봉정사 삼층석탑 | 문화재청

도산서원 | ⓒadam bee | 플리커

병산서원 | 문화재청

임청각 군자정 | 문화재청

영호루 | ⓒ한국관광공사 사진갤러리-김지호

강릉

설악산 | ⓒJuliana Ng | 위키피디아

경포대와 경포호 | 문화재청

오죽헌 | 문화재청

상어급 잠수함 | ⓒ이도비 | 위키피디아

인천

청자 상감 구름 학 무늬 네귀 항아리 | 국립중앙박물관

운요호 사건 그림

참성단 | 문화재청

자유공원 맥아더 장군상 | ⓒ잉여빵 | 위키피디아

월미도 | ⓒtravel oriented | 플리커

파주

도라전망대 | ⓒKSH1015 | 위키피디아

덕진산성 | 문화재청

윤관의 초상

파주 용미리 마애이불입상 | 문화재청

반구정 | 문화재청

화석정 | 문화재청

연천

주먹도끼 | 국립중앙박물관

고인돌공원 | 문화재청

경순왕묘 | 문화재청

숭의전지 | 문화재청

재인폭포 | ⓒJjw | 위키피디아
임진강 | ⓒUserG43 | 위키피디아

개성
청해진 | ⓒCHANG DONG RYONG
태조 왕건 어진
연등회 | ⓒpravin8 | 플리커
서화담 선생집 | 국립중앙박물관
개성공업지구 | ⓒMimura | 위키피디아
공민왕릉 | ⓒDavid Stanley | 위키피디아

해주
수양산 폭포 | ⓒDavid Stanley | 위키피디아
태조 이성계 어진
부용당 | ⓒDavid Stanley | 위키피디아
해주 시내 | ⓒstephan(2) | 위키피디아
해주 호텔 | ⓒDavid Stanley | 위키피디아

평양
개선문 | ⓒGulad.rom | 위키피디아
김일성광장과 주체사상탑 | ⓒXiehechaotian | 위키피디아
인민대학습당 | ⓒUwe Brodrecht | 위키피디아
김일성, 김정일 동상 | ⓒNicor | 위키피디아
평양 시내 | ⓒUri Tours | 위키피디아

원산
원산항 | ⓒUSAF | 위키피디아
만경봉호 | ⓒBumix | 위키피디아
원산항 전경 | ⓒUwe Brodrecht | 위키피디아
송도원호텔 전경 | ⓒShih Tung Ngiam | 위키피디아

함흥
함흥본궁의 정전과 풍패루 | ⓒUwe Brodrecht | 플리커
폭파되는 흥남항 부두 | ⓒUS Navy | 위키피디아

함흥 시내 | ⓒUri Tours | 위키피디아
함흥대극장 | ⓒRaymond K. Cunningham, Jr. | 위키피디아

신의주
대동여지도의 위화도 | 문화재청
일제강점기의 의주
조선 시대 단둥-구련성-의주-신의주 지역의 위치도
신의주역 전경 | ⓒKounosu | 위키피디아

단둥
항미원조기념관
압록강 전경 | ⓒJacky Lee | 위키피디아
파괴된 압록강철교 | ⓒU.S.Navy 위키피디아
조중우의교 | ⓒPrince Roy | 플리커

지안
광개토대왕릉비 | ⓒStaitgate | 위키피디아
장군총 | ⓒCaitriana Nicholson | 플리커
고구려 무용총 수렵도
위나암성 궁터 | ⓒBart0278 | 위키피디아

룽징
두만강 | ⓒFfggss | 위키피디아
이주인 히코키치
15만 원 탈취 사건 유지비 | ⓒSenkaku Islands | 위키피디아
윤동주

닝안
대조영 동상 | ⓒAkdun historical remains, Dunhua | 위키피디아
상경용천부 | ⓒSenkaku Islands | 위키피디아
발해 지도
발해 석등 | ⓒ백종오

한 권으로 독파하는 우리 도시 속 재미있는 역사 이야기

30개 도시로 읽는 한국사

초판 1쇄 발행 2023년 7월 25일
초판 3쇄 발행 2023년 10월 31일

지은이 함규진
펴낸이 김선식

경영총괄이사 김은영
콘텐츠사업본부장 임보윤
책임편집 김민경 **책임마케터** 권오권
콘텐츠사업8팀 김상영, 강대건, 김민경
편집관리팀 조세현, 백설희 **저작권팀** 한승빈, 이슬, 윤제희
마케팅본부장 권장규 **마케팅3팀** 권오권, 배한진
미디어홍보본부장 정명찬
영상디자인파트 송현석, 박장미, 김은지, 이소영
브랜드관리팀 안지혜, 오수미, 문윤정, 이예주
지식교양팀 이수인, 염아라, 석찬미, 김혜원, 백지은
크리에이티브팀 임유나, 박지수, 변승주, 김화정, 장세진
뉴미디어팀 김민정, 이지은, 홍수경, 서가을
재무관리팀 하미선, 윤이경, 김재경, 이보람, 임혜정
인사총무팀 강미숙, 김혜진, 지석민, 황종원
제작관리팀 이소현, 최완규, 이지우, 김소영, 김진경, 박예찬
물류관리팀 김형기, 김선진, 한유현, 전태환, 전태연, 양문현, 최창우, 이민운
외부스태프 본문 장선혜 **표지** 디자인장마

펴낸곳 다산북스 **출판등록** 2005년 12월 23일 제313-2005-00277호
주소 경기도 파주시 회동길 490 다산북스 파주사옥
전화 02-702-1724 **팩스** 02-703-2219 **이메일** dasanbooks@dasanbooks.com
홈페이지 www.dasan.group **블로그** blog.naver.com/dasan_books
종이 아이피피 **인쇄** 민언프린텍 **코팅 및 후가공** 평창피앤지 **제본** 다온바인텍

ISBN 979-11-306-9936-3(04900)
　　　979-11-306-7795-8(세트)

다산북스(DASANBOOKS)는 독자 여러분의 책에 관한 아이디어와 원고 투고를 기쁜 마음으로 기다리고 있습니다.
책 출간을 원하는 아이디어가 있으신 분은 다산북스 홈페이지 '투고원고'란으로 간단한 개요와 취지, 연락처 등을 보내 주세요.
머뭇거리지 말고 문을 두드리세요.